大卒程度

TAC公務員講座 編

公務員試験

ゼロから合格 基本過去問題集

ミクロ経済学

TAC出版
TAC PUBLISHING Group

はしがき

- 問題集を買ったのに、解けない問題ばかりで実力がついている気がしない…
- 難しい問題が多くて、途中で挫折してしまう…
- 公務員試験は科目が多いから、せめて１科目１冊の本で済ませたい…

『ゼロから合格 公務員基本過去問題集』（以下、『ゼロ過去』）は、このような読者の声に応えるために開発された公務員過去問題集です。問題集といっても、ただ過去問とその解説が並んでいるだけの本ではなく、「過去問」の前に、「その過去問に正解するために必要な知識やテクニック」が必ず載っています。この科目の学習を全くしたことない方も、本書で知識やテクニックを身につけながら、同時にそれらを使って問題を解く練習を積むことができる構成になっています。

『ゼロ過去』には、「しっかり読んでじっくり考えれば解ける問題」しか載っていません。それでいて、実際の試験で合格ラインを超えるのに十分な問題演習を積むこともできます。つまり、「**ゼロから始めて１冊で合格レベルにたどり着く**」ための問題集なのです。

せっかくやるのだから、最後までやり遂げてほしい。最後まで「つづく」ためには、問題が「解ける」という達成感もきっと必要。『ゼロ過去』は、きちんとがんばった読者にきちんと結果がついてくるように、どの問題も必ず解けるように工夫して配置しています。また、その名のとおり「知識ゼロ」の状態からいきなり取り組んでも支障がないよう、基本的な知識やテクニックのまとめが過去問より先に掲載されているので、「全く何も知らない」状態で、前から順番に取り組むだけで学習が進みます。

本書を十分に活用して、公務員試験の合格をぜひ勝ち取ってください。

TAC公務員講座

本書の利用方法

本書は、大卒程度・行政職の各種公務員試験の対策を、「知識ゼロから始められる問題集」です。何であれ、問題を解くには知識やテクニックが必要です。

- 知識・テクニックの**インプット**（新しい情報を入れる）
- 問題演習を通じた**アウトプット**（入れた情報を使って問題が解けるかどうか試してみる）

試験対策はこの反復で進めていくのが王道です。『ゼロ過去』は、この科目について全く学習したことのない方でも、知識とテクニックを身につけながら問題が解けるように作られています。

ここで説明する効果的な利用方法を参考にしながら学習を進めていきましょう。

1 まずは試験をよく知ることから！　出題傾向を知る

●国家一般

		2011	2012	2013	2014	2015	2016	2017	2018	2019	2020
企業行動理論	費用関数		●								
	利潤最大化生産量の決定			●					●		
	短期供給曲線の導出										
	生産関数	●									
	効用関数と無差別曲線										
	予算制約と最適消費の決定				●		●				●
	与件の変化と最適消費の決定	●	●	●			●			●	

巻頭には、出題分野ごと・受験先ごとに過去10年間の出題傾向がまとめられています。

多くの方は複数の試験を併願すると思われるため、網羅的に学習するのが望ましいですが、受験先ごとの出題の濃淡はあらかじめ頭に入れたうえで学習に着手するようにしましょう。

2 問題を解くのに必要なことはすべてここにある！ input編

一般的な公務員試験の問題集では、初めて取り組んだ時点では「解けない問題」がたくさんあるはずです。最初は解けないから解説を読んでしまい、そのことで理解し、何度も何度も同じ問題を周回することによってだんだん正答率が高まっていくような仕組みになっていることが多いです。

『ゼロ過去』では、このinput編をしっかり使いこなせば、最初から全問正解することもできるはず。そのくらい大事な部分ですから、しっかり学習しましょう。

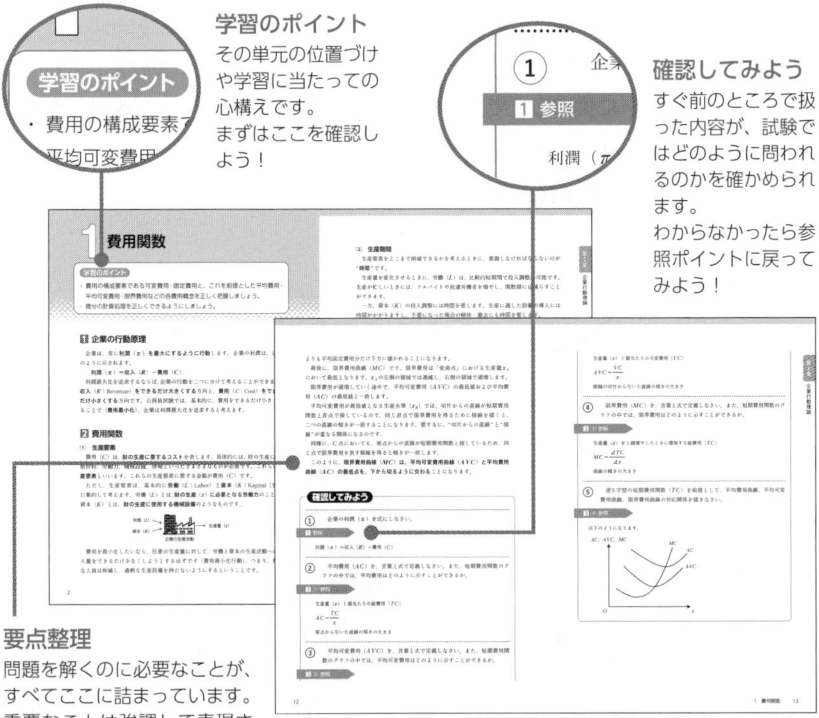

学習のポイント
その単元の位置づけや学習に当たっての心構えです。
まずはここを確認しよう！

確認してみよう
すぐ前のところで扱った内容が、試験ではどのように問われるのかを確かめられます。
わからなかったら参照ポイントに戻ってみよう！

要点整理
問題を解くのに必要なことが、すべてここに詰まっています。重要なことは強調して表現されているので、メリハリをつけて頭に入れていきましょう。

★その他のお役立ちアイテム

補足：少し発展的な知識を解説しています。

ヒント：問題を解くための助けになる情報や、情報を覚えやすくするためのポイントをまとめています。

3 典型問題で実践！ 解法ナビゲーション

知識やテクニックが身についても、それを活用して問題を解くためには、「コツ」や「慣れ」が必要になります。問題の解法は一つではありませんが、どの解法がどの問題に向いているか（どの解法がその問題に最適であるか）を見極めるには、実際に解きながら着眼点を養っていくしかありません。

「解法ナビゲーション」の目的は2点あります。まず、「問題のどういう点に注目して、どのアプローチを試すべきか」がわかるようになること。これがわかると、1人で新しい問題を解くときにも、当てはめる解法の指針を得ることができます。

もう1点は、比較的易しい問題を通じて、正解に至る道筋をトレースすること。「解法ナビゲーション」の問題は、自分の力だけで解けなくてもかまいません。次の「過去問にチャレンジ」に挑むうえで必要な、問題を解いていくステップを自分のものにするために、解説をじっくり読んで理解しましょう。

問題編
出題された試験と出題年度（西暦）を記載してあります。

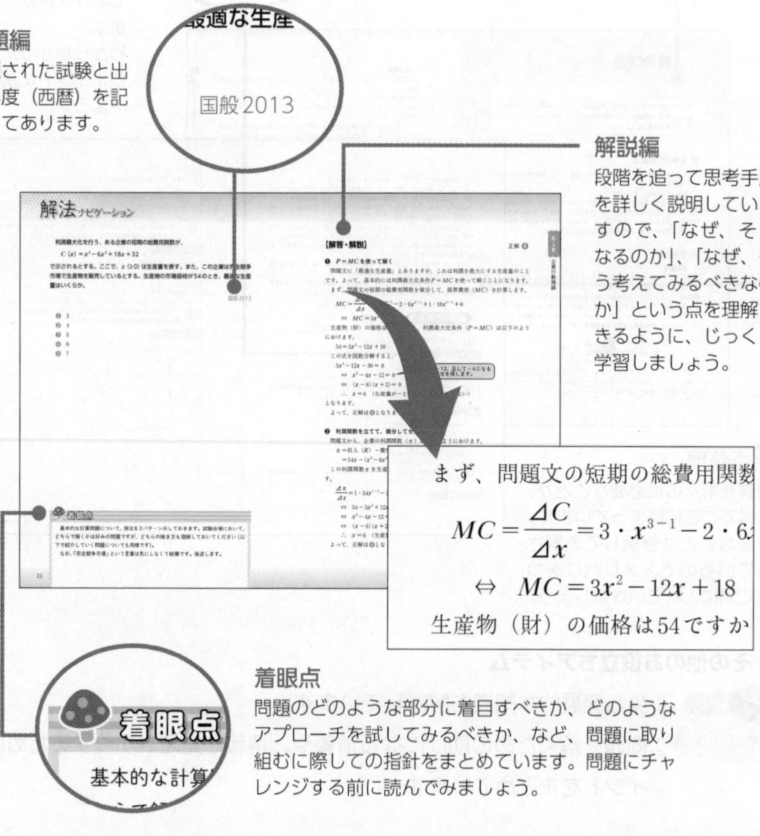

解説編
段階を追って思考手順を詳しく説明していますので、「なぜ、そうなるのか」、「なぜ、そう考えてみるべきなのか」という点を理解できるように、じっくり学習しましょう。

着眼点
問題のどのような部分に着目すべきか、どのようなアプローチを試してみるべきか、など、問題に取り組むに際しての指針をまとめています。問題にチャレンジする前に読んでみましょう。

4 知識を活用して問題演習！　過去問にチャレンジ

「解法ナビゲーション」で学んだことを、次は別の問題で実践できるか試す段階です。「過去問にチャレンジ」の解説は別冊子にまとめていますので、問題を解いた後、それぞれ並べて答え合わせしてみてください。

『ゼロ過去』は、やさしい問題（必ず正解したい問題）から、やや歯ごたえのある問題（試験で差がつく問題）までバランスよく収録しているので、１科目１冊で試験対策が完結します。場合によっては20科目以上に及ぶ公務員試験だからこそ、必要な問題のみを厳選し、これ１冊で合格レベルに届く本を意識しました。

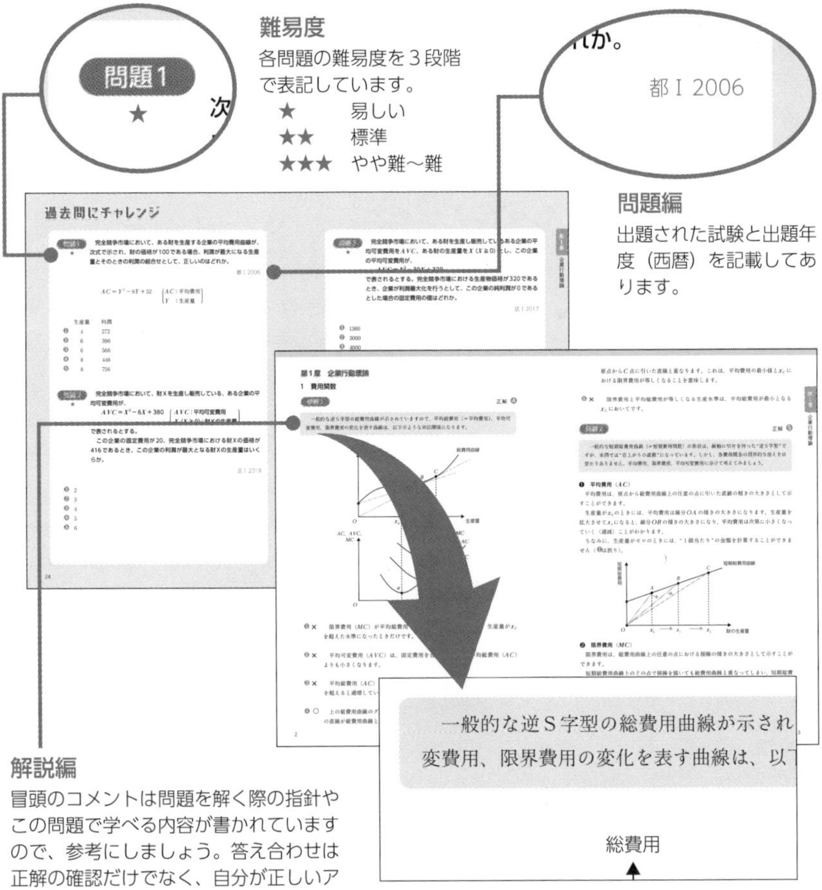

難易度
各問題の難易度を３段階で表記しています。
★　易しい
★★　標準
★★★　やや難～難

問題編
出題された試験と出題年度（西暦）を記載してあります。

解説編
冒頭のコメントは問題を解く際の指針やこの問題で学べる内容が書かれていますので、参考にしましょう。答え合わせは正解の確認だけでなく、自分が正しいアプローチで正解に至ることができたのかについて、しっかり確認してください。

●掲載した過去問題の表記について

表記	該当試験
国般	国家一般職 大卒程度 行政（旧・国家Ⅱ種を含む）
国税	国税専門官
裁判所	裁判所職員一般職 大卒程度（旧・裁判所事務官Ⅱ種を含む）
都Ⅰ	東京都Ⅰ類
区Ⅰ	特別区Ⅰ類
労基	労働基準監督官A
財務	財務専門官
地上	道府県庁・政令市上級

※末尾に「改」とあるものは受験者からの情報に基づいて復元された問題であり、出題時の内容と完全一致しない場合があります。

過去10年の出題傾向

● 国家一般

		2011	2012	2013	2014	2015	2016	2017	2018	2019	2020
企業行動理論	費用関数		●								
	利潤最大化生産量の決定			●					●		
	短期供給曲線の導出										
	生産関数	●									
消費者行動理論	効用関数と無差別曲線										
	予算制約と最適消費の決定				●		●				●
	与件の変化と最適消費の決定	●	●	●			●			●	
	需要の価格弾力性と需要の所得弾力性		●					●	●		
	代替効果と所得効果										
	消費者理論の応用	●		●	●			●	●	●	
市場理論Ⅰ（完全競争市場）	市場均衡と均衡の安定性					●		●	●		●
	完全競争市場の最適性（部分均衡分析）			●							
	完全競争市場の最適性（一般均衡分析）			●							
市場理論Ⅱ（不完全競争市場）	独占市場	●	●		●			●			
	寡占市場		●				●				
	独占的競争市場										
	ゲームの理論								●		●
市場理論Ⅲ（市場の失敗）	費用逓減産業				●						
	外部効果（外部性）				●		●	●		●	
	公共財					●					
国際貿易理論	部分均衡分析	●									
	一般均衡分析					●					●

過去10年の出題傾向

●国家専門職

		2011	2012	2013	2014	2015	2016	2017	2018	2019	2020
企業行動理論	費用関数										
	利潤最大化生産量の決定		●				●				
	短期供給曲線の導出	●			●		●				
	生産関数										
消費者行動理論	効用関数と無差別曲線	●									●
	予算制約と最適消費の決定							●			●
	与件の変化と最適消費の決定	●						●			●
	需要の価格弾力性と需要の所得弾力性						●		●		
	代替効果と所得効果		●								●
	消費者理論の応用	●		●		●			●	●	●
市場理論Ⅰ（完全競争市場）	市場均衡と均衡の安定性							●			
	完全競争市場の最適性（部分均衡分析）	●		●	●	●	●	●	●	●	●
	完全競争市場の最適性（一般均衡分析）										
市場理論Ⅱ（不完全競争市場）	独占市場						●				
	寡占市場		●			●	●	●		●	
	独占的競争市場										
	ゲームの理論				●		●				●
市場理論Ⅲ（市場の失敗）	費用逓減産業					●					
	外部効果（外部性）					●					
	公共財					●		●			
国際貿易理論	部分均衡分析	●		●		●			●		
	一般均衡分析				●						

●裁判所

		2011	2012	2013	2014	2015	2016	2017	2018	2019	2020
企業行動理論	費用関数									●	
	利潤最大化生産量の決定	●					●		●	●	
	短期供給曲線の導出					●	●			●	●
	生産関数				●			●			
消費者行動理論	効用関数と無差別曲線										
	予算制約と最適消費の決定		●	●					●		●
	与件の変化と最適消費の決定			●				●			
	需要の価格弾力性と需要の所得弾力性					●	●	●			●
	代替効果と所得効果					●	●				
	消費者理論の応用		●			●				●	
市場理論Ⅰ（完全競争市場）	市場均衡と均衡の安定性	●	●								
	完全競争市場の最適性（部分均衡分析）		●		●			●			
	完全競争市場の最適性（一般均衡分析）			●							
市場理論Ⅱ（不完全競争市場）	独占市場	●			●			●			●
	寡占市場		●	●		●			●		
	独占的競争市場										
	ゲームの理論	●									
市場理論Ⅲ（市場の失敗）	費用逓減産業										
	外部効果（外部性）				●					●	
	公共財										
国際貿易理論	部分均衡分析	●					●				●
	一般均衡分析			●						●	

●特別区

		2011	2012	2013	2014	2015	2016	2017	2018	2019	2020
企業行動理論	費用関数	●		●	●						●
	利潤最大化生産量の決定						●	●		●	
	短期供給曲線の導出		●				●		●		●
	生産関数					●					
消費者行動理論	効用関数と無差別曲線										
	予算制約と最適消費の決定										●
	与件の変化と最適消費の決定	●				●			●		
	需要の価格弾力性と需要の所得弾力性		●							●	
	代替効果と所得効果				●						
	消費者理論の応用			●				●			
市場理論Ⅰ（完全競争市場）	市場均衡と均衡の安定性	●	●			●		●	●		●
	完全競争市場の最適性（部分均衡分析）			●			●				
	完全競争市場の最適性（一般均衡分析）				●						
市場理論Ⅱ（不完全競争市場）	独占市場		●		●		●	●		●	
	寡占市場	●				●		●	●		●
	独占的競争市場										
	ゲームの理論							●			
市場理論Ⅲ（市場の失敗）	費用逓減産業		●			●					
	外部効果（外部性）			●		●					●
	公共財	●		●							
国際貿易理論	部分均衡分析									●	
	一般均衡分析				●		●		●		

目次

第1章

企業行動理論

費用関数
利潤最大化生産量の決定
短期供給曲線の導出
生産関数

1 費用関数

学習のポイント

・費用の構成要素である可変費用・固定費用と、これを前提とした平均費用・平均可変費用・限界費用などの各費用概念を正しく把握しましょう。
・微分の計算処理を正しくできるようにしましょう。

1 企業の行動原理

企業は、常に**利潤（π）を最大にするように行動**します。企業の利潤は、以下のように示されます。

利潤（π）＝収入（R）－費用（C）

利潤最大化を追求するならば、企業の行動を二つに分けて考えることができます。**収入**（R：Revenue）**をできるだけ大きくする**方向と、**費用**（C：Cost）**をできるだけ小さくする**方向です。公務員試験では、基本的に、費用をできるだけ小さくすることで（**費用最小化**）、企業は利潤最大化を追求すると考えます。

2 費用関数

(1) 生産要素

費用（C）は、**財の生産に要するコスト**を表します。具体的には、財の生産には、原材料、労働力、機械設備、情報といったさまざまなものが必要です。これらを**生産要素**といいます。これらの生産要素に要する金額が費用（C）です。

ただし、生産要素は、基本的に**労働**（L：Labor）と**資本**（K：Kapital［独］）に集約して考えます。労働（L）とは、**財の生産（x）に必要となる労働力**のことで、資本（K）とは、**財の生産に使用する機械設備**のようなものです。

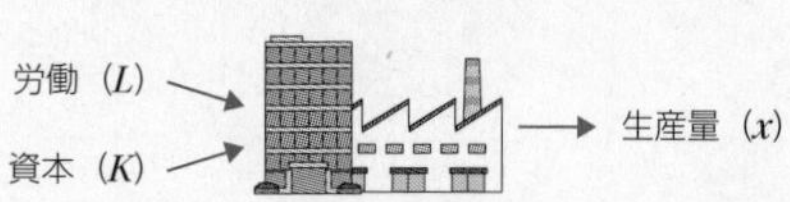

企業の生産活動

費用を最小化したいなら、任意の生産量に対して、労働と資本の生産活動への投入量をできるだけ少なくしようとするはずです（費用最小化行動）。つまり、無駄な人員は削減し、過剰な生産設備を持たないようにするということです。

(2) 生産期間

生産要素をどこまで削減できるかを考えるときに、意識しなければならないのが“**時間**”です。

生産量を変化させるときに、労働（L）は、比較的短期間で投入調整が可能です。生産が忙しいときには、アルバイトや派遣労働者を増やし、閑散期には減らすことができます。

一方、資本（K）の投入調整には時間を要します。生産に適した設備の導入には時間がかかりますし、不要になった場合の解体・撤去にも時間を要します。

そこで、企業行動を考える前提として、短期と長期という二つの生産期間を想定します。

短期とは、**資本（K）が固定的になるような生産期間**をいいます。つまり、「資本の調整ができないくらいの短い期間」ということです。短期的には、労働の調整は可能ですが資本の調整はできず、現状の資本で生産活動をせざるを得ない状態です。

一方、**長期**とは、**資本も含めて、すべての生産要素の調整が可能な期間**をいいます。生産に必要なものはすべて用意できるだけの「十分に長い期間」ということです。

公務員試験では、短期を前提とした問題が多く出題されますので、断りがない以上、短期を前提として話を進めます。

(3) 可変費用

生産活動に投入する労働（L）は、財の生産量（x）に応じて短期的にも投入調整が可能です。仮に、生産量を増やすとしましょう（$x\uparrow$）。生産拡大のためには、最小限にしている労働力を増やす必要があります（$L\uparrow$）。結果、労働に関する費用（人件費）は増えることになります（$C\uparrow$）。

生産量（$x\uparrow$）⇒労働（$L\uparrow$）⇒人件費（$C\uparrow$）

つまり、労働に関する費用は、生産量に比例して発生することになります。このような**生産量に比例して発生する費用**のことを**可変費用**（VC：Variable Cost）と呼びます。可変費用は次のような“**逆S字型**”のグラフとして示すのが一般的です。

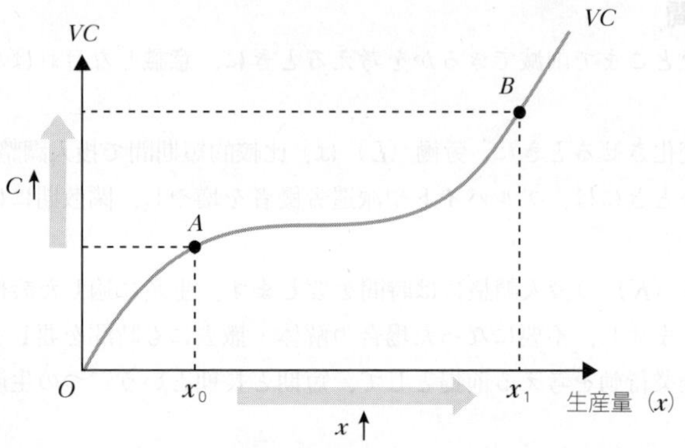

⑷　固定費用

機械設備に代表される資本（K）は、短期的には財の生産量（x）に応じた投入調整ができません。仮に、生産量を増やす場合にも（x↑）、資本の量を増やすことはできません（K一定）。現状の資本で生産せざるを得ないのです。結果、資本に関する費用は変化しないことになります（C一定）。

　生産量（x↑）⇒資本（K一定）⇒設備コスト（C一定）

つまり、資本に関する費用は、生産量に関係なく一定額が発生することになります。このような**生産量に関係なく一定額となる費用**を**固定費用**（FC：Fixed Cost）と呼びます。固定費用は以下のような**水平線**で示すことができます。

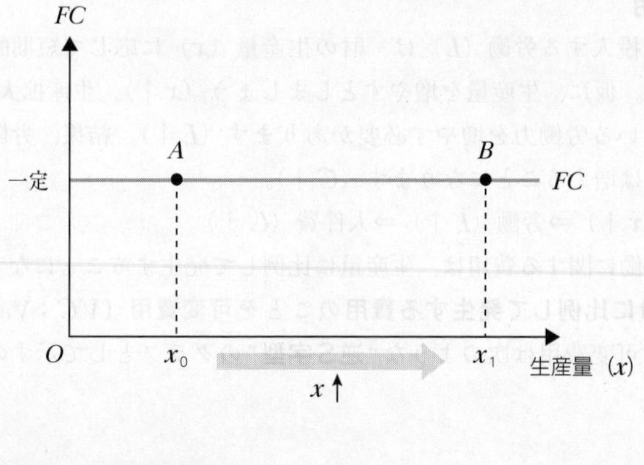

⑸　短期費用関数（総費用曲線）

可変費用（VC）と固定費用（FC）を合計したものが企業の負担する生産コストになります。合計したものを**短期費用関数**（**総費用曲線**）（TC：Total Cost）と呼びます。

$$TC=VC+FC$$

短期費用関数は可変費用と固定費用の合計ですが、生産量の関数として示された部分が可変費用（VC）、定数として与えられた部分が固定費用（FC）に当たります。

$$TC = \underbrace{x^3 + 2x^2 + x}_{VC} \underbrace{+\ 10}_{FC}$$

可変費用の金額と固定費用の金額を合計したものなので、先ほどの二つのグラフの縦軸の合計となります。短期費用関数（総費用曲線）は、以下のように示されます。

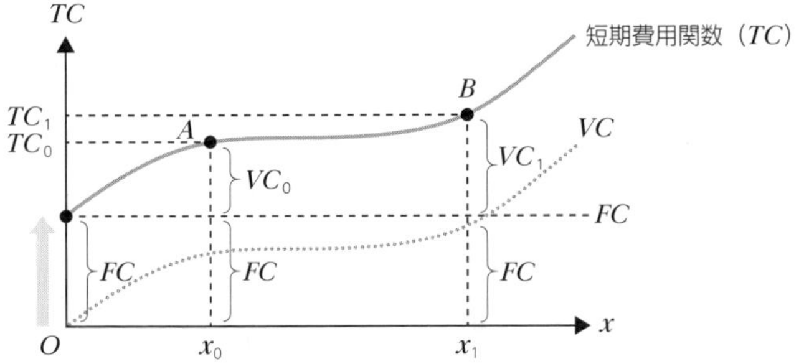

ヒント

公務員試験では、この短期費用関数は、計算の前提として具体的な式が与えられます。皆さんは、与えられた式を前提として、以下の計算をできるようにしておけば問題ありません。

3 平均費用・平均可変費用・限界費用

(1) 平均費用

平均費用（AC：Average Cost）とは、**財1個当たりの生産コスト**を指します。例えば、10個の財（x）を60円の総費用（TC）をかけて生産している場合、平均費用は60円÷10個＝6円です。

一般的に示すと、以下のようになります。

$$AC = \frac{TC}{x}$$

短期費用関数のグラフ上では、**任意の点に向けて原点から引いた直線の傾きの大きさ**になります。これは、

$$\frac{TC}{x} = \frac{\text{縦軸の値}}{\text{横軸の値}} = \text{傾きの大きさ}$$

となるからです。

この平均費用はいつも同じ値ではなく、**生産量が変化すると変化します**。

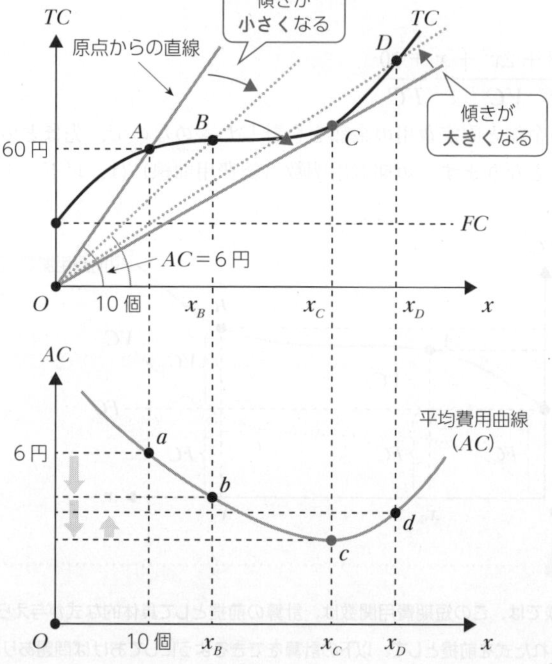

生産量が増加して、生産量と費用の組合せがB点になったとしましょう。原点からB点に向けて直線を引くと、その傾きの大きさはA点のときよりも小さくなります（線分OAの傾き＞線分OBの傾き）。平均費用は生産量の増加に伴って"だんだん小さくなっていく"（平均費用が逓減する）のです。

やがて、C点のように、原点からの直線が短期費用関数と接する状態になると、これ以上傾きの大きさを小さくすることができません。平均費用が最小になるのです。C点を過ぎて生産量が増加していくと、平均費用は次第に大きくなっていき（平均費用が逓増する）、生産量がx_Dのときには線分ODの傾きの大きさになります。

このように、平均費用の大きさは、**生産量の増加によって逓減し、最低点を過ぎると逓増する**、という形で変化するのです。この変化を横軸に生産量（x）、縦軸に平均費用の大きさ（AC）をとった平面上（下のグラフ）に描くと、下に凸の曲線になります。これを**平均費用曲線**といいます。

(2) 平均可変費用

可変費用（VC）だけで生産量1個当たりの費用を計算したものを**平均可変費用**

（AVC：Average Variable Cost）といいます。

$$AVC = \frac{VC}{x}$$

平均費用（AC）に似ていますが、分子の金額は可変費用（VC）であり、固定費用（FC）が除かれているところに注意してください。総費用（TC）が60円、固定費用（FC）は40円だとすると、可変費用部分は20円になります。これを生産量10個で割ると、平均可変費用は２円となります。

短期費用関数のグラフ上では、**任意の点に向けて縦軸の切片から引いた直線の傾きの大きさ**になります。

縦軸の切片からA点に直線を引き、その傾きの大きさ（$\frac{20円}{10個}$＝2円）が平均可変費用に対応することがわかります。なぜ縦軸の切片から直線を引くのかというと、傾きの定義式（$\frac{縦軸の値}{横軸の値}$）の分子から固定費用分を除くためです。

平均可変費用はいつも同じ値ではなく、**生産量が変化すると変化します。**

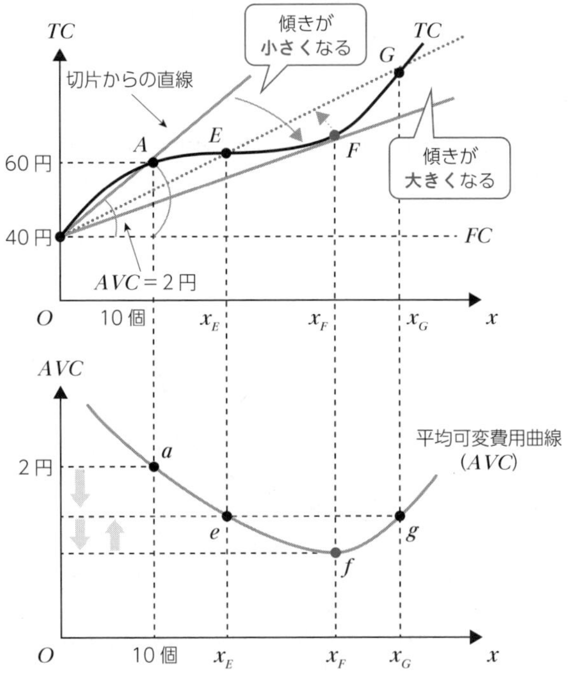

生産量が０から増加していくと平均可変費用は逓減し、切片からの直線が費用関

数と接する状態(F点)で最低値を迎えます。F点を過ぎて生産量が増加していくと、平均可変費用は逓増し、生産量がx_Gのときにはx_Eのときと同じ大きさになっています。

この変化を横軸に生産量(x)、縦軸に平均可変費用の大きさ(AVC)をとった平面上(下のグラフ)に描くと、下に凸の曲線になります。これを**平均可変費用曲線**といいます。

(3) 限界費用

限界費用(MC:Marginal Cost)とは、**生産量(x)を1個増やしたときに、費用がどれだけ増加するか**を表すものです。これは平均費用(AC)には一致しません。生産量を増やしても、固定費用(FC)は増加しないからです(一方、平均費用には固定費用が含まれています)。

式で表すと、

$$MC = \frac{\text{費用の増加分}}{\text{生産量の増加分}} = \frac{\varDelta TC}{\varDelta x}$$

と表すことができます。式にある“$\varDelta$(デルタ)”は、値の変化分(増加分)を表す記号です。

この式も、$\frac{\text{縦軸の変化量}}{\text{横軸の変化量}}$となっていますので、基本的には短期費用関数の傾きの大きさとして示すことができます。

A点から横軸の生産量を1個増やしたとき($\varDelta x = 1$)、縦軸の費用は5円増加します($\varDelta TC = 5$)。このとき、変化前のA点と変化後のB点を直線で結ぶと、線分ABの傾きの大きさが限界費用5円($\frac{5\text{円}}{1\text{個}}$)に相当します。

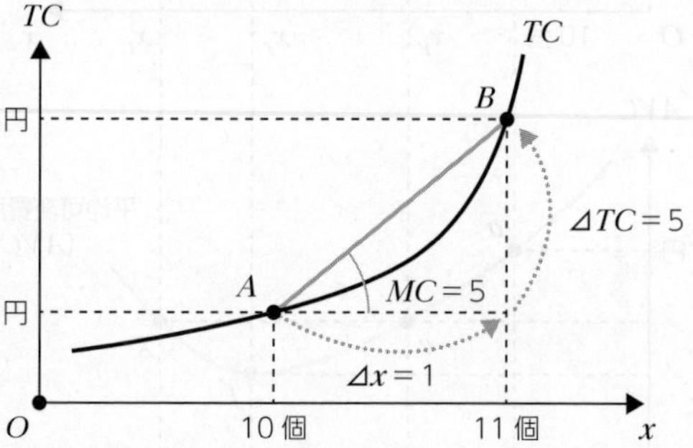

いまの例では限界費用(MC)が5円だとわかっていましたが、試験問題ではこのような具体的な金額は与えてくれません。与えられた短期費用関数(TC)から限界費用(MC)を導かなければなりません。短期費用関数から限界費用を得たい

ときには、微分を使って計算します。

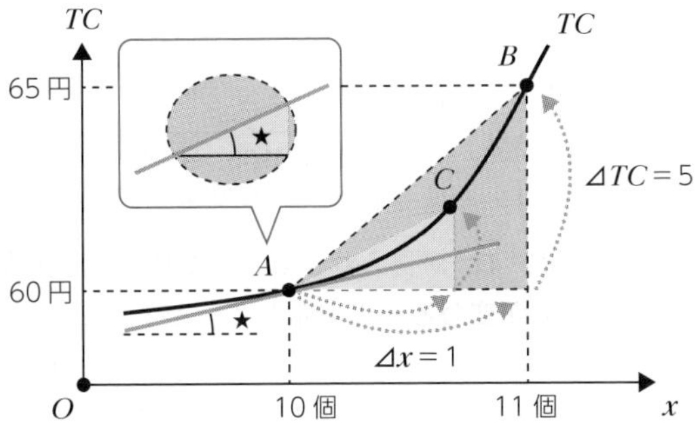

微分という計算処理のイメージをつかむための説明をしておきましょう。横軸の生産量の変化分（$\varDelta x$）を１よりも小さな変化にしていきます。すると、傾きを表す直線は、線分AB、線分ACと変化し、$\varDelta x$の大きさが“**微小な変化分**”になると、A点という１点の中で、生産量の変化と費用の変化が生じる状態になります。A点の中の小さな直角三角形の斜辺の傾きの大きさ（★）が、生産量が微小に変化したときの限界費用の大きさを示します。これが**微分で計算される限界費用**です。この直角三角形の斜辺を大きく描くと、A**点に接する直線**（＝**接線**）になります。つまり、限界費用は、**短期費用関数上に引かれた接線の傾きの大きさ**として示すことができるのです。

基本的に、微分は、関数の傾きを計算したいときに使います。

具体的な短期費用関数を微分して、限界費用を計算してみましょう。いま、短期費用関数（TC）が、

$$TC = 2x^2 + 100 \quad \cdots\cdots ①$$

と与えられていると思ってください。限界費用の定義式は、

$$MC = \frac{\varDelta TC}{\varDelta x}$$

と表せますが、微分を使って計算するときには、「関数TCをxについて微分する」とも読めるようにしておきましょう。

具体的には以下のようにします。

❶xの“肩の数字”（指数）を式の前に掛けて、そこから“１”を引く

❷定数は“変化しない数”なので、「変化なし」との意味でゼロとする

①式で計算すると、

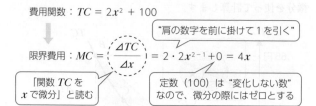

費用関数：$TC = 2x^2 + 100$

“肩の数字を前に掛けて１を引く”

限界費用：$MC = \frac{\Delta TC}{\Delta x} = 2 \cdot 2x^{2-1} + 0 = 4x$

「関数 TC を x で微分」と読む

定数（100）は“変化しない数”なので、微分の際にはゼロとする

となります。計算結果として“$4x$”が得られました。これは、**限界費用の大きさは、生産量（x）が変化すると値が変わる**ことを示しています。この式をグラフにしたものを**限界費用曲線**といいます。

では、限界費用（MC）を短期費用関数のグラフで見ておきましょう。

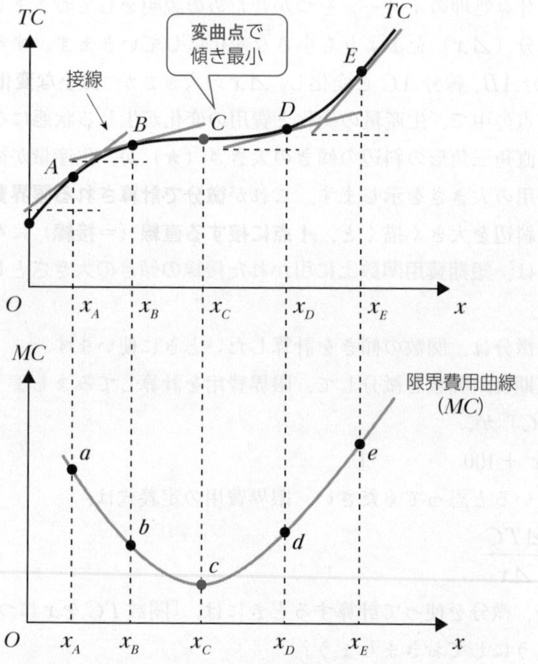

まず、短期費用関数（TC）上の C 点に注目して下さい。C 点よりも左側では、だんだん勾配が緩やかになるような（上に凸）曲線になっていますが、C 点よりも右側ではだんだん勾配がきつくなるような（下に凸）曲線になっています。つまり、C 点は、短期費用関数の“**カーブの変わり目**”となっているのです。このような点を**変曲点**といいます。

C 点よりも左側では、接線の傾きの大きさである限界費用は生産量の増加に伴ってだんだん小さくなり（逓減する）、C 点で最小となります。C 点を過ぎて生産量が増加すると、勾配はきつくなっていくので、限界費用はだんだん大きくなっていきます（逓増する）。この変化を、横軸に生産量（x）、縦軸に限界費用の大きさをとった平面上（下のグラフ）に描くと、下に凸の曲線が描けます。これが**限界費用曲線**です。

(4) AC曲線・AVC曲線・MC曲線の対応関係

三つの費用概念について、グラフの対応関係を整理しましょう。それぞれ曲線の最低点に注目します。

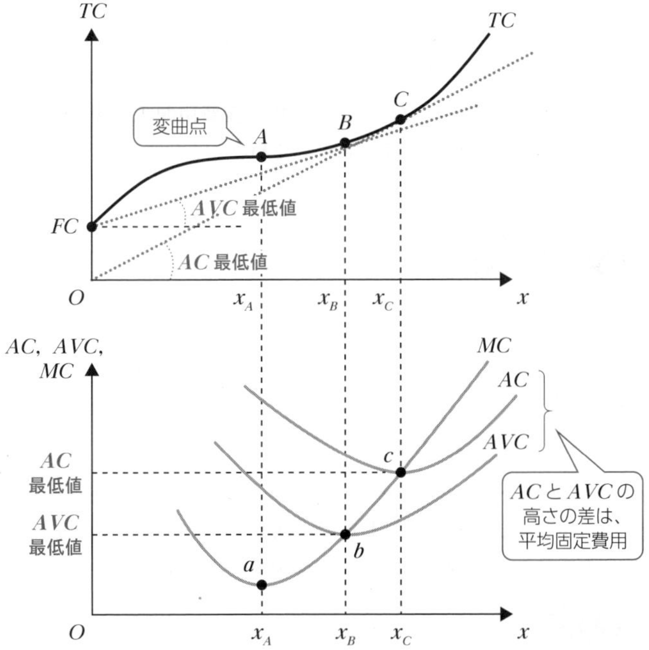

平均費用曲線（AC）から見ていきましょう。平均費用は、原点からの直線が短期費用関数と接する生産量x_Cで最低値となります。x_Cよりも左側の領域では逓減し（右下がり）、右側の領域では逓増します（右上がり）。

次に、平均可変費用曲線（AVC）は、縦軸の切片からの直線が短期費用関数と接する生産量x_Bで最低値となります。x_Bよりも左側の領域では逓減し、右側の領域では逓増します。

また、平均費用の最低値よりも平均可変費用の最低値のほうが小さくなっています。これは平均可変費用が生産量1単位当たりの固定費用（平均固定費用）を含まないからです。その結果、平均可変費用曲線（AVC）は、平均費用曲線（AC）

よりも平均固定費用分だけ下方に描かれることになります。

最後に、限界費用曲線（MC）です。限界費用は「変曲点」における生産量x_Aにおいて最低となります。x_Aの左側の領域では逓減し、右側の領域で逓増します。

限界費用が逓増していく途中で、平均可変費用（AVC）の最低値および平均費用（AC）の最低値と一致します。

平均可変費用が最低値となる生産水準（x_B）では、切片からの直線が短期費用関数とB点で接しているので、同じB点で限界費用を得るために接線を描くと、二つの直線の傾きが一致することになります。要するに、“切片からの直線”と“接線”が重なる関係になるのです。

同様に、C点においても、原点からの直線が短期費用関数と接しているため、同じ点で限界費用を表す接線を得ると傾きが一致します。

このように、**限界費用曲線（MC）は、平均可変費用曲線（AVC）と平均費用曲線（AC）の最低点を、下から切るように交わる**ことになります。

確認してみよう

① 企業の利潤（π）を式にしなさい。

1 参照

利潤（π）＝収入（R）－費用（C）

② 平均費用（AC）を、言葉と式で定義しなさい。また、短期費用関数のグラフの中では、平均費用はどのように示すことができるか。

3 (1) 参照

生産量（x）1個当たりの総費用（TC）

$$AC=\frac{TC}{x}$$

原点から引いた直線の傾きの大きさ

③ 平均可変費用（AVC）を、言葉と式で定義しなさい。また、短期費用関数のグラフの中では、平均可変費用はどのように示すことができるか。

3 (2) 参照

生産量（x）1個当たりの可変費用（VC）

$$AVC=\frac{VC}{x}$$

縦軸の切片から引いた直線の傾きの大きさ

4 限界費用（MC）を、言葉と式で定義しなさい。また、短期費用関数のグラフの中では、限界費用はどのように示すことができるか。

3 (3) 参照

生産量（x）を1個増やしたときに増加する総費用（TC）

$$MC=\frac{\Delta TC}{\Delta x}$$

接線の傾きの大きさ

5 逆S字型の短期費用関数（TC）を前提として、平均費用曲線、平均可変費用曲線、限界費用曲線の対応関係を描きなさい。

3 (4) 参照

以下のようになります。

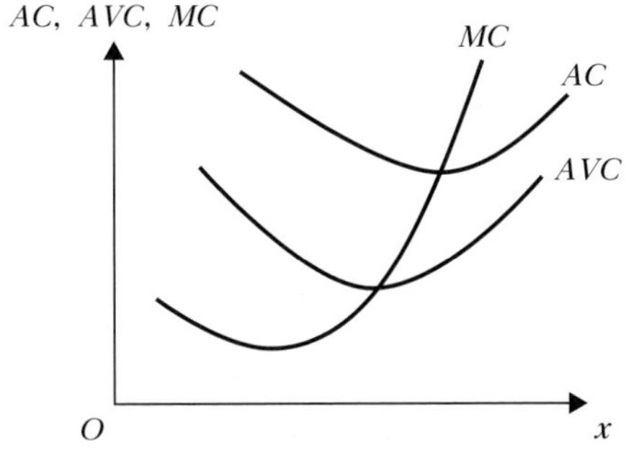

過去問にチャレンジ

問題1 ★

図は、企業の総費用曲線を示している。この図に関する次の記述のうち、妥当なのはどれか。

地上2007

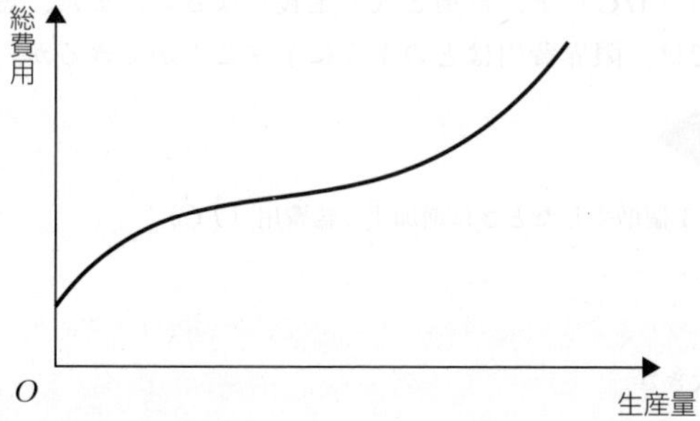

❶ 生産量の水準に関わらず、限界費用は平均総費用より高い。

❷ 生産量の水準に関わらず、平均可変費用は平均総費用より高い。

❸ 生産量が増加すればするほど、平均総費用は減少する。

❹ 平均総費用が最小となる生産水準で、限界費用と平均総費用は等しくなる。

❺ 限界費用が最小となる生産水準で、限界費用と平均総費用は等しくなる。

問題2
★

図は、ある企業の短期総費用曲線を表したものである。この企業は、可変的生産要素と固定的生産要素を用いて、ある財を生産している。この図に関する次の記述のうち、妥当なのはどれか。

なお、図において、短期総費用曲線は半直線である。

国般2012

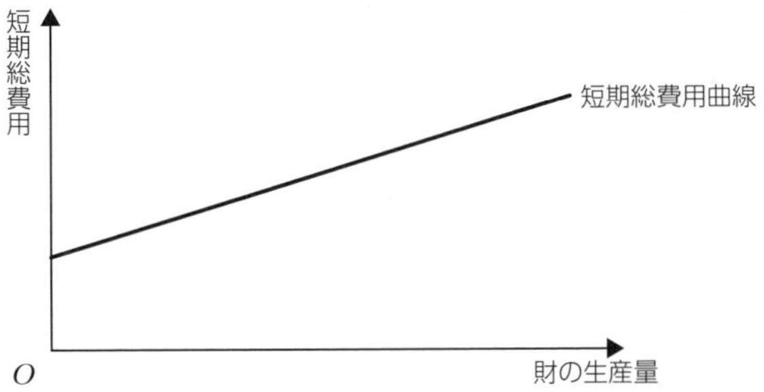

❶ 生産量がゼロのとき、平均費用と平均可変費用はそれぞれ最も小さくなっている。

❷ 生産量が増えるにしたがって、限界費用は逓増し、平均可変費用は逓減している。

❸ 生産量が増えるにしたがって、限界費用は逓減し、平均費用は逓増している。

❹ 生産量の大きさにかかわらず、限界費用は平均費用を上回っている。

❺ 生産量の大きさにかかわらず、限界費用は平均可変費用と等しい。

2 利潤最大化生産量の決定

学習のポイント

・利潤最大化条件を正しく理解しましょう。
・利潤最大化生産量の計算方法について、２通りの方法を身につけておきましょう。

1 企業の行動原理

企業の行動を確認しましょう。企業は、利潤（π）を最大にするように行動します。企業の利潤（π）は、以下のように表すことができました。

利潤（π）＝収入（R）－費用（C）

費用を最小にすることによって利潤最大化を図ろうとするなら、労働や資本といった生産要素の投入は必要最小限にし、生産量に対して最小の費用で財の生産を行います。この生産量に対して最小の費用を与える式が、前節で学習した**短期費用関数（総費用曲線）**です。企業の短期費用関数（総費用曲線）は、試験問題では与えられます。

2 収入関数

収入（R）はどのように表せるでしょうか。

企業の**収入**（R）は、**財の売上**に当たります。いま、企業は１種類の財だけを供給しているものとし、財の価格をP、財の生産量をxとすると、

収入（R）＝価格（P）・生産量（x）

となります。

ここで二つの仮定をおきます。

第一に、**生産量＝供給量**（販売量）とします。少々現実性を欠きますが、「作ったら売れる」と考え、試験問題でも「生産量」とされます。いまは、「売れる分しか作らない」と考えておいてください。

第二に、財の価格については、**企業は市場で決定された価格を受け入れなければならない**とします。これを**プライス・テイカーの仮定**といいます。企業は、世間の相場を無視することができないとするのです。

以上の仮定を踏まえ、横軸に生産量（x）、縦軸に収入額（R）を取ると収入関

数は**原点を通る右上がりの直線**（一次関数）として描くことができます。

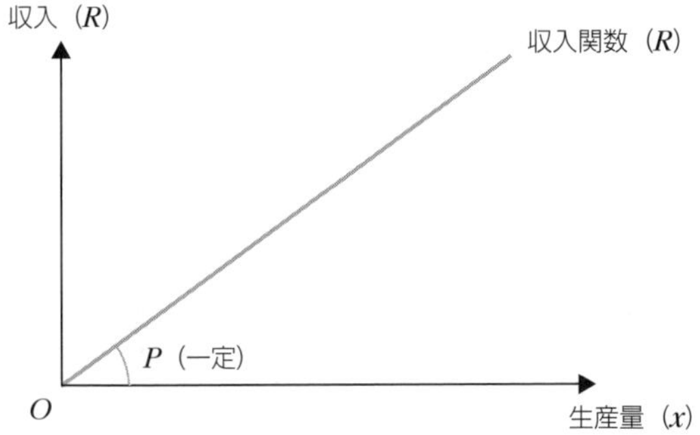

3 利潤最大化生産量の決定条件

(1) 利潤最大化の１階条件

企業の収入関数（R）と短期費用関数（TC：総費用曲線）を同じ平面上に描くと、以下のようになります。最小の費用で財の生産を行っているなら、企業の利潤は自ずと最大化されるはずです。ところが、そう簡単ではありません。

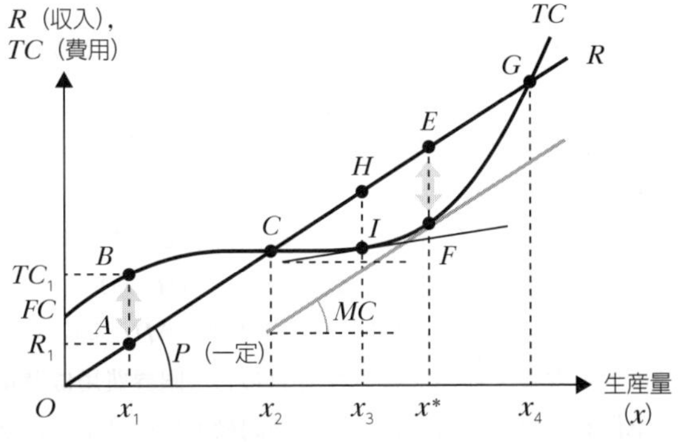

企業が生産量をx_1に決めたとしましょう。この場合、収入の大きさはR_1、費用の大きさはTC_1となり､費用が収入を上回ってしまいます。このとき利潤（π）は、

$$\pi = R_1 - TC_1 < 0 \text{（マイナス）}$$

となり、損失（赤字）になってしまいます（線分ABの長さ）。つまり、**利潤が最大化されるとは限らない**のです。原点Oからx_2までの範囲の生産量でも、同様に損失が出てしまいます。

企業にプラスの利潤をもたらすのは、収入関数が短期費用関数を上回るx_2から

x_4の範囲内の生産量を生産したときです。利潤は収入と費用の差ですから、収入関数と短期費用関数の差額（＝離れている距離）が最も大きくなっている状態が利潤最大化を実現している状態だといえます。

仮に、グラフにおけるx^*を生産するときの利潤が線分EFで最大化されているとしましょう。このとき短期費用関数上に接線を描くと、収入関数と平行になります。二つのグラフが平行であるということは、二つのグラフの傾きが等しくなっているということです。また、収入関数の傾きはP（価格）に相当し、短期費用関数の接線の傾きはMC（限界費用）に相当します。したがって、利潤を最大にする生産量を決定するためには、以下の条件を満たす必要があります。

〔利潤最大化生産量の決定条件（1階条件）〕

収入関数の傾きの大きさ＝短期費用関数の傾きの大きさ

$P=MC$　〔P：価格（一定）、MC：限界費用〕

(2) 利潤最大化の２階条件

グラフを見ると、$P=MC$という条件は２か所で成立し得ることがわかります。

生産量がx_1とx^*のときに短期費用関数上に接線を引くと収入関数と平行になり、$P=MC$という条件が成立する可能性があります。x_1は、損失（マイナスの利潤）が最大となる生産量です。つまり、$P=MC$という条件は、利潤が最大となる生産量と損失が最大となる生産量の二つを選び出してしまう可能性があるのです。

そこで、利潤最大となる生産量だけを残し、損失が最大となる生産量を排除するためにもう一つ条件が必要になります。

次に描いた限界費用曲線（MC）のグラフに注目してください。プラスの利潤を最大化させるE点では、限界費用曲線は右上がり（MC逓増）ですが、損失を最大化させるF点においては、限界費用曲線は右下がり（MC逓減）になっています。そこで、損失が最大となる生産量を排除するために「**限界費用は逓増しなければならない**」という条件をプラスします。これを利潤最大化の２階条件といいます。

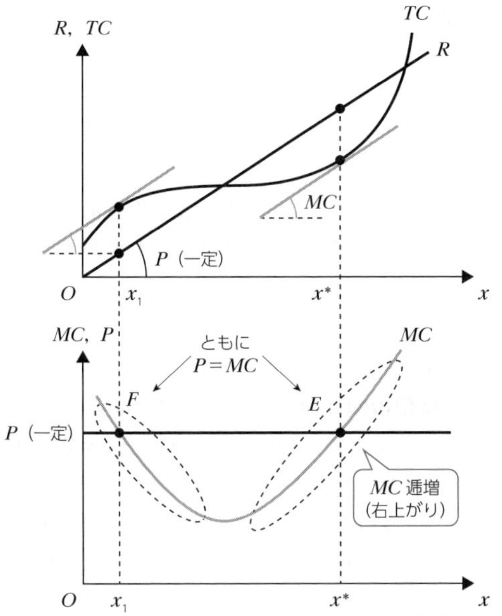

⑶ 利潤関数からのアプローチ

生産量の変化に伴って、収入と費用との差である利潤（π）がどのように変化するかをグラフにします。

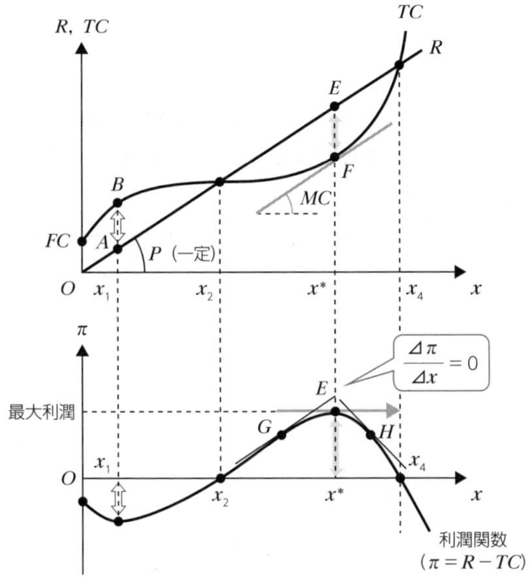

生産量（x）が増加していくと、収入と費用との差がどのように変化するかを描いたのが利潤関数です（下のグラフ）。

はじめは生産量を拡大していくと損失が発生しますが、x_2を超えた生産水準でプラスの利潤が発生することを示しています。式で示すと、

利潤（π）＝収入（R）－費用（TC）

$$= P \cdot x - TC \quad 〔P：価格、x：生産量〕 \quad \cdots\cdots①$$

となり、利潤の計算式そのものです。企業の狙いは利潤最大化ですから、利潤関数の最高点E点を実現しようとします。このときの生産量が利潤最大化生産量x^*です。

この最高点E点に傾きを示すための接線を引くと、その接線は横軸に対して水平になります。つまり、**接線の傾きの大きさがゼロになる**のです（G点では傾きはプラス、H点では傾きはマイナスになっています）。傾きを計算するには微分を行えばよいので、①式を生産量で微分して傾きの式にして、ゼロとおきます。

$$\frac{\Delta \pi}{\Delta x} = 1 \cdot P \cdot x^{1-1} - \frac{\Delta TC}{\Delta x} = 0 \quad \cdots\cdots②$$

指数法則
$x^0 = 1$

$\frac{\Delta TC}{\Delta x}$は限界費用（$MC$）を表しますので、②式は、

$$P - MC = 0 \qquad \therefore \quad P = MC$$

となります。つまり、利潤関数を微分してゼロとおく計算は、$P = MC$という“公式”を使った計算をしていることと同じなのです。

ヒント

このように、利潤最大化が実現しているとき、利潤関数の接線の傾きはゼロになっていますから、上記のように利潤関数を微分してゼロとおくと、その結果として求められる生産量（x）が利潤最大化生産量となるわけです。

確認してみよう

① 価格をP、生産量をxとして企業の収入関数（R）を表しなさい。

2 参照

$R = P \cdot x$

② 企業は、市場で決定された価格を受け入れて行動せざるを得ないという仮定を何というか。

2 参照

プライス・テイカーの仮定

③ 企業の利潤を最大にする生産量を決定する条件を式で示しなさい。

3 (1) 参照

P（価格）$= MC$（限界費用）

④ 損失の最大化を避けるためには、どのような条件が必要か。言葉で示しなさい。

3 (2) 参照

限界費用が逓増的でなければならない

⑤ 利潤関数を生産量で微分してゼロとおく計算を行うことで、どのような条件が導かれるか。言葉で示しなさい。

3 (3) 参照

利潤最大化生産量の決定条件（$P = MC$）

解法ナビゲーション

利潤最大化を行う、ある企業の短期の総費用関数が、

$$C(x) = x^3 - 6x^2 + 18x + 32$$

で示されるとする。ここで、x (≥0) は生産量を表す。また、この企業は完全競争市場で生産物を販売しているとする。生産物の市場価格が54のとき、最適な生産量はいくらか。

国般2013

❶ 3
❷ 4
❸ 5
❹ 6
❺ 7

着眼点

基本的な計算問題について、解法を2パターン示しておきます。試験会場において、どちらで解くかは好みの問題ですが、どちらの解き方も理解しておいてください（以下で紹介していく問題についても同様です）。

なお、「完全競争市場」という言葉は気にしなくて結構です。後述します。

【解答・解説】

正解 ❹

❶ $P=MC$ を使って解く

問題文に「最適な生産量」とありますが、これは利潤を最大にする生産量のことです。よって、基本的には利潤最大化条件 $P=MC$ を使って解くことになります。

まず、問題文の短期の総費用関数を微分して、限界費用（MC）を計算します。

$$MC=\frac{\varDelta C}{\varDelta x}=3\cdot x^{3-1}-2\cdot 6x^{2-1}+1\cdot 18x^{1-1}+0$$

$$\Leftrightarrow\quad MC=3x^2-12x+18$$

生産物（財）の価格は54ですから、利潤最大化条件（$P=MC$）は以下のようにおけます。

$$54=3x^2-12x+18$$

この式を因数分解すると、

$$3x^2-12x-36=0$$

$$\Leftrightarrow\quad x^2-4x-12=0$$

掛けて－12、足して－4になる数の組合せを探します。

$$\Leftrightarrow\quad (x-6)(x+2)=0$$

$$\therefore\quad x=6\quad（生産量が－2になることはあり得ない）$$

となります。

よって、正解は❹となります。

❷ 利潤関数を立てて、微分してゼロとおく

問題文から、企業の利潤関数（π）は以下のようにおけます。

$$\pi=収入（R）－費用（C）$$

$$=54x-(x^3-6x^2+18x+32)$$

収入は価格×生産量とし、費用は問題文の式をそのまま使います。

この利潤関数 π を生産量 x で微分してゼロとおくと、以下のように計算できます。

$$\frac{\varDelta \pi}{\varDelta x}=1\cdot 54x^{1-1}-3x^{3-1}+2\cdot 6x^{2-1}-1\cdot 18x^{1-1}=0$$

$$\Leftrightarrow\quad 54-3x^2+12x-18=0$$

$$\Leftrightarrow\quad x^2-4x-12=0$$

$$\Leftrightarrow\quad (x-6)(x+2)=0$$

$$\therefore\quad x=6\quad（生産量が－2になることはあり得ない）$$

よって、正解は❹となります。

過去問にチャレンジ

問題1 ★

完全競争市場において、ある財を生産する企業の平均費用曲線が、次式で示され、財の価格が100である場合、利潤が最大になる生産量とそのときの利潤の組合せとして、正しいのはどれか。

都Ⅰ 2006

$$AC = Y^2 - 9Y + 52 \quad \begin{pmatrix} AC: \text{平均費用} \\ Y\ : \text{生産量} \end{pmatrix}$$

	生産量	利潤
❶	4	272
❷	6	396
❸	6	566
❹	8	448
❺	8	756

問題2 ★

完全競争市場において、財Xを生産し販売している、ある企業の平均可変費用が、

$$AVC = X^2 - 6X + 380 \quad \begin{pmatrix} AVC: \text{平均可変費用} \\ X\ (X \geqq 0): \text{財Xの生産量} \end{pmatrix}$$

で表されるとする。

この企業の固定費用が20、完全競争市場における財Xの価格が416であるとき、この企業の利潤が最大となる財Xの生産量はいくらか。

区Ⅰ 2019

❶ 2
❷ 3
❸ 4
❹ 5
❺ 6

問題3
★

完全競争市場において、ある財を生産し販売しているある企業の平均可変費用をAVC、ある財の生産量をX（$X \geqq 0$）とし、この企業の平均可変費用が、

$$AVC = X^2 - 30X + 320$$

で表されるとする。完全競争市場における生産物価格が320であるとき、企業が利潤最大化を行うとして、この企業の純利潤が0であるとした場合の固定費用の値はどれか。

区Ⅰ 2017

❶ 1360
❷ 3000
❸ 4000
❹ 6640
❺ 9280

3 短期供給曲線の導出

学習のポイント

・価格と企業の行動について、グラフの見方を理解しましょう。
・損益分岐点・操業停止点がグラフ上のどこに位置するか、正しく把握しておきましょう。

1 供給曲線とは

企業は、市場における財の供給者です。当然、企業は利潤最大化を実現するように財の供給を行おうとします。このとき、企業は市場で決定された価格（P）を受け入れて供給量を決定します（プライス・テイカーの仮定）。では、市場での価格の変化に対して、利潤最大化を実現するには財の供給量をどう変化させればよいのでしょうか。

財の価格と企業の利潤最大化生産量を対応させたグラフを**供給曲線**（S：Supply Curve）と呼びます。通常、供給曲線は**右上がり**の曲線として示すことができます。では、なぜ「右上がり」なのでしょうか。これを説明することが企業理論の重要な課題なのです。

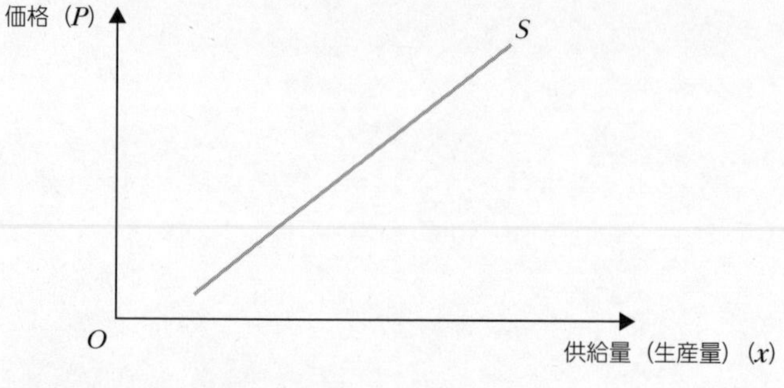

2 短期供給曲線の導出

供給曲線は、平均費用曲線（AC）、平均可変費用曲線（AVC）、限界費用曲線（MC）を使って導きます。財の価格（P）は、市場で決定されたものを受け入れて行動するので（プライス・テイカーの仮定）、以下で場合分けして見ていきます（試験問題では指示があります）。

(1) 価格（P）が平均費用曲線（AC）の最低点を上回る場合

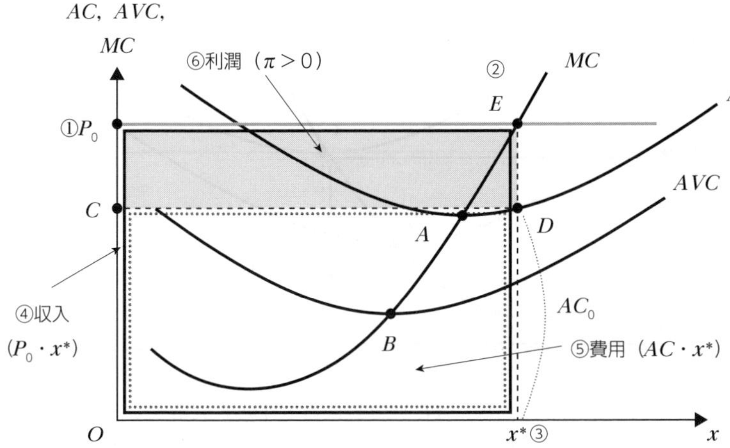

一定の価格が、平均費用曲線（AC）の最低点（A点）よりも高いP_0に与えられたとします（①）。企業は、利潤最大化条件（$P=MC$）を満たすE点（②）で生産量をx^*に決定します（③）。

このとき、収入（R）は$P_0 \cdot x^*$と計算できるので、四角形の面積P_0Ex^*Oで表すことができます（④）。

一方、財をx^*だけ生産するときの平均費用（AC）はD点の高さになります（AC_0）。全体の費用（TC）は$AC_0 \cdot x^*$と計算できますので、費用（TC）は四角形CDx^*Oの面積になります（⑤）。

したがって、企業の利潤（π）は、

$$\pi = R - TC = \text{四角形}P_0EDC$$

と表せます。費用よりも収入の面積のほうが大きいので、四角形P_0EDCはプラスの利潤を表すといえます（⑥）。

このように、**平均費用曲線の最低点を上回る財価格が与えられた場合には、プラスの利潤を確保することができ、財の供給を行うことに何ら問題はない**といえます。よって、企業は価格P_0のもとでは、限界費用曲線上でx^*だけの財の供給を行うことになります。

(2) 価格が平均費用曲線（*AC*）の最低点に一致する場合

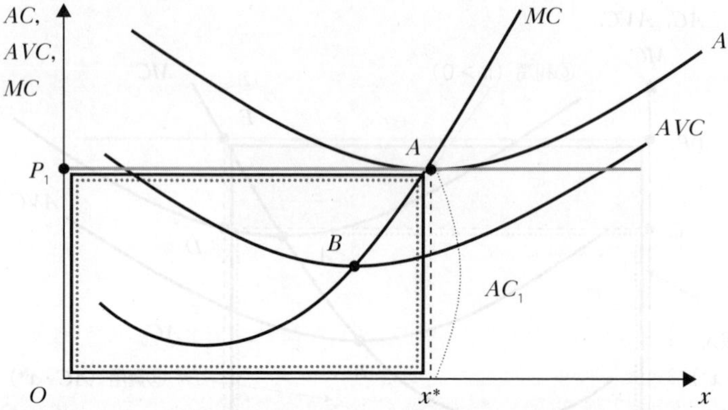

価格が下落し、平均費用曲線（AC）の最低点（A点）に等しい価格が与えられたとします（P_1）。企業は$P_1=MC$（利潤最大化条件）を満たすA点で生産量をx^*に決定します。

このとき、収入（R）は$P_1 \cdot x^*$と計算できるので、四角形の面積P_1Ax^*Oになります。

一方、財をx^*だけ生産するときの平均費用（AC）もA点の高さになります（AC_1）。費用（TC）は$AC_1 \cdot x^*$と計算できますので、四角形P_1Ax^*Oの面積になります。

したがって、企業の利潤（π）は、収入の金額と費用の金額が同じなので、

$$\pi = R - TC = 0$$

となり、**平均費用曲線の最低点に一致する財価格が与えられた場合には、利潤も損失も生じない**ことになります。損失が発生しているわけではないので、企業は限界費用曲線上のA点で、x^*だけの財の供給を行うことになります。

(3) 価格が平均費用曲線（AC）の最低点と平均可変費用曲線（AVC）の最低点の間に与えられた場合

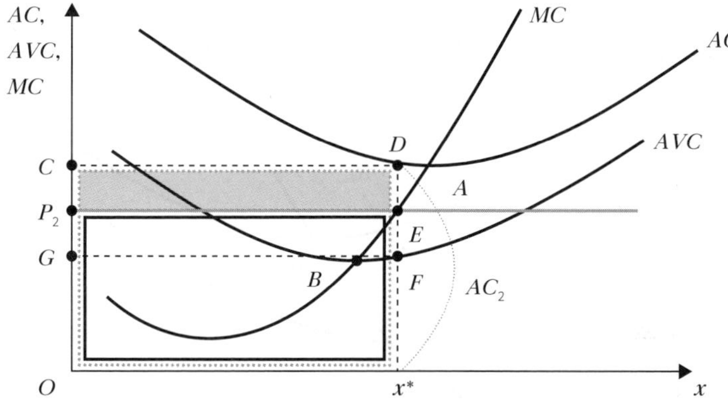

さらに価格が下落し、平均費用曲線（AC）の最低点（A 点）と平均可変費用曲線（AVC）の最低点（B点）の中間に与えられたとします（P_2）。企業は$P_2 = MC$（利潤最大化条件）を満たすE点で生産量をx^*に決定します。

このとき、収入（R）は$P_2 \cdot x^*$と計算できるので、四角形の面積P_2Ex^*Oになります。

一方、財をx^*だけ生産するときの平均費用（AC）はD点の高さになります（AC_2）。費用（TC）は$AC_2 \cdot x^*$と計算できますので、四角形CDx^*Oの面積になります。

収入よりも費用のほうが大きいので、企業の利潤（π）は、

$$\pi = R - TC < 0$$

となり、四角形$CDEP_2$の分だけ損失（マイナスの利潤）が発生することがわかります。

では、企業は財の供給を止めるべきでしょうか。仮に、生産を止める場合（$x = 0$）、収入と可変費用（VC）はゼロになりますが、固定費用（FC）は発生してしまいます。つまり、**生産を停止すると、固定費用と同額の損失を発生させる**ことになるのです。x^*だけ生産するときのF点の高さは平均可変費用（AVC）を表しますから、線分DFは1個当たりの固定費用（平均固定費用といいます）に相当します。線分DFに生産量x^*を掛けて計算される四角形$CDFG$が固定費用（FC）を表すわけです。

x^*だけ供給する場合の損失と固定費用の大きさを比べると、

供給する場合の損失（$CDEP_2$）< 固定費用（$CDFG$）

となっています。つまり、生産を停止するよりも財の供給をしたほうが、損失が少

なく済む状態です。よって、企業は、**損失（赤字）が発生するけれども、短期的には限界費用曲線上でx^*の生産を行う**ことになります。

(4) 価格が平均可変費用曲線（AVC）の最低点を下回る場合

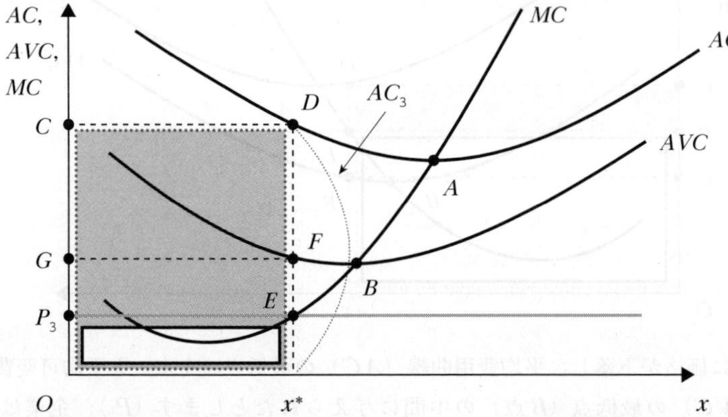

さらに価格が下落して、平均可変費用曲線（AVC）の最低点（B点）を下回ったとしましょう（P_3）。企業はE点で生産量をx^*に決定します[1]。

このとき、収入（R）は$P_3 \cdot x^*$と計算できるので、四角形の面積P_3Ex^*Oになります。

一方、財をx^*だけ生産するときの平均費用（AC）はD点の高さになります（AC_3）。費用（TC）は$AC_3 \cdot x^*$と計算できますので、四角形CDx^*Oの面積になります。

収入よりも費用のほうが大きいので、企業の利潤（π）は、

$\pi = R - TC < 0$

となり、四角形$CDEP_3$の分だけ損失（マイナスの利潤）が発生することがわかります。

では、企業は財の供給を止めるべきでしょうか。x^*だけ供給する場合の損失と生産を停止した場合の損失（＝固定費用）の大きさを比べると、

供給する場合の損失（$CDEP_3$）＞固定費用（$CDFG$）

となっています。つまり、財の供給を止めてしまったほうが、損失が少なく済む状態です。よって、この場合には**財の供給を停止する**ことになります。

1) 2か所でP_3と限界費用曲線が交わりますが、限界費用曲線が右上がり（逓増）になっているほう（E点）を選択します（2階条件）。

(5) 短期供給曲線

企業は、市場で決定された価格（P）に従い、限界費用曲線（MC）と一致するところで財の供給を行います（利潤最大化条件）。つまり、**基本的には、限界費用曲線（MC）が財の供給曲線（S）になります**。利潤最大化のためには限界費用曲線は右上がり（限界費用逓増）である必要があるので、**供給曲線も右上がりでなければなりません**。

ただし、価格が平均可変費用曲線の最低点（B 点）を下回った場合には、財の供給を停止します。このような意味で、**平均可変費用曲線の最低点**（B 点）を**操業停止点**（生産停止点）と呼びます。B 点を下回る価格水準のときには、「供給量をゼロにする」という意味で、縦軸に張り付く形で供給曲線の一部を描きます。

一方、価格が平均費用曲線（AC）の最低点（A 点）を上回れば企業の利潤はプラスとなり、下回れば利潤はマイナス（損失、赤字）となります。つまり、平均費用曲線の最低点（A 点）はプラスの利潤が得られるか否かの分かれ目になっているわけです。このような意味で、**平均費用曲線の最低点**（A 点）を**損益分岐点**と呼びます。

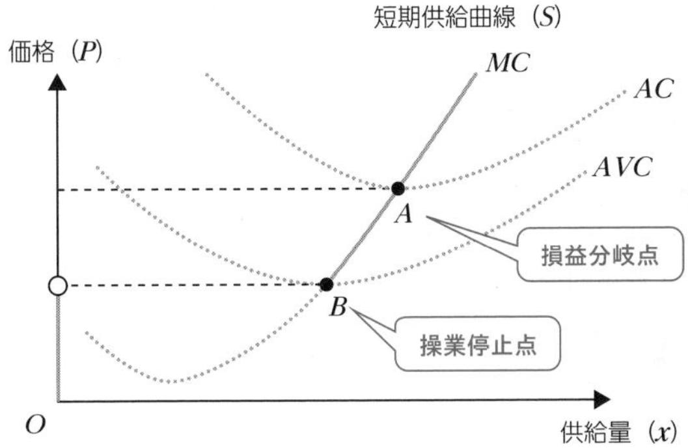

確認してみよう

① 市場から与えられた財の価格が、企業の平均費用の最低値に等しい場合、企業の利潤はどのようになるか。

2 (2) 参照

収入と費用が同額になるので、企業の利潤はゼロになる

② 平均費用の最低値と平均可変費用の最低値の間に価格が与えられた場合、企業の利潤はどのようになるか。また、企業は操業を続けるべきか。

2 (3) 参照

企業の利潤はマイナス（損失）となるが、短期的には操業を続けるべきである

③ 短期において、企業が財の生産を停止した場合、企業の利潤はどのようになるか。

2 (3) 参照

固定費用と同額の損失（マイナスの利潤）が発生する

④ 平均可変費用曲線の最低点を何と呼ぶか。

2 (5) 参照

操業（生産）停止点

⑤ 平均費用曲線の最低点を何と呼ぶか。

2 (5) 参照

損益分岐点

解法ナビゲーション

完全競争市場において、企業の短期の総費用関数が

$$TC=\frac{1}{3}x^3-2x^2+10x+20$$

で示されるとする。ここで、TCは総費用、xは生産量を表す。このとき、操業停止点における生産量はいくらか。

国般2010

❶ 1
❷ 3
❸ 5
❹ 7
❺ 9

着眼点

操業停止点の持つ性質を利用して解くことを考えます。*AVC*と*MC*の交点であること、*AVC*の最低点であることのどちらかのアプローチが考えられます。

【解答・解説】

正解 ❷

解法を2種類紹介しますが、実践的な方法は❷です。計算が楽だからです。両方理解したうえで、❷で解くようにしましょう。

❶ $AVC=MC$と式を立てて解く方法

操業停止点は、平均可変費用曲線（AVC）と限界費用曲線（MC）との交点に対応します。

まず、与えられた短期の総費用関数から平均可変費用（AVC）を計算すると、

$$AVC=\frac{VC}{x}=\frac{1}{3}x^2-2x+10 \quad \cdots\cdots ①$$

となります。与えられた総費用関数のうち、「＋20」を除いた部分が可変費用（VC）に当たります。固定費用の20を含めて計算しないように注意してください。

次に、限界費用は以下のように計算できます。

$$MC=\frac{\Delta TC}{\Delta x}=3\cdot\frac{1}{3}x^{3-1}-2\cdot 2x^{2-1}+1\cdot 10x^{1-1}+0$$

$$\therefore \quad MC=x^2-4x+10 \quad \cdots\cdots ②$$

ここで、①式と②式から$AVC=MC$となるときのxの値を計算すると、以下のようになります。

$$\frac{1}{3}x^2-2x+10=x^2-4x+10$$

$$\Leftrightarrow \quad \frac{2}{3}x^2-2x=0$$

$$\Leftrightarrow \quad 2x^2-6x=0$$

$$\Leftrightarrow \quad x^2-3x=0$$

$$\Leftrightarrow \quad x(x-3)=0 \qquad \therefore \quad x=3$$

よって、正解は❷となります。

❷ 最低点を取る方法

操業停止点は平均可変費用曲線（AVC）の最低点に対応します。与えられた総費用関数から平均可変費用（AVC）を計算すると、

$$AVC=\frac{VC}{x}=\frac{1}{3}x^2-2x+10 \quad \cdots\cdots ①$$

となります。「最低点」では、平均可変費用曲線（AVC）上に取った接線の傾き

はゼロになります。

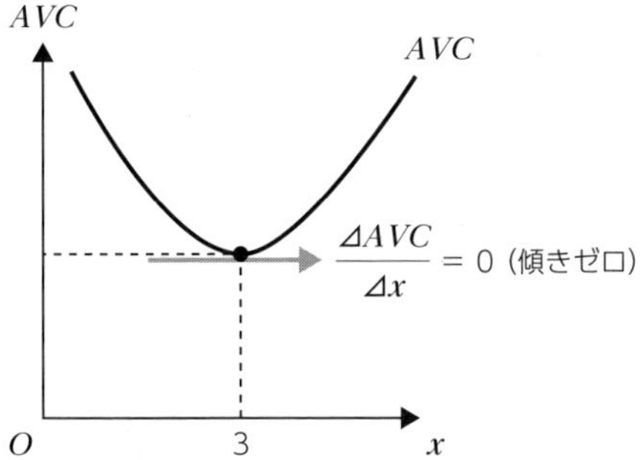

そこで、①式をxで微分してゼロとおくと、そのときのxの値を求めることができます。

$$\frac{\Delta AVC}{\Delta x}=2\cdot\frac{1}{3}x^{2-1}-1\cdot 2x^{1-1}+0=0$$

$$\Leftrightarrow\ \frac{2}{3}x=2 \qquad \therefore\ x=3$$

よって、正解は❷となります。

過去問にチャレンジ

問題1
★

下図のように、完全競争市場における企業Nの限界費用曲線MC、平均費用曲線AC及び平均可変費用曲線AVCが示され、生産物の価格が点P_0であるとき、企業Nの利潤を示す部分として、正しいのはどれか。

都Ⅰ 2007

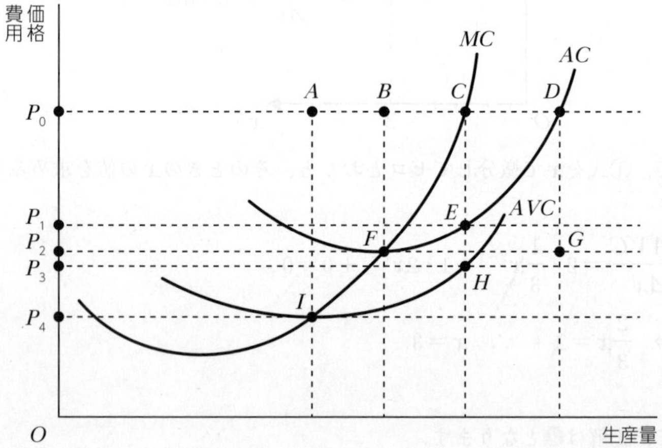

❶ P_0AIP_4
❷ P_0BFP_2
❸ P_0CEP_1
❹ P_0CHP_3
❺ P_0DGP_2

問題2 ★

次の図は、完全競争の下での短期的均衡の状態において、縦軸に単位当たりの価格と費用を、横軸に生産量をとり、ある企業が生産する製品についての平均費用曲線をAC、平均可変費用曲線をAVC、限界費用曲線をMCで表したものであるが、この図に関する記述として、妥当なのはどれか。ただし、点B、C及びDはそれぞれ平均費用曲線、平均可変費用曲線及び限界費用曲線の最低点である。 区Ⅰ 2016

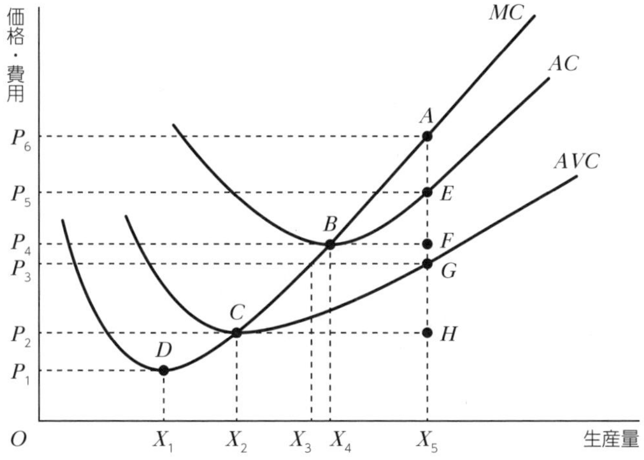

❶ 製品の価格がP_1で生産量がX_1であるとき、これを下回る価格では、固定費用だけでなく可変費用ですら回収することができなくなるが、このときの点Dを操業停止点という。

❷ 製品の価格がP_3で生産量がX_3であるとき、固定費用の一部を回収することができなくなり、生産を続けた場合の方が、生産を停止する場合よりも損失は大きくなる。

❸ 製品の価格がP_4で生産量がX_4であるとき、価格が限界費用と平均費用と等しくなり、純利潤がゼロとなるが、このときの点Bを損益分岐点という。

❹ 製品の価格がP_6で生産量がX_5であるとき、固定費用は平均固定費用に生産量を掛けたものであるから、面積P_4FGP_3に等しい。

❺ 製品の価格がP_6で生産量がX_5であるとき、純利潤は1単位当たりの純利潤に生産量を掛けたものであるから、面積P_6AFP_4に等しい。

問題3
★

次の図は、完全競争の下での短期的均衡の状態において、縦軸に価格・費用を、横軸に生産量をとり、ある企業の生産する製品についての平均可変費用曲線をAVC、平均費用曲線をAC、限界費用曲線をMC、限界収入曲線をMRで表したものであるが、この図に関する記述として妥当なのはどれか。ただし、点B、C及びDはそれぞれ平均費用曲線、平均可変費用曲線及び限界費用曲線の最低点である。

区Ⅰ 2011

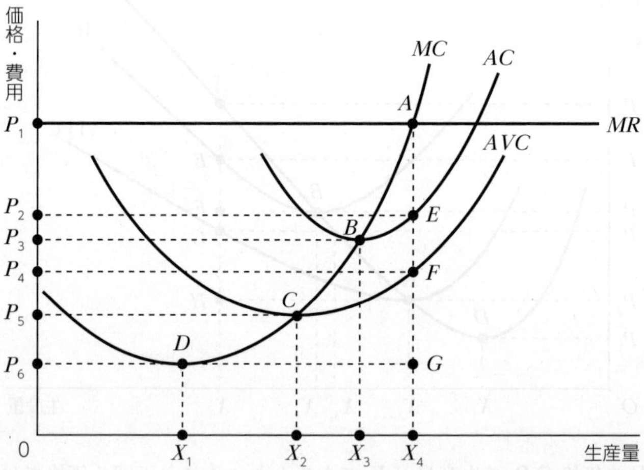

❶ 製品の価格がP_1からP_3に低下した場合、平均費用は価格を下回り、利潤がゼロになる点Bを損益分岐点という。

❷ 製品の価格がP_5で生産量がX_2の場合、損失は発生するが、可変費用と固定費用は賄うことができるので、企業は生産の継続を選択する。

❸ 製品の価格がP_6で生産量がX_1の場合、企業の最適生産量はゼロになり、この時の点Dを操業停止点という。

❹ 短期供給曲線は、縦軸上の原点からP_5の部分と点Cより右上の限界費用曲線MC上の部分によって示される。

❺ 製品の価格がP_1で生産量がX_4の場合、固定費用は平均固定費用に生産量X_4を掛けたものであるから、面積P_4FGP_6に等しい。

問題4 ★★

完全競争市場において生産物を販売している、ある企業の短期費用関数が次のように示されている。

$$C(x) = x^3 - 4x^2 + 6x + 18 \qquad (x: 生産量 > 0)$$

このとき、この企業の損益分岐点、操業停止点における x の数量の組合せとして妥当なのはどれか。なお、固定費用は全額がサンク・コストであるとする。

国税・財務2014

	損益分岐点	操業停止点
❶	2	1
❷	3	1
❸	3	2
❹	4	2
❺	4	3

問題5 ★★

完全競争市場における、ある企業の総費用関数 $TC(x)$ が次のように与えられている。

$$TC(x) = x^3 - 2x^2 + 5x + 8$$

ここで $x(>0)$ は生産量を表す。このとき、損益分岐点と操業停止点における価格の組合せとして正しいのはどれか。

国般2007

	損益分岐点の価格	操業停止点の価格
❶	5	1
❷	5	2
❸	9	3
❹	9	4
❺	12	4

問題6
★★

下図のような逆S字型の形状である総費用曲線（TC）を持つ企業に関するA～Dの記述のうち、妥当なもののみを全て挙げているのはどれか。

ただし、下図において、OO'は固定費用を表す。また、TCの接線の傾きは、$x=x_1$のとき最小となり、xがx_1を超えて増加するにつれて、その傾きは大きくなる。さらに、点b、cはそれぞれO'、Oを通る直線とTCとの接点である。

国税・労基・財務2016

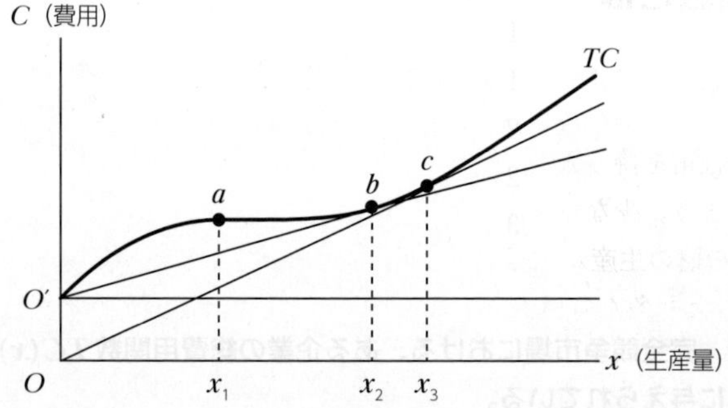

A　$x_2 \leqq x < x_3$では、xが増加するにつれて、平均可変費用は増加するが、平均固定費用及び平均費用は共に減少する。

B　$0 < x \leqq x_1$では、xが増加するにつれて、平均固定費用、平均可変費用、平均費用、限界費用のいずれもが減少する。

C　$x=x_3$のとき、平均費用が限界費用と等しくなり、これに対応する点cを操業停止点という。

D　xが増加するにつれて平均費用が減少していくのは$0 \leqq x < x_2$においてのみである。

❶　A
❷　B
❸　D
❹　A、B
❺　B、C

4 生産関数

学習のポイント

・費用を最小にする、労働と資本の投入量が決定されるメカニズムを理解しましょう。
・生産関数から利潤最大化生産量を導出するアプローチを身につけましょう。

1 生産関数とは

企業は、労働（L）と資本（K）といった生産要素を用いて財の生産（x）を行います。この**生産要素と生産量の関係**を式にしたものを**生産関数**といいます。

優れた生産技術を持っている企業であれば、少ない生産要素でたくさんの財の生産が可能でしょう。少ない生産要素で済めば、費用（C）を小さくできるでしょうし、たくさんの財の生産が可能であれば、多くの収入（R）を得ることができます。技術の良否は、より多くの利潤（π）を獲得するうえで大変重要です。このような、**企業の生産技術の良否を表す式**が生産関数です。

ヒント

この生産関数は、いわば「企業そのもの」を表す式ですから、公務員試験では、計算の前提として問題文に与えられます。生産関数の式そのものを覚える必要はありませんので、留意しておいてください。

2 生産要素が一つの場合の生産関数

労働（L）だけを使って財の生産（x）を行っている状況を前提にしましょう。生産要素が一つの場合の生産関数のグラフの形状としては、次のようなS字型を前提とするのが一般的です。

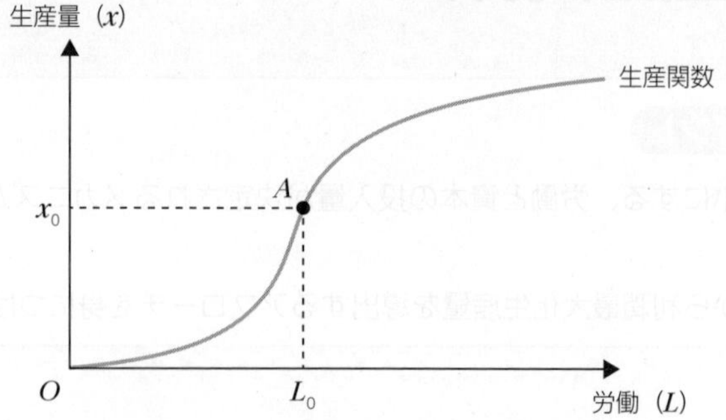

生産関数は、**労働者の数（L）が決まると、最大で何単位の財の生産（x）が可能か**を示しています。例えば、労働投入量がL_0のときには、最大限生産可能な生産量はx_0となります。この生産量が多いほど、技術が高いということになります。このことを逆から見ると、仮にx_0単位の財の生産を行うのであれば、少なくともL_0だけの労働が必要である、ということになります。

以上のことは、資本（K）と生産量（x）との関係においてもいえます。

3 限界生産力

労働の限界生産力（MP_L：Marginal Productivity）とは、**労働（L）を追加的に1単位増やしたときに、生産量（x）がどれだけ増加するか**を表します。式で表すと、

$$MP_L = \frac{\text{生産量の増加分}}{\text{労働の増加分}} = \frac{\Delta x}{\Delta L}$$

と表すことができます。図形的にいうと、**生産関数の接線の傾きの大きさ**に対応します（限界費用と同様の考え方）。よって、**生産関数を労働Lについて微分すれば、限界生産力（MP_L）が求められます**。

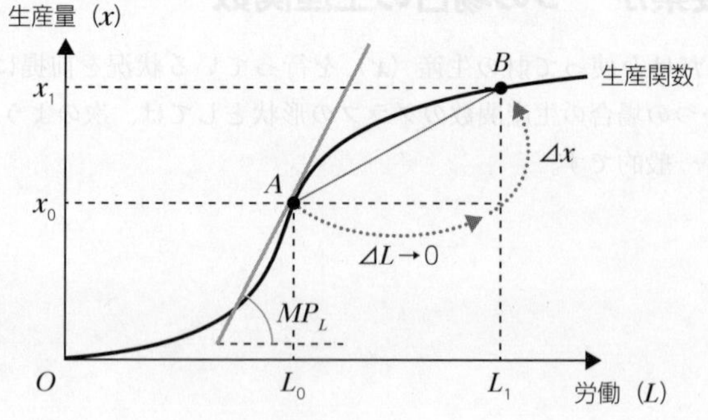

また、資本（K）と生産量（x）の関係を示した生産関数を前提として、資本の限界生産力（MP_K）も定義できます。これは、資本（K）を追加的に1単位増やしたときに、生産量（x）がどれだけ増加するかを表します。式で表すと、

$$MP_K = \frac{\text{生産量の増加分}}{\text{資本の増加分}} = \frac{\Delta x}{\Delta K}$$

と表すことができます。図形的にいうと、**生産関数の接線の傾きの大きさ**に対応し、**生産関数を資本Kについて微分することで求められます。**

4 生産要素が二つの場合の生産関数

(1) 等生産量曲線

労働（L）と資本（K）の二つの生産要素を使って財の生産（x）を行っている状況を前提にしましょう。例えば、

$x = K^{\frac{1}{2}} \cdot L^{\frac{1}{2}}$ 〔x：生産量、K：資本、L：労働〕

といった式が与えられます。この式は、LとKの組合せが決まると、最大限生産可能なxが決まるという関係を示しています。このように、資本と労働の積の形で示される生産関数を**コブ=ダグラス型生産関数**と呼びます。

変数が三つもあってグラフ化しにくいので、ここで生産量を一定と仮定します。仮に、$x = 2$とすると、

$$2 = K^{\frac{1}{2}} \cdot L^{\frac{1}{2}}$$

$$\Leftrightarrow \quad K^{\frac{1}{2}} = \frac{2}{L^{\frac{1}{2}}}$$

$$\Leftrightarrow \quad K = \frac{4}{L} \qquad \cdots\cdots ①$$

となります。①式を、縦軸に資本（K）、横軸に労働（L）を取った平面上に描くと、**反比例のグラフ**として示すことができます。このグラフは生産関数に違いはないのですが、**曲線上のどの労働（L）と資本（K）の組合せであっても、実現できる生産量は同じ**（$x = 2$）であることから、**等生産量曲線**と呼ぶことにします。

先ほどと同様に、生産関数の意味を逆から読むと、この等生産量曲線は、2単位の財（$x = 2$）を生産するのに最低限必要な労働（L）と資本（K）の組合せを示していることになります。

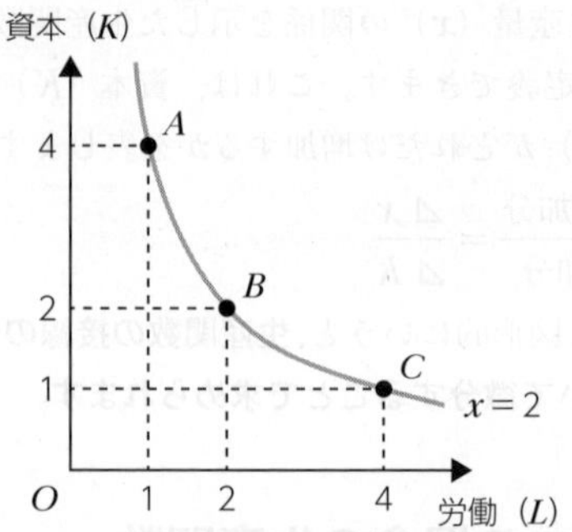

企業の生産技術はさまざまですから、この等生産量曲線もさまざまです。ただ、生産技術の違いを個別に分析するのは大変ですので、経済学では、一般的な等生産量曲線を、以下の四つの要件を満たすものとして定義します。

(2)　等生産量曲線の一般的性質

①　右上方に描かれるほど生産量が大きい

生産関数が$x=K^{\frac{1}{2}}\cdot L^{\frac{1}{2}}$であるとして、生産量を$x=4$で一定とすると、

$$4=K^{\frac{1}{2}}\cdot L^{\frac{1}{2}}$$

$$\Leftrightarrow \quad K^{\frac{1}{2}}=\frac{4}{L^{\frac{1}{2}}}$$

$$\Leftrightarrow \quad K=\frac{16}{L}$$

となります。これを等生産量曲線としてグラフにすると、$x=2$のときよりも右上方に描くことができます。これは、**二つの生産要素の投入量が増加すれば、生産量が高まる**ことを示しています。

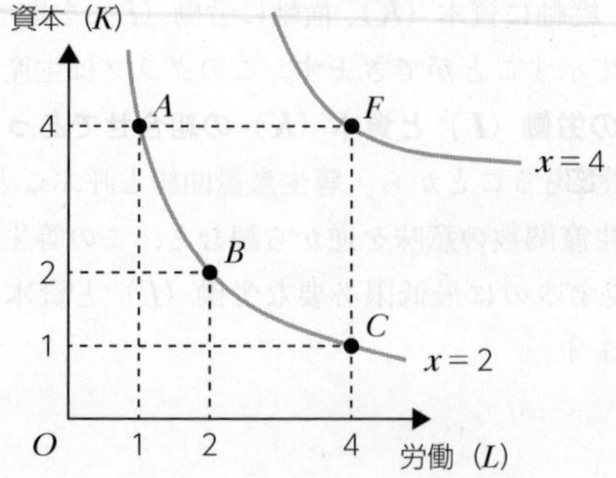

② 交わらない

例えば、$x=2$のときの等生産量曲線と$x=4$のときの等生産量曲線が交わってしまったら、交わったところの生産量はいくつになるのか、わからなくなってしまいます。このような事は起き得ないとします。

③ 右下がりである

労働と資本の間には、"**代替性**"が存在すると仮定します。これは、「同じ生産量を前提とするのであれば、労働を増やせばいくらか資本を減らすことができる」という関係のことです。A点から横軸の労働者を１人増やすと、縦軸の資本を２台節約することができます。逆にいえば、「労働を減らすなら、同じ生産量を維持するためには資本を増やす必要がある」ということです（B点→A点）。**生産要素間にこのような代替性があるなら、同じ生産量を前提とした等生産量曲線は右下がりになります。**

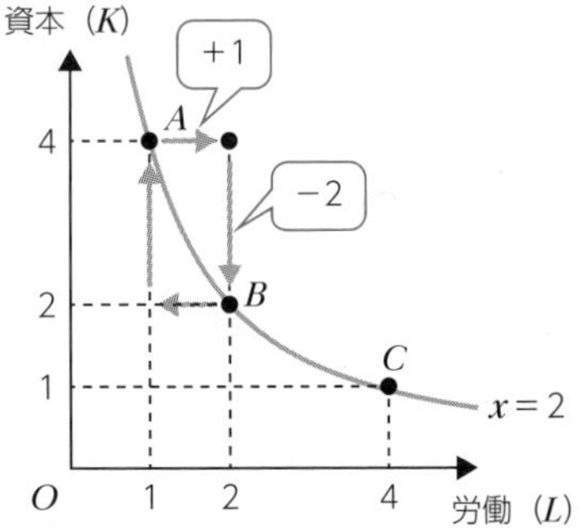

④ 原点に対して凸の形状をしている

グラフのような、**原点に向かって膨らむ**（下に膨らむ）**曲線**を一般的な形状とします。この等生産量曲線の形状には、技術的限界代替率という概念が関係します。

5 技術的限界代替率

(1) 技術的限界代替率とは

一定の生産量（$x=2$）を前提として、「横軸の労働者を１人増やすと、縦軸の資本を２台節約することができる」場合、この**労働１に対して資本２という比率**を**技術的限界代替率**（$MRTS$：Marginal Rate of Technical Substitution）といい、労働（L）に対する資本（k）の技術的限界代替率であれば、$MRTS_{LK}$と表します。

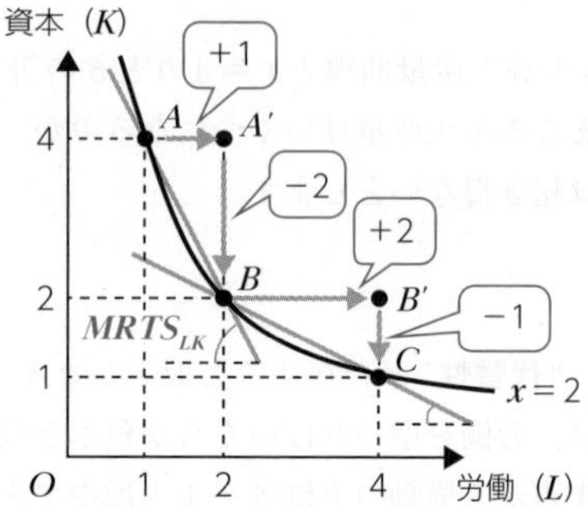

式で表すと、以下のようになります。

$$MRTS_{LK} = -\frac{資本の変化分}{労働の変化分} = -\frac{\varDelta K}{\varDelta L}$$

マイナスが付いていますが、これは「マイナスの値をプラスにするために掛けたもの」です。代替性があるなら、$\varDelta L$ と $\varDelta K$ の符号は逆になり、$\frac{\varDelta K}{\varDelta L}$ はマイナス値になります。しかし、労働１に対する資本の比率が重要なので、マイナスを掛けてプラスの値で定義します。以上から、技術的限界代替率は、**等生産量曲線の（接線の）傾きの大きさ**に相当します。

この技術的限界代替率は、一般的には、**労働の増加に伴って逓減する**と考えます（**技術的限界代替率逓減の法則**）。

これは、労働者を１人増やしたときの生産性が次第に小さくなるからです。労働投入量が少ない段階では（例えば、１人から２人）、分業により生産効率が高まるので、節約可能な資本は大きくなります。しかし、労働投入量が多くなると（例えば、1,000人から1,001人）、分業による生産効率の高まりは小さくなり、節約可能な資本は小さくなります。これが、技術的限界代替率が逓減するということです。

これを考慮すると、等生産量曲線の傾きの大きさは次第に小さくなり、原点に対して凸になるのが一般的だということになるのです。

⑵　技術的限界代替率の計算方法

技術的限界代替率は等生産量曲線の接線の傾きの大きさですから、**等生産量曲線（生産関数）を生産要素について微分**すれば計算することができます。

しかし、ここでは全微分という少々難しい微分を使わなければならないので、それを避けるために二つの計算公式を覚えてください。

〔公式1〕 技術的限界代替率（$MRTS_{LK}$）は、労働と資本の限界生産力（MP）の比に等しい。

$$MRTS_{LK}=\frac{MP_L}{MP_K}$$

確認してみましょう。

$$\frac{MP_L}{MP_K}=\frac{\Delta x}{\Delta L}\div\frac{\Delta x}{\Delta K}=\frac{\Delta x}{\Delta L}\cdot\frac{\Delta K}{\Delta x}=\frac{\Delta K}{\Delta L}$$

このように、二つの生産要素の限界生産力の比を整理すると$\frac{\Delta K}{\Delta L}$になりますが、これは$\frac{資本の変化分}{労働の変化分}$ですから、横軸に$L$、縦軸に$K$を取った平面における傾きの大きさ、すなわち先ほど確認した技術的限界代替率（$MRTS_{LK}$）そのものであるとわかります。

また、**コブ＝ダグラス型生産関数であれば**、以下の公式を使えば生産関数からダイレクトに技術的限界代替率（$MRTS_{LK}$）を出すこともできます。

〔公式2〕 生産関数が$x=AK^{\alpha}L^{\beta}$（A、α、β：正の定数）のとき、

$$MRTS_{LK}=\frac{\beta}{\alpha}\cdot\frac{K}{L}$$

労働と資本の限界生産力（MP_L、MP_K）を計算し、その比を使って確認してみましょう。

まず、二つの生産要素の限界生産力は、

$$労働の限界生産力（MP_L）=\frac{\Delta x}{\Delta L}=\beta\cdot AK^{\alpha}L^{\beta-1}$$

$$資本の限界生産力（MP_K）=\frac{\Delta x}{\Delta K}=\alpha\cdot AK^{\alpha-1}L^{\beta}$$

$x=AK^{\alpha}L^{\beta}$の式を、それぞれL、Kについて微分しています。

となります。

ここで、確認済みの〔公式1〕に代入して整理すると、

$$\frac{MP_L}{MP_K}=\frac{\beta\cdot AK^{\alpha}L^{\beta-1}}{\alpha\cdot AK^{\alpha-1}L^{\beta}}$$

$$=\frac{\beta}{\alpha}\cdot\frac{K^{\alpha}L^{\beta-1}}{K^{\alpha-1}L^{\beta}}$$

約分しています。

$$=\frac{\beta}{\alpha}\cdot K^{\alpha-(\alpha-1)}L^{\beta-1-\beta}$$

$$=\frac{\beta}{\alpha}\cdot K^{1}L^{-1}$$

指数法則

$$\frac{x^a}{x^b}=x^{a-b}$$

$$\frac{1}{x}=x^{-1}$$

$$=\frac{\beta}{\alpha}\cdot\frac{K}{L}$$

と出てきます。よって、生産関数がコブ＝ダグラス型であるときの技術的限界代替率（$MRTS_{LK}$）は、〔公式２〕を使って計算すればよいということです。

6 長期の費用最小化

費用最小化を実現するには、財の生産に使用する生産要素（労働と資本）をできるだけ少なくするべきです。

この点、**「長期」においては資本（K）の調整が可能**なので、費用最小化を実現する労働と資本の組合せを決定する必要があります。

ただし、生産要素の組合せは生産量（x）を前提に考えなければなりません。例えば、10年後に10個の生産なのか、それとも1,000個作りたいのかで、必要とする生産要素の規模は異なってくるはずです。

そこで、生産量を固定したうえで、これを等生産量曲線として示すことで、費用最小化を実現する労働と資本の組合せについて考えます。

何個作りたいか？	⇒	費用最小化を実現する生産要素の組合せ	⇒	費用の金額が決定
(x)		(L、K)		(C)

(1) 等生産量曲線

いま、生産したい生産量をx_1としましょう（試験問題では指示があります）。生産関数を前提として、生産量をx_1に固定すると、１本の等生産量曲線を描くことができます。x_1の生産を行うに当たって最低限必要となる生産要素の組合せは、この１本の等生産量曲線上にあります。

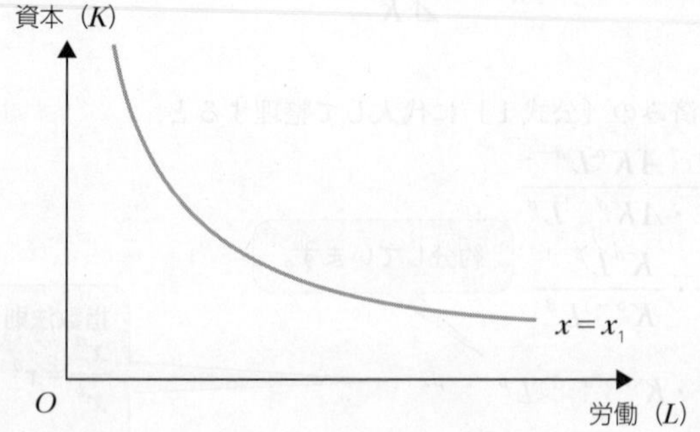

(2) 等費用線（費用方程式）

生産要素の組合せが等生産量曲線として示されても、費用の金額は不明です。そこで、生産要素の組合せ（L、K）と費用の金額（C）の関係を示しておきましょう。

費用の金額は、以下のように計算できます。

$$C = w \cdot L + r \cdot K \quad \cdots\cdots①$$

wを**賃金率**（**労働の要素価格**）と呼びます。**労働**（L）**1単位当たりの"価格"**のことで、Lを"人数"で考える場合には「1人当たりの給料」に相当するものです。プライス・テイカーの仮定から一定とします。$w \cdot L$で**人件費**を表します。

rは**資本の要素価格**あるいは**資本のレンタルプライス**と呼びます。これも一定です。$r \cdot K$で**設備コスト**を表します。

以上から、**労働**（L）**と資本**（K）**の組合せが決まると、費用の金額**（C）**が決まる**ことになります。

ただ、この段階ではLとKの組合せがまだわからないので、費用の金額もわかりません。そこで、二つのプランを考えてみます。総額C_1のプランとC_2のプランとします。①式からそれぞれ、

$$C_1 = w \cdot L + r \cdot K \quad \cdots\cdots②$$

$$C_2 = w \cdot L + r \cdot K \quad \cdots\cdots③$$

と表せます。②式は、費用の金額がC_1になるようなLとKの組合せを表していることになります。

それぞれ、Kについて変形すると、以下のようになります。

$$K = -\frac{w}{r} \cdot L + \frac{C_1}{r} \quad \cdots\cdots②'$$

$$K = -\frac{w}{r} \cdot L + \frac{C_2}{r} \quad \cdots\cdots③'$$

②′式と③′式を横軸に労働（L）、縦軸に資本（K）を取った平面上に描くと、傾きが$-\frac{w}{r}$、縦軸の切片が$\frac{C_1}{r}$、$\frac{C_2}{r}$の右下がりの直線になります。それぞれ、**同じ直線上にあるLとKの組合せであるなら、かかる費用の金額は同じ**になります。このような意味から、これらを**等費用線**（**費用方程式**）といいます。費用の金額が変わると縦軸の切片の大きさ（$\frac{C_1}{r}$、$\frac{C_2}{r}$）は変わりますが、傾きの大きさは$\frac{w}{r}$（＝生産要素の価格比、相対要素価格）で変わらないことがわかります（プライス・テイカーの仮定）。

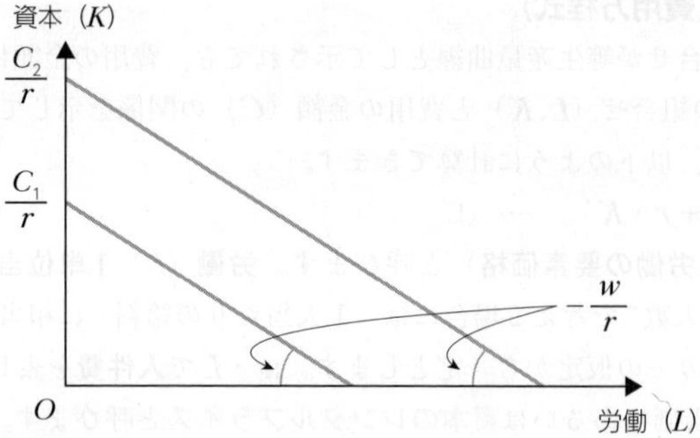

補足

この等費用線（費用方程式）は、すでに学習済みの「費用関数」とは異なります。費用関数とは、生産量に対して最小の費用を与えてくれる式のことで、生産量（x）で表された式です。一方、こちらの等費用線（費用方程式）は、LとKで表された式になっています。同じ費用の式ですが、区別しておきましょう。

(3) 費用最小化点の決定

等生産量曲線とこの等費用線を同じ平面上に描いて、費用を最小にする生産要素の組合せを考えてみましょう。

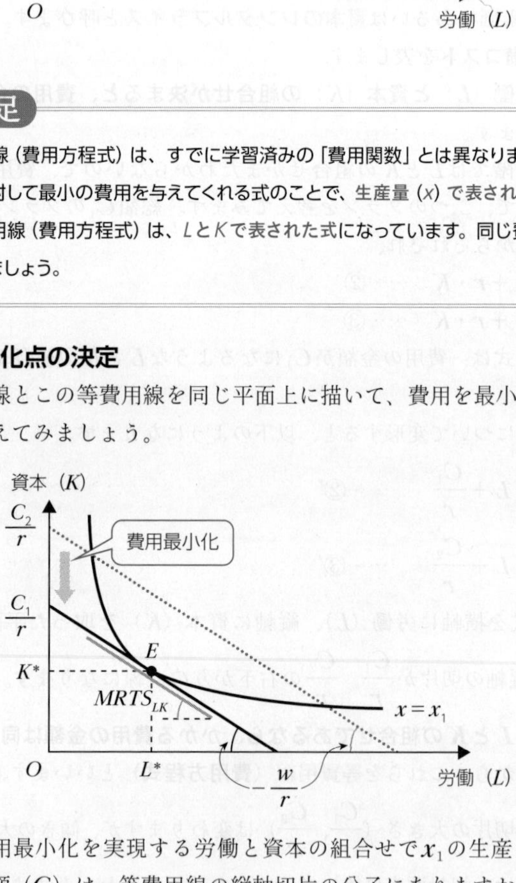

企業は、費用最小化を実現する労働と資本の組合せでx_1の生産を行おうとします。費用の金額（C）は、等費用線の縦軸切片の分子にありますから、**できるだけ等費用線を下方にシフトさせた状態**が費用最小化を実現することになります。

等費用線を下方にシフトさせると、等生産量曲線との接点E点がとれます。この点を**費用最小化点**といいます。この点における労働と資本の組合せが、x_1を生産するときの費用最小化を実現する生産要素の組合せです（L^*、K^*）。

E点では、等生産量曲線と等費用線が接しています。このとき、**等生産量曲線上の接線の傾きの大きさと、等費用線の傾きの大きさが等しくなります**。等生産量曲線の傾きの大きさは技術的限界代替率（$MRTS_{LK}$）、等費用線の傾きの大きさは$\frac{w}{r}$ですから、費用最小化点では以下の条件が成立します。

〔費用最小化条件〕　等生産量曲線の傾きの大きさ＝等費用線の傾きの大きさ

$$MRTS_{LK}=\frac{w}{r}$$

生産関数がコブ=ダグラス型（$x=AK^{\alpha}L^{\beta}$）であるときは、

$$\frac{\beta}{\alpha}\cdot\frac{K}{L}=\frac{w}{r}$$

7 利潤最大化の計算問題

企業理論の利潤最大化に関する計算問題には、大きく二つのパターンがあります。

(1) 費用関数からの利潤最大化

こちらは前節までに採ってきたアプローチの復習です。企業の目的は利潤最大化にあり、企業の利潤（π）は、

利潤（π）＝収入（R）－費用（C）

でした。

ここで、問題文に費用関数（TC）が与えられている場合には、企業の利潤（π）は、

$$\pi=R-C \quad 〔R：収入、TC：費用関数、P：財価格（一定）、x：生産量〕$$
$$=P\cdot x-TC \quad \cdots\cdots①$$

とおけます。費用関数（TC）は、生産量と最小費用との関係を示した式です。この費用関数を前提とする以上、費用最小化は実現されているといえます。しかし、すでに学習したように、費用が最小だからといって利潤が最大になるとは限りません。そこで、①式を生産量で微分してゼロとおき（利潤最大化）、

$$\frac{\Delta\pi}{\Delta x}=1\cdot P\cdot x^{1-1}-\frac{\Delta TC}{\Delta x}=0$$

$$\Leftrightarrow \quad \frac{\Delta\pi}{\Delta x}=P-MC=0 \qquad \therefore \quad P=MC$$

として、$P=MC$（利潤最大化条件）を満たす生産量を決定する必要がありました。

⑵ 生産関数からの利潤最大化

問題文に費用関数が与えられず、代わりに生産関数が与えられる場合があります。この場合には、これまでのパターンでは計算できません。そこで、発想を転換します。**費用（C）を最小にするのではなく、収入（R）を最大にすることで利潤最大化を図る**のです。

企業の収入（R）は、

$$R = P \cdot x \quad \cdots\cdots ②$$

と計算できます。財の価格（P）は一定ですから（プライス・テイカーの仮定）、収入を最大にするには、生産量（x）を最大化する必要があります。この点、**最大生産量は生産関数が与えてくれます**から、生産関数を②式に代入します。

一方、費用関数（TC）が与えられていない場合には、費用方程式を立てます。生産要素が労働（L）だけなら、

$$C = w \cdot L \quad 〔w：賃金率〕$$

とおけます。

以上から、企業の利潤（π）は、

$$利潤（\pi）= 収入（R）- 費用（C）$$

$$\Leftrightarrow \quad \pi = P \cdot x - C$$

$$\Leftrightarrow \quad \pi = P \cdot x(L) - w \cdot L \quad \cdots\cdots ③$$

$$〔x(L)：生産関数〕$$

とおけます。先ほどとは異なり、利潤全体が労働（L）で表されています。つまり、労働（L）をいくつにするかを決定しないと収入も費用も決まらず、利潤の大きさも決まらないわけです。

$P \cdot x(L)$ は、**労働（L）を決めれば、生産関数から最大生産量が生産され、それに価格を乗じることで最大収入が実現される**ことを表しています。これを**収入生産力**と呼びます。この収入生産力を前提とする以上、収入最大化は実現されているといえます。

しかし、費用との関係を見ないと、労働（L）の水準次第では、利潤が最大になるとは限りません。そこで、③式を労働（L）で微分してゼロとおきます（利潤最大化）。

$$\frac{\Delta \pi}{\Delta L} = P \cdot \frac{\Delta x(L)}{\Delta L} - 1 \cdot w \cdot L^{1-1} = 0 \quad 〔\frac{\Delta x(L)}{\Delta L} = 限界生産力 MP_L〕$$

$$\Leftrightarrow \quad \frac{\Delta \pi}{\Delta L} = P \cdot MP_L - w = 0 \qquad \therefore \quad P \cdot MP_L = w \quad \cdots\cdots ④$$

利潤（π）は、労働（L）で表されていますから、④式が**利潤最大化を実現する労働需要量を決定するための条件**になります。

また、同様の議論が資本（K）にも存在します。**利潤を最大にする資本需要量の決定条件**は以下のようになります。

$$P \cdot MP_K = r$$

補足

これらの利潤最大化条件は、それぞれ$MP_L = \frac{w}{P}$、$MP_K = \frac{r}{P}$と変形することができます。この$\frac{w}{P}$を実質賃金率と呼びます（詳しくは、マクロ経済学で学習します）。

(3) 二つの利潤最大化条件（$P = MC$、$P \cdot MP_L = w$）の関係

企業の労働需要に関する利潤最大化条件（$P \cdot MP_L = w$）を以下のように変形してみます。

$$P \cdot MP_L = w$$

$$\Leftrightarrow \quad P = \frac{1}{MP_L} \cdot w \qquad \cdots\cdots⑤$$

ここで⑤式の右辺について考えてみましょう。

$\frac{1}{MP_L}$の部分は生産量を1単位増やすときに必要となる労働者数を表しています。仮に、限界生産力を5とすると（$MP_L = 5$）、これは労働者数を1人増やせば生産量が5単位増えることを表します。この状況で「生産量を1単位増やすのに必要な労働者数は何人か」と問われれば、答えは$\frac{1}{5}$人ということになるでしょう。

では、$\frac{1}{MP_L}$に賃金率（w）を乗じた、右辺全体は何を表しているでしょうか。生産量を1単位増やすのに$\frac{1}{MP_L}$人の労働者が必要で、企業は彼らにw円の賃金を支払うことになります。企業にとって費用が$\frac{1}{MP_L} \cdot w$円だけ増えることになるのです。つまり⑤式の右辺は、**生産量を1個増やすときに、費用がどれだけ増えるか**を表します。これはまさしく限界費用（MC）を意味します。

$$P \cdot MP_L = w$$

$$\Leftrightarrow \quad P = \frac{1}{MP_L} \cdot w \qquad \therefore \quad P = MC$$

つまり、**利潤を最大にする労働需要量の決定条件$P \cdot MP_L = w$が成立しているとき、利潤を最大にする生産量の決定条件$P = MC$も成立している**のです。

直感的にいえば、$P \cdot MP_L = w$を満たす労働需要量（L^*）を決定したら、これを財の生産に投入し、生産関数を通じて生産量が決定されます。このときの生産量（x^*）は$P = MC$を満たす生産量になっているのです。

ヒント

実際の問題においては、与えられた環境で費用最大化条件を満たした場合を考えるのか、利潤最大化条件まで満たした場合を考えるのか、わかるようになっていることが多いです。指示が見当たらない場合は利潤最大化が求められていると判断して解答します。

確認してみよう

① 生産関数が$x=AK^{\alpha}L^{\beta}$であるとき、労働の限界生産力（MP_L）を計算しなさい。

3 参照

生産関数を労働Lについて微分すると、

$$MP_L=\beta\cdot AK^{\alpha}L^{\beta-1}$$

② 生産関数が$x=AK^{\alpha}L^{\beta}$であるとき、資本の限界生産力（MP_K）を計算しなさい。

3 参照

生産関数を資本Kについて微分すると、

$$MP_K=\alpha\cdot AK^{\alpha-1}L^{\beta}$$

③ 労働Lと資本Kを使って、費用の計算式（費用方程式）を示しなさい。

6 (2) 参照

$$C=w\cdot L+r\cdot K$$

④ 生産関数が$x=AK^{\alpha}L^{\beta}$、賃金率をw、資本の価格をrとするとき、費用最小化条件を示しなさい。

6 (3) 参照

$$\frac{\beta}{\alpha}\cdot\frac{K}{L}=\frac{w}{r}$$

⑤ 利潤最大化労働需要量の決定条件を示しなさい。

7 (3) 参照

$$P\cdot MP_L=w$$

解法ナビゲーション

ある生産物Yの生産関数が、$Y = 20K^{0.5}L^{0.5}$で示され、生産物Yの価格は1であるとする。ここで、生産要素のうちKは資本であり、Lは労働である。市場は完全競争を前提としている。

いま、資本Kの要素価格が20であるとするとき、企業が利潤最大化を図る場合、労働Lの要素価格として正しいのはどれか。

国般2002

❶ 2
❷ 5
❸ 10
❹ 15
❺ 20

着眼点

問題文に「企業が利潤最大化を図る場合」とあるので、費用最小化の問題としてではなく、利潤最大化の問題として解きます。

【解答・解説】

正解 ❷

❶ 利潤最大化条件（公式）を使って解く方法

まず、生産関数から労働と資本の限界生産力（MP_L、MP_K）を計算しておきます。

$$\text{労働の限界生産力：}MP_L=\frac{\Delta Y}{\Delta L}=0.5\cdot 20K^{0.5}L^{0.5-1}$$

$$=10K^{0.5}L^{-0.5}$$

$$=10K^{0.5}\times\frac{1}{L^{0.5}}$$

指数法則 $\frac{1}{x}=x^{-1}$

$$=10\left(\frac{K}{L}\right)^{0.5}\quad\cdots\cdots①$$

$$\text{資本の限界生産力：}MP_K=\frac{\Delta Y}{\Delta K}=0.5\cdot 20K^{0.5-1}L^{0.5}$$

$$=10K^{-0.5}L^{0.5}$$

$$=10\times\frac{1}{K^{0.5}}\times L^{0.5}$$

$$=10\left(\frac{L}{K}\right)^{0.5}\quad\cdots\cdots②$$

次に、労働需要量と資本需要量の利潤最大化条件を立てます。

労働需要量の利潤最大化条件は、以下のように計算できます。

$$P\cdot MP_L=w$$

$$\Leftrightarrow\quad 1\cdot 10\left(\frac{K}{L}\right)^{0.5}=w$$

$$\Leftrightarrow\quad \left(\frac{K}{L}\right)^{0.5}=\frac{w}{10}\quad\cdots\cdots③$$

資本需要量の利潤最大化条件は、以下のように計算できます。

$$P\cdot MP_K=r$$

$$\Leftrightarrow\quad 1\cdot 10\left(\frac{L}{K}\right)^{0.5}=20$$

$$\Leftrightarrow\quad \left(\frac{L}{K}\right)^{0.5}=2$$

$$\Leftrightarrow\quad \left(\frac{K}{L}\right)^{0.5}=\frac{1}{2}\quad\cdots\cdots④$$

両辺の逆数をとります。

企業は、③式と④式を同時に満たす状態で財の生産を行いますから、③式と④式

を連立して解きます。2式とも左辺が同じなので、右辺もそれぞれ、

$$\frac{w}{10}=\frac{1}{2} \qquad \therefore \quad w=5$$

となります。

よって、正解は❷となります。

❷ 利潤（π）を立てて、微分してゼロとおく方法

費用関数ではなく生産関数が与えられていますので、収入を最大にする方向で利潤最大化問題を考えます。

費用（C）は費用方程式でおくことで、企業の利潤（π）は、

$$\pi=P\cdot Y-(wL+rK)$$

とおけます。収入を最大にするには生産物Yを最大化する必要があります。最大の生産量は生産関数が与えてくれますので、生産関数を代入することで、

$$\pi=1\cdot 20K^{0.5}L^{0.5}-wL-20K \qquad \cdots\cdots⑤$$

となります。

労働（L）と資本（K）のそれぞれで利潤最大化を図る必要がありますので、①式をLとKのそれぞれについて微分してゼロとおきます。

$$\frac{\varDelta\pi}{\varDelta L}=0.5\cdot 20K^{0.5}L^{0.5-1}-1\cdot wL^{1-1}=0$$

$$\Leftrightarrow \quad 10K^{0.5}L^{-0.5}=w$$

$$\Leftrightarrow \quad \left(\frac{K}{L}\right)^{0.5}=\frac{w}{10} \qquad \cdots\cdots⑥$$

$$\frac{\varDelta\pi}{\varDelta K}=0.5\cdot 20K^{0.5-1}L^{0.5}-1\cdot 20K^{1-1}=0$$

$$\Leftrightarrow \quad 10K^{-0.5}L^{0.5}=20$$

$$\Leftrightarrow \quad \left(\frac{L}{K}\right)^{0.5}=2$$

$$\Leftrightarrow \quad \left(\frac{K}{L}\right)^{0.5}=\frac{1}{2} \qquad \cdots\cdots⑦$$

⑥式は先ほどの③式と、⑦式は④式と同じであることを確認してください。先ほどと同様に⑥式と⑦式から、

$$\frac{w}{10}=\frac{1}{2} \qquad \therefore \quad w=5$$

となります。

よって、正解は❷となります。

過去問にチャレンジ

問題1 ★★

下図は、ある企業が２種類の生産要素x_1とx_2を投入して生産物yの生産を行っているときの等生産量曲線を示したものであるが、この図に関する記述として、妥当なのはどれか。ただし、y_1、y_2、y_3は、それぞれyの生産量を100、200、300としたときの等生産量曲線を示すとする。

都Ⅰ 2006

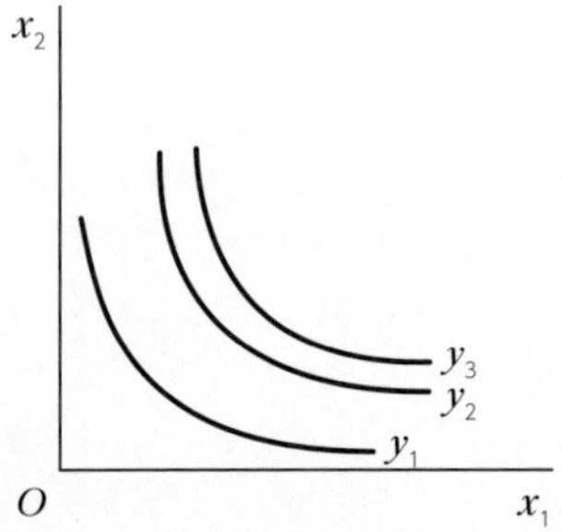

❶ 等生産量曲線は、無差別曲線と同じように、序数的な概念であり、可測的でないが、等生産量曲線間で生産量の大小の順序づけはできる。

❷ x_1、x_2の２生産要素間の限界代替率は、この等生産量曲線の傾きの絶対値であり、その値は、x_1、x_2の２生産要素の限界生産力の比率に等しい。

❸ この等生産量曲線は、曲線に沿って左上から右下に移動するにつれて、生産要素x_2の生産要素x_1に対する限界代替率が逓増していることを示している。

❹ この等生産量曲線は、等生産量曲線間の幅の比率が生産水準の拡大の比率より小さく、規模に関して収穫逓減であることを示している。

❺ x_1、x_2の２生産要素の価格比が変化するとき、それに伴って等生産量曲線がシフトし、２つの等生産量曲線が交わる場合がある。

問題2
★

ある経済において、マクロ生産関数が、

$$Y = 3K^{0.5}L^{0.5}$$

となっている（Y：産出量、K：資本量、L：雇用量）。

いま、$K = 1$、$L = 4$の状態からLを限界的に1単位減少させたとき、Lを減少させる前と同一の水準のYを保つためには、Kをどれだけ増加させなければならないか。

労基2002

❶ $\frac{1}{8}$

❷ $\frac{1}{4}$

❸ $\frac{3}{8}$

❹ $\frac{1}{2}$

❺ 1

問題3
★★

ある企業の生産関数が

$$Y = K^{\frac{3}{4}}L^{\frac{1}{4}} \qquad (Y：産出量、K：資本量、L：労働量)$$

で表されている。また、資本及び労働の要素価格はそれぞれ3、16である。この企業が産出量を40に固定したままで費用最小化を図った。この場合の最適資本量はいくらか。

国般2010

❶ 60

❷ 65

❸ 70

❹ 75

❺ 80

問題4 ★★

ある企業は、労働からある財を生産しており、この企業の生産関数が

$x=\sqrt{L}$ 〔x：生産量、L：労働量〕

で表されるとする。財の価格をp、賃金をw、固定費用を0としたとき、この企業の労働需要量、財の供給量及び最大化された利潤の組合せとして最も適当なのはどれか。

裁判所 2007

	労働需要量	財の供給量	最大化された利潤
❶	$\frac{p^2}{4w^2}$	$\frac{p}{4w}$	$\frac{p^2}{4w}$
❷	$\frac{p}{2w}$	$\frac{p}{2w}$	$\frac{p^2}{2w}$
❸	$\frac{p^2}{4w}$	$\frac{p^2}{2w}$	$\frac{p}{4w^2}$
❹	$\frac{p}{2w}$	$\frac{p}{4w}$	$\frac{p^2}{2w}$
❺	$\frac{p^2}{4w^2}$	$\frac{p}{2w}$	$\frac{p^2}{4w}$

問題5 ★★

生産物の産出量をY、資本量をK、労働量をLとし、ある企業の生産関数が$Y=10K^{0.6}L^{0.4}$で表されるものとする。

今、実質賃金率が48であるとしたとき、労働の平均生産性$\frac{Y}{L}$の値はどれか。ただし、市場は完全競争市場で、資本量Kは固定されたものとする。

区Ⅰ 2015

❶ 40
❷ 60
❸ 80
❹ 120
❺ 160

第2章

消費者行動理論

効用関数と無差別曲線
予算制約と最適消費の決定
与件の変化と最適消費の修正
需要の価格弾力性と需要の所得弾力性
代替効果と所得効果
消費者理論の応用

1 効用関数と無差別曲線

学習のポイント

- 第1章では生産者（企業）を主体とした理論を学習しましたが、第2章では消費者を主体とした分析をしていきます。
- まずは消費者行動理論の基礎となる、効用関数と無差別曲線について学習します。

1 消費者の行動原理

消費者が、お金を払って財を消費する目的は、**効用**（U：Utility）を得ることです。効用とは、**財の消費から得られる、ある種の「満足感」、あるいは「納得感」**を表します。

ただ、誰でも十分な効用が得られるわけではありません。消費者にはそれぞれ予算（所得）という制約があります。

したがって、**消費者は、各自の限られた予算内で、効用が最大になるような所得の使い方**を決定します。このような消費の仕方を、**効用最大化**、ないしは**最適消費**といいます。

2 効用関数

消費者には、それぞれ財に対する“好み”（選好）というものがあります。消費者の“好み”がわからなければ、消費の仕方もわかるはずがありません。そこで、公務員試験では、**消費者の“好み”を表す式**が与えられます。これを**効用関数**といいます。

二つの財（X財、Y財）があるとします。効用関数は、**二つの財の消費量の組合せが決まると、得られる効用の大きさ（U）が決まる関係**を示します。

財の消費

公務員試験では、以下のような“掛け算”の形をした効用関数が与えられることが多いです。このような形の効用関数を**コブ＝ダグラス型効用関数**といいます。

$U = X^{\frac{1}{2}} \cdot Y^{\frac{1}{2}}$　〔U：効用、X：X財消費量、Y：Y財消費量〕

ただ、変数が三つもあるとグラフにしにくいので、ここでY財を一定にしてしまいましょう。仮に、$Y=4$とすると上式は、以下のようになります。

$$U = X^{\frac{1}{2}} \cdot 4^{\frac{1}{2}}$$
$$\Leftrightarrow \quad U = X^{\frac{1}{2}} \cdot 2^{2 \cdot \frac{1}{2}}$$
$$\Leftrightarrow \quad U = 2X^{\frac{1}{2}}$$

この式は、横軸にX財消費量（X）、縦軸に効用の大きさ（U）を取ると、右上がりの曲線として示すことができます。以下のような、上に凸の曲線を一般型とします。

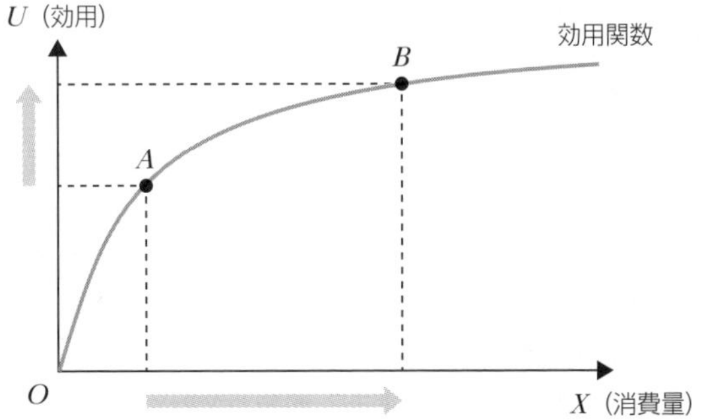

効用関数では、次の二つの仮定をおいています。

一つは、効用は数値化できるものとし、効用の大きさや二つの効用の差についても意味があるとします。**効用の値が大きいほど、消費者にとって望ましい**と考えるのです。このような考え方を**基数的効用**といいます。

もう一つは、**消費量が増えるほど、効用が高まる**とします。これを**不飽和の仮定**（**選好の単調性**）といいます。この仮定から、効用関数は右上がりであるとされます。

3 限界効用

(1) 限界効用とは

財の消費量が増えると、消費者の効用は高まります（不飽和の仮定）。この効用の高まり方は、消費量の水準によって異なってきます。1杯目のビールと10杯目のビールでは、1杯目のほうがおいしいに決まっています。同じ財であっても、消費から得られる満足感は異なるのです。

効用関数を前提にして、**X財の消費量が1単位変化したときに、消費者の効用がどれだけ上昇するか**を表す概念を**限界効用**（MU：Marginal Utility）といいます。

式で表すと、

$$MU_X=\frac{\text{効用の変化分}}{\text{消費量の変化分}}=\frac{\varDelta U}{\varDelta X}$$

となります。効用関数の横軸と縦軸に注目すると、この式も$\frac{\text{縦軸の変化量}}{\text{横軸の変化量}}$となっています。よって、基本的には、**効用関数の接線の傾きの大きさ**として示すことができます。

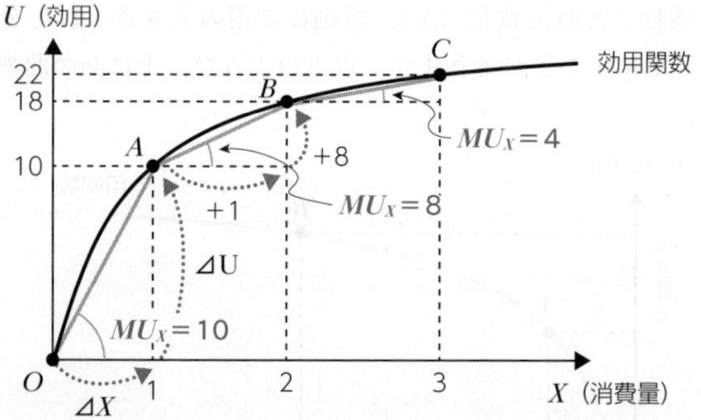

この限界効用（MU_X）は、X財の消費量の増加に伴って次第に小さくなっていきます。これを**限界効用逓減の法則**といいます。

適当に数値をおいて説明します。原点から横軸のX財の消費量が１単位増えたとき、縦軸の効用はゼロから10まで高まっています。この場合、線分OAの傾きの大きさ10が限界効用です。ところが、２個目を消費したときには、効用は10から18に８しか高まらず、限界効用は８になっています（線分ABの傾きの大きさ）。限界効用が10から８に小さくなっています。これは、**同じ財の消費を重ねると、その財に対する消費者の主観的価値は低下していく**（＝飽きる）という“経験則”を表したものです。これを踏まえると、効用関数の傾きの大きさは次第に小さくなるので、上に凸（上のほうに膨らむ）の曲線が一般的な形状になるのです。

一方、Y財と効用との関係においても、以上と同様の関係があるものとします。Y財の消費量が増えることで効用が高まる場合、これをY財の限界効用（MU_Y）といいます。

⑵ 限界効用の計算方法

限界効用（MU）の計算の仕方は、生産関数を前提とした限界生産力（MP）と同じです。

限界効用（MU）は効用関数の傾きの大きさに当たるので、**効用関数を微分することで計算することができます**。効用関数が$U=AX^{\alpha}Y^{\beta}$（A、α、β：正の

定数）であるとき、二つの財の限界効用は、

$$\text{X財の限界効用}（MU_X）=\frac{\varDelta U}{\varDelta X}=\alpha \cdot AX^{\alpha-1}Y^{\beta}$$

$$\text{Y財の限界効用}（MU_Y）=\frac{\varDelta U}{\varDelta Y}=\beta \cdot AX^{\alpha}Y^{\beta-1}$$

となります。

4 無差別曲線

次に、消費者にとっての二つの財の関係について考えます。

消費者は、スーパーに買い物に行ったらたまたま牛肉がいつもより安かったので、買おうと思っていた豚肉（X財）をやめて牛肉（Y財）を買う、というような意思決定をすることがあります。このような意思決定は、消費者の二つの財に対する主観的な“好み”（選好関係）に左右されます。

この点、効用関数は、財の消費量と得られる効用の大きさはわかりますが、上記のような二つの財に対する主観的な選好関係はわかりにくいですね。そこで、得られる効用（U）の大きさを一定として、二つの財の関係をグラフにしてみます。

仮に、ある消費者の効用関数が$U=X^{\frac{1}{2}}\cdot Y^{\frac{1}{2}}$であるとしましょう。ここで効用を$U=2$で一定とすると、

$$2=X^{\frac{1}{2}}\cdot Y^{\frac{1}{2}}$$

$$\Leftrightarrow \quad Y^{\frac{1}{2}}=\frac{2}{X^{\frac{1}{2}}}$$

$$\Leftrightarrow \quad Y=\frac{4}{X} \qquad \cdots\cdots①$$

となります。①式を、縦軸にY財の消費量（Y）、横軸にX財の消費量（X）を取った平面上に描くと、反比例のグラフとして示すことができます。同じ曲線上であるなら、どのXとYの組合せであっても得られる効用は2（一定）です。同じ曲線上の財の組合せ（例えば、A、B、Cの各点）であれば、どの組合せでも構わないのです。このような意味で、このグラフを**無差別曲線**と呼びます。

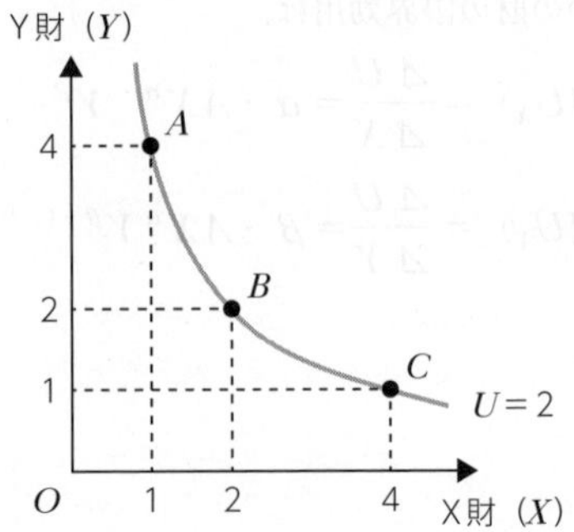

消費者の財に対する好みはさまざまですから、この無差別曲線もさまざまです。ただ、人の好みの違いを個別に分析するのは大変ですので、経済学では、一般的な無差別曲線を、以下の四つの要件を満たすものとして定義します。

(1) 右上方に描かれるほど効用が高い

効用関数が$U=X^{\frac{1}{2}}\cdot Y^{\frac{1}{2}}$であるとして、効用を$U=4$で一定とすると、

$$4=X^{\frac{1}{2}}\cdot Y^{\frac{1}{2}}$$

$$\Leftrightarrow \quad Y^{\frac{1}{2}}=\frac{4}{X^{\frac{1}{2}}}$$

$$\Leftrightarrow \quad Y=\frac{16}{X}$$

となります。これを無差別曲線としてグラフにすると、$U=2$のときよりも右上方に描くことができます。これは、**二つの財の消費量が増加すれば、効用が高まる**ことを示しています（不飽和の仮定）。

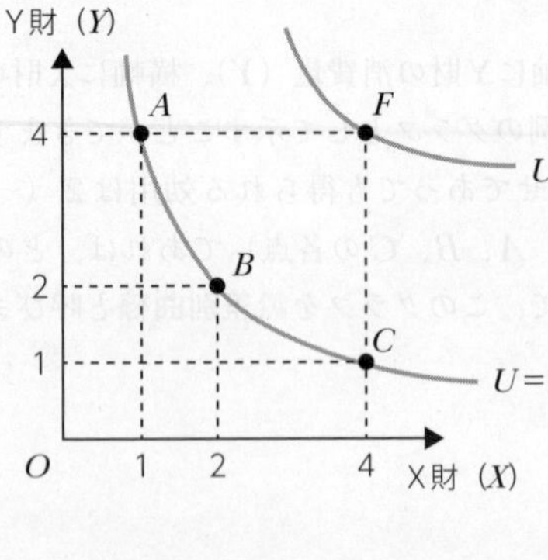

(2) 交わらない

例えば、$U=2$のときの無差別曲線と$U=4$のときの無差別曲線が交わってし

まったら、交わったところの効用の大きさはいくつになるのか、わからなくなってしまいます。このような事は起き得ないとします。

(3) 右下がりである

二つの財の間には、“**代替性**”が存在すると仮定します。これは、「同じ効用を前提とするのであれば、X財が増えれば、いくらかY財を減らしても構わない」という関係のことです。A 点から横軸のX財が1個増えると、縦軸のY財を2個減らしても効用に変化はありません（$U=2$）。逆にいえば、「X財が減ってしまうなら、同じ効用を維持するためにはY財を増やす必要がある」ということです（B 点→A 点）。**二つの財の間にこのような代替性があるなら、同じ効用を前提とした無差別曲線は右下がりになります。**

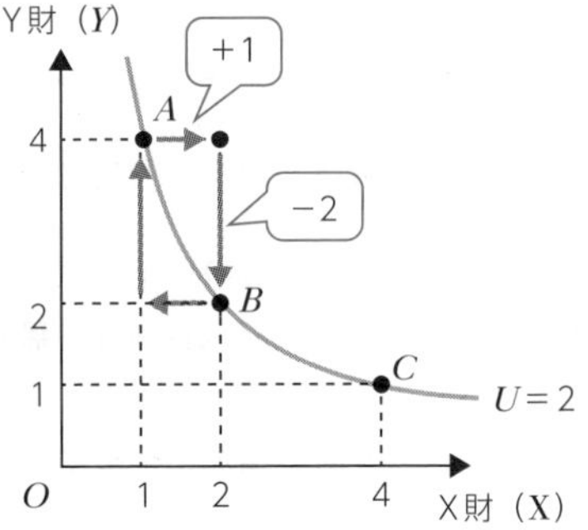

(4) 原点に対して凸の形状をしている

グラフのような、**原点に向かって膨らむ**（下に膨らむ）**曲線**を一般的な形状とします。この無差別曲線の形状には、限界代替率という概念が関係します。

5 限界代替率

(1) 限界代替率とは

一定の効用（$U=2$）を前提として、「X財が1個増えてくれれば、他方のY財は2個減ってしまっても構わない」という場合、この**X財1に対してY財2という比率**を**限界代替率**（MRS：Marginal Rate of Substitution）といい、X財（X）に対するY財（Y）の限界代替率であれば、MRS_{XY} と表します。

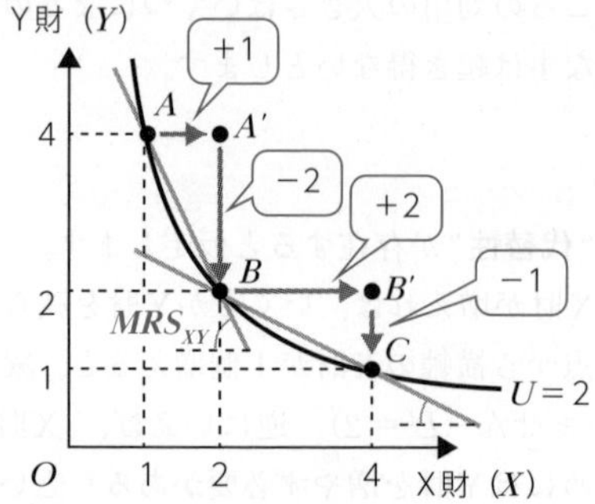

式で表すと、以下のようになります。

$$MRS_{XY} = -\frac{\text{Y財の変化分}}{\text{X財の変化分}} = \frac{\Delta Y}{\Delta X}$$

マイナスが付いていますが、これは「マイナスの値をプラスにするために掛けたもの」です。代替性があるなら、ΔXとΔYの符号は逆になり、$\frac{\Delta Y}{\Delta X}$はマイナス値になります。しかし、X財1に対するY財の比率が重要なので、マイナスを掛けてプラスの値で定義します。以上から、限界代替率は、**無差別曲線の（接線の）傾きの大きさ**に相当します。

この限界代替率は、一般的には、**X財の増加に伴って逓減する**と考えます（**限界代替率逓減の法則**）。

これは、やはりX財の消費が増えていくと、X財に飽きてくるからです。X財の消費水準が少ない段階では（例えば、1個から2個）、数少ないX財が増える嬉しさで効用が大きく高まるため、減らしてもよいと考えるY財の量が大きくなります。しかし、X財の消費水準が多くなると（例えば、10個から11個）、X財に対する主観的価値は低下しているため、効用の高まり方も小さくなり、減らしてもよいと考えるY財の量は小さくなるのです。これが、限界代替率が逓減するということです。

これを考慮すると、無差別曲線の傾きの大きさは次第に小さくなり、原点に対して凸になるのが一般的だということになるのです。

⑵　限界代替率の計算方法

限界代替率は無差別曲線の接線の傾きの大きさですから、**無差別曲線を財の消費量について微分**すれば計算することができます。

しかし、ここでは全微分という少々難しい微分を使わなければならないので、それを避けるために二つの計算公式を覚えてください。

〔公式1〕　限界代替率（MRS_{XY}）は、X財とY財の限界効用（MU）の比に等しい。

$$MRS_{XY} = \frac{MU_X}{MU_Y}$$

確認してみましょう。

$$\frac{MU_X}{MU_Y} = \frac{\Delta U}{\Delta X} \div \frac{\Delta U}{\Delta Y} = \frac{\Delta U}{\Delta X} \cdot \frac{\Delta Y}{\Delta U} = \frac{\Delta Y}{\Delta X}$$

このように、二つの財の限界効用の比を整理すると$\frac{\Delta Y}{\Delta X}$になりますが、これは$\frac{\text{Y財の変化分}}{\text{X財の変化分}}$ですから、横軸に$X$、縦軸に$Y$を取った平面における傾きの大きさ、すなわち先ほど確認した限界代替率（MRS_{XY}）そのものであるとわかります。

また、コブ＝ダグラス型効用関数であれば、以下の公式を使えば効用関数からダイレクトに限界代替率（MRS_{XY}）を出すこともできます。

〔公式2〕　効用関数が$U = AX^{\alpha}Y^{\beta}$（A、α、β：正の定数）のとき、

$$MRS_{XY} = \frac{\beta}{\alpha} \cdot \frac{Y}{X}$$

X財とY財の限界効用（MU_X、MU_Y）を計算し、その比を取って確認してみましょう。

まず、二つの財の限界効用は、

$$\text{X財の限界効用}（MU_X）= \frac{\Delta U}{\Delta X} = \alpha \cdot AX^{\alpha-1}Y^{\beta}$$

$$\text{Y財の限界効用}（MU_Y）= \frac{\Delta U}{\Delta Y} = \beta \cdot AX^{\alpha}Y^{\beta-1}$$

$U = AX^{\alpha}Y^{\beta}$の式を、それぞれX、Yについて微分しています。

となります。

ここで、確認済みの〔公式1〕に代入して整理すると、

$$\frac{MU_X}{MU_Y} = \frac{\alpha \cdot AX^{\alpha-1}Y^{\beta}}{\beta \cdot AX^{\alpha}Y^{\beta-1}}$$

$$= \frac{\alpha}{\beta} \cdot \frac{X^{\alpha-1}Y^{\beta}}{X^{\alpha}Y^{\beta-1}}$$

約分しています。

$$= \frac{\alpha}{\beta} \cdot X^{\alpha-1-\alpha}Y^{\beta-(\beta-1)}$$

$$= \frac{\alpha}{\beta} \cdot X^{-1}Y$$

指数法則

$$\frac{x^a}{x^b} = x^{a-b}$$

$$\frac{1}{x} = x^{-1}$$

$$=\frac{\alpha}{\beta}\cdot\frac{Y}{X}$$

と出てきます。よって、効用関数がコブ＝ダグラス型であるときの限界代替率（MRS_{XY}）は、〔公式２〕を使って計算すればよいということです。

確認してみよう

① 効用関数が$U=2X^{\frac{1}{2}}Y^{\frac{1}{2}}$であるとき、X財の限界効用（$MU_X$）を計算しなさい。

3 参照

効用関数をXについて微分すると、

$$MU_X=\frac{1}{2}\cdot 2X^{\frac{1}{2}-1}Y^{\frac{1}{2}}$$
$$=X^{-\frac{1}{2}}Y^{\frac{1}{2}}$$
$$=(\frac{Y}{X})^{\frac{1}{2}}$$

② 効用関数が$U=2X^{\frac{1}{2}}Y^{\frac{1}{2}}$であるとき、Y財の限界効用（$MU_Y$）を計算しなさい。

3 参照

効用関数をYについて微分すると、

$$MU_Y=\frac{1}{2}\cdot 2X^{\frac{1}{2}}Y^{\frac{1}{2}-1}$$
$$=X^{\frac{1}{2}}Y^{-\frac{1}{2}}$$
$$=(\frac{X}{Y})^{\frac{1}{2}}$$

③ 効用関数が$U=AX^{\alpha}Y^{\beta}$であるとき、限界代替率（MRS_{XY}）を計算しなさい。

5 (2) 参照

$$MRS_{XY}=\frac{\alpha}{\beta}\cdot\frac{Y}{X}$$

---

④ （復習）生産関数が$x=AK^{\alpha}L^{\beta}$であるとき、技術的限界代替率（$MRTS_{LK}$）を計算しなさい。

第1章第4節 5 (2) 参照

$$MRTS_{LK}=\frac{\beta}{\alpha}\cdot\frac{K}{L}$$

---

⑤ 効用関数が$U=2X^{\frac{1}{2}}Y^{\frac{1}{2}}$であるとき、限界代替率（$MRS_{XY}$）を計算しなさい。

5 (2) 参照

$$MRS_{XY}=\frac{Y}{X}$$

過去問にチャレンジ

問題1 ★

正の効用をもつ2財X、Yの無差別曲線に関する記述として、妥当なのはどれか。

都Ⅰ2005

❶ 無差別曲線は、X、Yに対するある人の選好の組合せを示す曲線であり、曲線上の任意の点における接線の傾きは、その人の限界消費性向を表す。

❷ 無差別曲線は、右下がりであるが、これは、Xの消費量の減少に伴って変化する効用水準を維持するために、Yの消費量が減少するからである。

❸ 無差別曲線は、通常、原点に向って凸の形状をとるが、これは、限界代替率逓減の法則が成立することを示している。

❹ 無差別曲線は、左下方に位置するほど対応する効用水準が高く、右上方に位置するほど対応する効用水準が低い。

❺ 2つの無差別曲線は、通常、交わることはないが、X、Yのいずれかが下級財の性質を有する場合には交わる。

問題2 ★★

X財、Y財はともに、ある消費者にとって望ましい財である。この消費者の両財に関する無差別曲線I_0、I_1が交わらない理由について図を用いて説明した場合の記述として最も妥当なのはどれか。

ただし、無差別曲線は原点に凸であるとする。

労基2011

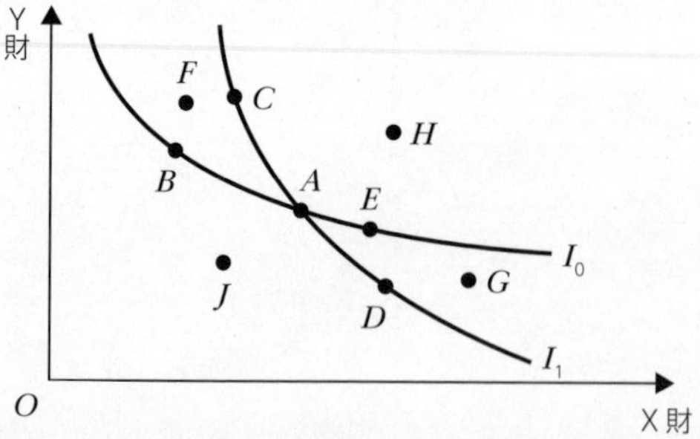

❶　二本の無差別曲線が点Aで交わるとすると、点AとI_0上の点B、点AとI_1上の点Dはともに無差別であり、したがって、点Dは、その左上方にある点Bとも無差別となってしまい矛盾する。

❷　二本の無差別曲線が点Aで交わるとすると、点AとI_0上の点B、点AとI_1上の点Cはともに無差別であり、したがって、点Bは、その右上方にある点Cとも無差別となってしまい矛盾する。

❸　二本の無差別曲線が点Aで交わるとすると、点AとI_0上の点E、点AとI_1上の点Dはともに無差別であり、したがって、点Eは、その右下方にある点Dとも無差別となってしまい矛盾する。

❹　二本の無差別曲線が点Aで交わるとすると、点Fは点Aよりも選好され、点Aは点Gよりも選好される結果、点Fは点Gよりも選好される。しかし、これは、二本の無差別曲線で囲まれた、点Fを含む点Aの左上方部分と点Gを含む点Aの右下方部分は無差別である、ということと矛盾する。

❺　二本の無差別曲線が点Aで交わるとすると、点Hは点Aよりも選好され、点Aは点Jよりも選好される結果、点Hは点Jよりも選好される。しかし、これは、二本の無差別曲線で囲まれた、点Hを含む点Aの右上方部分と点Jを含む点Aの左下方部分は無差別である、ということと矛盾する。

2 予算制約と最適消費の決定

学習のポイント

・予算制約線を立てられるようにし、所得や価格の変化に応じた消費可能領域の変化を理解しましょう。
・効用最大化条件を理解し、最適消費の計算が正しくできるようにしましょう。

1 予算制約線

消費者の目的は、効用が最大になるように財の消費を行うことです。効用は、財の消費量が多くなるほど高まりますから（不飽和の仮定）、消費者としては、たくさん財を消費したほうがよい、ということになります。そのためには、少なくとも所得（M：Money）をすべて財の消費に使う必要があります。

そこで、所得をすべて使い切った場合の財の組合せを考えてみます。以下の数値例で考えてみましょう。

［数値例］ 所得（M）　　：300円
X財価格（P_X）：50円
Y財価格（P_Y）：100円

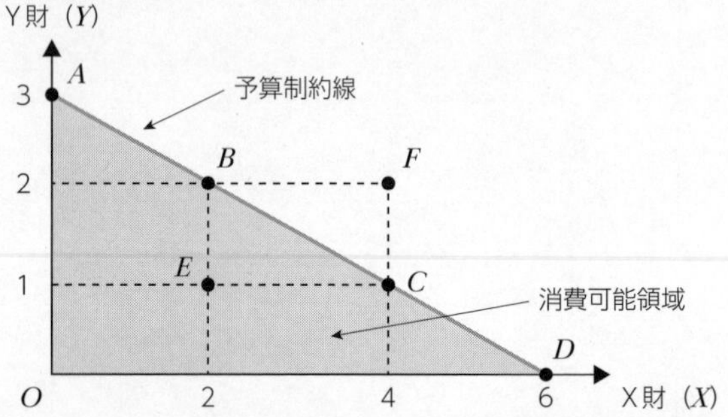

A点、B点、C点、D点は、所得300円をすべて使い切った場合の財の組合せを示しています。例えば、B点で使うことになる金額を計算すると、

B点：50円・2個＋100円・2個＝300円

となります。このような、**所得をすべて使い切った場合の財の組合せ**を線で結ぶと、**右下がりの直線**を描くことができます。これを**予算制約線（予算線）**といいます。

では、予算制約線上にない財の組合せではいくら使うことになるでしょうか。予

算制約線の内側（E点）と外側（F点）の組合せを計算すると、

E点：50円・2個＋100円・1個＝ 200円　⇒　「予算内」で購入可能

F点：50円・4個＋100円・2個＝ 400円　⇒　「予算オーバー」で購入不可能

つまり、**消費者は予算制約線上、ないしはその内側の領域でしか財の消費ができない**のです。この財の購入が可能な領域（三角形ADO）を**消費可能領域**と呼びます。

2 予算制約式

予算制約線は、所得をすべて使い切った場合の財の組合せですから、予算制約線上では財に使う金額（＝支出額）と所得額が一致します。したがって、

支出額＝所得額

$$\Leftrightarrow \quad P_X \cdot X + P_Y \cdot Y = M$$

とおくことができます。この式を**予算制約式**といいます。

予算制約式を変形すると、

$$Y = -\frac{P_X}{P_Y} \cdot X + \frac{M}{P_Y}$$

となります。これは、横軸にX、縦軸にYを取った平面上において、傾きが$-\frac{P_X}{P_Y}$、縦軸の切片が$\frac{M}{P_Y}$の右下がりの直線として描くことができます。

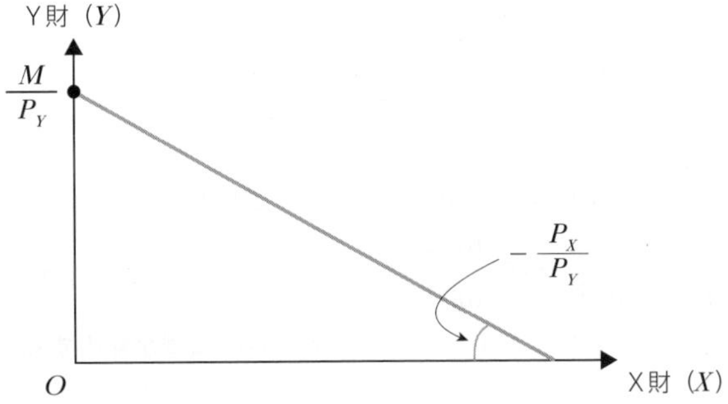

3 予算制約線のシフト

財の価格が普段と変わらないとしても、宝くじに当たるなどして所得が増えれば、たくさん財を消費することができます。一方、所得が普段と変わらないにしても、バーゲンセールなどで財の価格が下落してくれれば、やはり財の消費を増やすこと

ができます。

つまり、**所得や価格（与件）が変化すると、消費者の予算制約線が変化（シフト）し、消費可能領域が変化する**のです。

(1) 所得の変化

財の価格（P_X、P_Y）が変化していないところに、消費者の所得（M）だけが300円から800円に増加したとしましょう。

予算制約線の傾きの大きさ$\frac{P_X}{P_Y}$は$\frac{50円}{100円}$で変化しませんが、所得（M）が300円から800円に増加することで、予算制約線の縦軸の切片の大きさ$\frac{M}{P_Y}$が$\frac{300円}{100円}$から$\frac{800円}{100円}$に増加します。つまり、切片の大きさが3から8へと大きくなるのです。

以上から、所得（M）だけが増加したとすると、**予算制約線は傾きの大きさを変えずに、縦軸の切片の大きさが大きくなるようにシフトする**のです。これは**消費可能領域が拡大する**ことを意味します。

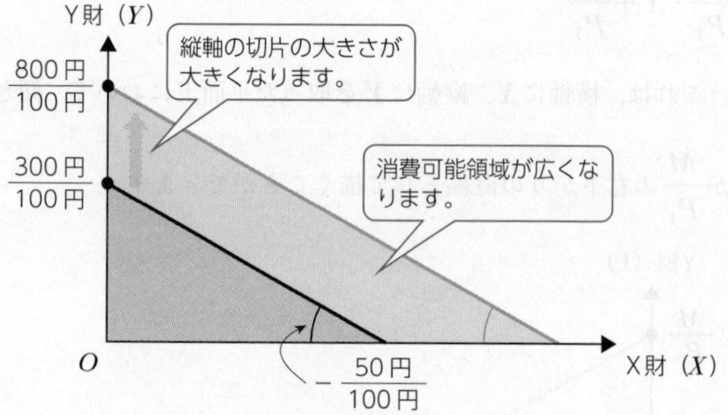

一方、所得（M）が300円から100円に減少したとすると、予算制約線の縦軸の切片の大きさ$\frac{M}{P_Y}$が$\frac{300円}{100円}$から$\frac{100円}{100円}$に変化します。つまり、縦軸の切片の大きさが3から1へと小さくなります。これは、**消費可能領域が縮小する**ことを意味します。

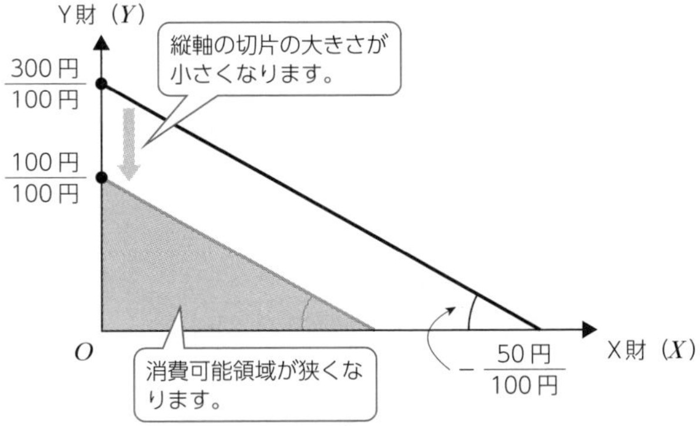

⑵ 価格の変化

所得（M）とY財の価格（P_Y）に変化がないところに、X財の価格（P_X）だけが50円から10円に下落したとしましょう。

予算制約線の縦軸の切片$\frac{M}{P_Y}$は$\frac{300円}{100円}$（切片3）で変化しませんが、X財の価格（P_X）だけが50円から10円に下落したとすると、予算制約線の傾きの大きさ$\frac{P_X}{P_Y}$が$\frac{50円}{100円}$から$\frac{10円}{100円}$に変化します。つまり、傾きの大きさが$\frac{1}{2}$から$\frac{1}{10}$へと小さくなります。

以上から、X財の価格（P_X）だけが下落すると、**予算制約線は縦軸の切片を変えずに、傾きの大きさが小さくなるようにシフトする**のです。これは**消費可能領域が拡大する**ことを意味します。

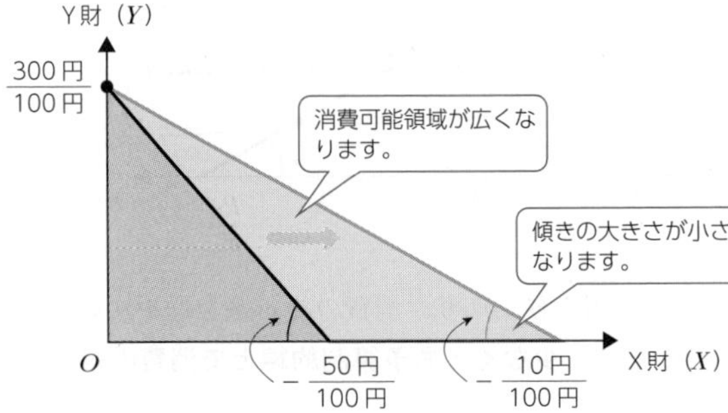

一方、X財の価格（P_X）だけが50円から100円に上昇したとすると、予算制約

線の傾きの大きさ$\frac{P_X}{P_Y}$が$\frac{50円}{100円}$から$\frac{100円}{100円}$に変化します。つまり、傾きの大きさが$\frac{1}{2}$から1へと大きくなります。これは、**消費可能領域が縮小する**ことを意味します。

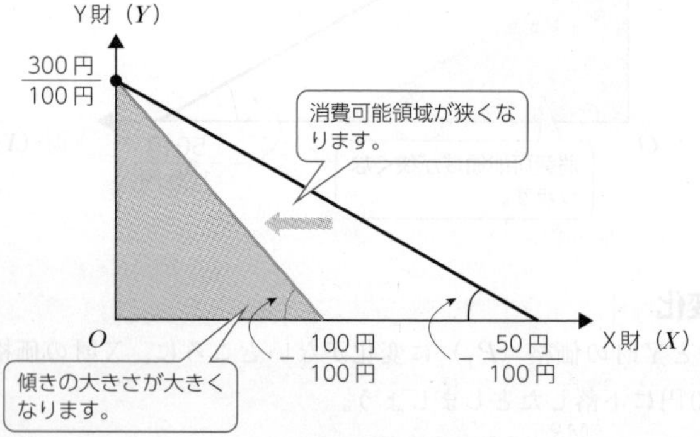

4 最適消費の決定

消費者は、効用を最大化する財の消費量の組合せを決定します。消費者の効用を表すものとして無差別曲線を、予算を表すものとして予算制約線を同じ平面上に描いて、消費者にとっての最適な消費の仕方について考えてみます。

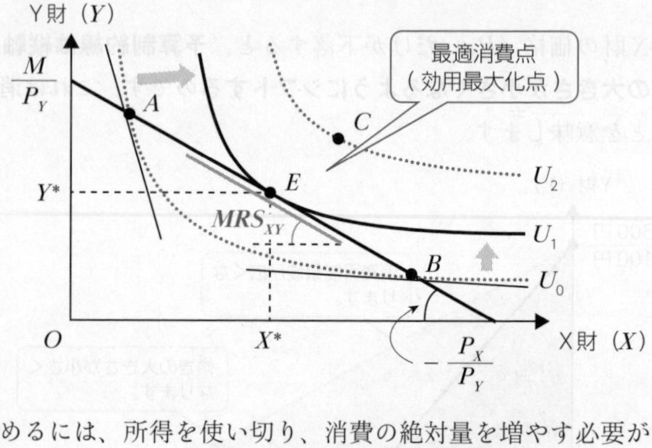

効用を高めるには、所得を使い切り、消費の絶対量を増やす必要があります（不飽和の仮定）。したがって、**少なくとも予算制約線上で消費の組合せを決める**ことになります。

しかし、A点やB点で消費をするのは合理的ではありません。同じ所得を使い切るにしても、E点のほうがより右上方の無差別曲線の財の組合せとなり、効用を高めることができます($U_0 < U_1$)。しかし、U_2の効用水準を得ることはできません。予算制約線による消費可能領域外だからです。つまり、**予算制約線で示される消費可能領域の範囲内で、できるだけ右上方の無差別曲線上の財の組合せが、効用を最大化させる**ことになります。

効用を最大化させる財の組合せは、**無差別曲線と予算制約線の接点**(E点)で実現されます。このE点を**最適消費点(効用最大化点)**といいます。

E点では無差別曲線と予算制約線が接していますから、無差別曲線上に傾きを表す接線を取ると、その**接線と予算制約線が重なります**。これは、二つのグラフの傾きの大きさが等しくなることを意味します。無差別曲線の傾きの大きさは限界代替率(MRS_{XY})、予算制約線の傾きの大きさは$\dfrac{P_X}{P_Y}$(価格比、相対価格)です。したがって、最適消費点E点では、以下の条件が成立します。

〔効用最大化条件〕 無差別曲線の傾きの大きさ＝予算制約線の傾きの大きさ

$$MRS_{XY} = \frac{P_X}{P_Y}$$

効用関数がコブ=ダグラス型($U = AX^{\alpha}Y^{\beta}$)であるときは、

$$\frac{\alpha}{\beta} \cdot \frac{Y}{X} = \frac{P_X}{P_Y}$$

ちなみに、二つの財の限界効用(MU)の比の形で限界代替率(MRS_{XY})を表し、効用最大化条件を変形すると、以下のような関係が得られます。

$$\frac{MU_X}{MU_Y} = \frac{P_X}{P_Y}$$

$$\Leftrightarrow \quad \frac{MU_X}{MU_Y \cdot P_X} = \frac{P_X}{P_Y \cdot P_X}$$

$$\Leftrightarrow \quad \frac{MU_X}{MU_Y \cdot P_X} = \frac{1}{P_Y}$$

$$\Leftrightarrow \quad \frac{MU_X \cdot MU_Y}{MU_Y \cdot P_X} = \frac{MU_Y}{P_Y} \qquad \therefore \quad \frac{MU_X}{P_X} = \frac{MU_Y}{P_Y}$$

$\dfrac{MU_X}{P_X}$は、X財1円当たりの限界効用、$\dfrac{MU_Y}{P_Y}$は、Y財1円当たりの限界効用を表します。つまり、所得を1円使うと効用がどれだけ高まるかを表します。上の結果は、**効用最大化が実現されているときには、二つの財の1円当たりの限界効用は一致している**ことを示しています。これを**加重限界効用均等の法則**と呼びます。

A点を見てください。無差別曲線に接線を取ると、その接線の傾きの大きさ(限界代替率)は、予算制約線の傾きの大きさ(価格比)よりも大きくなっていること

がわかります。つまり、

$$\frac{MU_X}{MU_Y} > \frac{P_X}{P_Y}$$

となっています。この不等式を、先ほどと同様に変形すると、以下のようになります。

$$\frac{MU_X}{P_X} > \frac{MU_Y}{P_Y}$$

これは、所得を１円使うなら、Ｙ財よりもＸ財の消費に使ったほうが効用の高まり方が大きくなることを示しています。このような状況にあるなら、消費者は、所得の多くをＹ財ではなくＸ財に使おうとするでしょう（A 点→E 点）。これにより、効用も高まることになるのです（$U_0 \to U_1$）。

Ｘ財の消費が増えてくると、Ｘ財の限界効用（MU_X）が逓減してきます（限界効用逓減の法則）。するとやがて、

$$\frac{MU_X}{P_X} = \frac{MU_Y}{P_Y}$$

となります。こうなると、**どちらの財に所得を使おうと高められる効用は同じになります**。所得の使い方を変えても、効用を改善させることができなくなるのです。このとき、**消費者は所得の使い方の変更はやめ、最終的な消費量の組合せを決定することになるのです**（E 点）。

確認してみよう

① 二つの財の消費量をX、Y、価格をP_X、P_Y、所得をMとした場合、消費者の予算制約式を立てなさい。

２ 参照

予算制約式は、所得Mをすべて使い切った場合の財の組合せを表します。

$$P_X \cdot X + P_Y \cdot Y = M$$

② 効用関数が$U = AX^{\alpha} Y^{\beta}$、Ｘ財価格を$P_X$、Ｙ財価格$P_Y$とするとき、効用最大化条件を示しなさい。

４ 参照

$$\frac{\alpha}{\beta} \cdot \frac{Y}{X} = \frac{P_X}{P_Y}$$

3　二つの財の限界効用（MU_X、MU_Y）を使って、効用最大化条件を示しなさい。

4 参照

$$\frac{MU_X}{MU_Y} = \frac{P_X}{P_Y}$$

4　効用最大化が実現されているとき、二つの財の１円当たりの限界効用は均等化します。これを何というか。

4 参照

加重限界効用均等の法則

5　二つの財の１円当たりの限界効用が以下のとおりであるとき、消費者は消費量の組合せをどのように変化させるか。

$$\frac{MU_X}{MU_Y} < \frac{P_X}{P_Y}$$

4 参照

X財の消費量を減らし、Y財の消費量を増やそうとする

解法ナビゲーション

ある合理的な消費行動をとる消費者が、所得のすべてをX財、Y財の購入に支出し、この消費者の効用関数は、

$$U = X^2 \cdot Y \quad \begin{pmatrix} U: 効用水準 \\ X: X財の消費量 \\ Y: Y財の消費量 \end{pmatrix}$$

で示されるとする。

この消費者の所得は45,000円、X財の価格は1,000円、Y財の価格は1,500円であるとき、効用最大化をもたらすX財の最適消費量はどれか。

区Ⅰ2008

❶ 18
❷ 21
❸ 24
❹ 27
❺ 30

着眼点

オーソドックスな最適消費の計算問題です。まず基本的な解法を示しますが、二つ目の解法が実践的です。基本をしっかり理解しつつ、試験会場では二つ目の解法で解くようにしましょう。

【解答・解説】

正解 ❺

❶ 効用最大化条件を使って解く方法

まず、効用最大化条件を立てます。

本問の効用関数はコブ＝ダグラス型ですから、限界代替率（MRS_{XY}）は以下のように計算することができます。

$$MRS_{XY}=\frac{2}{1}\cdot\frac{Y}{X} \qquad \therefore \quad MRS_{XY}=\frac{2Y}{X}$$

$P_X=1{,}000$、$P_Y=1{,}500$ですから、効用最大化条件は、

$$MRS_{XY}=\frac{P_X}{P_Y}$$

$$\Leftrightarrow \quad \frac{2Y}{X}=\frac{1{,}000}{1{,}500}$$

$$\Leftrightarrow \quad 2Y=\frac{2}{3}\cdot X \qquad \therefore \quad Y=\frac{1}{3}\cdot X \qquad \cdots\cdots①$$

となります。

一方、消費者は、少なくとも予算制約線上で財を消費します（所得の使い切り）。予算制約式は、

$$P_X\cdot X+P_Y\cdot Y=M$$

$$\Leftrightarrow \quad 1{,}000X+1{,}500Y=45{,}000$$

$$\Leftrightarrow \quad 2X+3Y=90 \qquad \cdots\cdots②$$

となります。

最適消費点は、効用最大化条件を満たす予算制約線上の点なので、①式と②式を連立して解きます（①式を②式に代入）。

$$2X+3\cdot\frac{1}{3}\cdot X=90 \qquad \therefore \quad X=30$$

$$Y=\frac{1}{3}\cdot 30 \qquad \therefore \quad Y=10$$

よって、正解は❺となります。

補足

限界代替率 (MRS_{XY}) は、二つの財の限界効用 (MU_X、MU_Y) を使って、以下のように計算しても構いません。

まず、X財とY財の限界効用を計算すると、

$$MU_X = \frac{\varDelta U}{\varDelta X} = 2 \cdot X^{2-1} Y = 2XY$$

$$MU_Y = \frac{\varDelta U}{\varDelta Y} = 1 \cdot X^2 Y^{1-1} = X^2$$

と計算できます。よって、限界代替率 (MRS_{XY}) は、以下のように計算することができます。

$$MRS_{XY} = \frac{MU_X}{MU_Y} = \frac{2XY}{X^2} = \frac{2Y}{X}$$

❷ 効用関数がコブ＝ダグラス型（$U = AX^{\alpha} \cdot Y^{\beta}$）のときの解き方

消費者の効用関数がコブ＝ダグラス型で、予算制約式が$P_X \cdot X + P_Y \cdot Y = M$である場合、最適消費量は以下の式で計算することができます。

〔公式〕 $X = \frac{\alpha}{\alpha + \beta} \cdot \frac{M}{P_X}$　　$Y = \frac{\beta}{\alpha + \beta} \cdot \frac{M}{P_Y}$

ただ、こんなアルファベットの塊のような公式を無理に覚えても忘れてしまいがちですし、応用も効きません。そこで、以下のように覚えておきましょう。

所得総額(M) を、効用関数の“肩の数字”α、β(指数) の比で、二つの財の支出額に振り分ける。

本問でいえば、「45,000円を、２対１の比率で二つの財の支出額に分ける」使い方をすればよいのです。二つの財の支出額はそれぞれ$P_X \cdot X$、$P_Y \cdot Y$なので、

$$P_X \cdot X = 45{,}000 \cdot \frac{2}{2+1}$$

$$\Leftrightarrow \quad 1{,}000X = 30{,}000 \qquad \therefore \quad X = 30$$

$$P_Y \cdot Y = 45{,}000 \cdot \frac{2}{2+1}$$

$\Leftrightarrow \quad 1{,}500Y = 15{,}000 \qquad \therefore \quad Y = 10$

と計算することができます。

肩の数字が$\alpha = 2$、$\beta = 1$である場合には、「所得（M）を、肩の数字の合計3（$= \alpha + \beta$）で割る、そのうち、X財に使う金額は二つ分、Y財に使う金額は一つ分」と計算すればよいのです。

過去問にチャレンジ

問題1
★

ある家計の効用関数が、$U=xy^2$（U：効用、x：X財の購入量、y：Y財の購入量）で与えられている。この家計は6000円の予算でX財とY財の購入を計画している。X財の価格は100円、Y財の価格は400円である。

このとき、この家計がとり得る効用の最大値として正しいのはどれか。

国般2006

❶ 1000
❷ 1200
❸ 1500
❹ 1800
❺ 2000

問題2
★

ある家計の効用関数が$U=xy$で与えられるとする。所得を2万円、X財の価格を100円、Y財の価格を200円とするとき、効用最大化をもたらすX財の最適消費量x_0はいくらか。

また、このX財1単位に対して100円の間接税が課せられた場合の最適消費量x_1はいくらか。

国般2000

	x_0	x_1
❶	20	20
❷	50	25
❸	50	50
❹	100	25
❺	100	50

問題3
★

　ある消費者の効用関数が次のように与えられている。

$u = xy$

　ここで、u は効用水準、x はX財の消費量、y はY財の消費量を表す。X財の価格は4、Y財の価格は20とする。このとき、消費者が500の効用水準を実現するために必要な所得の最小値はいくらか。

国般2009

❶ 200
❷ 300
❸ 400
❹ 500
❺ 600

問題4
★★

　ある家計は、所得の全てをX財、Y財に支出している。この消費者の効用関数が次のように与えられているとする。

$U = x^{\frac{1}{3}} y^{\frac{2}{3}}$

x：X財の消費量、y：Y財の消費量

　家計の所得が M、X財の価格が2、Y財の価格が p であるとき、この家計の消費量は $x = 60$、$y = 24$ となった。このとき、p の値として正しいものはどれか。

裁判所2020

❶ 5
❷ 10
❸ 15
❹ 20
❺ 25

3 与件の変化と最適消費の修正

学習のポイント

・財の分類と、所得や価格の変化が、消費者の財の需要にどのような影響を及ぼすのかを見ていきます。

・エンゲル曲線から、財の種類を判別できるようにしましょう。

1 財の分類Ⅰ（所得と消費との関係）

所得（M）**が増加**（減少）**したときに消費量が増加**（減少）**する財**を**上級財**（**正常財**）といいます。所得の変化と同じ方向に消費が変化する財（所得増加→消費増加）と覚えておきましょう。

逆に、**所得が増加**（減少）**したときに消費量が減少**（増加）**する財**を**下級財**（**劣等財**）といいます。こちらは所得の変化とは逆の方向に消費が変化する財（所得増加→消費減少）と覚えておきましょう。

貧乏な学生のころには毎日カップラーメンを食べていた人が、仕事で所得が得られるようになるとラーメン屋さんに通うようになり、カップラーメンを食べなくなったとします。このとき、ラーメン屋さんのラーメンを上級財、カップラーメンを下級財というのです。

さらに、上級財は、必需品と奢侈（しゃし）品に細分できます。

例えば、所得が500万円から1,000万円に増加（2倍）したとしましょう。このとき、毎日食べるお米や味噌汁に使用するお味噌の消費を3倍、4倍にするでしょうか。せいぜい買いだめする程度で、所得の増加ほどには消費は増えないでしょう。このような**消費の変化が小さい財**を**必需品**といいます。「日用雑貨品」などが該当します。

一方、所得が変化すると、消費量が大きく変化する財も存在します。例えば、趣味に関するものなどの「ぜいたく品」です。年収が2倍になったら、思う存分趣味を楽しみたいと考える人が多いのではないでしょうか。このような、**所得の増加以上に消費を増加させてしまう財**を**奢侈品**といいます。

下級財も二つに細分できるのですが、後述します。

ちなみに、「どのような商品が下級財に当たるか」というような、“具体例”を問う問題は出題されません。何が下級財になるのかは人によって異なるからです。出題されるのは、所得の変化に対する消費量の変化の方向です。

2 エンゲル曲線

エンゲル曲線とは、**所得（*M*）と効用を最大にする財の消費量（*X*）との関係をグラフ化したもの**です。消費者にとって何財に当たるかによって、エンゲル曲線の形状に違いが出てきます。

(1) 上級財（必需品・奢侈品）

上級財は、所得と消費量の変化の方向が同じなので、**エンゲル曲線は右上がり**になります。

ただ、必需品は消費量の変化が小さく、奢侈品は消費量の変化が大きいので、曲線の形状に微妙な違いが現れます。

① 必需品

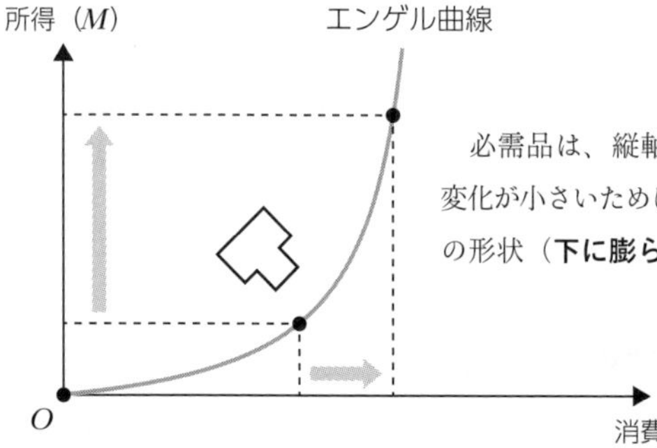

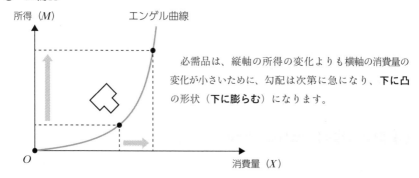

必需品は、縦軸の所得の変化よりも横軸の消費量の変化が小さいために、勾配は次第に急になり、**下に凸**の形状（**下に膨らむ**）になります。

② 奢侈品

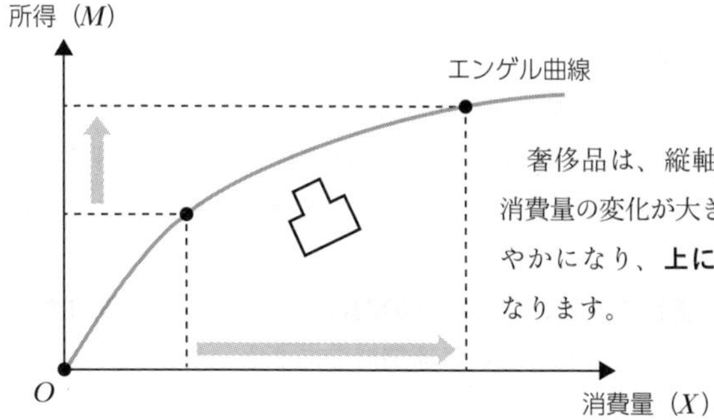

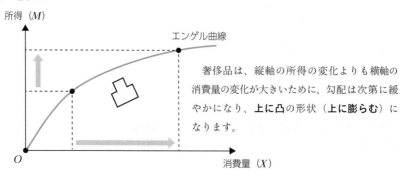

奢侈品は、縦軸の所得の変化よりも横軸の消費量の変化が大きいために、勾配は次第に緩やかになり、**上に凸**の形状（**上に膨らむ**）になります。

(2) 下級財

下級財は、所得と消費量の変化の方向が逆になるので、**エンゲル曲線は右下がり**になります。

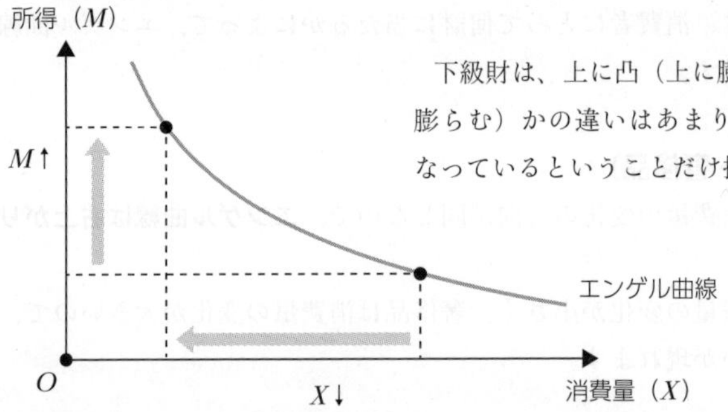

下級財は、上に凸（上に膨らむ）か下に凸（下に膨らむ）かの違いはあまり気にせず、**右下がり**になっているということだけ押さえましょう。

ヒント

なお、エンゲル曲線は、縦軸と横軸を入れ替えて描かれる場合があります。この場合、必需品のエンゲル曲線は上に凸、奢侈品のエンゲル曲線は下に凸の形状になりますので、注意しておきましょう。

3 財の分類Ⅱ（価格と消費との関係）

二つの財（X財、Y財）の価格が以下のようになったとしましょう。ただし、所得（M）は不変であるとします。

	X財	Y財
普段の価格	300円	100円
今日の価格	150円	100円

絶対的に安いのはY財のほうですが、普段の価格との関係から見て"お買い得"（相対的に割安）になっているのはX財のほうです。価格は日々変わり得るのだとしたら、このチャンスを逃してはなりません。つまり、X財の消費量は必ず増加することになります。

価格と消費量との関係に着目すると、二つの財の間には、何らかの関連性がある場合があります。このとき、二つの財を互いに**連関財**であるといい、この連関財を以下の二つに分類することができます。

(1) (粗) 代替財

他の条件（P_Y、M）は変わらない（一定）として、X財価格だけが下落したとします（P_X↓）。すると、“お買い得”なX財の消費量は増加します（X↑）。このとき、他のY財の消費量が減少した場合（Y↓）、X財とY財を互いに**代替財**（粗代替財）であるといいます。つまり、**二つの財が逆の方向に変化する関係**（X財を買うなら、Y財はいらない）です。

具体例としては、**コーヒーと紅茶**（カフェでコーヒーを飲むなら、紅茶は飲まない）があります。この具体例は、試験に大変よく出ますので、覚えておきましょう。

(2) (粗) 補完財

他の条件（P_Y、M）は変わらない（一定）として、X財価格だけが下落したとします（P_X↓）。すると、“お買い得”なX財の消費量は増加します（X↑）。このとき、他のY財の消費量が増加した場合（Y↑）、X財とY財を互いに**補完財**（粗補完財）であるといいます。つまり、**二つの財が同じ方向に変化する関係**（X財を買うなら、Y財も必要）です。

具体例としては、**コーヒーと砂糖**（砂糖だけを単独で食べる人はいません）があります。覚えておきましょう。

4 所得の変化と最適消費の修正

所得（M）が変化すると予算制約線がシフトし、消費者の消費可能領域を変化させます。これを受けて、消費者は効用を最大にする消費の組合せを変化させます。このような、**所得の変化に応じた消費の組合せの変化**をグラフ化したものを**所得消費曲線**と呼びます。

当初、所得がM_0のとき、E_0点で消費の組合せを選んでいたとしましょう。

ここで、二つの財の価格（P_X、P_Y）は一定で、所得だけが増加したとします（$M_0 < M_1$）。予算制約線は、縦軸切片の大きさが大きくなるように上方にシフトし（$\frac{M_0}{P_Y} < \frac{M_1}{P_Y}$）、消費可能領域が拡大します。このとき、消費者は消費の組合せを新しい予算制約線上に変化させます（E_1点）。効用を高めることができるからです（$U_0 < U_1$）。

逆に、所得が減少した場合には予算制約線は下方にシフトし、消費可能領域を縮小させます。この場合には、当初の消費の組合せは消費不可能になるため、消費者は仕方なく新しい予算制約線上に消費の組合せを変化させます。

このように、所得がどのように変化しても、消費者の最適消費は変化します。どのように消費の組合せが変化するかは、消費者にとって二つの財が何財であるかによって変わります。

⑴ 二つの財がともに上級財のケース

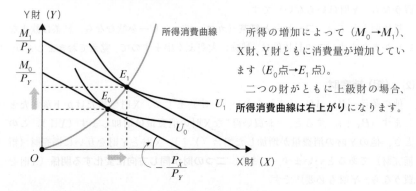

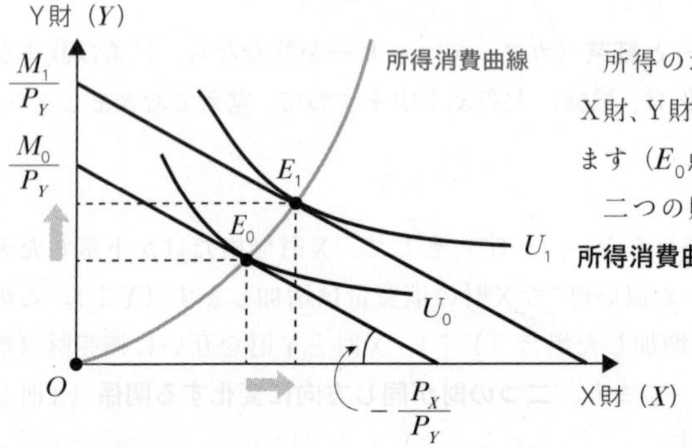

所得の増加によって（$M_0 \to M_1$）、X財、Y財ともに消費量が増加しています（E_0点→E_1点）。

二つの財がともに上級財の場合、**所得消費曲線は右上がり**になります。

⑵ X財が下級財、Y財が上級財のケース

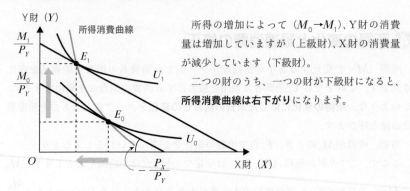

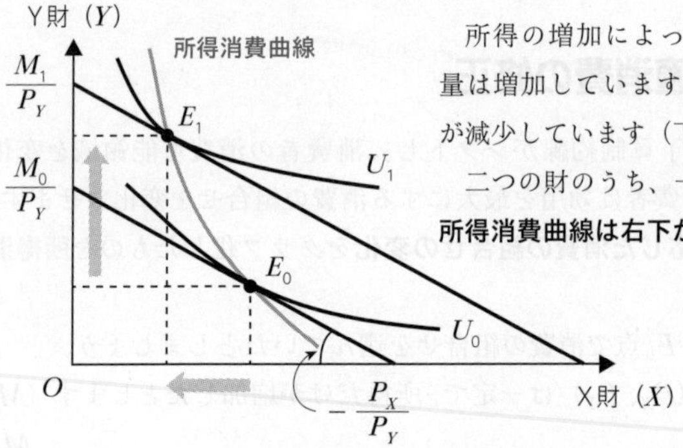

所得の増加によって（$M_0 \to M_1$）、Y財の消費量は増加していますが（上級財）、X財の消費量が減少しています（下級財）。

二つの財のうち、一つの財が下級財になると、**所得消費曲線は右下がり**になります。

(3) X財が上級財、Y財が下級財のケース

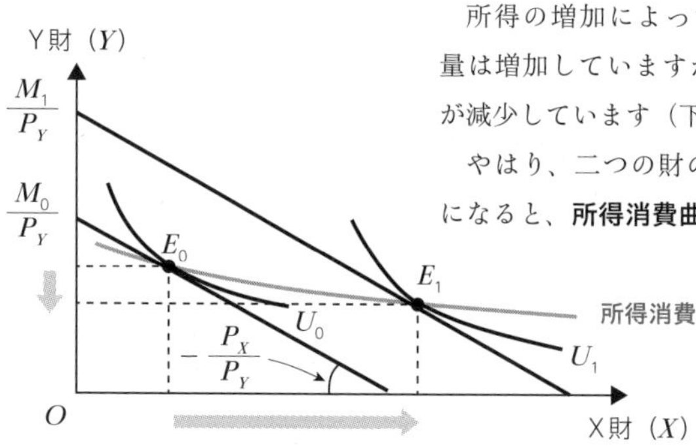

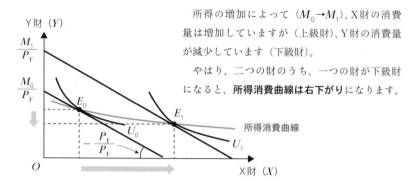

所得の増加によって（$M_0 \rightarrow M_1$）、X財の消費量は増加していますが（上級財）、Y財の消費量が減少しています（下級財）。

やはり、二つの財のうち、一つの財が下級財になると、**所得消費曲線は右下がり**になります。

(1)、(3)のケースでは、X財は上級財であり、所得の増加によって消費量が増加しています。このときの所得と特定の財の消費量の変化を示したグラフが、右上がりのエンゲル曲線に対応します。所得消費曲線は、所得の変化が二つの財の消費量（X、Y）にどのような変化をもたらしているかを、エンゲル曲線は、所得の変化が特定の財の消費量（X）にどのような変化をもたらしているかを示しているのです。

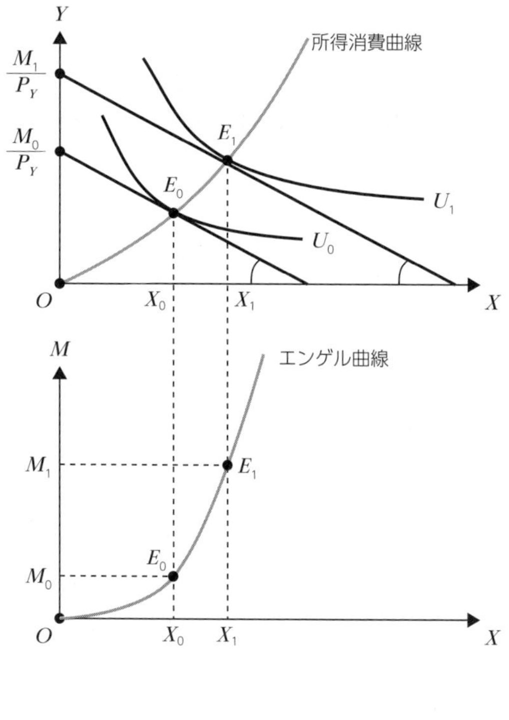

5 価格の変化と最適消費の修正

価格（P）が変化しても予算制約線がシフトし、消費者の消費可能領域を変化させます。これを受けて、消費者は効用を最大にする消費の組合せを変化させます。このような、**価格の変化に応じた消費の組合せの変化**をグラフ化したものを**価格消費曲線**と呼びます。

当初、E_0点で消費の組合せを選んでいたとしましょう。

ここで、所得（M）とY財の価格が不変のもとで、X財の価格（P_X）が下落したとします（$P_{X0} > P_{X1}$）。予算制約線は、縦軸切片（$\frac{M}{P_Y}$）を変えずに、傾きの大きさが小さくなるように外側にシフトし（$\frac{P_{X0}}{P_Y} > \frac{P_{X1}}{P_Y}$）、消費可能領域が拡大します。このとき、消費者は消費の組合せを新しい予算制約線上に変化させます（E_1点）。効用を高めることができるからです（$U_0 < U_1$）。

逆に、価格が上昇した場合には予算制約線は内側にシフトし、消費可能領域を縮小させます。この場合には、当初の消費の組合せは消費不可能になるため、消費者は仕方なく新しい予算制約線上に消費の組合せを変化させます。

このように、価格がどのように変化しても、消費者の最適消費は変化します。特定の財の価格（P_X）の変化が、二つの財の消費量（X、Y）にどのような変化を与えるかを示したものが価格消費曲線であり、**特定の財価格（P_X）の変化と、その財の消費量（X）の変化を描いたグラフ**を**需要曲線**（**マーシャルの需要曲線**）と呼びます。

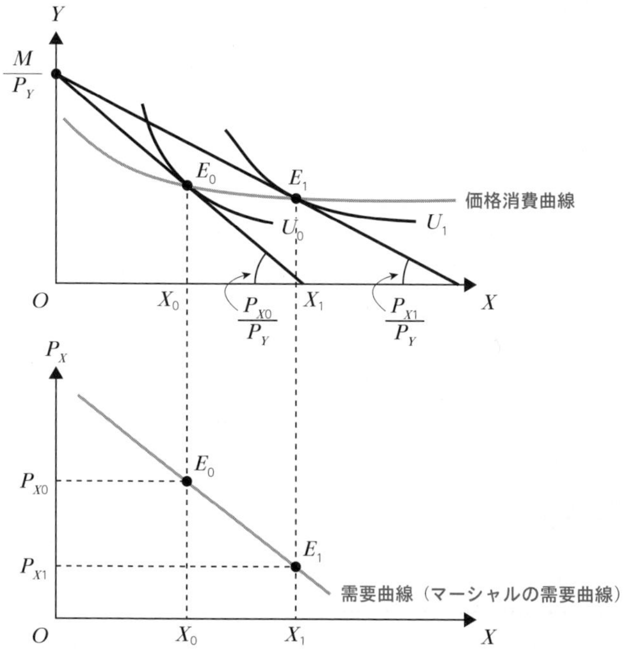
Y
M
P_Y
E_0
E_1
価格消費曲線
U_0
U_1
O
X_0
X_1
X
P_X0
P_Y
P_X1
P_Y
P_X
E_0
P_X0
E_1
P_X1
需要曲線（マーシャルの需要曲線）
O
X_0
X_1
X

確認してみよう

① 所得が減少したときに、消費量が減少する財を何というか。

1 参照

上級財（正常財）

② 所得が増加したときに、消費量が大きく変化する財を何というか。

1 参照

奢侈品

③ 所得が減少したときに、消費量が増加する財を何というか。

1 参照

下級財（劣等財）

④ 所得が変化したときに、ある特定の財の消費量がどのように変化するかをグラフで示したものを何というか。

2 参照

エンゲル曲線

⑤ 価格が変化したときに、ある特定の財の消費量がどのように変化するかをグラフで示したものを何というか。

5 参照

需要曲線

過去問にチャレンジ

問題1
★

次の図は、正常財であるX財とY財との無差別曲線をU_0、U_1、U_2で、消費者の予算制約線を直線A_0B_0、A_0B_2、A_1B_1で表したものであるが、この図に関する記述として、妥当なのはどれか。ただし、直線A_0B_0と直線A_1B_1は平行である。

区Ⅰ 2011

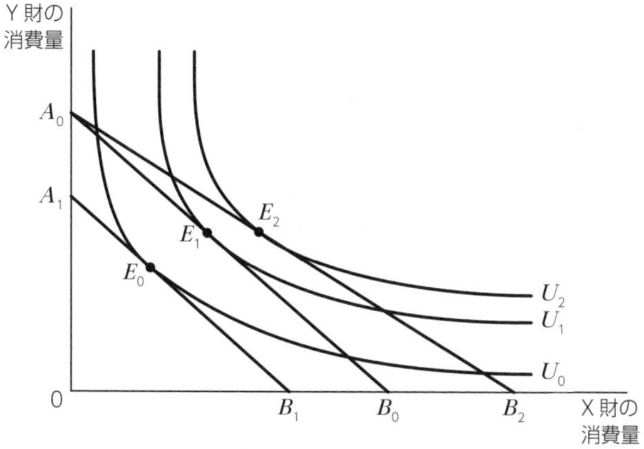

❶ 無差別曲線は効用の大きさが同一になるX財及びY財の組合せを次々と結んだもので、無差別曲線U_0上では、いずれの点も限界代替率は一定である。

❷ X財の価格上昇のみによりX財とY財の相対価格比が変化したとき、予算制約線がA_0B_0からA_1B_1にシフトし、両財の消費量は減少する。

❸ 両財の価格が変わらないまま、所得が増加したとき、予算制約線A_0B_0は、A_0B_2にシフトし、最適消費点E_1は点E_2へ移動する。

❹ 両財の価格が変わらないまま、所得が減少したとき、予算制約線がA_0B_2からA_1B_1にシフトし、X財の消費量が減少する。

❺ 予算制約線がA_0B_0のとき、無差別曲線U_1との接点である点E_1では、Y財のX財に対する限界代替率は、X財とY財の価格比に等しい。

問題2 ★

図は、ある個人のX財に関するエンゲル曲線を描いたものである。X財の性質に関する次の記述のうち妥当なのはどれか。

地上2004

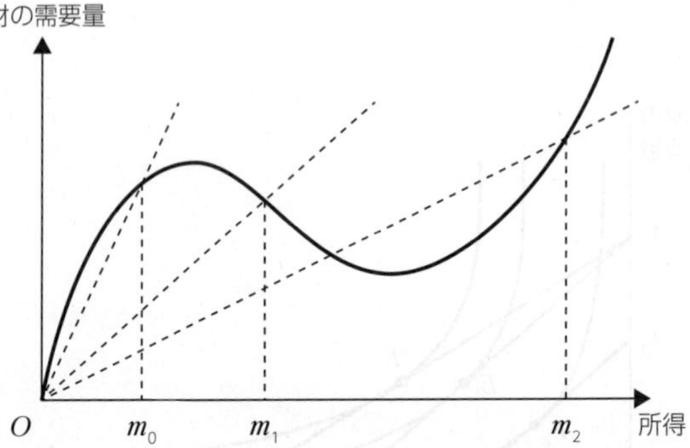

❶ 所得m_0では上級財、m_1ではギッフェン財、m_2では必需品である。

❷ 所得m_0では奢侈品、m_1ではギッフェン財、m_2では上級財である。

❸ 所得m_0では奢侈品、m_1では下級財、m_2では必需品である。

❹ 所得m_0では必需品、m_1では下級財、m_2では奢侈品である。

❺ 所得m_0では必需品、m_1では下級財、m_2では必需品である。

問題3 ★★

X財、Y財の二つの財を消費する個人の効用関数が次のように示されるとする。

$u = 2x^2y$　　(u：効用、x：X財消費量、y：Y財消費量)

また、X財、Y財の価格をそれぞれp_x、p_y、所得をMとする。このとき、X財の需要関数として妥当なのはどれか。

地上2013改

❶ $x=\dfrac{M}{3p_x}$

❷ $x=\dfrac{2M}{3p_x}$

❸ $x=\dfrac{3M}{2p_x}$

❹ $x=\dfrac{3M}{p_x}$

❺ $x=\dfrac{M}{2p_x}$

問題4
★★

所得のすべてを支出してX財とY財を購入する消費者の効用関数が、

$$U=XY \qquad \begin{pmatrix} U:\text{効用水準} \\ X:\text{X財の消費量} \\ Y:\text{Y財の消費量} \end{pmatrix}$$

で示されている。当初、X財の価格は8、Y財の価格は2で、この消費者は所得144のもと効用最大化的な消費を行っているものとする。

X財の価格が8から18に上昇した場合、当初の効用水準を実現するために必要な最小の所得（補償所得）はどれか。

区Ⅰ2015

❶ 180
❷ 216
❸ 252
❹ 288
❺ 324

4 需要の価格弾力性と需要の所得弾力性

学習のポイント

- 価格や所得の変化が起きたときの、「弾力性」について学習します。
- 需要の価格弾力性と総支出額の関係、需要の所得弾力性と財の分類の関係についても押さえておきましょう。

1 需要の価格弾力性

(1) 需要の価格弾力性とは

消費者の中には、「大特価！」と聞くと、敏感に反応していつもより多くの消費をしてしまう人がいます。逆に、価格の変化にあまりつられずに冷静に消費する人もいるでしょう。このような、**価格の変化に対して消費者が示す反応の大きさ**を表す概念を、**需要の価格弾力性**（ε（イプシロン））といいます。式で示すと、

$$\varepsilon = -\frac{需要量の変化率}{価格の変化率}$$

とおけます。価格の１%の変化に対して、需要量の変化が何%であるかを示します。

「−」（マイナス）が付いていますが、これはマイナスの値をプラスの値として定義するために掛けたものです。需要曲線は通常右下がりなので、価格と需要量は逆に変化します。よって、素直に計算するとマイナス値になります。しかし、変化の方向ではなく、価格の変化に対する需要量の変化の大きさが知りたいので、プラスの値にしてしまうわけです。

(2) 変化率について

弾力性（≒反応度）は、変化率の大きさで測ります。

例えば、普段100円の商品が90円になったとしたら、価格は10%下落していることになります。これは、

$$価格の変化率 = \frac{価格の変化分}{当初の価格}$$

$$= -\frac{10円}{100円}$$

$$= -0.1 \ (10\%下落)$$

と計算できます。一般化して、価格をPとして変化率を表すと、

$$価格の変化率 = \frac{\Delta P}{P}$$

とおけます。需要量（X）の変化率も同様に、$\frac{\Delta X}{X}$となります。よって、需要の価格弾力性（ε）は、以下のように表すことができます。

$$\varepsilon = -\frac{\frac{\Delta X}{X}}{\frac{\Delta P}{P}}$$

ここで、

$$\frac{\Delta P}{P} < \frac{\Delta X}{X}$$

となる場合、$\varepsilon > 1$となります。これは、価格の変化に対して需要量が大きく変化していることを表します。消費者が価格の変化に大きく反応しているわけです。この状態を**弾力的**と表現します。

逆に、

$$\frac{\Delta P}{P} > \frac{\Delta X}{X}$$

となる場合、$\varepsilon < 1$となります。この状態を、**非弾力的**と表現します（$\varepsilon = 1$には、特段の表現はありません）。

(3) 需要の価格弾力性の計算方法

出題される問題のタイプによって、二つの計算方法があります。

価格と需要量の変化率を具体的に計算することができる問題の場合には、需要の価格弾力性（ε）についての以下の定義式に直接当てはめて計算することができます。

$$\varepsilon = -\frac{\frac{\Delta X}{X}}{\frac{\Delta P}{P}} \quad \cdots\cdots①$$

一方、具体的な変化率の大きさが不明で、需要曲線上の１点（指示があります）における価格弾力性が要求される場合があります。微分を前提とした問題です。この場合には、①式を次のように変形して計算します。

$$\varepsilon = -\frac{\frac{\Delta X}{X}}{\frac{\Delta P}{P}}$$

$$= -\frac{\frac{\Delta X \cdot X}{X}}{\frac{\Delta P \cdot X}{P}}$$

分子・分母にXを掛けています。

$$= -\frac{\Delta X}{\frac{\Delta P \cdot X}{P}}$$

$$= -\frac{\Delta X \cdot P}{\frac{\Delta P \cdot X \cdot P}{P}}$$

分子・分母にPを掛けています。

$$= -\frac{\Delta X}{\Delta P} \cdot \frac{P}{X} \quad \cdots\cdots ②$$

②式の$\frac{\Delta X}{\Delta P}$は、**需要曲線を$X$について整理したときの傾きの大きさ**を示しており、**需要曲線を価格Pについて微分する**ことで得られます。一方、$\frac{P}{X}$は、**指示された需要曲線上の座標**を代入します。

(4) 需要曲線と需要の価格弾力性の関係

例えば、暑くてのどが乾いているときに「ビール半額」と言われたら、いつもより多くビールを飲んでしまう人がいるでしょう。しかし、もうじゅうぶん飲んだあとで「ビール半額」と言われても、ほとんど食指が動かないのではないでしょうか。このように、**価格の変化にどれだけ弾力的になるかは、その財をどのぐらい需要しているかに関係する**のです。

また、そもそもお酒が飲めなくて興味のない人もいますから、**同じ財であっても消費者ごとに需要の価格弾力性が異なる**ことがわかります。

ここでは、需要のあり方（需要の曲線）と需要の価格弾力性の関係について見ていきます。

① 一つの需要曲線（1人の消費者）を前提とする場合

ある1人の消費者のX財に対する需要曲線が、以下のような右下がりの直線になっていたとしましょう。

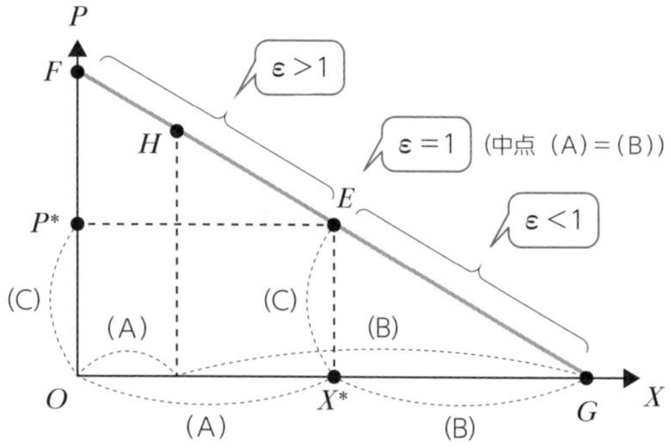

需要の価格弾力性（ε）は、以下のように式変形することができました。

$$\varepsilon = -\frac{\varDelta X}{\varDelta P} \cdot \frac{P}{X} \qquad \cdots\cdots①$$

ここで、グラフにおけるE点で需要の価格弾力性を図形的に捉えてみます。E点における横軸Xの大きさを（A）、縦軸のPの大きさを（C）、E点の需要量X^*から需要曲線が横軸と交わるところまでの長さを（B）とおいてみます。

①式の$\dfrac{\varDelta X}{\varDelta P}$の部分は、$\dfrac{\text{線分}OG}{\text{線分}FO}$と表せます。ただ、三角形$FGO$と三角形$EGX^*$は相似ですから、$\dfrac{(\text{B})}{(\text{C})}$と表すこともできますね。

次に、$\dfrac{P}{X}$にはE点の座標を代入し、$\dfrac{(\text{C})}{(\text{A})}$とします。よって、需要の価格弾力性（$\varepsilon$）は、

$$\varepsilon = -\frac{\varDelta X}{\varDelta P} \cdot \frac{P}{X} \qquad \text{（マイナスは無視します）}$$

$$= \frac{(\text{B})}{(\text{C})} \cdot \frac{(\text{C})}{(\text{A})}$$

$$= \frac{(\text{B})}{(\text{A})} \qquad \cdots\cdots②$$

となります。

ここで、E点が需要曲線上の中点（(A) ＝ (B) となる点）だとしましょう。このとき、②式の分子・分母は等しくなります。よって、**中点における需要の価格弾力性は1**になる（$\varepsilon=1$）ことがわかります。

中点よりも左側の領域では、需要の価格弾力性は1より大になります（$\varepsilon>1$）。例えば、H点に②式を当てはめてみると、(A) ＜ (B) となるからです。

逆に、**中点よりも右側の領域では、需要の価格弾力性は1より小**となります（$\varepsilon < 1$）。この領域では（A）＞（B）となるからです。

このように、**需要量が少ないと**（中点より左側）**弾力的になり、需要量が多いと**（中点より右側）**非弾力的になる**のです。

② 二つの需要曲線（2人の消費者）を比較する場合

今度は、2人の消費者の同じX財に対する需要曲線を比較してみましょう。

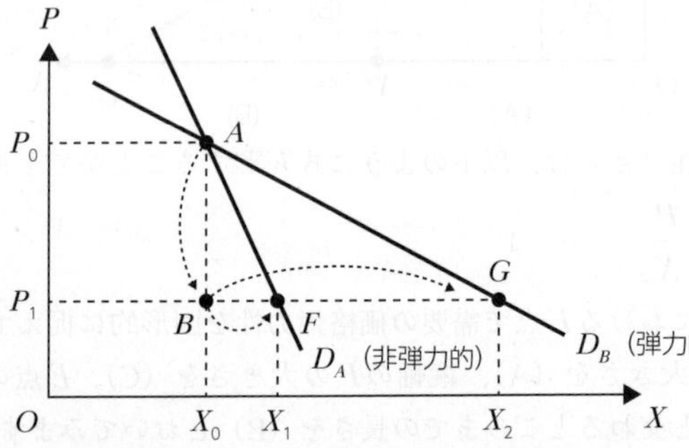

比較のために傾きが異なる二つの需要曲線を描いています。D_A がAさんの需要曲線、D_B がBさんの需要曲線としましょう。

当初、価格が P_0 のときに2人の需要量が X_0 であったとします（A 点）。

ここで、価格が P_0 から P_1 に下落したとします。Aさんは X_0 から X_1 までしか需要量を増やしていませんが、Bさんは X_2 まで需要量を大きく増加させています。同じ価格の下落に対してBさんのほうが需要量の増加が大きくなっていますから、Bさんのほうが価格の変化に対して“反応”が大きい（弾力的な）消費者だといえます。逆に、Aさんのほうは“反応”が鈍い（非弾力的な）消費者だといえます。

つまり、**需要曲線の傾きが緩やかになるほど需要の価格弾力性が大きく**（弾力的）**なり、傾きが急勾配になるほど需要の価格弾力性は小さく**（非弾力的）**なる**ということです。

③ 極端なケース

次に、極端なケースについて見ていきましょう。

需要曲線が急勾配になりすぎて垂直になってしまうと、需要の価格弾力性はゼロになります。需要曲線が垂直線になっていると、縦軸の価格がどんなに変化しても、横軸の需要量は全く変化しません。これは、**価格の変化に対する消費者の反応がない状態**を表します。

一方、需要曲線が緩やかになりすぎて水平になってしまうと、需要の価格弾力性は無限大になります。需要曲線の傾きがあまりにも緩やかなので、**縦軸の価格がわずかでも変化すると、横軸の需要量は計り知れないほど変化する**のです。

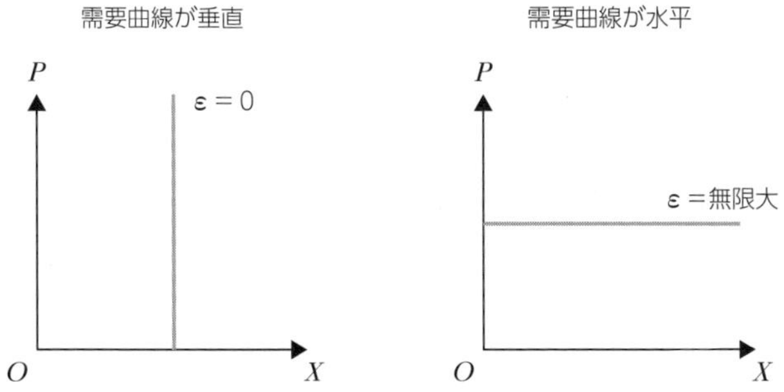

④　需要曲線が直角双曲線である場合

直角双曲線というのは、シンプルな“反比例のグラフ”のことです。

$X=\dfrac{A}{P}$　〔X：需要量、P：財の価格、A：正の定数〕

需要曲線が直角双曲線である場合、**曲線上のどの点であっても、需要の価格弾力性は1**になります。

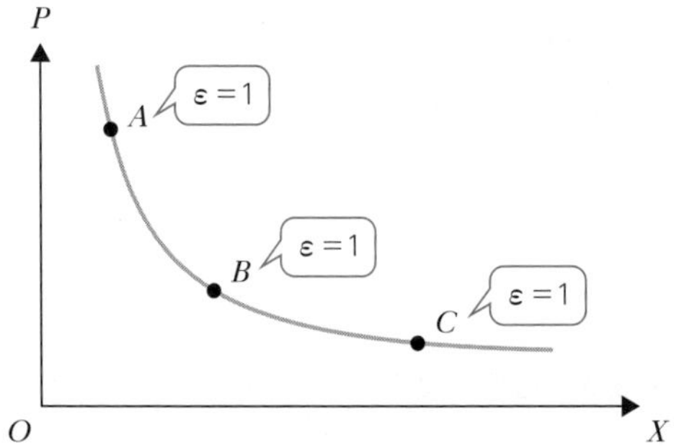

結論を覚えておけばよいのですが、具体的に確認しておきましょう。

いま、需要曲線が、

$$X=\frac{20}{P} \quad \cdots\cdots①$$

$$\Leftrightarrow \quad X=20P^{-1} \quad \cdots\cdots②$$

となっているとします。

需要の価格弾力性（ε）は、

$$\varepsilon=-\frac{\varDelta X}{\varDelta P}\cdot\frac{P}{X} \quad \cdots\cdots③$$

とおけます。$\frac{\Delta X}{\Delta P}$の部分は、②式の形にした需要曲線を$P$について微分すればよいので、

$$\frac{\Delta X}{\Delta P}=-1\cdot 20P^{-1-1}$$
$$=-20P^{-2}$$
$$=-\frac{20}{P^2} \quad \cdots\cdots ④$$

では、$X=1$のときの需要の価格弾力性を計算してみましょう。$X=1$のとき、①式から$P=20$です。これと④式を使って需要の価格弾力性（③式）を計算すると、

$$\varepsilon=-(-\frac{20}{P^2})\cdot\frac{P}{X}$$
$$=-(-\frac{20}{20^2})\cdot\frac{20}{1}$$
$$=1$$

となります。

では、今度は$X=10$として計算してみましょう。$X=10$のとき、①式から$P=2$です。同様に計算すると、

$$\varepsilon=-(-\frac{20}{P^2})\cdot\frac{P}{X}$$
$$=-(-\frac{20}{2^2})\cdot\frac{2}{10}$$
$$=1$$

となります。

このように、**需要曲線が直角双曲線の形をしていると、需要の価格弾力性は常に1になる**のです。

ヒント

ちなみに、消費者の効用関数がコブ＝ダグラス型である場合には、導かれる需要曲線は必ず直角双曲線の形になります（前節の問題3のようなケース）。したがって、「効用関数がコブ＝ダグラス型の場合、需要の価格弾力性は常に1になる」と覚えておいてもよいでしょう。

(5) 需要の価格弾力性と総支出額（需要額）の関係

バーゲンセールで価格が下がっていたとしても、調子に乗って（弾力的に）買い

物をしていれば、使う金額は増えてしまいます。逆に、価格が上昇していたとしても、控えめに（非弾力的に）買い物をすれば、使う金額は少なくて済みます。つまり、**消費者が財を購入するときに使う金額**（総支出額、需要額）**が増えるか否かは、需要の価格弾力性の大小による**のです。

財の価格をP、財の消費量をX、総支出額（需要額）をEとすると、

$$E = P \cdot X$$

とおけます。需要曲線は右下がりですから、価格が下がれば（$P\downarrow$）需要量は増加します（$X\uparrow$）。つまり、**総支出額（E）がどう変化するかは、価格と需要量の変化のどちらのインパクトが大きいか**で決まります。

①　$\varepsilon > 1$の場合

需要の価格弾力性が$\varepsilon > 1$だとすると、**価格が下落**したとすると（$P\downarrow$）、需要量が弾力的に増えることになるので（$X\uparrow\uparrow$）、**総支出額は増加**することになります。安くても、調子に乗って買っていれば、使う金額は増えてしまうのです。

$E\uparrow$（総支出額増加）$= P\downarrow \cdot X\uparrow\uparrow$

一方、**価格が上昇**した場合には、**総支出額は減少**することになります。

$E\downarrow$（総支出額減少）$= P\uparrow \cdot X\downarrow\downarrow$

②　$\varepsilon = 1$の場合

需要の価格弾力性が$\varepsilon = 1$だとすると、価格の変化率（$\dfrac{\Delta P}{P}$）と需要量の変化率（$\dfrac{\Delta X}{X}$）が等しくなるので、価格が下落しても、需要量の増加がそれを打ち消す形になり、**総支出額は変わらない**ことになります。

E（総支出額不変）$= P\downarrow \cdot X\uparrow$

一方、価格が上昇した場合も同じです。

E（総支出額不変）$= P\uparrow \cdot X\downarrow$

③　$\varepsilon < 1$の場合

需要の価格弾力性が$\varepsilon < 1$（非弾力的）だとすると、**価格が下落**しても（$P\downarrow\downarrow$）、需要量はさほど増えないので（$X\uparrow$）、**総支出額は減少**することになります。控えめに買い物をしていれば、使う金額は減りますよね。

$E\downarrow$（総支出額減少）$= P\downarrow\downarrow \cdot X\uparrow$

一方、**価格が上昇**した場合には、**総支出額は増加**することになります。

$E\uparrow$（総支出額増加）$=P\uparrow\uparrow\cdot X\downarrow$

④　**$\varepsilon=0$の場合**

価格が変化しても、需要量は変化しません（$\frac{\varDelta X}{X}=0$）。この場合、**価格が下落**したとすると、**総支出額は減少**することになります。

$E\downarrow$（総支出額減少）$=P\downarrow\cdot X$

一方、**価格が上昇**した場合には、**総支出額は増加**することになります。

$E\uparrow$（総支出額増加）$=P\uparrow\cdot X$

2 需要の所得弾力性

(1) 需要の所得弾力性とは

宝くじに当選して臨時の収入が得られたとしましょう。このようなときに、前からほしいと思っていたものをまとめて買ってしまう人もいれば、冷静に考えてあまり財布の紐を緩めない人もいるでしょう。このような、**所得の変化に対して消費者が示す反応の大きさ**を表す概念を、**需要の所得弾力性**（η（イータ））といいます。式で示すと、

$$\eta=\frac{\text{需要量の変化率}}{\text{所得の変化率}}$$

$$=\frac{\frac{\varDelta X}{X}}{\frac{\varDelta M}{M}}\quad\cdots\cdots①$$

とおけます。所得の１％の変化に対して、需要量が何％変化するかを表します。

(2) 需要の所得弾力性と財の分類

所得の変化に対して財の消費量が弾力的に変化するか否かは、財が消費者にとって何財に該当するかによります。

消費者にとって財が上級財である場合には、需要の所得弾力性はプラスになります（$\eta>0$）。上級財においては、所得と需要量は同じ方向に変化するため、所得の変化率（$\frac{\varDelta M}{M}$）と需要量の変化率（$\frac{\varDelta X}{X}$）の符号が同じになるからです。

$$\eta = \frac{\frac{\varDelta X}{X}}{\frac{\varDelta M}{M}} > 0$$

上級財のうち必需品は、所得の変化の割に消費量の変化が小さいので、

所得の変化率 ($\frac{\varDelta M}{M}$) ＞需要量の変化率 ($\frac{\varDelta X}{X}$)

となります。よって、①式から、**必需品の場合には需要の所得弾力性は１より小**となります ($0 < \eta < 1$)。

一方、奢侈品は、所得の変化の割に消費量が大きく変化するので、

所得の変化率 ($\frac{\varDelta M}{M}$) ＜需要量の変化率 ($\frac{\varDelta X}{X}$)

となります。よって、①式から、**奢侈品の場合には需要の所得弾力性は１より大**となります ($\eta > 1$)。

消費者にとって財が**下級財に当たる場合には、需要の所得弾力性はマイナス**になります ($\eta < 0$)。下級財は所得と需要量は逆の方向に変化し、所得の変化率 ($\frac{\varDelta M}{M}$) と需要量の変化率 ($\frac{\varDelta X}{X}$) の符号が異なるからです。

$$\eta = \frac{\frac{\varDelta X}{X}}{\frac{\varDelta M}{M}} < 0$$

ちなみに、需要の所得弾力性がちょうど１になる場合 ($\eta = 1$)、必需品、奢侈品の区別はせず、単に上級財と判断します。

(3) 需要の所得弾力性の計算方法

基本的に、需要の価格弾力性の計算方法と同じです。

所得と需要量の変化率を具体的に計算することができる問題の場合には、需要の所得弾力性 (η) についての以下の定義式に直接当てはめて計算することができます。

$$\eta = \frac{\frac{\varDelta X}{X}}{\frac{\varDelta M}{M}} \quad \cdots\cdots①$$

一方、具体的な変化率の大きさが不明で、エンゲル曲線上の１点（指示があります）における所得弾力性が要求される場合があります。微分を前提とした問題です。この場合には、①式を以下のように変形して計算します。

$$\eta=\frac{\frac{\varDelta X}{X}}{\frac{\varDelta M}{M}}$$

$$=\frac{\varDelta X}{\varDelta M}\cdot\frac{M}{X}\quad\cdots\cdots②$$

②式の$\frac{\varDelta X}{\varDelta M}$は、**エンゲル曲線を$X$について整理したときの傾きの大きさ**を示しており、**エンゲル曲線を所得Mについて微分**することで得られます。一方、$\frac{M}{X}$は、**指示されたエンゲル曲線上の座標**を代入します。

確認してみよう

① 財の消費量をX、価格をPとして、需要の価格弾力性（ε）の計算式を示しなさい。

1 (3) 参照

$$\varepsilon=-\frac{\frac{\varDelta X}{X}}{\frac{\varDelta P}{P}}$$

$$=-\frac{\varDelta X}{\varDelta P}\cdot\frac{P}{X}$$

② 需要の価格弾力性が１よりも大であるとき、価格が上昇すると、消費者の財に対する支出額はどう変化するか。

1 (4) ① 参照

減少する

③ 消費者の効用関数が$U=2X^{\frac{1}{2}}\cdot Y^{\frac{1}{2}}$である場合、X財に対する需要の価格弾力性はいくつになるか。

1 (4) ③ 参照

X財に対する需要曲線は必ず直角双曲線になるので、需要の価格弾力性は常に1になる

④ ある財に対する需要の所得弾力性が$\frac{1}{2}$である場合、その財は消費者にとって何財に該当するか。

2 (2) 参照

必需品

⑤ 財の消費量をX、所得をMとして、需要の所得弾力性（η）の計算式を示しなさい。

2 (3) 参照

$$\eta=\frac{\frac{\Delta X}{X}}{\frac{\Delta M}{M}}$$

$$=\frac{\Delta X}{\Delta M}\cdot\frac{M}{X}$$

解法ナビゲーション

ある財の価格が200円から160円に下落したところ、需要量が30単位から32単位に増加した。この場合の需要の価格弾力性はいくらになるか。

ただし、当初の価格及び需要量を基準として計算するものとする。

労基2002

❶ $\frac{1}{3}$

❷ $\frac{3}{5}$

❸ $\frac{2}{3}$

❹ $\frac{3}{4}$

❺ $\frac{4}{3}$

着眼点

具体的な数値の変動から需要の価格弾力性を求める問題なので、それぞれ計算して式に当てはめます。

【解答・解説】

正解 ❶

具体的な数値が与えられていますので、まずはこれを前提にして「価格の変化率」と「需要量の変化率」を計算します。

$$価格の変化率=\frac{価格の変化分}{当初の価格}=-\frac{40円}{200円}=-\frac{1}{5}$$

$$需要量の変化率=\frac{需要量の変化分}{当初の需要量}=\frac{2個}{30個}=\frac{1}{15}$$

この結果を使って需要の価格弾力性（ε）を計算すると、以下のようになります。

$$\varepsilon=-\frac{需要量の変化率}{価格の変化率}=-\frac{\frac{1}{15}}{-\frac{1}{5}}=\frac{1}{3}$$

よって、正解は❶になります。

解法ナビゲーション

ある財の需要量をx、価格をpとすると、その財の需要関数が$x = 180 - 4p$で表されるとき、その財の需要量が100単位の場合の需要の価格弾力性はどれか。

区Ⅰ2004

❶ 0.6
❷ 0.8
❸ 1.0
❹ 1.2
❺ 1.4

着眼点

前の問題は、需要曲線上のある点（200円で30単位）から別の点（160円で32単位）への変化を前提にした計算問題です。

これに対して、本問は、問題文に「その財の需要量が100単位の場合の」とあります。つまり、需要曲線上の1点における需要の価格弾力性を計算します。この場合、微分を使って計算します。

【解答・解説】

正解 ❷

需要の価格弾力性（ε）は、以下のようになりました。

$$\varepsilon = -\frac{\dfrac{\Delta x}{x}}{\dfrac{\Delta p}{p}}$$

$$= -\frac{\Delta x}{\Delta p} \cdot \frac{p}{x} \qquad \cdots\cdots ①$$

$\dfrac{\Delta x}{\Delta p}$の部分は、需要関数を$p$について微分して、

$$\frac{\Delta x}{\Delta p} = 0 - 1 \cdot 4p^{1-1}$$

$$= -4 \qquad \cdots\cdots ②$$

とします。

次に、$\dfrac{p}{x}$の部分は、$x = 100$のとき、需要関数から$p = 20$となりますので、

$$\frac{p}{x} = \frac{20}{100}$$

$$= \frac{1}{5} \qquad \cdots\cdots ③$$

となります。

②、③の結果を①式に代入すると、

$$\varepsilon = -(-4) \cdot \frac{1}{5}$$

$$= 0.8$$

と計算することができます。

以上から、正解は❷となります。

過去問にチャレンジ

問題1
★

次の文章の空欄A、Bに入るものの組合せとして正しいのはどれか。

国般2007

需要量をx、価格をpとし、需要曲線が$x = 100 - 40p$である場合において、$p = 2$としたとき、需要の価格弾力性（絶対値）は［　A　］である。また、このとき、価格が２％上昇すると、需要量の変化率は［　B　］％になる。

	A	B
❶	2	−4
❷	2	−8
❸	4	−8
❹	4	−12
❺	6	−12

問題2
★

所得100を使ってX財、Y財の２財を消費する消費者の効用関数が、$u = x^{0.5}y^{0.5}$（u：効用水準、x：X財の需要量、y = Y財の需要量）で示されている。この場合におけるX財の需要の価格弾力性はいくらか。

労基2016

❶ 0
❷ 0.2
❸ 0.5
❹ 1
❺ 2

問題3
★★

ある財に対する需要曲線が以下の式で与えられている。

$$Q = \frac{1}{P} + 2$$

Pが2のときの、需要の価格弾力性（絶対値）はいくらか。
ただし、Pはこの財の価格を、Qは需要量を表す。

国般1998

❶ 0.2
❷ 0.4
❸ 0.6
❹ 0.8
❺ 1

問題4 ★★

次の図は、3つの財A、B、Cに関する消費者の需要曲線D_A、D_B、D_Cを重ねて描いたものである。この図における需要の価格弾力性又は消費者の総支出額に関する記述として、妥当なのはどれか。ただし、需要曲線D_Aは右下がりの直線、需要曲線D_Bは直角双曲線、需要曲線D_Cは完全に垂直な直線であるとし、点bは需要曲線D_Aの中点であるとする。

区Ⅰ2019

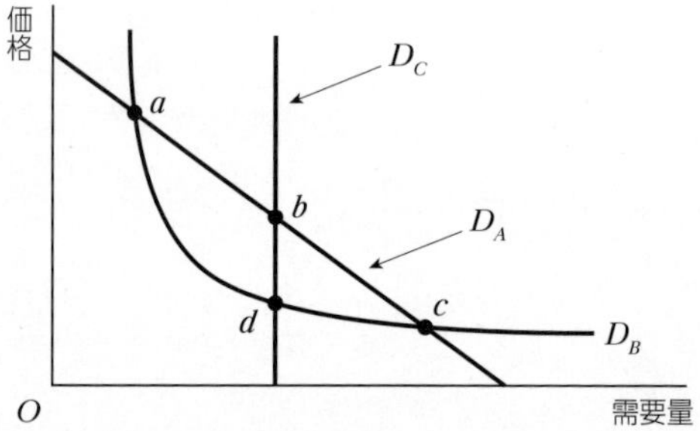

❶ 点aにおいて、A財の需要の価格弾力性は、B財の需要の価格弾力性よりも小さい。

❷ 点aにおいて、A財の価格が上昇すると、A財に対する消費者の総支出額は減少する。

❸ 点bにおいて、A財の需要の価格弾力性は、C財の需要の価格弾力性と等しい。

❹ 点cにおいて、B財の価格が下落すると、B財に対する消費者の総支出額は増加する。

❺ 点dにおいて、B財の需要の価格弾力性は、C財の需要の価格弾力性よりも小さい。

問題5
★

所得のすべてをX財、Y財に支出する、ある消費者の効用関数が次のように与えられている。

$$u(x, y) = xy$$

ここでxはX財の消費量、yはY財の消費量を表す。この消費者の所得が40、X財の価格が5、Y財の価格が1であるとき、消費者均衡点におけるX財の需要の所得弾力性はいくらか。

国税2008

❶ $\frac{1}{5}$

❷ $\frac{1}{4}$

❸ $\frac{1}{2}$

❹ 1

❺ $\frac{5}{4}$

5 代替効果と所得効果

学習のポイント

・価格変化が及ぼす効果を二つの効果に分解するスルツキー分解について学習します。

1 消費者行動の分解

二つの財の価格比（$\frac{P_X}{P_Y}$）が変化すると、消費者は最適消費を変化させます。この消費者の動きは、二つの動きに分解することができます。「お買い得な財にしよう」という動きと、「買えるなら多めに買っておこう」という動きです。消費者の行動を二つの動きに分解することで、消費者の財に対する選好などを細かく分析することができます。

例えば、X財の価格が下落した場合であっても、「今日は、Y財はいいや。お買い得なX財を買えるだけ買っておこう」という人もいれば、「せっかくだからX財をちょっと買って、浮いたお金でY財も買っておこう」という人もいるかもしれません。価格の変化を見て、最終的にどのように消費の組合せを決めるかは、二つの財が消費者にとって何財であるかによります。以下で、専門用語を交えて見ていきましょう。

2 実質所得とは

所得には、名目所得と実質所得の二つがあります。

名目所得（M）とは、**金額で表された普通の所得**のことです。要するに、「**いくら持っているか**」を表します。

一方、**実質所得**とは、**名目所得のもとで購入可能な財の数量**を指します。こちらは、「**何個買えるか**」を表します。例えば、消費者が2,000円（名目所得M）持っていて、財の価格（P_X）が200円であるとき、

$$実質所得=\frac{M}{P_X}=\frac{2{,}000円}{200円}=10個$$

と、購入可能な財の量を計算することができます。これが実質所得です。

ここで、財の価格が100円に下落したとすると、20個の財が買えるようになりま

す。名目所得に変わりはなくても、価格の下落によって購入できる財の量は増えることになるのです。これを**実質所得の上昇**といいます。

一方、財の価格が変わらなくても、名目所得（M）が増えれば、購入可能な財の量は増加します。**名目所得の上昇は、実質所得の上昇を意味する**のです。

そこで、以後は消費者の所得は常に実質所得だとして考えます。例えば、上級財、下級財といった財の分類を考えるときにも、実質所得を基本として考えます。つまり、上級財とは実質所得が増加したときに消費量が増加する財である（たくさん買えるなら、ぜひとも買っておく）、という具合です。

3 スルツキー分解

当初、価格比は$\frac{P_{X0}}{P_Y}$で、E_0点で最適消費を決定していたとします。いま、X財の価格だけがP_{X1}に下落した場合に（P_Y、Mは一定）、消費者の最適消費点（効用最大化点）は、新しい予算制約線上に変化します（例えば、E_1点）。**価格の変化が消費者の行動を変化させること**を、**価格効果**（**全部効果**）といいます。

価格効果（全部効果）は、**代替効果と所得効果という二つの動きに分解**することができます。分解することを、**スルツキー分解**と呼びます。

代替効果とは、X財が相対的に安くなったことで、X財の消費量を増やし、Y財の消費量を減らそうとする効果を指します。**「お買い得な財にしよう」という動き**です。

価格の下落は実質所得を高めます。すると、**「買えるなら買っておこう」という動き**が生じます。これを**所得効果**と呼びます。この所得効果によって消費の絶対量が増え、消費者の効用が高まることになります。

では、グラフを使って、価格効果を代替効果と所得効果に分解してみましょう（二つの財は上級財と仮定）。

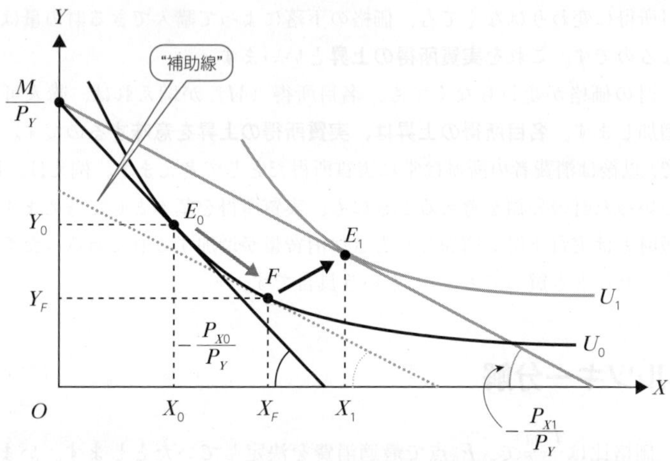

スルツキー分解を行うためには、グラフに補助線を１本描き加えます。具体的には、**「当初の無差別曲線（U_0）に接し、価格変化後の予算制約線の傾き**（$-\frac{P_{X1}}{P_Y}$）**に等しい」直線**を描きます。無差別曲線U_0上に取れた接点をF点とすると、**E_0点からF点までの消費の変化が代替効果**です。割安なX財の消費量をX_0からX_Fに増やし、Y財の消費量をY_0からY_Fに減らそうとします。

F点は新しい予算制約線の内側にあり、消費可能領域内にあります。財の消費量を増やすことができるなら、消費者は効用最大化のため、財の消費量を増やそうとするでしょう。**これが所得効果で、F点からE_1点への変化に当たります。**この所得効果によって、消費者の効用が高まることになるのです（$U_0 \to U_1$）。

ここで、注意点が２点あります。

１点目は、**代替効果は効用を一定（U_0）にして捉える必要がある**ということです。効用を高めるのは所得効果だからです。もし代替効果で効用が高まってしまうようなら、そこには実質所得の上昇による所得効果が入り込んでいることになり、分解したことになりません。

２点目は、**所得効果がどのように作用するかは、二つの財が消費者にとって何財に当たるかによる**、ということです。二つの財がともに上級財である場合には、実質所得の上昇によって二つの財の消費量は増えることになります（F点→E_1点）。

4 各財の需要曲線

代替効果と所得効果に注目すると、財に対する需要曲線にも微妙な違いがあることがわかります。X財とY財が消費者にとってどのような財であるか（上級財か下級財か）によって、所得効果に違いが出てくるからです。以下、X財のみに注目して見ていきます。

(1) 上級財（X財）の需要曲線

X財の価格が下落すると、効用を一定にして、X財の消費を増やし（X↑）、Y財の消費を減らす方向に代替効果が生じます（E_0点→F点）。

一方、X財価格の下落は、実質所得を高めます（$\frac{M}{P_X}$↑）。ここで、消費者にとってX財が上級財（正常財）であるならば、所得効果によってX財の消費量は増加する（X↑）ことになります（F点→E_1点）。

このように、**上級財の場合には、価格の下落によって、代替効果と所得効果ともに消費量を増加させる方向に作用します**。

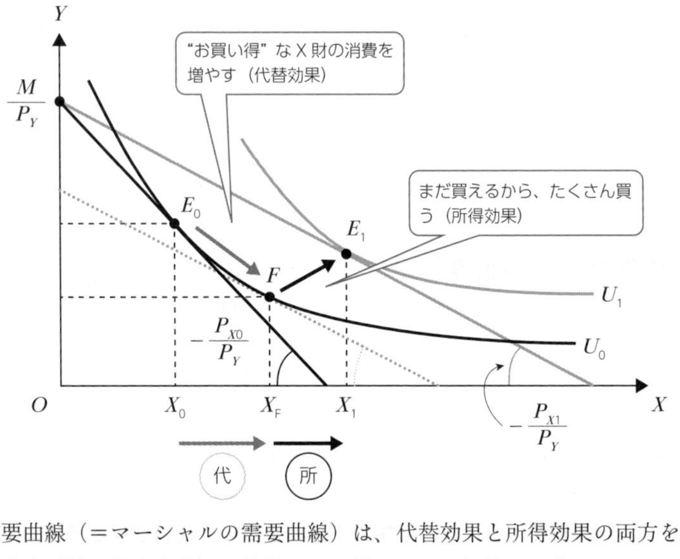

需要曲線（＝マーシャルの需要曲線）は、代替効果と所得効果の両方を含んだ最適消費点（効用最大化点）を前提として描きます。価格の下落によって、代替効果と所得効果ともに消費量を増加させる方向に作用するので、需要曲線の傾きが比較的緩やかになります。これは、**需要の価格弾力性が弾力的である（大きい）**ことを意味します。

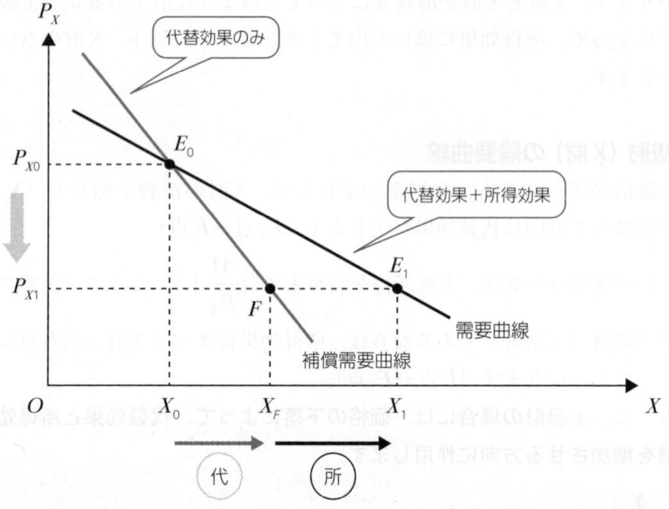

所得効果は、消費者にとってX財が何財に当たるかによりますから、極めて主観的で人によってさまざまな表れ方をします。そこで、主観的な所得効果を除いて、代替効果だけを前提として需要曲線を描く場合があります。この場合の需要曲線を**補償需要曲線（＝ヒックスの需要曲線）**といいます。所得効果を除いているので、通常の需要曲線（マーシャルの需要曲線）よりも傾きが急勾配になります。

⑵　下級財（X財）の需要曲線

X財の価格が下落すると、効用を一定にして、X財の消費を増やし（$X\uparrow$）、Y財の消費を減らす方向に代替効果が生じます（E_0点→F点）。

一方、X財価格の下落は、実質所得を高めます（$\dfrac{M}{P_X}\uparrow$）。ここで、消費者にとってX財が下級財（劣等財）であるならば、所得効果によってX財の消費量は減少する（$X\downarrow$）ことになります（F点→E_1点）。

このように、**下級財の場合には、価格の下落によって、代替効果と所得効果が逆の方向に作用します。**

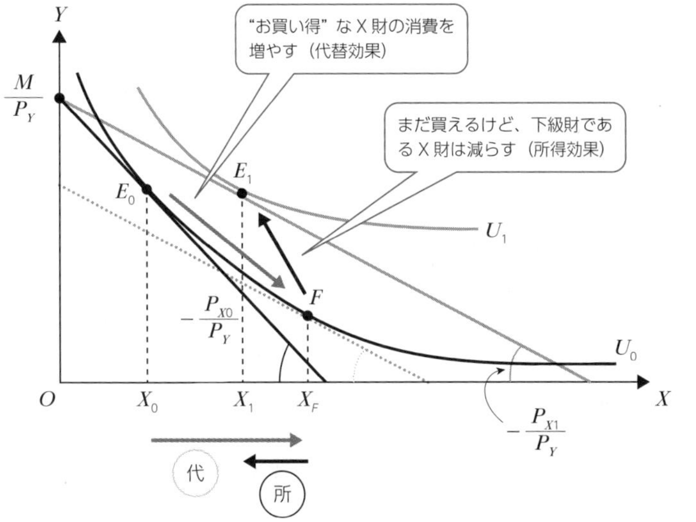

下級財である財の価格が下がったとき、「お買い得だな」（代替効果）とは思っても、「買えるだけ買おう」（所得効果）とは思わないはずです。実質所得が高まっているのであれば、消費者は上級財の消費を増やすはずです。このため、下級財の場合は、所得効果が代替効果とは逆に作用し、価格の下落による需要量の増加（$X_0 \rightarrow X_1$）もわずかになるのです。このことは、所得効果を含まない補償需要曲線よりも通常の需要曲線の傾きのほうが急勾配になり、**需要の価格弾力性が非弾力的である（小さい）**ことを意味します。

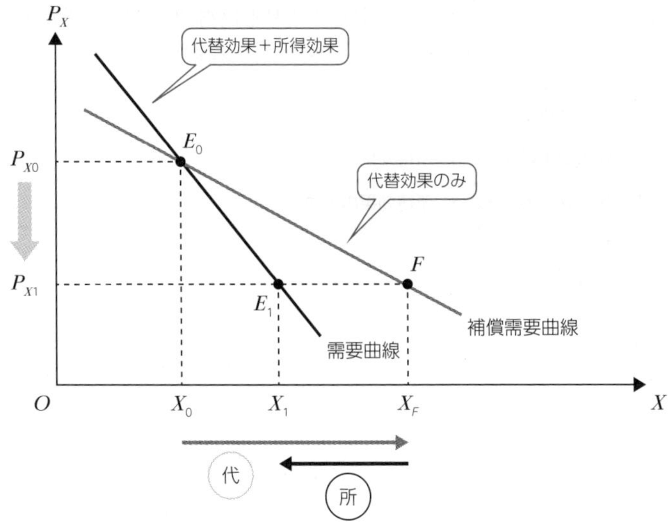

(3) ギッフェン財（X財）の需要曲線

上級財であれ下級財であれ、通常、需要曲線は右下がりになります。これを**需要法則**といいます。

しかし、19世紀にイギリスの経済学者ギッフェンが、需要曲線が右上がりになるという事例をアイルランドで発見しました。これを**ギッフェンの逆説**といいます。

当時、アイルランドの農民の主食はジャガイモでした。あるとき、大飢饉が発生し、ジャガイモの収穫量が大幅に減少したのです。当然、ジャガイモの価格は高騰します（P_X↑）。需要法則によれば、ジャガイモの需要量は減少するはずですが、ジャガイモの需要量は増加したのです（X↑）。この場合、需要曲線は右上がりのグラフになります。

史実としては、価格の上昇が起きたのですが、これまでのパターンに合わせて価格の下落で説明しておきましょう。

主食として飽きるほど食べているジャガイモをX財、これ以外のお肉やチーズをY財とします。

X財の価格が下落したとします（P_X↓）。消費者には、「安いから買っておくか」（代替効果）という気持ちが生じます（E_0点→F点）。しかし、主食の価格が下がれば、実質所得はかなり高まります。これを受けて、「X財にはもう飽きたから、買うのはやめて（X↓）、浮いたお金で普段は買えないY財を買おう」（所得効果）という気持ちも働きます（F点→E_1点）。

この場合、実質所得の上昇によってX財の消費を減らし、Y財の消費を増やしていますから、X財は下級財、Y財は上級財です。しかし、X財には先ほどの下級財とは異なる点があります。それは、**代替効果よりも所得効果のほうが大きく作用している**点です。このような特殊な下級財を**ギッフェン財**といいます。

【 下級財（広義）の分類 】

下級財　　　：代替効果の大きさ ＞ 所得効果の大きさ

ギッフェン財：代替効果の大きさ ＜ 所得効果の大きさ

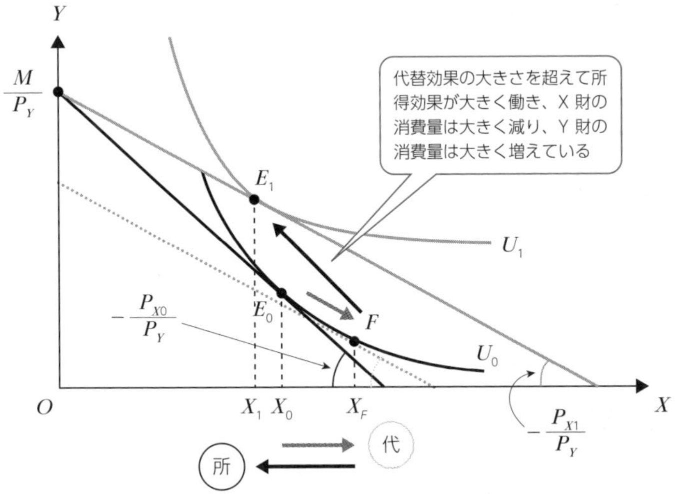

所得効果が代替効果とは逆に作用する点は、通常の下級財と同じです。ただ、代替効果の大きさを超えて所得効果が作用したとすると、価格が下落しているにもかかわらず、効用最大化を前提とした最適消費量は減少することになります（$X_0 \to X_1$）。つまり、通常の需要曲線（マーシャルの需要曲線）は右上がりになってしまいます。

一方、主観的な所得効果を含まない補償需要曲線は右下がりになります。つまり、**需要曲線がどのような形になるかは、消費者の中で所得効果がどのように作用するかによる**のです。

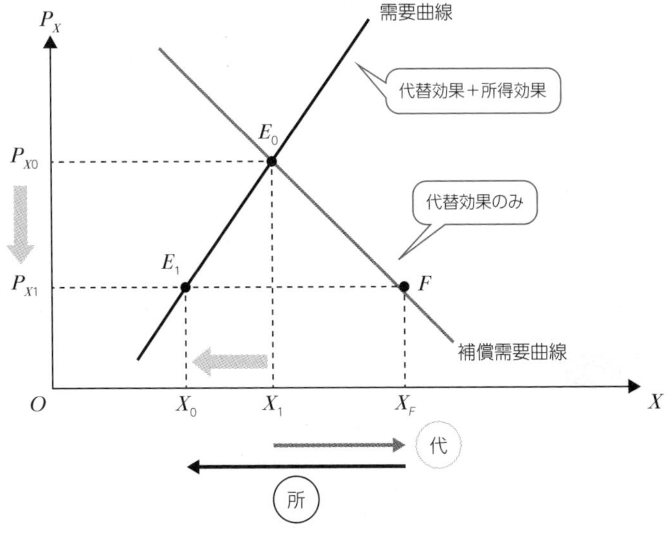

確認してみよう

① 二つの財X、Yがあるとして、X財の価格が下落したとき、代替効果によってY財の需要量はどのように変化するか。

3 参照

割安になるのはX財なので、X財の需要量を増やし、Y財の需要量は減少する

② 二つの財X、Yがあるとして、Y財の価格が上昇したとき、代替効果によってX財の需要量はどのように変化するか。

3 参照

割安になるのはX財なので、X財の需要量は増加する

③ 二つの財X、Yがあるとして、X財の価格が下落したとき、Y財が上級財である場合には、所得効果によってY財の需要量はどのように変化するか。

4 (1) 参照

価格が下落すると実質所得が増加するので、Y財が上級財である場合には、所得効果によってY財の需要量は増加する

④ 二つの財X、Yがあるとして、Y財の価格が上昇したとき、X財が下級財である場合には、所得効果によってX財の需要量はどのように変化するか。

4 (2) 参照

価格が上昇すると実質所得が減少するので、X財が下級財である場合には、所得効果によってX財の需要量は増加する

⑤ 二つの財X、Yがあるとして、X財の価格が下落したとき、X財がギッフェン財である場合には、全部効果によってX財の需要量はどのように変化するか。

4 (3) 参照

ギッフェン財の需要曲線は右上がりなので（ギッフェンの逆説）、価格が下落すると、全部効果で需要量は減少する

過去問にチャレンジ

問題1
★

次の図は、X財とY財との無差別曲線をU_0及びU_1、予算線PTの消費者均衡点をE_0、予算線RSの消費者均衡点をE_1、予算線RSと平行に描かれている予算線PQの消費者均衡点をE_2で示したものである。今、X財の価格の下落により、予算線PTが予算線PQに変化し、消費者均衡点がE_0からE_2へと移動した場合の需要変化に関する記述として、妥当なのはどれか。

区Ⅰ2014

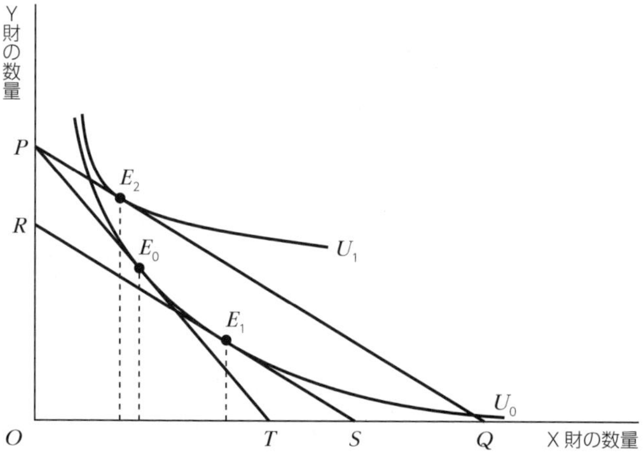

❶ X財は、上級財であり、X財の価格下落による正の所得効果及び正の代替効果により、全体としての効果はプラスとなる。

❷ X財は、上級財であり、X財の価格下落による正の代替効果が負の所得効果を下回るため、全体としての効果はマイナスとなる。

❸ X財は、下級財であり、X財の価格下落による正の代替効果が負の所得効果を上回るため、全体としての効果はプラスとなる。

❹ X財は、ギッフェン財であり、X財の価格下落による負の所得効果が正の代替効果を上回るため、全体としての効果はマイナスとなる。

❺ X財は、ギッフェン財であり、X財の価格下落による負の所得効果が正の代替効果を下回るため、全体としての効果はプラスとなる。

問題2 ★★

ある個人が、所得のすべてを財xと財yの消費に費やしている。財xはギッフェン財、財yは上級財であるとき、次の記述のうち最も適当なのはどれか。

裁判所2006

❶ 財xの価格が上昇すると、財yの需要量は必ず増加する。

❷ 財xの価格が上昇すると、財yの需要量は必ず減少する。

❸ 財xの価格が上昇すると、財xの需要量は必ず減少する。

❹ 財yの価格が上昇すると、財yの需要量は必ず増加する。

❺ 財yの価格が上昇すると、財xの需要量は必ず減少する。

問題3 ★

次の文は、X財の価格の上昇が、Y財の需要量に及ぼす影響に関する記述であるが、文中の空所A～Dに該当する語の組合せとして、妥当なのはどれか。

区Ｉ2009

X財の価格の上昇が、Y財の需要を［ A ］させるような関係にあるとき、この2財を［ B ］と呼び、その例としては、コーヒーと砂糖が挙げられる。また、X財の価格の上昇が、Y財の需要を［ C ］させるような関係にある場合、この2財を［ D ］と呼び、その例としては、コーヒーと紅茶が挙げられる。

	A	B	C	D
❶	増加	代替財	減少	補完財
❷	増加	補完財	減少	代替財
❸	減少	補完財	増加	代替財
❹	減少	ギッフェン財	増加	補完財
❺	増加	代替財	減少	ギッフェン財

問題4 ★★ **価格変化が需要量に与える効果に関する次の記述のうち、妥当なのはどれか。**

国般2001

❶ A財が下級財の場合、その財の価格が下落すると、代替効果によって需要量が減少するが、通常は所得効果による需要量の増加がそれを上回るために、全部効果は需要量を増加させる。

❷ A財がギッフェン財の場合、その財の価格が下落すると、代替効果による需要量の減少が所得効果による需要量の増加を上回るために、全部効果は需要量を減少させる。

❸ 連関財であるA財とB財に関して、B財の価格が変わらないとして、A財の価格が下落した場合に、B財の需要量が増えるとすれば、両財は代替財の関係にあるといえる。

❹ A財とB財とも上級財であり、両財が代替財の関係にある場合、A財の価格が下落すると、B財は、代替効果によっても所得効果によっても、需要量が減少するので、B財の需要量は減少することになる。

❺ A財とB財が連関財の関係にあるとして、需要の交差弾力性がマイナスの値をとる場合には、両財は補完財の関係にあるといえる。

問題5 ★★★

X財とY財を消費する個人の効用関数が

$u = xy$ （u：効用水準、x：X財の消費量（$x > 0$）、y：Y財の消費量（$y > 0$））

で示されるとする。当初、X財とY財の価格はともに1、個人の所得は32であるとする。X財の価格が4に上昇したとき、代替効果によるX財の需要量の変化（A）と所得効果によるX財の需要量の変化（B）の組合せとして妥当なのはどれか。

なお、Y財の価格及び個人の所得は変わらないものとする。また、代替効果とは、最適な消費の点を含む当初の無差別曲線上で、X財の価格上昇による相対価格の変化により最適な消費の点が変化することをいう。

国税・労基・財務2012

	(A)	(B)
❶	3増加	9増加
❷	9増加	3増加
❸	4減少	8減少
❹	6減少	6減少
❺	8減少	4減少

6 消費者理論の応用

学習のポイント

・消費者理論のその他の論点として、労働供給、異時点間の最適消費、不確実性の経済学を扱います。
・マクロ経済学に関連する論点もあるのでしっかりと学習しておきましょう。

1 労働供給

(1) 効用関数と無差別曲線

財の消費には所得が必要です。所得は、働くことによって稼がなくてはなりません。この「働く」を、経済学では**労働供給**といいます。消費者は、手持ちの時間を企業に売って、その見返りとして所得を得ると考えます。

1日24時間のうち何時間働くかという問題を考えていきましょう（問題によって異なります）。

労働供給（働く時間）を（N）、労働以外の時間を余暇（L：Leisure）とします。24時間を労働供給と余暇の二つに配分することになりますから、いずれか一方の時間が決定されれば、他方の時間は決まる関係になります。

ところで、労働供給を行うと所得が得られ、余暇には余暇の楽しみがあるでしょうが、労働が好きか、余暇が好きかという問題は、消費者の“好み”（選好）の問題です。そこで、消費者の選好を示す式として、**効用関数**が与えられます。消費者の効用を高めるのは、余暇（L）と労働の結果として得られる所得（Y）ですので、無差別曲線として描くと以下のようになります。**これまでの「X財」を余暇、「Y財」を所得と呼んでしまう**のです。

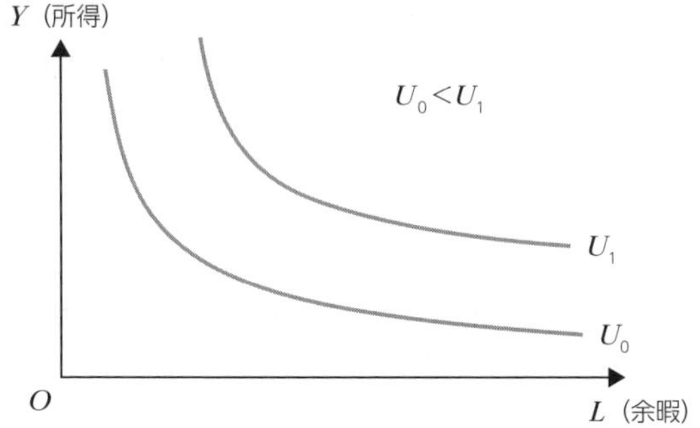

(2) 予算制約線

余暇（L）と所得（Y）は消費者に効用（U）を与えてくれますが、その組合せを無制限に選択できるわけではありません。１日は24時間しかありませんので、１日の余暇を14時間としたら、働ける時間は10時間です。所得は10時間分しか稼げません。

いま、**1時間当たりの給料**（**時給**）**を**w（wage）とします（賃金率）。労働供給（N）は$24-L$と表すことができますので、労働者の実現可能な所得Yは、以下の式で示すことができます。

所得＝賃金率×労働時間

$$Y = w(24 - L)$$

この式を変形すると、

$$Y = -wL + 24w$$

となり、横軸に余暇（L）、縦軸に所得（Y）を取った平面上において、傾きが$-w$、縦軸切片が$24w$の右下がりの直線として示すことができます。これが**労働供給の場合の予算制約線**になります。

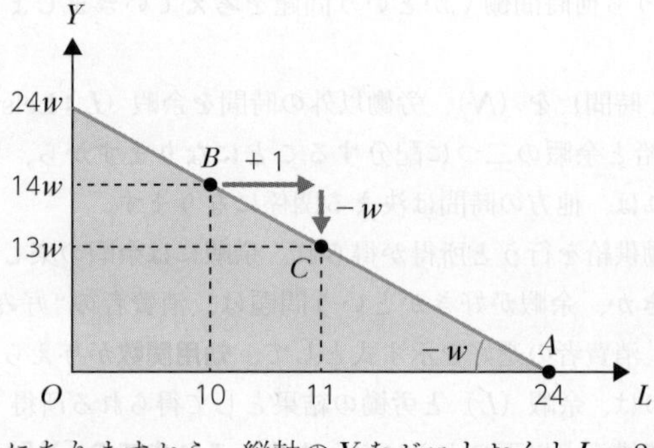

A点は横軸上にありますから、縦軸のYをゼロとおくと$L=24$となります。つまり、初期保有時間24時間を表し、24時間すべてを余暇にしたときの点となります。

仮に、余暇を10時間消費するとしましょう。１日は24時間ですから、労働時間は14時間です。このとき、賃金率をwとすれば、得られる所得は$14w$となります。これがB点です。

いま、このB点から余暇を１時間増やしたとします。すると、労働時間が１時間減ることになります。労働時間が１時間減れば、w円の所得を失うことになります（C点)。つまり、余暇を増やすなら所得を減らすことになるのです。したがって、**消費者にとって選択可能（消費可能）な余暇と所得の組合せは、傾きの大きさを**w**とした右下がりの直線として描ける**わけです。

⑶ 最適余暇消費と労働供給の決定

消費者の無差別曲線と予算制約線を同一平面上に描くと、以下のようになります。

これまでと同様に、無差別曲線と予算制約線が接する点で効用最大化が実現されます（E点）。消費者は、効用を最大にするように最適余暇消費量（L^*）を決定し、初期保有時間24時間から最適余暇消費量を差し引くことで、労働供給時間（N^*）を決定します。これは、図における$24-L^*$に当たります。そして、この労働供給時間に賃金率wを乗じた$w(24-L^*)$が所得Y^*になります。

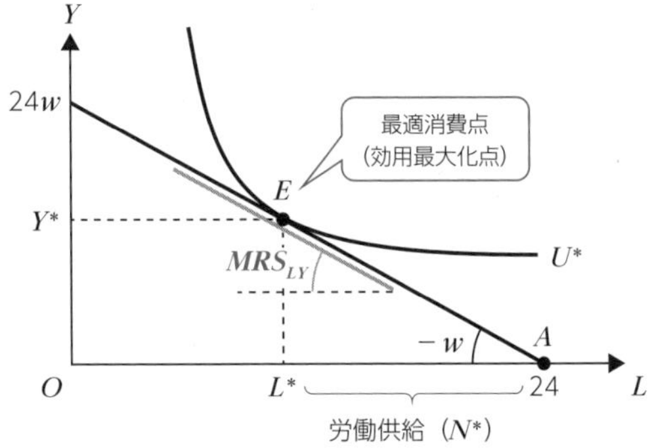

このE点では、無差別曲線と予算制約線が接しているため、無差別曲線の接線の傾きの大きさである限界代替率（MRS_{LY}）と、予算制約線の傾きの大きさである賃金率wが一致します。

〔効用最大化条件〕　**無差別曲線の傾きの大きさ＝予算制約線の傾きの大きさ**

$$MRS_{LY}=w$$

限界代替率（MRS_{LY}）は、これまでと同様に、余暇と所得の限界効用（MU_L、MU_Y）の比に一致します。意味なども、これまでと全く同じです。余暇も所得も消費者にとって効用を高めるものなので、X財、Y財という名前の代わりに余暇（L）と所得（Y）という言葉を使っているだけだと考えてください。

⑷ 計算問題の解き方

これまでの「X財」を余暇（L）、「Y財」を所得（Y）と置き換えて考えてしまえば、計算問題の解き方はこれまでと同じです。

ただ、労働供給の計算問題に関しては、コブ＝ダグラス型（掛け算タイプ）ではなく、加法分離型（足し算・引き算タイプ）の効用関数が与えられることが多く、これに対処するために新しい解き方を押さえる必要があります。

左図において、効用を最大にするように余暇（L^*）を決定しているのはE点です。

A点のL_1ではU_0の効用水準しか得られず、余暇時間を増やすことで効用を高めることが可能です。B点のL_2でも効用水準はU_0で、この場合には余暇時間を減らすことで効用を高めることができます。

これを踏まえ、予算制約線を前提として、余暇時間とそのもとで実現可能な効用の組合せをグラフにすると、右図のようなグラフを描くことができます。これは、効用関数に予算制約式を組み込んだものです。

右図において、効用が最大になるのはE点です。E点は頂点なので、接線の傾きの大きさはゼロになります。つまり、予算制約線を組み込んだ効用関数を、余暇（L）について微分してゼロとおけば、最適余暇時間（L^*）を求めることができます。

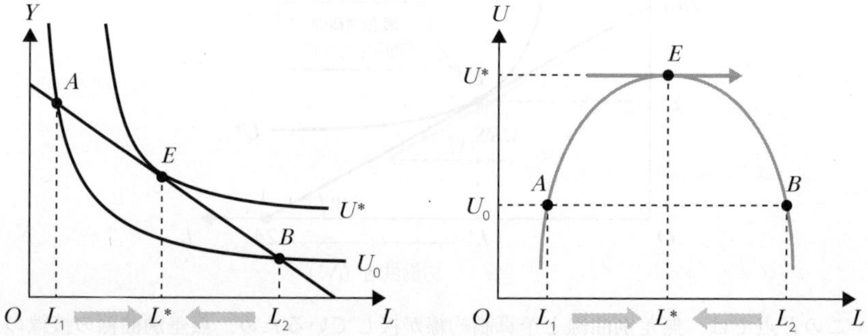

以上から、計算手順は以下のようになります。

❶　予算制約式を立てる

❷　予算制約式を効用関数に代入する

❸　効用関数を余暇（L）について微分してゼロとおく

2 異時点間の最適消費

(1) 効用関数と無差別曲線

これまでは「所得をすべて使い切って」二つの財の消費量の決定を考えてきました。

しかし、現実には、所得を使い切らずに貯蓄をしたり、住宅や自動車など、大きな買い物をするときには借入れをして、所得を超えて消費したりすることもあります。

さて、消費者はなぜ貯蓄をするのでしょうか。経済学では、**「現在の消費よりも将来の消費が好きだから」**と考えます。要するに、老後の消費を楽しみたい人が貯蓄すると考えるのです。逆に、借入れをするのは、**「将来の消費よりも現在の消費が好きだから」**だと考えます。どうしてもいま財がほしくて、お金が貯まるのを待っていられない人が借金するわけです。つまり、貯蓄するか借入れするかは、現在の消費と将来の消費のどちらが好きか、という消費者の"好み"（選好）によると考えるのです。これを**異時点間の最適消費**と呼びます。

効用（U）を高めるものとして、現在の消費（C_1）と将来の消費（C_2）を考えます（断りがない以上、消費額とします）。現在も将来も、消費が増やせたなら効用は高まります。よって、これまでの「X財」を現在の消費（C_1）、「Y財」を将来の消費（C_2）として、消費者の選好を効用関数、ないしは無差別曲線を使って考えます。

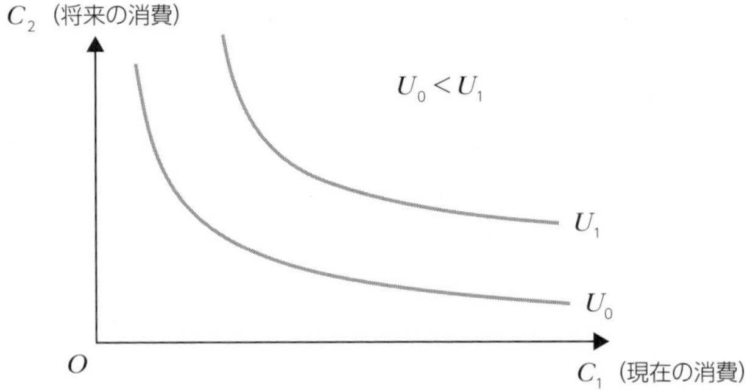

(2) 予算制約線

消費可能な現在の消費（C_1）と将来の消費（C_2）の組合せを考えてみましょう。

① 貯蓄をする消費者

現在と将来の所得をそれぞれy_1、y_2（それぞれ一定）、貯蓄額をSとしましょう。そして、貯蓄をすれば銀行等から利息が得られます。このときの利子率（金利）をrとします。

現在の消費（C_1）は、所得（y_1）から貯蓄（S）を差し引いた残りになりますから、

$$C_1 = y_1 - S \quad \cdots\cdots①$$

とおけます。

一方、将来の消費（C_2）は、将来の所得（y_2）に、貯蓄しておいたSと利息の合計が加わるので、

$$C_2 = y_2 + (1 + r)S \quad \cdots\cdots②$$

と表すことができます。

ここで、①式を$S = y_1 - C_1$と変形して②式に代入し、Sを消去すると、以下のようになります。

$$C_2 = y_2 + (1 + r)(y_1 - C_1)$$

$\Leftrightarrow \ C_2 - y_2 = (1+r)(y_1 - C_1)$

$\therefore \ C_2 - y_2 = -(1+r)(C_1 - y_1)$ ……③

この③式は、横軸にC_1、縦軸にC_2を取った平面上において、定点（y_1, y_2）を通り、傾きが$-(1+r)$の右下がりの直線であることを示しています。これが貯蓄をする消費者の予算制約式です。

補足

点 (a, b) を通り傾きがmである直線

$y-b=m(x-a)$

② 借入れをする消費者

借入額もSとしましょう。そして、借金をすれば銀行等に利息も支払わなければなりません。このときの利子率（金利）をrとします。

現在の消費（C_1）は、所得（y_1）に借入額（S）を加えた額になりますから、

$C_1 = y_1 + S$ ……④

とおけます。

一方、将来の消費（C_2）は、将来の所得（y_2）から、返済の必要な借入額Sと利息の合計を差し引いて、

$C_2 = y_2 - (1+r)S$ ……⑤

と表すことができます。

ここで、④式を$S = C_1 - y_1$と変形して⑤式に代入し、Sを消去すると、以下のようになります。

$C_2 = y_2 - (1+r)(C_1 - y_1)$

$\therefore \ C_2 - y_2 = -(1+r)(C_1 - y_1)$ ……⑥

この⑥式も、横軸にC_1、縦軸にC_2を取った平面上において、定点（y_1, y_2）を通り、傾きが$-(1+r)$の右下がりの直線であることを示しています。これが借入れをする消費者の予算制約式です。

③ 完全資本市場の仮定

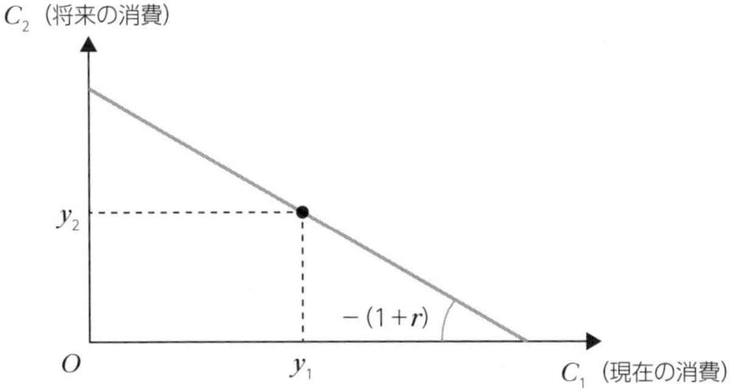

さて、貯蓄、借入れのどちらから考えても、予算制約線は全く同じになることが示されました。つまり、**貯蓄をしようと借入れをしようと、消費可能な消費の組合せは同じ**になるのです。

ただし、同じになるには条件があります。それは、**消費者は、一定の利子率のもとで自由に貯蓄・借入れが可能であること**です。これを**完全資本市場の仮定**といいます。例えば、貯蓄や借入れに制限がある場合（流動性制約がある場合）には予算制約は異なってきますので、留意しておきましょう。

(3) 異時点間の最適消費の決定

消費者は、効用が最大となるように２期間の消費の組合せを決定します。現在の消費と将来の消費のどちらを選好するかによって、貯蓄をするか借入れをするかが決まってきます。

① 貯蓄を行うケース

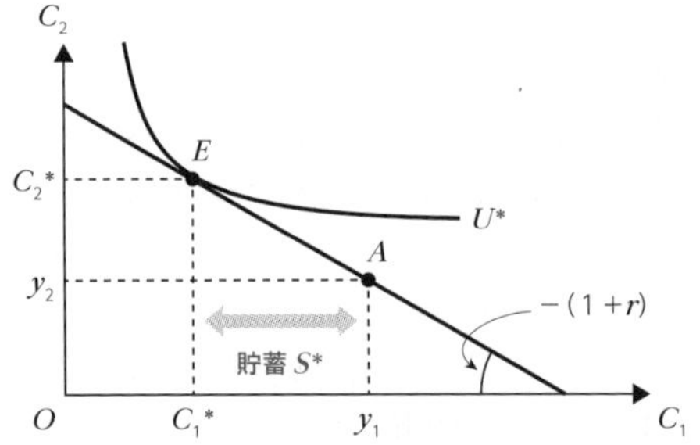

効用を最大にする最適消費点Eが、所得の組合せを表すA点よりも左側の領域に位置するとします。これは、**将来時点で、所得を超えた消費を行いたい**ということです（$C_2{}^* > y_2$）。そのためには、現在の消費は控えめにして、現在時点でy_1-

$C_1{}^*$だけの貯蓄（S^*）を行っておく必要があります。

② 借入れを行うケース

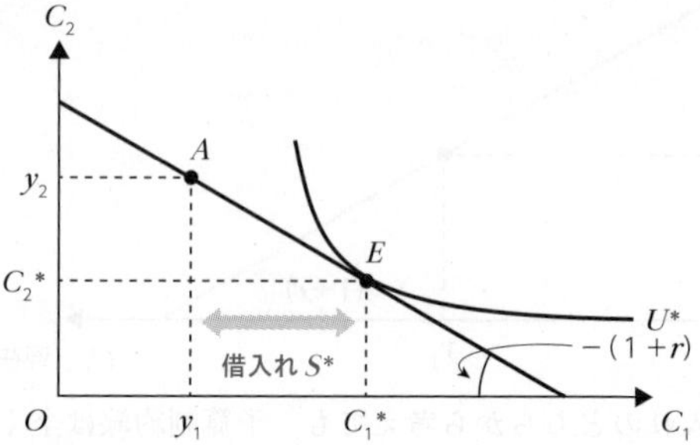

効用を最大にする最適消費点Eが、所得の組合せを表すA点よりも右側の領域に位置するとします。これは、**現在時点で、所得を超えた消費を行いたい**ということです（$C_1{}^* > y_1$）。そのためには、現在時点で、現在の消費が所得を上回る$C_1{}^* - y_1$だけの借入れ（S^*）を行う必要があります。

③ 効用最大化条件

いずれのケースにおいても、無差別曲線と予算制約線が接する状態（E点）で効用最大化が実現されますので、以下の条件が成立します。

〔効用最大化条件〕　無差別曲線の傾きの大きさ＝予算制約線の傾きの大きさ

$$MRS_{12} = 1 + r$$

限界代替率（MRS_{12}）は、これまでと同様に、現在の消費と将来の消費の限界効用（MU_1、MU_2）の比に一致します。意味なども、これまでと全く同じです。

④ 計算問題の解き方

異時点間の最適消費の計算問題に関しては、ほぼすべてコブ＝ダグラス型効用関数が与えられます。よって、基本的な計算方法については、通常の２財（X財、Y財）モデルと同じです。

ただし、１点注意点があります。

通常の２財（X財、Y財）モデルでは、効用関数が$U = AX^{\alpha} \cdot Y^{\beta}$となっているとき、「所得総額（$M$）を、肩の数値の比（$\alpha : \beta$）で二つの財の支出額に按分」すればよいので、例えば、X財の最適消費であれば、

$$P_X \cdot X = M \cdot \frac{\alpha}{\alpha + \beta} \qquad \therefore \ X = \frac{\alpha}{\alpha + \beta} \cdot \frac{M}{P_X}$$

と計算しました。

これに対して、異時点間モデルでは、「**将来の所得（y_2）を（1＋利子率）で割ったうえで所得総額を計算し、これを肩の数値の比で2期間の消費に按分**」します。

まず、所得総額（M）は、

$$M = y_1 + \frac{y_2}{1+r}$$

と計算し、このMを、

$$C_1 = M \cdot \frac{\alpha}{\alpha+\beta}$$

とします。ここでのC_1は消費額を表しますので、2財モデルの支出額（$P_X \cdot X$）と同じです。留意しておきましょう。

補足

ちなみに、将来の所得（y_2）を（1＋利子率）で割る計算手続は「**割引計算**」といい、将来所得の割引現在価値を求めています。ここでは、計算手続を覚えておけばじゅうぶんです。

3 不確実性の経済学

使えるお金が増えるということは、誰にとっても嬉しいものです。所得（X）が増えれば、効用（U）が高まる関係（効用関数）があるとしましょう。

さて、高額所得が得られる二つの商品があります。「宝くじ」と「保険」です。宝くじは当選すれば10億円、保険は万が一のことが起きれば1億円の保険金がもらえるとしましょう。二つとも、かなり高い効用が得られそうです。

これらの商品を買うか否かは、まさに好み（選好）の問題です。当選金額は大きくても、宝くじは買わないという人も多いのではないでしょうか。多くの所得が得られるから買う、という単純なことではないのです。

これらの商品を買うか否かは、リスク（危険）に対する選好の違いによります。宝くじを買う人は、「当たったら大きい」という期待感（ワクワク）が好きなのです（危険愛好型）。一方、保険に加入する人は、「万が一ということがある」という期待感（ビクビク）が嫌なのです（危険回避型）。

(1) 期待値

期待値とは、**確率を考慮した平均値**のことです。例えば、宝くじで10億円に当選する確率が10%、当選せず所得がゼロになる確率が90%だとしましょう。この

とき、所得の期待値（期待所得）は、

期待所得＝当たる確率×そのときの所得＋その他の確率×そのときの所得

＝0.1×10億円＋0.9×０円

＝１億円

と計算できます。もし、当選する確率が20%、当選しない確率が80%であった場合には、

期待所得＝0.2×10億円＋0.8×０円

＝２億円

となり、当選確率が高くなれば、期待できる所得も高くなるというわけです。

効用についても期待値を計算することができます。宝くじを買おうという人は、「多分はずれだろうけれど、もし当たったら嬉しい」という期待感を持って購入します。このときの期待感は、「(はずれの場合の）低い効用」と「(当たったときの）高い効用」が混然一体となった気持ち、すなわち、**効用の平均値**を表します。

例えば、消費者の効用関数が$U=X^2$（U：効用、X：所得）だとしましょう。当選したときの効用（高い効用）は、$U=10^2=100$、はずれの場合の効用（低い効用）は、$U=0^2=0$となります。よって、効用の期待値（期待効用）は、

期待効用＝当たる確率×高い効用＋その他の確率×低い効用

$=0.1\times10^2+0.9\times0^2$

$=10$

と計算できます。先ほどと同様に、当選確率が高くなれば、消費者の期待感（期待効用）も高まります。

⑵ リスクに対する選好

消費者のリスクに対する選好は、効用関数の形状に現れます。結論からいうと、効用関数が$U=X^a$で表されるとき、タイプ別に以下のようになります。

$a>1$ ⇒ 危険愛好型　例 $U=X^2$

$a<1$ ⇒ 危険回避型　例 $U=X^{\frac{1}{2}}$

$a=1$ ⇒ 危険中立型　例 $U=X$

① 危険愛好型（Risk-loving）

効用関数を$U=X^2$とし、10%の確率で所得10（億円)、90%の確率で所得ゼロとなる状況を考えます。

期待所得（Y_e）と期待効用（EU）は、以下のようになります。

$Y_e=0.1\times10+0.9\times0$

$=1$　……①

$$EU = 0.1 \times 10^2 + 0.9 \times 0^2$$
$$= 10 \quad \cdots\cdots②$$

仮に、「宝くじを買わないなら、あなたに１億円を確実に差し上げます」と伝えたら、この消費者はどう考えるでしょうか。期待所得に当たる１億円を確実に得ることができるのだとすると、消費者の効用（$U(Y_e)$）は、

$$U = X^2 = 1^2 = 1 \quad \cdots\cdots③$$

となります。この効用を、②の期待効用（EU）の大きさと比べてみると、

$$EU > U(Y_e)$$

となっています。所得の平均値である期待所得が確実に得られる状況よりも、所得がどう転ぶかわからない不確実な状況（10億円になるか､ゼロになるか）のほうが、消費者に高い効用を与えるのです。つまり**この消費者は、所得が不確実になるというリスクを愛好し、宝くじを購入する**ことになります。

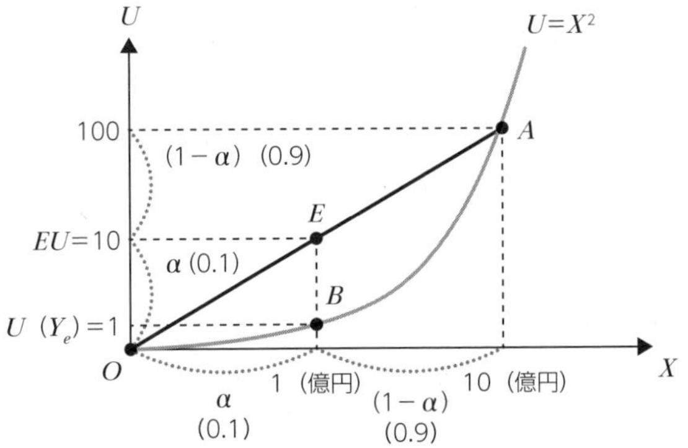

10億円に当選したときの所得と効用の組合せがA点、当選しなかったときの組合せが原点Oです。横軸上で所得ゼロと10億円をα：$(1-\alpha)$の比で内分する点が、期待所得１億円（Y_e）です（たすき掛けの関係）。同様に、原点とA点を結んだ線分OAをα：$(1-\alpha)$に内分するE点を求めると、このE点の縦軸の大きさが期待効用EU（10）になります。

効用関数が下に凸の曲線になっている場合、期待所得（１億円）**が確実に得られるときの効用**（$U(Y_e)=1$）**よりも、期待効用**（$EU=10$）**のほうが効用が高くなる**のです。

②　危険回避型（Risk-averse）

リスクを嫌う消費者であれば、当てにできない10億円よりも、確実な１億円のほうを好むはずです。

今度は、効用関数を$U=X^{\frac{1}{2}}$とし、10%の確率で所得10億円、90%の確率で所

得ゼロとなるとします。

期待所得（Y_e）と期待効用（EU）は、以下のようになります。

$$Y_e = 0.1 \times 10 + 0.9 \times 0$$
$$= 1 \quad \cdots\cdots ①$$
$$EU = 0.1 \times 10^{\frac{1}{2}} + 0.9 \times 0^{\frac{1}{2}}$$
$$\fallingdotseq 0.3162 \quad \cdots\cdots ②$$

仮に、「宝くじを買わないなら、あなたに1億円を確実に差し上げます」と伝えたら、この消費者はどう考えるでしょうか。期待所得に当たる1億円を確実に得ることができるのだとすると、消費者の効用（$U(Y_e)$）は、

$$U = X^{\frac{1}{2}} = 1^{\frac{1}{2}} = 1 \quad \cdots\cdots ③$$

となります。この効用を、②の期待効用（EU）の大きさと比べてみると、

$$EU < U(Y_e)$$

となっています。所得がどう転ぶかわからない不確実な状況（10億円になるか、ゼロになるか）よりも、所得の平均値である期待所得が確実に得られる状況のほうが、消費者に高い効用を与えるのです。つまり**この消費者は、所得が不確実になるというリスクを回避し、宝くじは購入しない**ことになります。

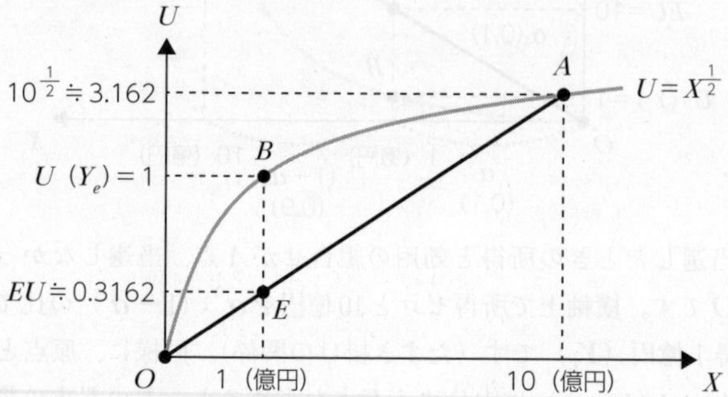

効用関数が上に凸の曲線になっている場合、期待効用（$EU \fallingdotseq 0.3162$）よりも、期待所得（1億円）が確実に得られるときの効用（$U(Y_e) = 1$）のほうが、効用が高くなるのです。

③ 危険中立型（Risk-neutral）

リスクというものに対して無関心な消費者を、危険中立型と呼びます。この場合、消費者の効用関数は右上がりの直線となり、**期待所得が確実に得られるときの効用と期待効用が同じ**になります。

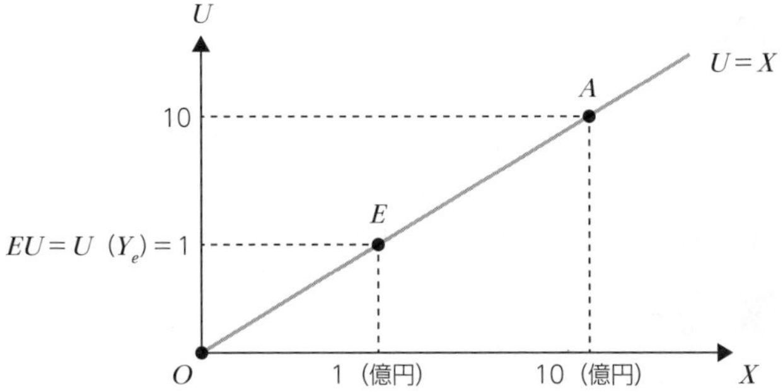

効用関数を$U=X$とし、10％の確率で所得10億円、90％の確率で所得ゼロとなるとします。

期待所得（Y_e）と期待効用（EU）は、以下のようになります。

$Y_e=0.1\times10+0.9\times0$

$=1$　……①

$EU=0.1\times10+0.9\times0$

$=1$　……②

期待所得に当たる1億円を確実に得ることができるのだとすると、消費者の効用（$U(Y_e)$）は、

$U=X=1$　……③

となります。この効用を、②の期待効用（EU）の大きさと比べてみると、

$EU=U(Y_e)$

となります。

確認してみよう

① 初期保有時間を24（時間）、余暇時間をL、賃金率をw、所得をYとした場合、消費者の予算制約式はどのようになるか。

1 (2) 参照

$Y=w(24-L)$

② 初期保有時間を365（日）、労働供給日数をN、賃金率をw、所得をYとした場合、消費者の予算制約式はどのようになるか。

1 (2) 参照

$Y = w \cdot N$

③ 若年期の消費と所得をそれぞれC_1、Y_1、老年期の消費と所得をそれぞれC_2、Y_2、利子率をrとした場合、消費者の予算制約式はどのようになるか。

2 (2) ①、② 参照

$C_2 - Y_2 = -(1+r)(C_1 - Y_1)$

④ 所得Xに対する消費者の効用関数が$U = X^{\frac{1}{3}}$となっている場合、10%の確率で所得が27,000円、残りの確率で1,000円になってしまうときの、消費者の期待効用（EU）を計算しなさい。

3 (1) 参照

$$
\begin{aligned}
EU &= 0.1 \times 27000^{\frac{1}{3}} + 0.9 \times 1000^{\frac{1}{3}} \\
&= 0.1 \times 30^{3 \cdot \frac{1}{3}} + 0.9 \times 10^{3 \cdot \frac{1}{3}} \\
&= 0.1 \times 30 + 0.9 \times 10 \\
&= 12
\end{aligned}
$$

⑤ 所得Xに対する消費者の効用関数が$U = X^{\frac{1}{3}}$となっている場合、消費者のリスクに対する選好は、危険愛好型、危険回避型、危険中立型のいずれに当たるか。

3 (2) ①、②、③ 参照

危険回避型

過去問にチャレンジ

問題1
★

ある個人は、労働の供給によってのみ所得を得ており、その効用関数が

$$U = 2ly + l^2 - 3y$$

であるとする。ただし、Uは効用水準、yは所得、lは余暇時間を示す。また、この個人は、24時間を保有しており、それを労働時間か余暇時間のいずれかに充てる。

1時間当たりの賃金率が2であるとき、効用水準を最大化する労働時間はいくらか。

国般2018

❶ 6時間
❷ 7時間
❸ 8時間
❹ 9時間
❺ 10時間

問題2
★★

ある人の効用関数Uが次の式で表されている。

$$U = 2YL + 6L - W^2$$

（Y：1日当たりの所得、L：1日当たりの余暇（単位：時間）、W：1日当たりの労働（単位：時間））

1日の時間を余暇と労働のみに充てるとし、労働時間1時間当たりの賃金率が1である場合、この人の効用が最大となる1日当たりの労働時間は何時間か。

裁判所2015

❶ 7時間
❷ 7時間20分
❸ 7時間40分
❹ 8時間
❺ 8時間20分

問題3 ★

1年365日を、労働と余暇のどちらかで過ごす労働者がいる。この労働者は1日働くと7000円の所得を得るが、所得のすべては価格1000円のz財の購入に充てられる。また、この労働者の効用関数は、

$U = Z^3V^2$（V：余暇の日数、Z：z財の消費量）

で表される。この場合、この労働者の効用を最大にする労働日数として最も適当なのはどれか。

裁判所2009

❶ 155日
❷ 183日
❸ 219日
❹ 287日
❺ 292日

問題4 ★

ある個人の効用関数が次のように与えられている。

$u = x\ (12 - L)$

ここでuは効用水準、xはX財の消費量、Lは労働供給量を表す。X財の価格は10であり、労働1単位当たりの賃金率は20とする。この個人が効用を最大化するときの労働供給量はいくらになるか。

なお、この個人は労働によって得た所得のすべてをX財の消費に使うものとする。

国般2007

❶ 4
❷ 6
❸ 8
❹ 10
❺ 12

問題5
★

ある個人の効用関数が、

$$u = c_1 \cdot c_2$$

で与えられているとする。ただし、uは効用水準、c_1は今期の支出額、c_2は来期の支出額である。

また、今期と来期それぞれの予算制約式は、

$$c_1 = y_1 - S$$
$$c_2 = (1 + r)S + y_2$$

である。ただし、y_1は今期の所得、y_2は来期の所得であり、Sで正であれば貯蓄、負であれば借入れの大きさで、rは市場の利子率である。

いま、y_1が120、y_2が84であることが分かっていて、貯蓄や借入れが市場の利子率5%（$r = 0.05$）で可能であるとする。このとき、この個人が効用を最大化するための行動として妥当なのはどれか。

国般2014

❶ 借入れを20だけ行う。
❷ 借入れを15だけ行う。
❸ 貯蓄も借入れも行わない。
❹ 貯蓄を15だけ行う。
❺ 貯蓄を20だけ行う。

問題6
★

今期及び来期にそれぞれ50の所得がある個人に、来期において政府から25の臨時給付がある旨の通知があった。

この個人の効用関数が

$U = C_0 \cdot C_1$（C_0：今期消費、C_1：来期消費）

であり、利子率25%の下で自由に貯蓄と借入ができるならば、この個人は効用を最大にするために今期にどのような行動をすることが合理的か。

なお、この個人に前期までの貯蓄及び借入はないものとし、今期及び来期の所得は来期までに使いきるものとする。

国税・労基1999

❶ 5の貯蓄
❷ 10の貯蓄
❸ 15の貯蓄
❹ 5の借入
❺ 10の借入

問題7
★

ある個人は職業Uと職業Cのうちいずれか一つを選択するものとする。職業Uから得られる所得は不確実であり、30%の確率で400万円、70%の確率で900万円である。職業Cからは確実な所得が得られ、その所得はyで示されるとする。この個人は、期待効用を最大化するように行動し、その効用関数は

$u = \sqrt{x}$　（u：効用水準、x：所得）

と示されている。

このとき、この個人が職業Cを選択し得る、確実な所得yの最小額はいくらか。

財務2018

❶ 400万円
❷ 529万円
❸ 729万円
❹ 841万円
❺ 900万円

問題8
★★

ある農家の効用関数が次のように与えられている。

$$u = x^{\frac{1}{2}}$$

ここでuは効用水準、xは1年当たりの農作物収入を表す。この農家には、年間を通じて良い天候に恵まれる場合には900万円、天候不順の場合には100万円の農作物収入があるものとする。また、この農家は期待効用を最大にするように行動するものとする。

ここで、ある保険会社が天候にかかわらず一定金額の所得h（100万円≦h≦900万円）を保証し、もし農作物収入が保証金額hを上回れば農家が差額（900万円－h）を保険会社に支払い、もし農作物収入が保証金額hを下回れば保険会社が差額（h－100万円）を農家に支払うとの契約内容の保険を販売する。良い天候に恵まれる確率と天候不順となる確率がそれぞれ50％である場合、この農家は保証金額hがいくら以上であれば保険を購入するか。その最小の値を求めよ。

国般2007

❶ 250万円
❷ 300万円
❸ 350万円
❹ 400万円
❺ 450万円

問題9
★★★

ある消費者の効用関数が $U = X^{0.5}$ (X:所得)で示されている。この消費者の所得は不確定であり、確率50%で100の所得を得て、確率50%で64の所得を得る。また、保険金19を支払う約束をしておくと、所得64のときには36の払戻金を得る(払戻金から保険金の支払を差し引いた17だけ所得が増える)が、所得100のときには払戻金はない(保険金の支払19だけ所得が減る)という契約を結ぶことができる。

このとき、この消費者に関する記述として最も妥当なのはどれか。

国税・労基2006

❶ この消費者は危険愛好的であり、また、この保険契約を結ぶと期待効用水準が低下するので保険には加入しない。

❷ この消費者は危険回避的であり、また、この保険契約を結ぶと期待効用水準が上昇するので保険に加入する。

❸ この消費者は危険回避的であり、また、この保険契約を結んでも結ばなくても期待効用水準は同じである。

❹ この消費者は危険中立的であり、また、この保険契約を結ぶと期待効用水準が上昇するので保険に加入する。

❺ この消費者は危険中立的であり、また、この保険契約を結んでも結ばなくても期待効用水準は同じである。

第3章

市場理論Ⅰ（完全競争市場）

市場均衡と均衡の安定性
完全競争市場の最適性
（部分均衡分析）
完全競争市場の最適性
（一般均衡分析）

1 市場均衡と均衡の安定性

学習のポイント

・ここから、市場における取引について見ていきます。
・三つの調整過程について、均衡が安定的か不安定的か正しく判別できるようにしましょう。

1 完全競争市場

完全競争市場とは、以下の四つの条件をすべて満たす市場をいいます。

(1) 多数の企業・消費者が存在する

これは、市場の取引に参加する企業と消費者が多数存在し、何人も**価格に対して強い影響力を持たない**ということです。

(2) 企業の生産する財は同質的である

企業が供給する財はみな同質的であって、**消費者はどの企業の商品であるかを問わない**ことを意味します。つまり、財について企業独自のデザインやブランド化などはなされていないとします。

(3) 市場への参入・退出は自由である

企業や消費者は、**いつでも自由に取引に参加でき、また、自由に取引をやめることができる**ことを意味します。

(4) 個々の消費者や生産者は、財に関する完全な情報を持っている

企業と消費者は、どこで・どのような財が・いくらで取引されているかについて完全な情報を持っていることを意味します。**企業と消費者が持つ財に関する情報は同じである**ということです（情報の対称性）。

このような条件を満たす市場では、一つの財に価格が一つだけ決まります（**一物一価の法則**）。取引参加者は、その一つの価格を素直に受け入れて行動することができます。つまり、完全競争市場においてプライス・テイカーの仮定が成立します。

以後、しばらくは完全競争市場を前提として話を進めます。

2 市場供給曲線と市場需要曲線

(1) 市場供給曲線

企業行動の理論で導いた右上がりの（短期）供給曲線は、ある１企業の供給曲線なので、**個別供給曲線**と呼びます。

しかし、市場においてはたくさんの企業が取引に参加しています。市場全体の財の供給を捉えるためには、取引に参加している企業の個別供給曲線を集計しなければなりません。**個別供給曲線を集計したもの**を**市場供給曲線**といいます。

A社とB社の２社が存在するとして、市場供給曲線を導いてみましょう。各企業の個別供給曲線が以下のようになっているとします。

〔A社〕 $P=\frac{1}{4}x_A+2$ 〔B社〕 $P=\frac{1}{8}x_B+2$

$\Leftrightarrow \quad x_A=4P-8$ $\Leftrightarrow \quad x_B=8P-16$

Pは市場の価格、x_AはA社の供給量、x_BはB社の供給量を表しています。

いま、市場の価格が$P=4$であるとします。このとき、個別供給曲線からA社はX財を８個、B社はX財を16個供給します。市場には２社しか存在しないので、価格が４のときには、市場全体の供給量は24個になるはずです。

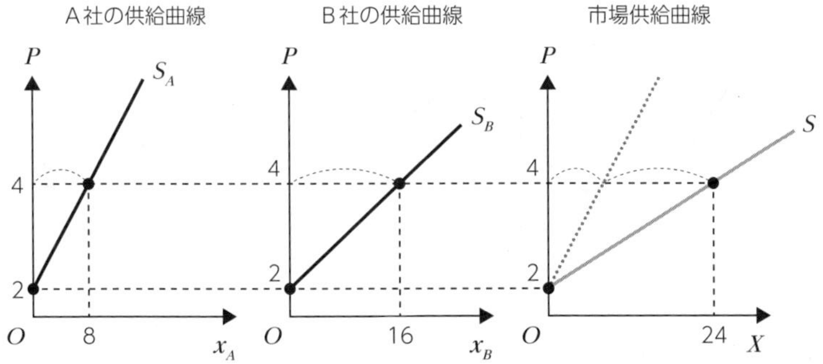

個々の企業の供給量の合計が市場全体の供給量（X）となりますから、

X（全体量）$=x_A+x_B$

とし、横軸の値を合計すればよいのです（水平和）。そこで、各社の個別供給曲線をxについて整理して足し合わせます。

$X=(4P-8)+(8P-16)$

$\Leftrightarrow \quad X=12P-24$

この式に価格$P=4$を代入すると、$X=24$となります。これが市場供給曲線です。

(2) 市場需要曲線

消費者理論で導いた右下がりの需要曲線は、１人の消費者の需要曲線なので、**個別需要曲線**と呼びます。

しかし、市場においてはたくさんの消費者が取引に参加しています。市場全体の財の需要を捉えるためには、取引に参加している消費者の個別需要曲線を集計しなければなりません。**個別需要曲線を集計したもの**を**市場需要曲線**といいます。

ＡさんとＢさんの２人の消費者が存在するとして、市場需要曲線を導いてみましょう。各消費者の個別需要曲線が以下のようになっているとします。

〔Ａさん〕 $P=-2x_A+8$ 〔Ｂさん〕 $P=-x_B+8$

$\Leftrightarrow \quad x_A=-\frac{1}{2}P+4 \qquad \Leftrightarrow \quad x_B=-P+8$

Pは市場の価格、x_AはＡさんの需要量、x_BはＢさんの需要量を表しています。

価格が$P=4$のとき、個別需要曲線からＡさんの需要量は２、Ｂさんの需要量は４となります。

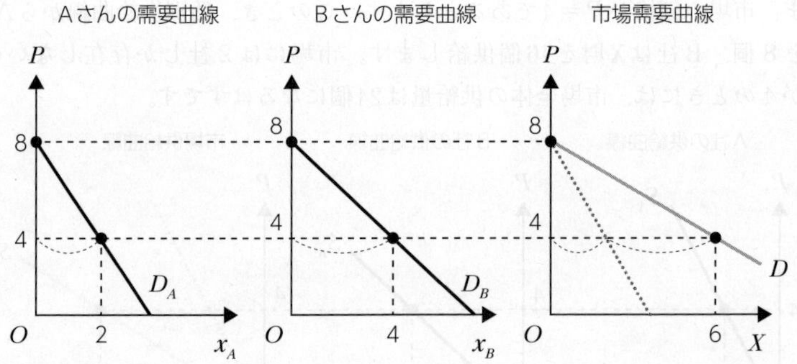

供給曲線の場合と同様、個々の消費者の需要量の合計が市場全体の需要量となりますから、

X（全体量）$=x_A+x_B$

とし、横軸の値を合計します（水平和）。２人の個別需要曲線をxについて整理して足し合わせます。

$$X=(-\frac{1}{2}P+4)+(-P+8)$$

$$\Leftrightarrow \quad X=-\frac{3}{2}P+12$$

この式に$P=4$を代入すると、$X=6$となります。これが市場需要曲線です。

3 市場均衡

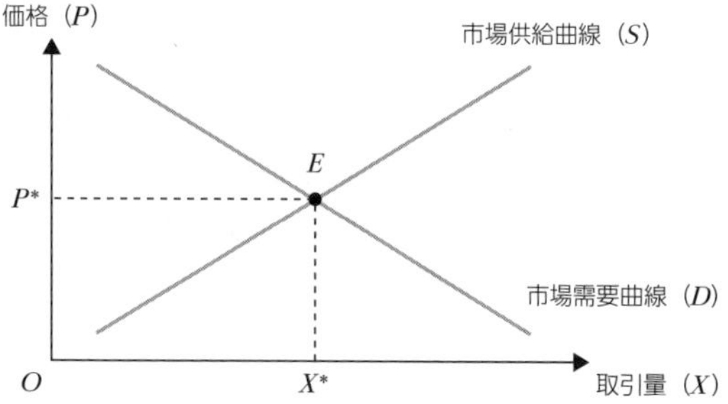

消費者は、効用を最大にするように市場需要曲線上で財の消費を行います。一方、企業は、利潤を最大にするように市場供給曲線上で財の供給を行います。消費者と企業の思惑が一致し、取引が成立するのはE点です。この点を**市場均衡点**（Market Equilibrium）といい、このときの価格水準P^*を**市場均衡価格**といいます。完全競争市場では、企業と消費者は、この価格を一定として行動します（プライス・テイカーの仮定）。その結果、企業による供給量と消費者による需要量が一致し、市場全体で無駄のない財の取引量X^*（最適な資源配分）を実現します。

4 市場均衡の安定性

市場均衡点には、**安定的な均衡点**と**不安定的な均衡点**が存在します。

(1) ワルラス的価格調整過程

価格によって需要と供給が調整されると考えるのが**ワルラス的価格調整過程**で、魚介類などの価格が変化しやすい市場で観察される過程です。

① 安定的均衡になるケース

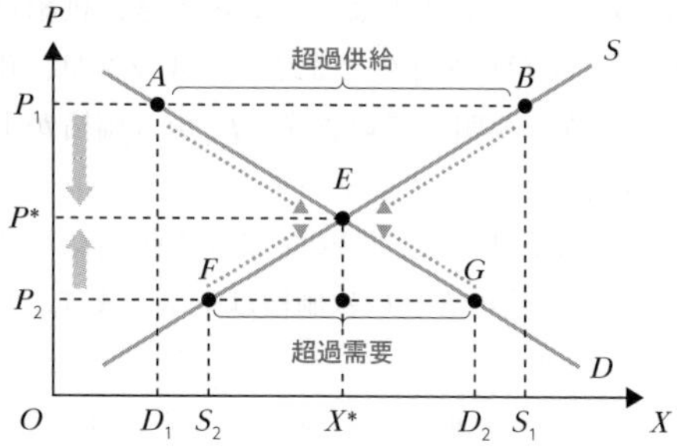

何らかの原因で、価格がP_1のもとで需要量に対して供給量が多くなったとします。企業の供給量はS_1、消費者の需要量はD_1になり、$S_1 - D_1$だけの“**売れ残り**”が発生します。この売れ残り部分を**超過供給**（ES：Excess Supply）といいます。

市場に超過供給が発生すると価格が下落し始めます。価格が下落すれば財の需要量は増加し（$A \to E$）、財の供給量は減少します（$B \to E$）。価格の下落により次第に超過供給が小さくなり、やがて、需要と供給が一致するE点に至ります。

一方、価格がP_2になった場合には、企業による供給量はS_2、消費者による需要量はD_2となり、$D_2 - S_2$だけの“**品不足**”が発生します。この品不足部分を**超過需要**（ED：Excess Demand）といいます。

市場に超過需要が発生すると価格が上昇し始めます。価格が上昇すれば財の需要量は減少し（$G \to E$）、財の供給量は増加します（$F \to E$）。価格の上昇により次第に超過需要が小さくなり、やがて、需要と供給が一致するE点に至ります。

このようにワルラスは、何らかの原因で価格が均衡価格から乖離することになっても、価格が需要と供給を一致させるように変化し、自然と市場均衡点に戻れると考えたのです。このような意味で、E点を**ワルラスの意味で安定的**といいます。

② 不安定的均衡になるケース

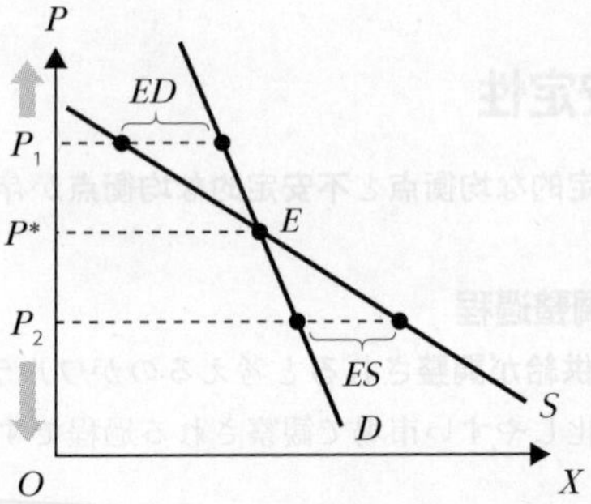

市場需要曲線（D）と市場供給曲線（S）が上図のようになっているとしましょう。何らかの原因で価格がP_1になったとします。このとき、供給量よりも需要量のほうが多くなり、超過需要（ED）が発生します。ワルラスは、市場に超過需要が発生すると、価格が上昇すると説明しています。P_1から価格が上昇すると、次第に市場均衡点（E点）から離れていってしまいます。

逆に、価格がP_2になったとすると、需要量よりも供給量が多くなり、超過供給（ES）が発生します。超過供給のときには価格は下落します。すると、やはりE点からは離れていってしまいます。

つまり、上図では、一度均衡状態が崩れると、二度と市場均衡点E点に至ることはないのです。このような均衡状態を、**ワルラスの意味で不安定的**といいます。

⑵　マーシャル的数量調整過程

数量によって需要と供給が調整されると考えるのが**マーシャル的数量調整過程**で、製造業などの企業による生産調整が行われやすい市場で観察される過程です。

①　安定的均衡になるケース

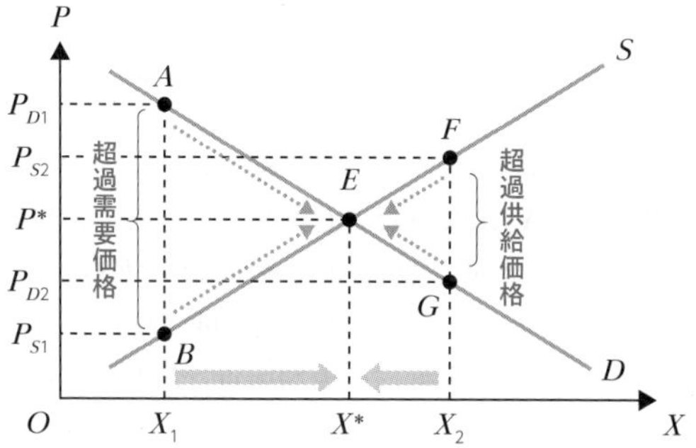

何らかの原因で財の数量が減少し、均衡取引量（X^*）よりも少ない数量（X_1）になったとします。市場に品不足が発生すると、消費者の支払ってもよいとする金額（P_{D1}）は高くなり、企業が希望する供給曲線上の金額（P_{S1}）を上回ります。この価格差（$P_{D1}-P_{S1}$）を**超過需要価格**といいます。

市場に超過需要価格が発生すると、消費者の高い支払いを狙って企業は生産量を増やします（$B\rightarrow E$）。市場の財の量が増えてくれば消費者の支払可能額は下落します（$A\rightarrow E$）。やがて、需要と供給が一致するE点に至ります。

一方、均衡取引量（X^*）よりも多い数量（X_2）になった場合には、消費者の支払可能額（P_{D2}）は低くなり、企業が希望する金額（P_{S2}）を下回ります。この価格差（$P_{S2}-P_{D2}$）を**超過供給価格**といいます。

市場に超過供給価格が発生すると、利潤の確保が難しくなるため企業は生産量を減らします（$F\rightarrow E$）。市場の財の量が減ってくれば消費者の支払可能額は高騰します（$G\rightarrow E$）。やがて、需要と供給が一致するE点に至るのです。

このようにマーシャルは、何らかの原因で数量が均衡取引量から乖離することになっても、企業の生産調整によって需要と供給が調整され、自然と市場均衡点に戻れると考えたのです。このような意味で、E点を**マーシャルの意味で安定的**といいます。

② 不安定的均衡になるケース

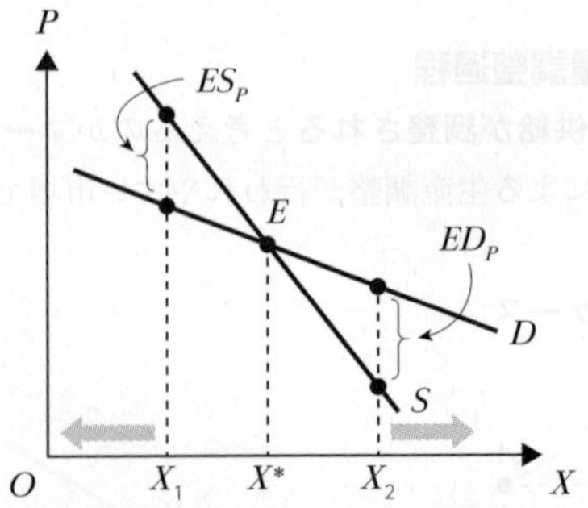

市場需要曲線（D）と市場供給曲線（S）が上図のようになっているとしましょう。何らかの原因で取引数量がX_1になったとします。このとき、供給曲線上の価格よりも需要曲線上の価格のほうが低くなり、超過供給価格（ES_P）が発生します。マーシャルは、超過供給価格のときには企業による生産量は減少すると説明しています。X_1から取引数量が減少すると、次第に市場均衡点（E点）から離れていってしまいます。

逆に、取引数量がX_2になったとすると、供給曲線上の価格よりも需要曲線上の価格のほうが高くなり、超過需要価格（ED_P）が発生します。超過需要価格のときには企業は生産量を増加させます。すると、やはりE点から離れていってしまいます。

つまり、上図では、一度均衡状態が崩れると、二度と市場均衡点E点に至ることはないのです。このような均衡状態を、**マーシャルの意味で不安定的**といいます。

(3) クモの巣調整過程

一部マーシャルの考え方に似ていますが、**クモの巣調整過程**とは、以下の二つの条件を満たす特殊な市場において観察される需要と供給の調整過程です。

❶生産に1年かかるため、前期の価格を参考にして今期の生産量を決定する
❷在庫はできないため、消費者が受け入れてくれる需要曲線上の価格で供給する

具体的には、農産物（果物や野菜など）などの市場です。

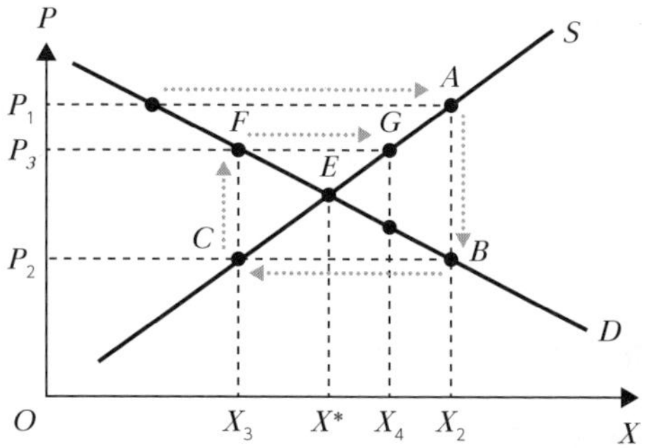

仮に、1年目（スタート時点）の価格がP_1であったとしましょう。

生産農家は、P_1を参考にして2年目の生産量をX_2に決定します（A点）。この供給量は、均衡取引量X^*を上回っているため、2年目の消費者の支払ってもよいとする需要曲線上の価格はP_2になっています。農産物は在庫ができないので、需要曲線上の価格P_2でX_2を全部売り切ります（B点）。

さらに、2年目の取引価格P_2を参考にして、3年目の生産量をX_3に決定します（C点）。この供給量は、均衡取引量X^*を下回っているため、3年目の消費者はP_3まで支払ってもよいとします。しかし農産物は、急な生産拡大ができないので、需要曲線上の価格P_3でX_3を全部売り切ります（F点）。

このように、$A \to B \to C \to F \to G \to \cdots$という経路をたどって、次第に$E$点に向かっていきます（これを「**収束する**」といいます）。E点を、**クモの巣過程の意味で安定的**といいます。

このような安定的均衡（収束する）を実現するには、以下の条件が必要です。

〔クモの巣安定条件〕 供給曲線の傾きの絶対値 ＞ 需要曲線の傾きの絶対値

逆に、次のグラフのように、市場需要曲線の傾きの大きさのほうが大きくなるときには、不安定的均衡となります。市場均衡点から次第に離れていってしまうのです。このような状態を「**発散する**」と表現します。

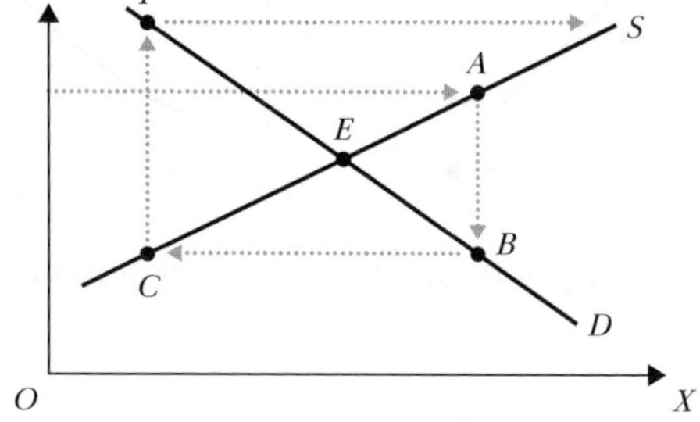

補足

この場合の「傾き」は、需要曲線と供給曲線をそれぞれP（価格）について整理したときの傾きを指しますので注意してください。このように、Pについて整理されたものを逆需要関数、逆供給関数と呼ぶことがあります。

5 産業の長期均衡

(1) 長期における産業（市場）

長期を前提とすると、企業にとって、財の生産に必要なすべての生産要素が可変的になります。これは、**企業が新しい商売を始めたり（参入）、今までの商売をやめたり（退出）することが可能になる**ことを意味します。

市場への企業の参入・退出が可能になると、市場の参入企業数が変化し、市場全体の財の供給量が変化します。これは、**市場供給曲線が変化する**ことを意味します。市場供給曲線が変化すれば、**市場均衡点も変化する**ことになります。では、市場均衡点は、長期的にどのような状態に至るのでしょうか。

(2) 長期均衡へのプロセスと長期均衡条件

前提として、すべての企業が有する費用関数（費用条件）はすべて同じだとします（同質的企業）。費用関数が同じであるとすると、すべての企業の限界費用曲線（MC）、平均費用曲線（AC）が同じになります。

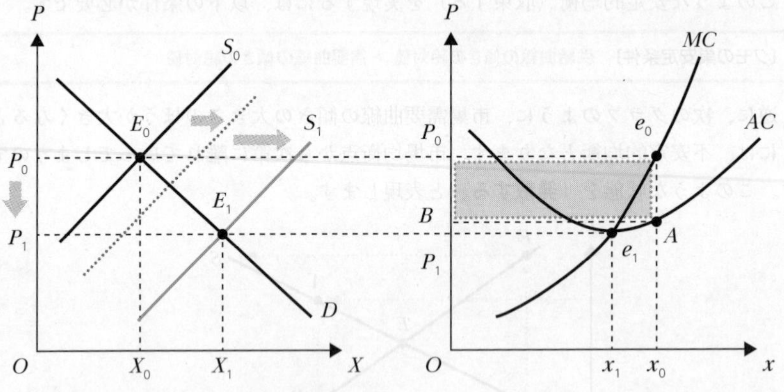

左側の図はX財の市場を、右側の図は代表的な個別企業の限界費用曲線（MC）と平均費用曲線（AC）を表しています。

当初、市場はE_0点で均衡していたとします（左図）。参入企業は、価格P_0と限界費用（MC）が一致するところで生産量をx_0に決定します（右図）。このとき、企業の収入は$P_0e_0x_0O$、費用はBAx_0Oとなり、差額のP_0e_0ABの面積分だけプラスの超過利潤を確保しています（通常の利潤と同じです）。参入企業はすべて“同質的”ですから、すべての企業が同じ額だけの超過利潤を獲得していることになります。

超過利潤を確保することができる市場だと判断すると、他の企業がこの市場に参入してきます。すると、企業数が増加し、市場供給曲線が右方にシフトし始めます。その結果、均衡価格が下落し始め、企業の超過利潤は次第に減少していきます。

市場供給曲線はS_1まで右方シフトし、財価格はP_1に至ったとします（E_1点）。この価格水準は、企業の**平均費用曲線（AC）の最低値（損益分岐点価格）と同じ水準**です。このとき、収入と費用はそれぞれ$P_1e_1x_1O$で等しくなり、超過利潤はゼロとなります。こうなると、もはや参入してくる企業はなくなります。このE_1点を**長期均衡点**といいます。

長期均衡は、市場均衡価格が個別企業の平均費用曲線（AC）の最低値（損益分岐点）に一致したときに実現します。したがって、長期均衡を実現するには以下の条件が必要となります。

〔長期均衡条件〕 $P=AC=MC$

（P：価格、MC：限界費用、AC：平均費用）

確認してみよう

① 完全競争市場において、個別需要曲線を集計して市場需要曲線を導出する際、どのような計算を行う必要があるか。

2 (2) 参照

水平和（＝個別需要曲線を需要量について整理して合計する）

② 市場に超過需要が発生している場合、ワルラスによれば、何が、どのように変化するか。

4 (1) 参照

超過需要（品不足）を解消するように価格が上昇する

③　市場に超過供給価格が発生している場合、マーシャルによれば、何が、どのように変化するか。

4 (2) 参照

超過供給価格（企業にとって商売にならない状況）を解消するように、企業による生産量が減少する

④　クモの巣調整過程において安定的均衡を得るには、どのような条件が必要か。

4 (3) 参照

S の傾きの絶対値＞D の傾きの絶対値
（S：市場供給曲線、D：市場需要曲線）

⑤　市場において長期均衡を実現するとき、市場均衡価格はどのような水準に至っているか。

5 (2) 参照

参入企業の損益分岐点価格に至ったところで、長期均衡を迎える

解法ナビゲーション

売り手と買い手がそれぞれ2人ずつ存在する市場を考える。財の価格をpとおくと、売り手1の供給関数と売り手2の供給関数はそれぞれ、

$x_1^S = 3p - 2$　　　x_1^S：売り手1の供給量

$x_2^S = 2p - 3$　　　x_2^S：売り手2の供給量

で表され、買い手1の需要関数と買い手2の需要関数はそれぞれ

$x_1^D = -p + 10$　　　x_1^D：買い手1の需要量

$x_2^D = -2p + 9$　　　x_2^D：買い手2の需要量

で表されるとするとき、市場で成立する均衡価格と均衡需給量の組合せとして妥当なものはどれか。ただし、すべての売り手と買い手はプライス・テイカーとする。

地上2008

	均衡価格	均衡需給量
❶	1	12
❷	2	11
❸	3	10
❹	4	9
❺	5	8

着眼点

問われているのは市場均衡点における均衡価格と均衡需給量（＝均衡取引量）ですが、与えられているのは個別供給関数と個別需要関数です。そこで、まずは与えられた個別供給関数と個別需要関数から市場供給曲線と市場需要曲線を導きます。

【解答・解説】 正解 ❸

市場全体の供給量をX^Sとして、個別供給関数の水平和（横軸を集計）を行うと、

$$X^S = x_1{}^S + x_2{}^S$$
$$\Leftrightarrow \quad X^S = (3p-2) + (2p-3)$$
$$\Leftrightarrow \quad X^S = 5p-5 \quad \cdots\cdots ①$$

となります。これが市場供給曲線です。

次に、市場全体の需要量をX^Dとして、個別需要関数の水平和（横軸を集計）を行うと、

$$X^D = x_1{}^D + x_2{}^D$$
$$\Leftrightarrow \quad X^D = (-p+10) + (-2p+9)$$
$$\Leftrightarrow \quad X^D = -3p+19 \quad \cdots\cdots ②$$

となります。これが市場需要曲線です。

①式と②式の交点が市場均衡点になりますから、$X^S = X^D = X$として、二つの式を連立して解きます。

$$5p-5 = -3p+19$$
$$\Leftrightarrow \quad 8p = 24 \qquad \therefore \quad p = 3$$

この結果を①式に代入すると、

$$X = 5 \cdot 3 - 5 \qquad \therefore \quad X = 10$$

となります。

よって、正解は❸となります。

解法ナビゲーション

ある財の競争的な市場において、すべての企業の長期総費用曲線が

$TC = x^3 - 2x^2 + 3x$　（TC：総費用、x：一企業あたりの生産量）

で表され、市場全体の需要曲線が

$D = 8 - P$　（D：需要量、P：市場価格）

で表されるとする。この市場へは自由に参入退出が可能であるとき、長期均衡において市場に存在する企業の数はいくつか。

裁判所2007

❶ 2
❷ 3
❸ 4
❹ 6
❺ 8

着眼点

「損益分岐点価格で長期均衡」と覚えてしまえば、これまでの知識で計算できますね。

【解答・解説】

正解 ❹

長期均衡は、市場均衡価格が参入企業の損益分岐点価格に至ったところで実現されます。そこで、まず参入している個別企業の損益分岐点における生産量（x）と価格（P）を計算します。

損益分岐点は、平均費用曲線の最低点に相当します。平均費用（AC）は、長期総費用関数（TC）から以下のように計算することができます。

$$AC = \frac{TC}{x} \quad \therefore \quad AC = x^2 - 2x + 3 \quad \cdots\cdots①$$

平均費用曲線の最低点においては、平均費用曲線上に取った接線の傾きはゼロになるので、①式を微分してゼロとおきます。

$$\frac{\Delta AC}{\Delta x} = 2x^{2-1} - 1 \cdot 2x^{1-1} + 0 = 0$$

$$\Leftrightarrow \quad 2x - 2 = 0 \quad \therefore \quad x = 1 \quad \cdots\cdots②$$

この結果を①式に代入すると、

$$AC = 1^2 - 2 \cdot 1 + 3 \quad \therefore \quad AC = 2$$

となります。これが損益分岐点価格に相当します。

この損益分岐点価格を市場全体の需要曲線に代入すると、長期均衡における取引量（X）となります。市場供給曲線は問題文に示されてはいませんが、損益分岐点価格のもとで市場均衡を実現しているはずだからです。

$$D = 8 - 2 \quad \therefore \quad D = X = 6 \quad \cdots\cdots③$$

市場に参入している個別企業の生産量が$x=1$で、市場全体の取引量が$X=6$ですから、参入企業数は③式を②式で割ることで得られます。

$$企業数 = \frac{X}{x} = \frac{6}{1} \quad \therefore \quad 企業数 = 6社$$

以上から、正解は❹となります。

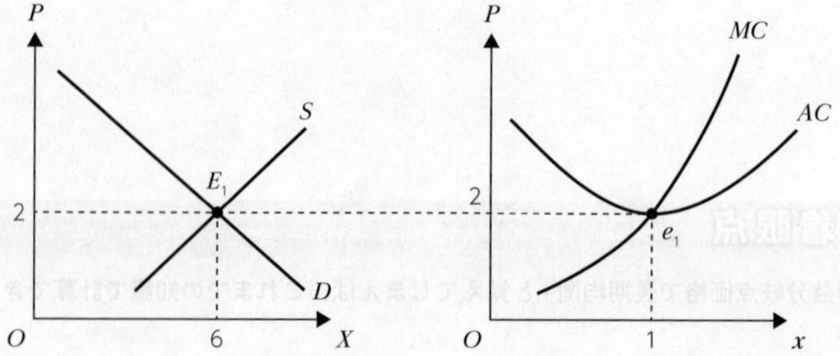

過去問にチャレンジ

問題1
★

ある市場の需要曲線が$D = 24 - 0.5P$　（D：需要量、P：市場価格）、供給曲線が$S = 1.5P$　（S：供給量）であるとき、市場均衡における需要の価格弾力性はいくらか。

裁判所2012

❶ $\frac{1}{3}$
❷ 0.5
❸ 1
❹ 1.5
❺ 3

問題2 ★ 次の図ア～エは、縦軸に価格を、横軸に需要量・供給量をとり、市場におけるある商品の需要曲線をDD、供給曲線をSSで表したものであるが、このうちワルラス的調整過程において均衡が安定であるものを選んだ組合せとして、妥当なのはどれか。

区Ⅰ 2007

ア

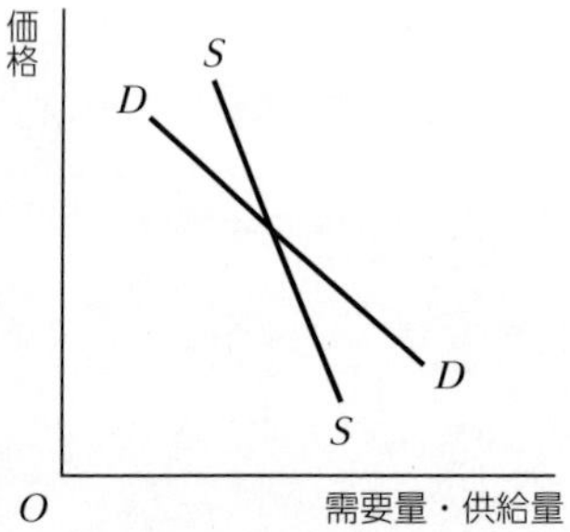

イ

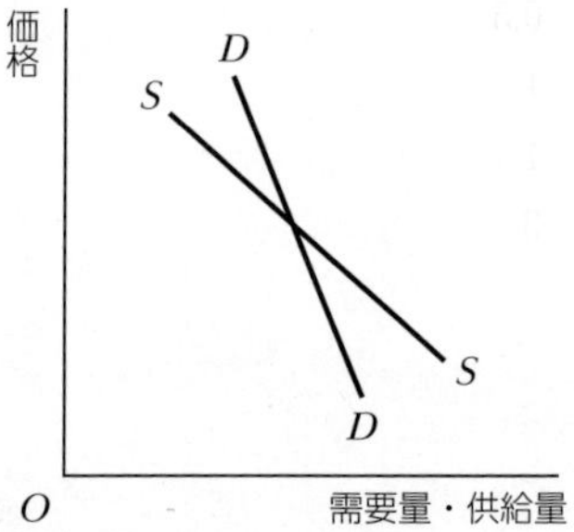

ウ

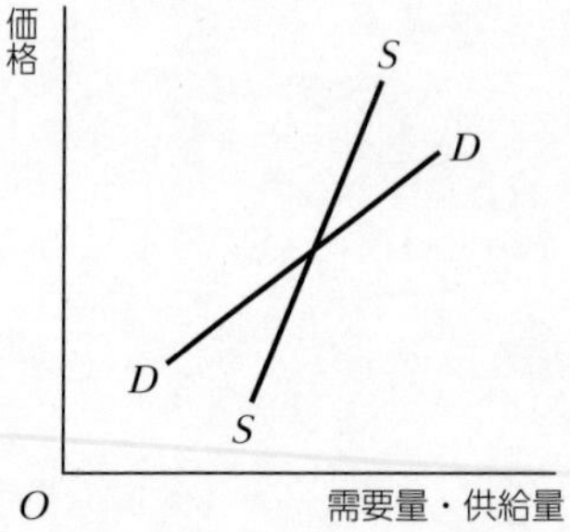

エ

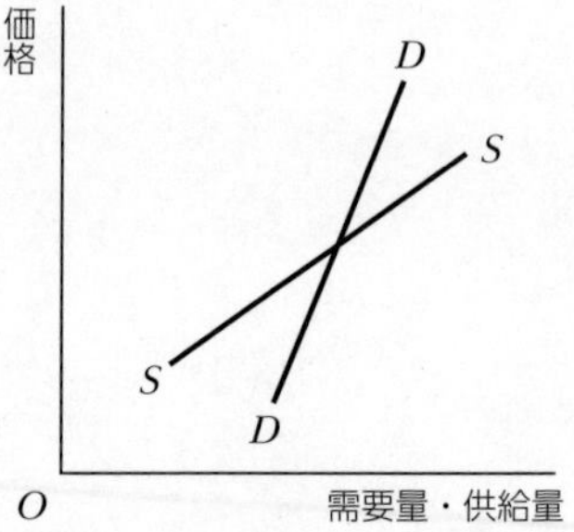

❶ ア　イ
❷ ア　ウ
❸ ア　エ
❹ イ　ウ
❺ イ　エ

問題3
★

次の図ア～オは、縦軸に価格を、横軸に需要量・供給量をとり、市場におけるある商品の需要曲線をDD、供給曲線をSSで表したものであるが、このうちマーシャル的調整過程において、均衡が安定であるものを選んだ組合せとして、妥当なのはどれか。

区Ⅰ 2015

ア

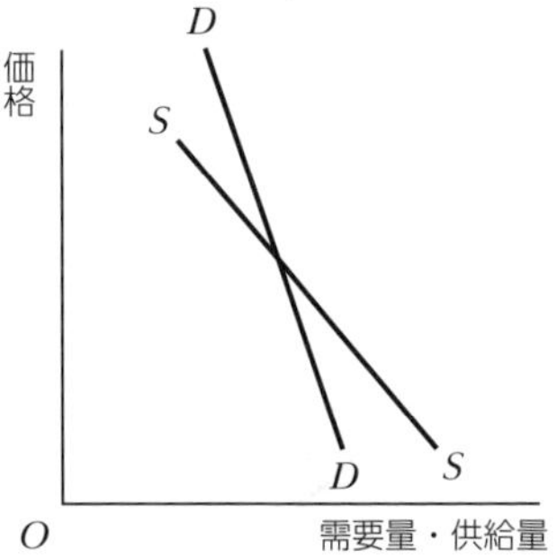

イ

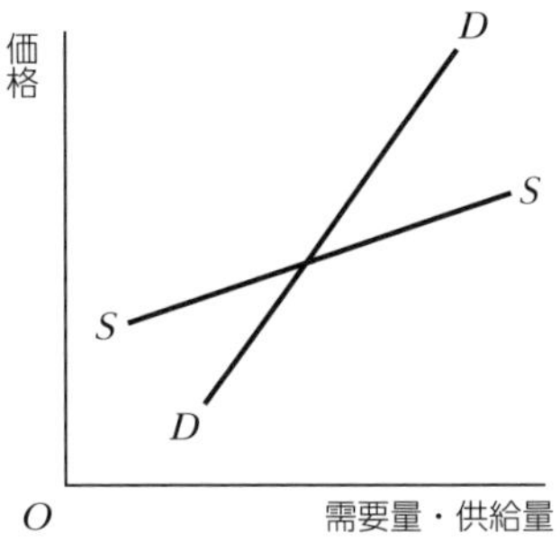

ウ

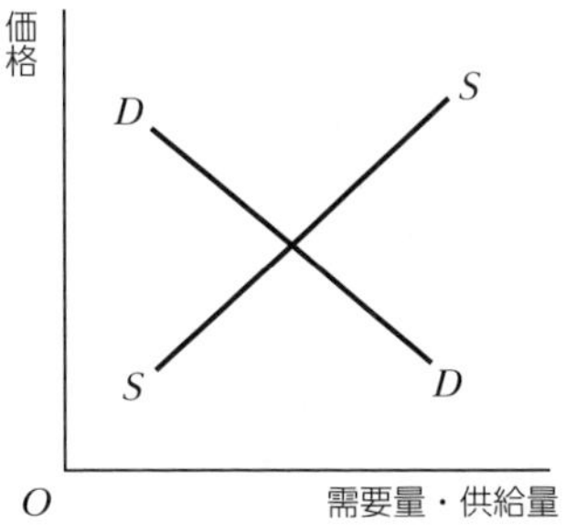

エ

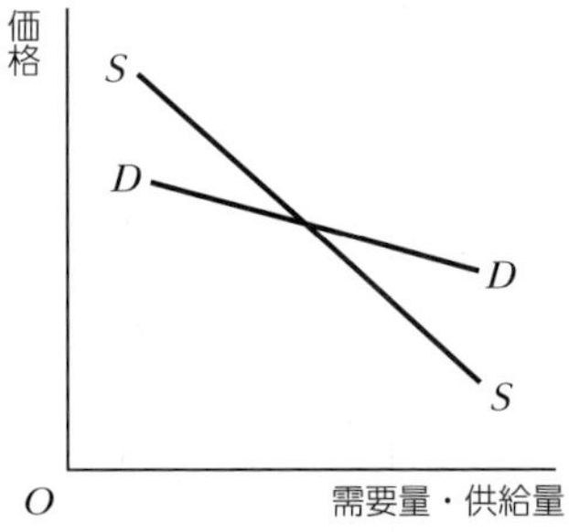

オ

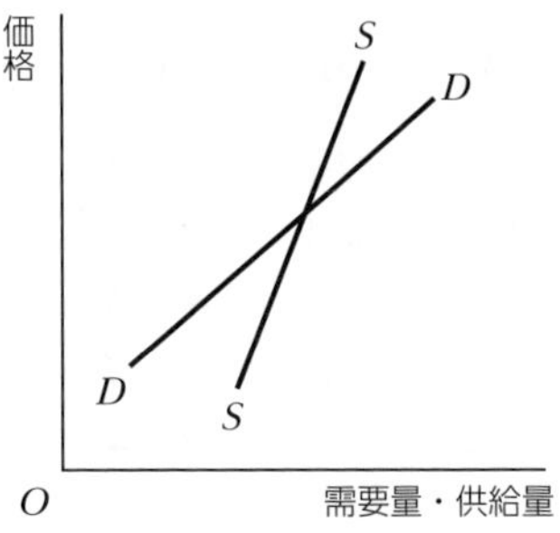

❶ ア　イ　エ
❷ ア　ウ　エ
❸ ア　ウ　オ
❹ イ　ウ　オ
❺ イ　エ　オ

問題4 次の文は、クモの巣理論に関する記述であるが、文中の空所A～Cに該当する語又は語群の組合せとして、妥当なのはどれか。
★

区Ⅰ2012

クモの巣理論では、農産物にみられるように、［ A ］量は価格に対して即時に反応するが、［ B ］量の調整には一定の時間がかかるとする。この理論においては、需要曲線（*DD*）と供給曲線（*SS*）との関係で、均衡が安定的になる場合と不安定になる場合とがあり、下図のうち均衡が安定的となるのは［ C ］である。

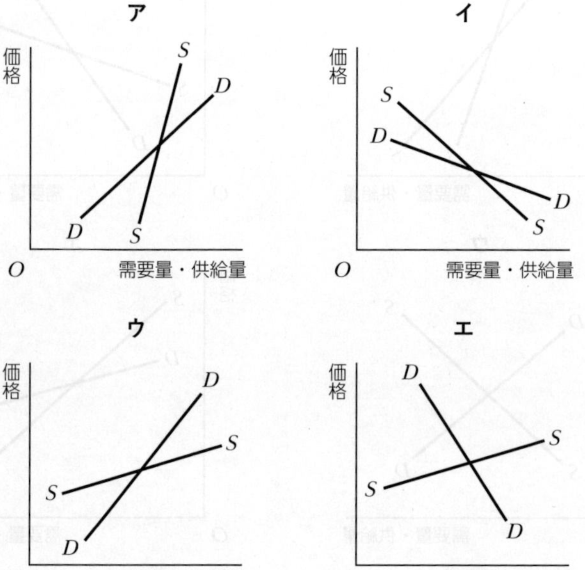

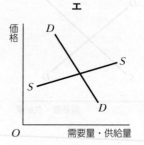

	A	B	C
❶	供給	需要	ア、イ
❷	供給	需要	ウ、エ
❸	供給	需要	イ、ウ
❹	需要	供給	ア、イ
❺	需要	供給	ウ、エ

問題5
★★

ある市場における需要曲線及び供給曲線が次式のように与えられているとき、くもの巣理論における価格の調整過程に関する記述として、妥当なのはどれか。ただし、D_t、S_t、P_tは、それぞれt期における需要量、供給量、市場価格とし、P_{t-1}は$t-1$期の価格とする。

都I 2002

$$D_t = -4P_t + 8 \quad \text{（需要曲線）}$$

$$S_t = 5P_{t-1} - 2 \quad \text{（供給曲線）}$$

❶ 価格は、需要の価格弾力性が供給の価格弾力性より絶対値において大きいので、次第に均衡価格に収れんし、安定的である。

❷ 価格は、需要曲線の傾斜が供給曲線の傾斜より大きいので、次第に均衡価格に収れんし、安定的である。

❸ 価格は、需要の価格弾力性が供給の価格弾力性より絶対値において小さいので、次第に均衡価格から発散し、不安定である。

❹ 価格は、需要曲線の傾斜が供給曲線の傾斜より小さいので、次第に均衡価格から発散し、不安定である。

❺ 価格は、需要の価格弾力性が供給の価格弾力性より絶対値において小さいので、次第に均衡価格に収れんし、安定的である。

問題6 ★

次の図ア～オは、縦軸に価格を、横軸に需要量・供給量をとり、市場におけるある商品の需要曲線をDD、供給曲線をSSで表したものであるが、このうちワルラス的調整過程において市場均衡が安定であり、かつ、マーシャル的調整過程において市場均衡が不安定であるものを選んだ組合せとして、妥当なのはどれか。

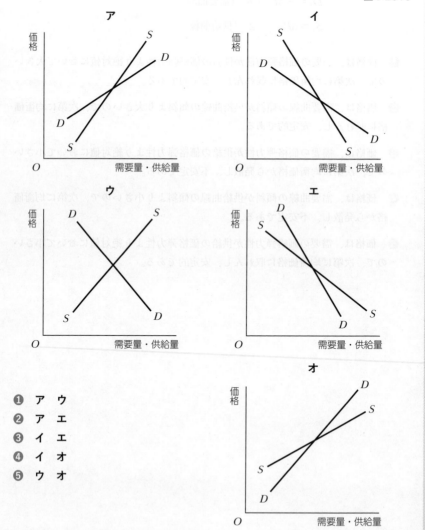

区Ⅰ2018

ア

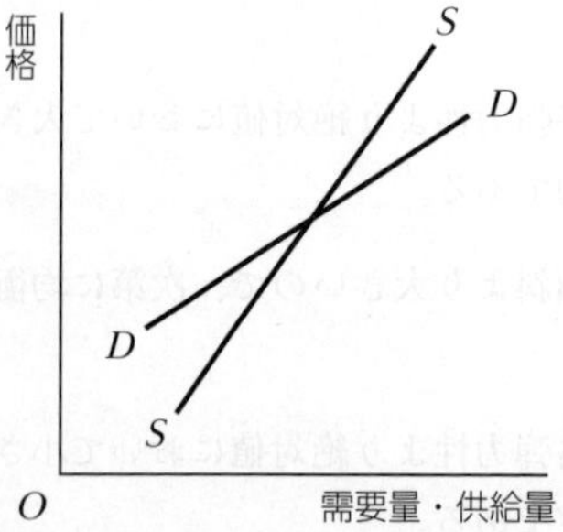

イ

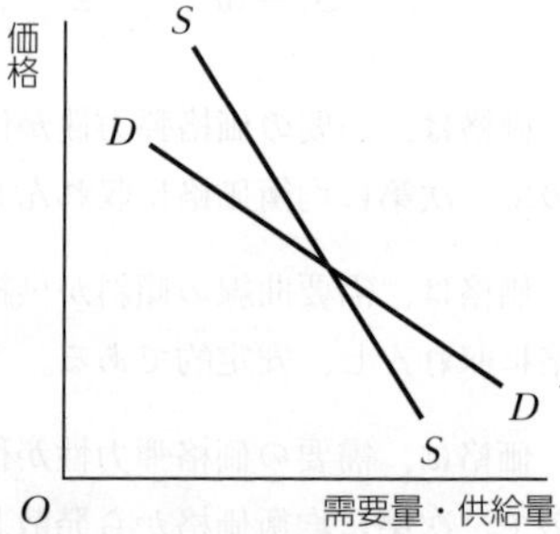

ウ

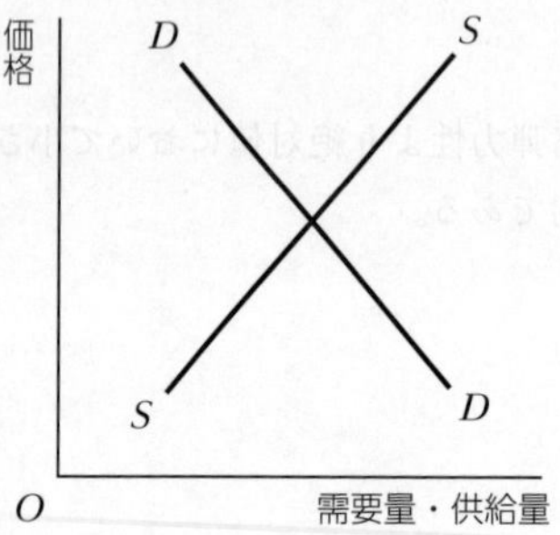

エ

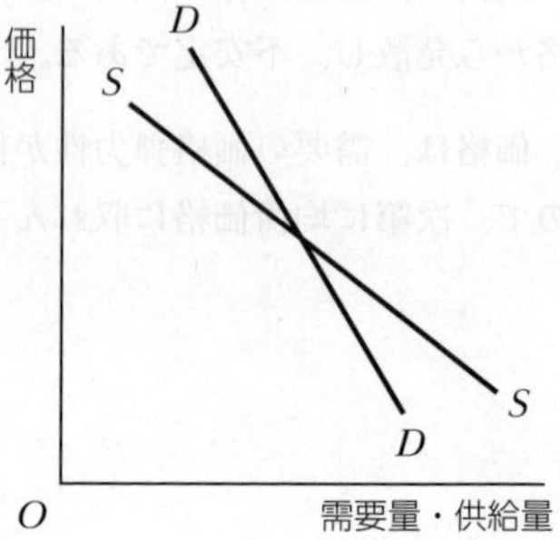

オ

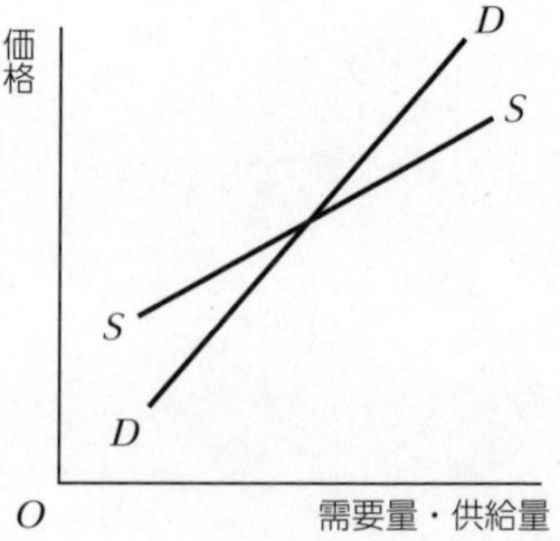

❶ ア　ウ
❷ ア　エ
❸ イ　エ
❹ イ　オ
❺ ウ　オ

問題7 ★★

すべての企業の費用関数が

$C = 4x^2 + 64$

（C：費用、x：1企業当たりの生産量）

で示されるとする。

また、社会全体の需要曲線は

$X = 80 - P$

（X：需要量、P：価格）

で示されるとする。

この場合、長期均衡における企業の数はいくつか。

国税・労基2002

❶ 8
❷ 10
❸ 12
❹ 14
❺ 16

2 完全競争市場の最適性（部分均衡分析）

学習のポイント

- 余剰分析は今後学習する単元でも登場する手法ですから、しっかり基礎を押さえておきましょう。
- 価格規制や課税政策によって、余剰がどのように変化するか、グラフ上できちんと把握しましょう。

1 余剰分析の基礎

完全競争市場では、企業と消費者が市場で決定された価格に従って行動することで（プライス・テイカーの仮定）、無駄のない取引量（最適な資源配分）を実現することができます。

しかし、市場には完全競争市場以外にもさまざまな取引形態が存在しますし、政府が特定の市場に政策介入する場合もあります。このような場合、それは取引参加者や市場全体の観点から見て望ましいことなのか、評価・判断することが必要です。

市場の取引を評価・判断する基準のことを、**経済厚生の基準**といいます。なかでも、**特定の財の市場を需要曲線と供給曲線を使って分析する**（＝**部分均衡分析**）場合に適用される基準が、余剰という概念です。

余剰とは、**取引によって“得”をする部分**（＝**便益**）を指します。消費者が得する部分を**消費者余剰**、企業が得する部分を**生産者余剰**といいます。

(1) 消費者余剰

目当ての商品が、思ったより安く買えると得した気分になります。例えば、消費者は頭のどこかで「レタスには払っても200円までだな」などと考えて買い物に行きます。それが150円で買えたなら、50円払わずに済み、得した気分になるはずです。このような、払ってもよいと考えていた金額と市場価格との差額に当たる“お得感”が消費者余剰（CS：Consumer's Surplus）です。

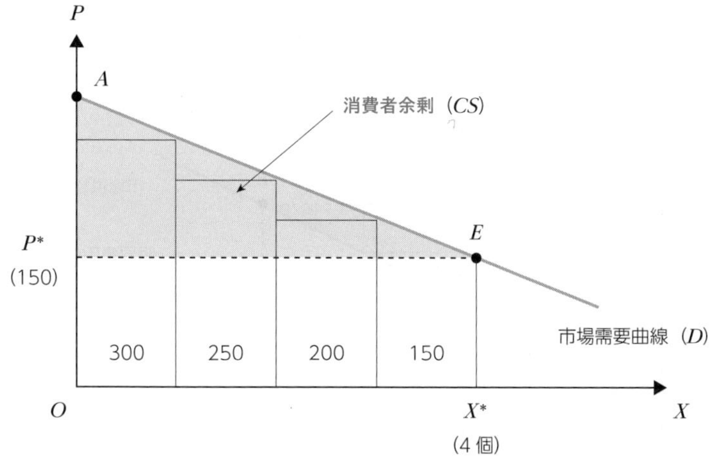

いま、４人の消費者が市場に存在し、１人１個の財を需要するとします。消費者ごとに、支払ってもよいと考える金額（＝最大限の支払可能額）は異なります。それぞれ300円、250円、200円、150円としましょう。この金額を高い順に並べて描いたものが、右下がりの市場需要曲線です。

仮に、４人の消費者が支払ってもよいと考えている金額で財を需要した場合、支払うことになる金額は、

$$300 + 250 + 200 + 150 = 900\text{（円）}$$

となります。グラフの中では、面積AEX^*Oに近似します。

一方、市場均衡価格が150円（P^*）であるとした場合、４人の消費者が価格に従って行動した場合の支払総額（E）は、

$$E = P^* \cdot X^* = 150 \times 4 = 600\text{（円）}$$

となります。グラフでは面積P^*EX^*Oとなります。

このとき、需要曲線を前提として、消費者が支払ってもよいと考えている金額の合計（AEX^*O）と、価格に従って行動した場合の支払額（P^*EX^*O）の差が、消費者余剰（AEP^*）に当たります。

以上から、消費者余剰（CS）は、以下の式によって求めることができます。

消費者余剰（CS）＝最大限の支払可能額の合計 － 実際の支払額

(2) 生産者余剰

企業側では、想像以上に高く売れて得した気分になれることがあります。例えば、企業は「できれば１個90円で売りたいな、でないと従業員に給料が払えない」などと考えて商売に行きます。それが150円で売れたなら、60円分得した気分になる

はずです。このような、払ってもらいたいと考えている金額と市場価格との差額に当たる“お得感”が生産者余剰（PS：Producer's Surplus）です。

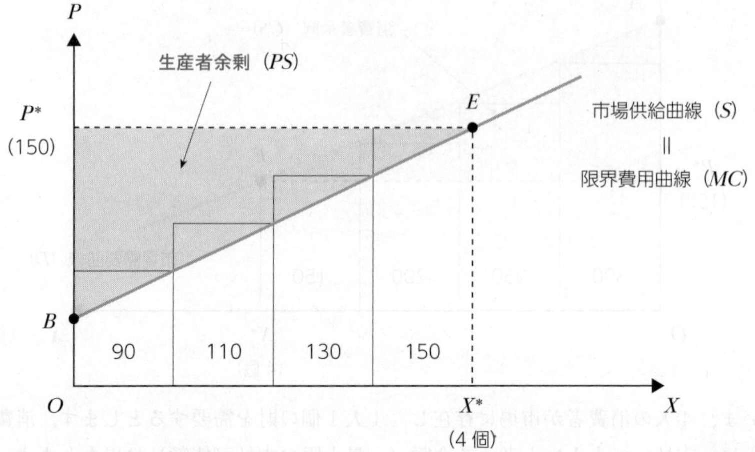

いま、４社の企業が市場に存在し、それぞれ１個の財を供給するとします。社内の費用条件や生産技術等によって、払ってもらいたいと考えている金額（＝最低限の保証価格）は企業ごとに異なります。それぞれ90円、110円、130円、150円であるとしましょう。この金額を低い順に並べて描いたものが、右上がりの市場供給曲線です。

仮に、４社が最低限の保証価格で財を供給した場合、受け取れる金額は、

$90 + 110 + 130 + 150 = 480$（円）

となります。グラフの中では、面積BEX^*Oに近似します。

一方、市場均衡価格が150円（P^*）であるとした場合、４社が価格に従って行動した場合の収入総額（R）は、

$R = P^* \cdot X^* = 150 \times 4 = 600$（円）

となります。グラフでは面積P^*EX^*Oとなります。

このとき、供給曲線を前提として、払ってもらいたいと考えている金額の合計（BEX^*O）と、価格に従って行動した場合の収入額（P^*EX^*O）の差が、生産者余剰（P^*EB）に当たります。

以上から、生産者余剰（PS）は、以下の式によって求めることができます。

生産者余剰（PS）＝ 実際の収入額 － 最低限の保証価格の合計…①

ちなみに、第１章第３節で学習したとおり、企業の供給曲線は限界費用曲線（MC）に相当しますので、市場供給曲線（S）は企業の限界費用曲線（MC）を集計したものになります。よって、企業が払ってもらいたいと考えている金額（＝最低限の

保証価格）は、生産拡大によって発生した限界費用の合計に相当します。限界費用の合計は、X^*の生産を行った場合の可変費用（VC）の金額に一致します（可変費用は、生産量に比例して発生する費用だからです）。このため、①式は、以下のように示すこともできます。

生産者余剰（PS）＝ 実際の収入額 － 可変費用（VC）

⑶ 総余剰

取引参加者の余剰の合計を**総余剰**ないしは**社会的余剰**（TS：Total Surplus）といいます。いま考えている取引参加者は消費者と企業なので、消費者余剰と生産者余剰の合計が、総余剰に当たります。

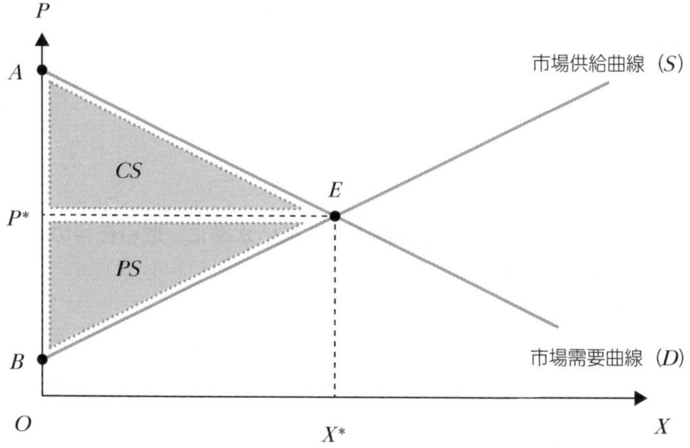

完全競争市場均衡点はE点になります。消費者と企業は、市場均衡価格P^*に従って行動し、均衡取引量はX^*となります。消費者余剰（CS）と生産者余剰（PS）は、以下のとおりです。

CS＝面積AEX^*O－面積P^*EX^*O＝面積AEP^*

PS＝面積P^*EX^*O－面積BEX^*O＝面積P^*EB

よって、総余剰（TS）は、

総余剰（TS）＝消費者余剰（CS）＋生産者余剰（PS）

＝面積AEP^*＋面積P^*EB

＝面積AEB

となります。

余剰分析では、**総余剰が最大化されている取引状況であれば、そのときの取引量は無駄がなく、望ましい取引（最適な資源配分）である**と評価します。要するに、「社会全体にとって、これ以上お得な取引は他にはない」という状態が、最適な資源配分を実現している状態だと考えるのです。

では、この場合の総余剰（AEB）は最大化されているのでしょうか。結論からいうと、面積AEBで総余剰は最大化されているのです。換言すれば、これ以上大きな総余剰を実現することはできません。つまり、取引量X^*は最適な資源配分を実現しているのです。**完全競争市場均衡は、最適な資源配分を実現します**（厚生経済学の第一定理）。

2 価格規制

政府は、**市場均衡価格とは無関係に財の取引価格を設定し、その価格での取引を市場に強制する**ことがあります。このような政策を**価格規制**といいます。価格規制が市場の取引にどのような影響を及ぼすか、完全競争市場を前提として見ていきます。

(1) 最高価格

最高価格（P_H）とは、**市場均衡価格よりも低い水準に、取引価格の上限を設定する政策**です。

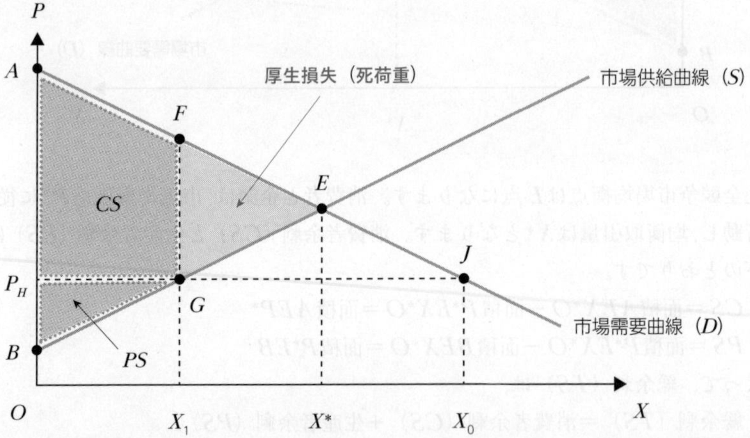

政府が図のP_Hの水準に最高価格を設定したとすると、消費者の財の需要量はX_0になります（J点）。ところが、企業が供給できる財はX_1です（G点）。つまり、P_Hのもとでは超過需要（線分GJ）が発生します。

完全競争市場では、超過需要を解消するように価格は上昇していくのですが、政府が規制しているので、価格は上昇しません。その結果、この市場での取引量は

X_1になってしまいます。消費者がX_0だけの需要を望んでも、市場に財はX_1しか存在しないからです（ショートサイドの原理）。

では、取引量X_1は市場全体にとって望ましい取引量なのでしょうか。消費者余剰（CS）と生産者余剰（PS）は、それぞれ、

$$CS = 面積AFX_1O - 面積P_HGX_1O = 面積AFGP_H$$
$$PS = 面積P_HGX_1O - 面積BGX_1O = 面積P_HGB$$

となります。

したがって、総余剰（TS）は、

$$総余剰（TS）= 面積AFGP_H + 面積P_HGB = 面積AFGB$$

となります。

完全競争市場均衡点はE点となり、総余剰は三角形AEBとなります。これに比べて、面積EFGだけ総余剰が小さくなってしまっています。この**総余剰の減少分を厚生損失（死荷重）**といいます。政府による最高価格の設定は、取引量を過少にし、総余剰を減らしてしまうのです。したがって、取引量X_1は、最適な資源配分を実現しているとはいえません。

(2) 最低価格

最低価格（P_L）とは、**市場均衡価格よりも高い水準に、取引価格の下限を設定する政策**です。

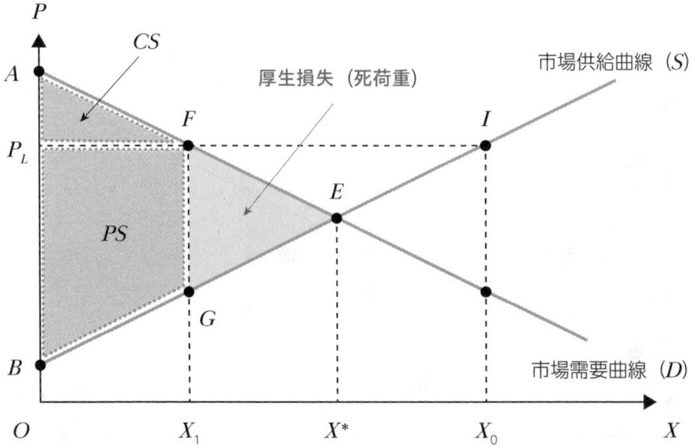

政府が図のP_Lの水準に最低価格を設定したとすると、企業の財の供給量はX_0になります（I点）。ところが、消費者が需要できる財はX_1です（F点）。つまり、P_Lのもとでは超過供給（線分FI）が発生します。

完全競争市場では、超過供給を解消するように価格は下落していくのですが、政府が規制しているので、価格は下落しません。その結果、この市場での取引量はX_1になってしまいます。企業がX_0だけの供給を望んでも、消費者はX_1までしか財を需要しないからです（ショートサイドの原理）。

では、取引量X_1は市場全体にとって望ましい取引量なのでしょうか。消費者余剰（CS）と生産者余剰（PS）は、それぞれ、

CS＝面積AFX_1O－面積P_LFX_1O＝面積AFP_L

PS＝面積P_LFX_1O－面積BGX_1O＝面積P_LFGB

となります。

したがって、総余剰（TS）は、

総余剰（TS）＝面積AFP_L＋面積P_LFGB

＝面積$AFGB$

となります。

完全競争均衡（E点）に比べて、面積EFGだけ総余剰が小さくなっています（厚生損失）。政府による最低価格の設定も、取引量を過少にし、総余剰を減らしてしまうのです。したがって、取引量X_1は、最適な資源配分を実現しているとはいえません。

(3) 二重価格政策

二重価格政策とは、**生産者（企業）と消費者に、異なる取引価格を指示する政策**です。

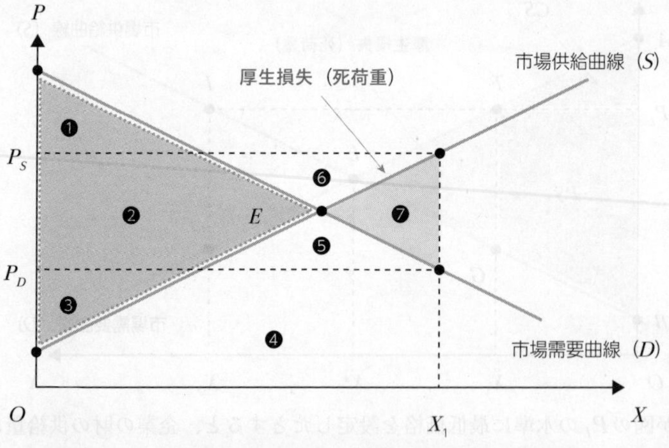

まず、生産者には、市場均衡価格よりも高い価格（P_S）を設定し、生産量X_1のすべてを政府が買い取ります。生産者の経営を支えるためです。

次に、販売価格を需要曲線上の低い水準（P_D）に設定して、政府が生産者から買い取った財を消費者に販売します。消費者の生活を支えるためです。

すると、政府が取引に介入することで、取引量はX_1になります。

では、取引量X_1は望ましい取引なのでしょうか。❶〜❼の番号で余剰を集計してみます。

消費者余剰（CS）と生産者余剰（PS）は以下のようになります。

CS＝最大限の支払可能額の合計－実際の支払額
＝(❶＋❷＋❸＋❹＋❺)－(❸＋❹)
＝❶＋❷＋❺　……①

PS＝実際の収入額－最低限の保証価格の合計
＝(❷＋❸＋❹＋❺＋❻＋❼)－(❹＋❺＋❼)
＝❷＋❸＋❻　……②

次に、政府の余剰（GS：Governmental Surplus）を考慮します。政府の余剰は、以下のように計算します。

GS＝収入（歳入）－支出（歳出）
＝(❸＋❹)－(❷＋❸＋❹＋❺＋❻＋❼)
＝－❷－❺－❻－❼　……③

政府の収入は消費者から受け取った代金を、政府の支出は生産者に支払った代金になります。ここでは生産者に支払った代金のほうが大きいので、政府は（❷＋❺＋❻＋❼）の面積分の金額だけ“損”（＝財政赤字）をしているのです。

総余剰（TS）は、①、②、③を合計したものになります。

$TS=CS+PS+GS$
＝(❶＋❷＋❺)＋(❷＋❸＋❻)＋(－❷－❺－❻－❼)
＝❶＋❷＋❸－❼

完全競争の均衡点E点で取引が行われたときには、総余剰は❶＋❷＋❸になります。しかし、この価格規制が採られると、❼の分だけマイナスの余剰が発生してしまいます。これが厚生損失（死荷重）です。

したがって、取引量X_1は望ましい取引量とはいえません。

3 課税政策

政府は、特定の財に税金を課すことがあります。たばこ税や自動車税などです。このような税金が課せられたときに、市場全体の取引がどのように変化するか見てみましょう。

(1) **従量税**

企業に対して、財の生産を1単位拡大するごとにt円の課税を行うとします。このように、**数量に応じて課される税金**を**従量税**といいます。

生産量1個の拡大に$t=10$円の税金が課されると、企業の追加的な生産コスト（限界費用）が10円高まってしまいます。すると、企業は、利潤最大化のために必要な最低限の保証価格を引き上げます。税金分だけ消費者へ高い価格の支払いを要求するのです。この結果、**市場供給曲線がt円分だけ上方にシフトする**ことになります。

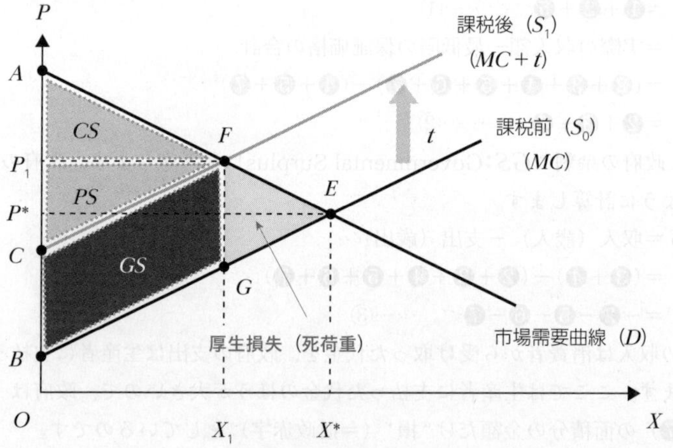

では、市場全体の取引がどのようになるか見ていきましょう。

課税前の均衡点をE点とします。均衡価格はP^*になりますから、消費者余剰は面積AEP^*、生産者余剰が面積P^*EBとなり、総余剰は面積AEBとなります。

次に、政府が企業にt円の従量税を課すと、市場供給曲線がS_0からS_1に上方シフトし、課税後の均衡点はF点となります。均衡価格はP_1まで上昇しますから、取引量はX_1まで減少することになります。

このとき、消費者余剰（CS）と生産者余剰（PS）は、以下のようになります。

CS＝面積AFX_1O－面積P_1FX_1O＝面積AFP_1

PS＝面積P_1FX_1O－面積CFX_1O＝面積P_1FC

さらに、政府はこの市場から$t \cdot X_1$だけの税収（収入）を得ています。t＝線分FGですから、面積$CFGB$（底辺×高さ）が政府の余剰を表します（支出はありません）。

以上から、総余剰（TS）は、

TS＝面積AFP_1＋面積P_1FC＋面積$CFGB$

＝面積$AFGB$

となります。

この総余剰は、課税前に比べて面積EFGの分だけ小さくなっています（厚生損失）。したがって、従量税による取引量X_1は、望ましい取引量とはいえません。

補足

政府の余剰（税収）を“平行四辺形”ではなく、以下のように“長方形”で示すこともできます（面積は同じです）。

また、企業は1個当たりP_1円で売って、そこからt円の税金を納めるので、最終的な手取り収入はP_S円です。そこで、税金を無視して、はじめから1個当たりP_S円でX_1の供給をしたと考えれば、生産者余剰（PS）は、面積P_SGBであると捉えることができます。

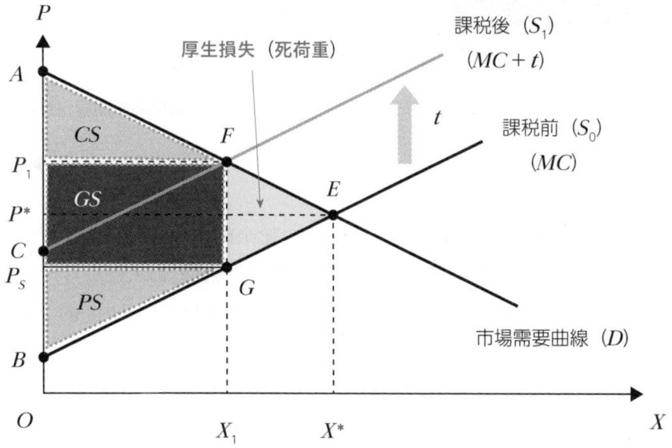

⑵ 従価税

財の取引価格に対してt%の課税を行うとします。このように、**取引価格に応じて課される税金**を**従価税**といいます。

従価税が企業に課されると、やはり企業の追加的な生産コスト（限界費用）を高め、市場供給曲線が上方にシフトします。ただし、従量税とはシフトの仕方が異なります。

例えば取引価格に対して10%の従価税が課されている場合、企業が市場で要求する価格（限界費用）が100円の場合には、税金は１個当たり10円（100円×10%）、価格が200円のときには、１個当たり20円（200円×10%）となります。“１個当たり”で見ると、税金の金額が異なってきます。これを課税前の限界費用（MC）

に上乗せすると、課税後に企業が要求する金額は、110円、220円となります。この金額は、限界費用に税率（t）だけ金額を上乗せすればよいので、

課税後の限界費用（MC'）$=(1+t)MC$

と計算することができます。つまり、市場供給曲線は上方に平行シフトするのではなく、生産量の増加によって傾き縦軸の切片が大きくなるような形でシフトします。

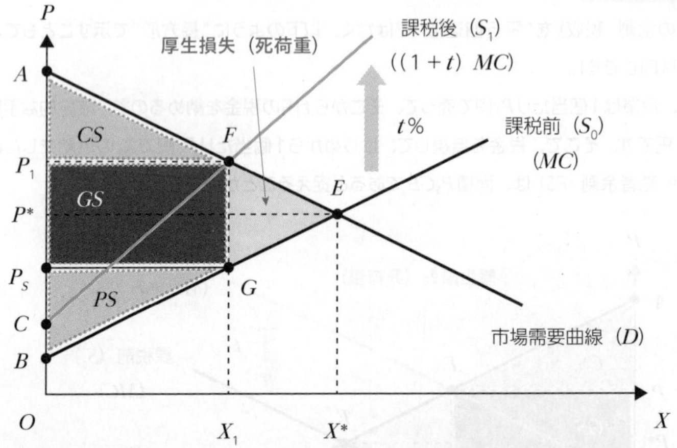

課税前の均衡点をE点とします。このときの総余剰は、面積AEBです。

次に、政府が企業にt%の従価税を課すと、市場供給曲線がS_0からS_1に上方シフトし、均衡点はF点となります。均衡価格はP_1まで上昇し、取引量はX_1まで減少します。

このときの消費者余剰（CS）は、以下のようになります。

$CS=$面積AFX_1O-面積$P_1FX_1O=$面積AFP_1

一方、企業は価格P_1円で消費者に財を供給しますが、１個当たり線分FGだけの税金を政府に納めることになります。したがって、最終的な手取り収入はP_S円です。では、税金を無視して、はじめからP_S円でX_1だけの財の供給をしたとすると、生産者余剰（PS）は、

$PS=$面積P_SGX_1O-面積$BGX_1O=$面積P_SGB

となります。

最後に、政府の余剰（GS）は、面積P_1FGP_S（線分$FG\cdot X_1$）となります。

以上から、総余剰（TS）は、

$TS=$面積AFP_1+面積P_SGB+面積P_1FGP_S

$=$面積$AFGB$

となります。

やはり、課税前に比べて面積EFGの分だけ小さくなっています（厚生損失）。

このように、従価税のケースの余剰分析の結果は、従量税のケースと同じになります。なぜなら、従価税のケースであっても、ひとたび均衡点で均衡価格（取引価格）が決定されると（例えば、100円）、取引されるすべての財について財１単位当たりの税額が同じになるからです（100円×0.1＝１個当たり10円）。

⑶　税の転嫁

従量税に話を戻しましょう。従量税は企業に課される税金ですが、消費者にとっても無関係な話ではありません。なぜなら、企業側へ課税することで市場供給曲線が上方にシフトし、価格が上昇してしまうからです。価格が上昇すれば、消費者が支払う金額も増えることになります。**企業側に課税しているのですが、消費者も価格の上昇という形で税の一部を実質的に負担している**のです。これを**税の転嫁**といいます。

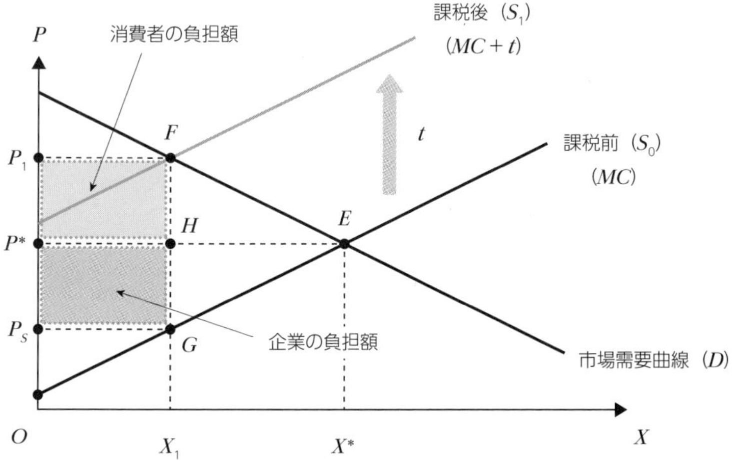

企業側に従量税が課され、市場供給曲線が上方にシフトしています（$S_0 \to S_1$）。これにより、市場均衡点はE点からF点に変化し、市場均衡価格がP^*からP_1へ上昇しています。

生産量１単位当たりの税金（税率）t円は、線分FGの大きさで表すことができます。このうち、価格の上昇分に対応する線分FH（$=P_1-P^*$）は、実質的に消費者が負担している部分です。課税前に比べて、この分だけ多く代金を支払うことになっているからです。この価格上昇分が、消費者に税負担が転嫁されている部分になります。金額でいうと、政府に収まる税収（P_1FGP_S）のうち、P_1FHP^*に相当する金額が消費者の負担額です。

一方、企業は消費者にP_1で財を供給し、ここからt円の税金を政府に納めますので、生産者の最終的な受取額はP_Sとなります。企業にとっては、課税前にはP^*で供給できていたものを、課税後にはP_Sで供給することと同じになってしまうのです。よって、生産者が実質的に負担している部分は線分HG（$=P^*-P_S$）となります。金額でいうと、政府に収まる税収（P_1FGP_S）のうち、P^*HGP_Sに相当する金額が企業の負担額です。

確認してみよう

① 消費者余剰（CS）とは何か。

1 (1) 参照

消費者が払ってもよいと考えている金額の合計（＝最大限の支払可能額の合計）と、価格に従った場合の支払額との差額

② 生産者余剰（PS）とは何か。

1 (2) 参照

価格に従った場合の収入額と、企業が払ってもらいたいと考えている金額の合計（＝最低限の保証価格の合計、可変費用）との差額

③ 価格規制や課税政策が行われることで発生する総余剰の減少分を何と呼ぶか。

2 (1) 参照

厚生損失または死荷重（課税政策の場合には、超過負担と呼ぶこともあります）

④ 財1個当たりt円の従量税を企業に課すと、市場の限界費用曲線MC（＝市場供給曲線）は、課税後、どのように変化するか。

3 (1) 参照

課税後の$MC = MC + t$

⑤ 価格に対してt%の従価税を企業に課すと、市場の限界費用曲線MC（＝市場供給曲線）は、課税後、どのように変化するか。

3 (2) 参照

課税後の$MC = (1 + t)MC$

解法ナビゲーション

完全競争市場において、ある財の価格をpとすると、需要曲線が$D=60-4p$、供給曲線が$S=2p$で表される場合、市場均衡が成立するときの生産量、消費者余剰及び生産者余剰の組合せとして、妥当なのはどれか。

区 I 2002

	生産量	消費者余剰	生産者余剰
❶	10	50	100
❷	10	250	50
❸	20	50	50
❹	20	50	100
❺	20	250	50

着眼点

市場均衡が成立しているときのグラフの形に基づいて、余剰を求めます。グラフ上で余剰に当たる面積を計算するので、それに必要な各点の座標を計算していきます。

【解答・解説】

正解 ❹

市場均衡においては、需要量（D）と供給量（S）は一致しますので、$D=S=X$とします。与えられた需要曲線と供給曲線をpについて整理してグラフを作図すると、以下のようになります。

需要曲線：$p=-\frac{1}{4}X+15$　　……①

供給曲線：$p=\frac{1}{2}X$　　……②

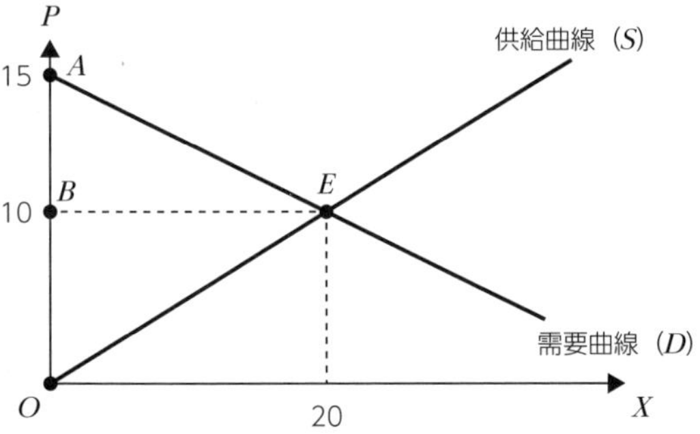

①式と②式を連立して解くと、E点における均衡価格と均衡取引量（＝生産量）が求められます。

$$-\frac{1}{4}X+15=\frac{1}{2}X$$

$$\Leftrightarrow \quad \frac{3}{4}X=15 \qquad \therefore \quad X=20$$

$$p=\frac{1}{2}\cdot 20 \qquad \therefore \quad p=10$$

消費者余剰（CS）は三角形AEBの面積、生産者余剰（PS）は三角形BEOの面積になりますので、

$$CS=20\times(15-10)\times\frac{1}{2}$$

$$=50$$

$$PS=20\times 10\times\frac{1}{2}$$

$$=100$$

と計算することができます。

以上から、正解は❹となります。

解法ナビゲーション

完全競争市場において、ある財の需要曲線と供給曲線が

$D = 90 - P$

$S = 2P$

［D：需要量、S：供給量、P：市場価格］

で示されるとする。

この財の取引1個当たり30の従量税を課したとき、社会的総余剰は完全競争市場均衡と比べてどれだけ減少するか。

裁判所2006

❶ 100
❷ 300
❸ 600
❹ 900
❺ 1800

着眼点

従量税が課された後の供給曲線を、もとの供給曲線に税額を加える形でおきます。厚生損失に当たるのがグラフ上どの部分かを覚えておき、各座標を割り出して面積を求めます。

【解答・解説】

正解 ❷

まず、課税前の均衡点を求めます。

市場均衡においては、需要量（D）と供給量（S）は一致しますので、$D=S=X$とします。与えられた需要曲線と供給曲線をPについて整理してグラフを作図すると、以下のようになります。

需要曲線：$P=-X+90$ ……①

供給曲線：$P=\frac{1}{2}X$ ……②

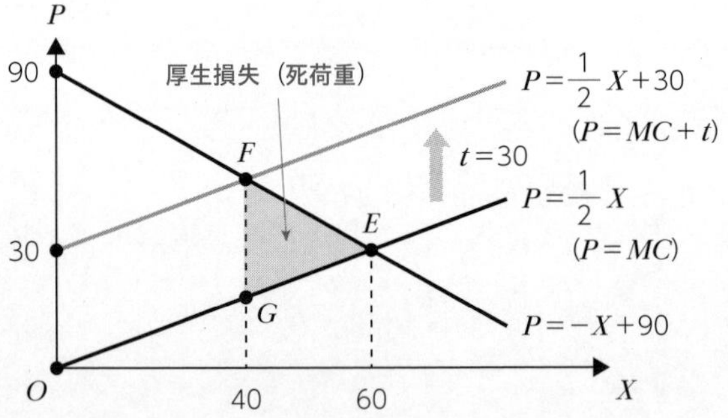

①式と②式を連立して解くと、課税前の均衡点（E点）における均衡取引量が求められます。

$$-X+90=\frac{1}{2}X$$

$$\Leftrightarrow \quad \frac{3}{2}X=90 \qquad \therefore \quad X=60$$

次に、課税後の均衡点（F点）を求めます。企業に取引1個当たり30の従量税が課されると、追加的な限界費用（MC）が30だけ高まりますので、課税後の供給曲線は、

$$P=\frac{1}{2}X+30 \qquad \cdots\cdots ③$$

となります。供給曲線の式は利潤最大化条件（$P=MC$）そのものなので、②式の右辺$\frac{1}{2}X$が限界費用（MC）に当たります。留意しておきましょう。この③式と①式を連立して解くと、課税後の均衡点（F点）における均衡取引量が求められます。

$$-X+90=\frac{1}{2}X+30$$

$$\Leftrightarrow \quad \frac{3}{2}X=60 \qquad \therefore \quad X=40$$

社会的総余剰の減少分とは、厚生損失（死荷重、超過負担）を指しますので、図の三角形EFGの面積に相当します。線分FGは１個当たりの従量税30に当たるので、以下のように計算することができます。

$$\text{厚生損失}=30\times(60-40)\times\frac{1}{2}$$

$$=300$$

以上から、正解は❷となります。

解法ナビゲーション

完全競争市場において、X財の需要曲線が$p = 10 - 2x$、供給曲線が$p = 6x$で与えられている。ここで、pはX財の価格、xはX財の数量を表す。

X財の生産者に対して財1単位当たり4の従量税が課されたとき、課税後の均衡における消費者と生産者の租税負担割合の組合せとして正しいのはどれか。

国般2010

	消費者	生産者
❶	$\frac{1}{2}$	$\frac{1}{2}$
❷	$\frac{2}{3}$	$\frac{1}{3}$
❸	$\frac{1}{4}$	$\frac{3}{4}$
❹	$\frac{2}{5}$	$\frac{3}{5}$
❺	$\frac{3}{5}$	$\frac{2}{5}$

着眼点

❷の解法をぜひ習得しておきましょう。

【解答・解説】

正解 ❸

❶ 連立方程式を解く方法

まず、課税前の均衡点を求めます。ただし、財1単位当たり4の従量税のうち、負担割合がそれぞれいくつになるかを計算すればよいので、縦軸の値を中心に計算します。

需要曲線：$p = -2x + 10$ ……①

供給曲線：$p = 6x$ ……②

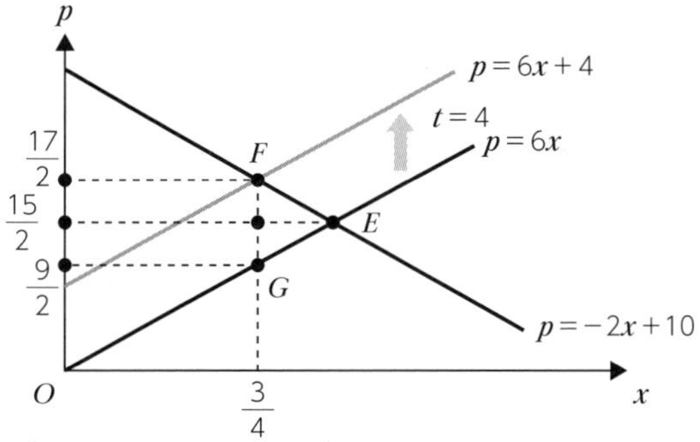

①式と②式を連立して解くと、課税前の均衡点（E点）における均衡価格と均衡取引量が求められます。

$$-2x + 10 = 6x$$

$$\Leftrightarrow \quad 8x = 10 \qquad \therefore \quad x = \frac{5}{4}$$

$$p = 6 \cdot \frac{5}{4} \qquad \therefore \quad p = \frac{15}{2}$$

次に、課税後の均衡点（F点）を求めます。企業に取引1個当たり4の従量税が課されると、課税後の供給曲線は、

$p = 6x + 4$ ……③

となります。この③式と①式を連立して解くと、課税後の均衡点（F点）における均衡取引量が求められます。

$$-2x + 10 = 6x + 4$$

$$\Leftrightarrow \quad 8x = 6 \qquad \therefore \quad x = \frac{3}{4}$$

$$p = 6 \cdot \frac{3}{4} + 4 \qquad \therefore \quad p = \frac{17}{2}$$

よって、課税による価格上昇分は、

$$\frac{17}{2}-\frac{15}{2}=1$$

となります。従量税4のうち、価格上昇分の1だけ消費者が負担することになります。よって、消費者の負担割合は$\frac{1}{4}$、企業の負担割合は残りの$\frac{3}{4}$となります。

以上から、正解は❸となります。

❷ 傾きの大きさに注目して解く方法

実は、消費者と企業（生産者）の税負担の割合は、需要曲線と供給曲線の傾きの大きさの比に一致することが知られています。

消費者の負担額：生産者の負担額
＝ 需要曲線の傾きの大きさ：供給曲線の傾きの大きさ

ただし、ここでの「傾きの大きさ」は、それぞれの曲線をp（価格）について整理したときの傾きの大きさになりますので、注意しましょう。需要曲線と供給曲線はそれぞれ、

需要曲線：$p=-2x+10$
供給曲線：$p=6x$

ですから、傾きの大きさはそれぞれ2と6です。よって、従量税4の負担割合は、

消費者の負担額：生産者の負担額 ＝ 2：6
＝ 1：3

となりますから、消費者の負担割合は$\frac{1}{4}$、生産者の負担割合は$\frac{3}{4}$となります。

よって、正解は❸となります。

過去問にチャレンジ

問題1 ★

ある財に関して、市場全体の供給曲線が

$S = -10 + 2P$

（S：供給量、P：価格）

各消費者の需要曲線が

$D_i = 25 - \frac{P}{2}$

（D_i：消費者iの需要量、$i = 1$、2）

で示されるとする。ここでは消費者は二人のみ存在するものとする。

この場合の生産者余剰はどれか。

国税・労基2002

❶ 205
❷ 210
❸ 215
❹ 220
❺ 225

問題2 ★

完全競争市場において、ある財の需要曲線と供給曲線がそれぞれ次の式で示されている。

$D = -4P + 200$

$S = P - 10$

D：需要量、P：価格、S：供給量

この財の生産に対して1単位当たり10の従量税が課された場合に発生する死荷重はいくらか。

裁判所2017

❶ 20
❷ 30
❸ 40
❹ 50
❺ 60

問題3
★

ある財の市場の需要曲線と供給曲線がそれぞれ

$d = 180 - p$

$s = 0.8p$

で示されるとする。ここで、d は需要量、p は価格、s は供給量を表す。政府がこの財に20%の従価税を賦課したとき、経済厚生の損失の大きさはいくらか。

国般2013

❶ 45
❷ 72
❸ 90
❹ 144
❺ 180

問題4
★

ある財の市場の需要曲線と供給曲線がそれぞれ、

$D = -P + 74$ 〔D：需要量、S：供給量、P：価格〕

$S = P - 10$

で示されるとき、この財に10%の従価税を賦課した場合の超過負担（死荷重）の値はどれか。

区Ⅰ2009

❶ 0
❷ 4
❸ 8
❹ 16
❺ 25

問題5
★

完全競争市場において、ある財の需要曲線と供給曲線がそれぞれ、

$D=-P+100$　〔D：需要量、S：供給量、P：価格〕

$S=2P-20$

で示されるとする。この財1単位につき30の従量税が賦課された場合に、課税後の均衡における消費者と生産者の租税負担割合の組合せとして、妥当なのはどれか。

区Ⅰ2013

	消費者	生産者
❶	$\frac{1}{2}$	$\frac{1}{2}$
❷	$\frac{1}{3}$	$\frac{2}{3}$
❸	$\frac{2}{3}$	$\frac{1}{3}$
❹	$\frac{2}{5}$	$\frac{3}{5}$
❺	$\frac{3}{5}$	$\frac{2}{5}$

問題6
★★

完全競争市場において、需要曲線$D=-\frac{2}{3}P+200$、供給曲線$S=P-50$（D：需要量、S：供給量、P：価格）が与えられている。

このとき、供給される生産物に対して1単位当たり10の従量税が課された場合、課税後の均衡において、従量税10のうち買手の負担は生産物1単位当たりいくらになるか。

国般2006

❶ 4
❷ 5
❸ 6
❹ 7
❺ 8

問題7 ある財の市場において、需要曲線と供給曲線が下図のように与えられ市場が均衡している場合、政策的にこの財の価格が*OS*に設定されたときの、消費者余剰を表す部分と生産者余剰を表す部分との組合せとして、妥当なのはどれか。
★

都Ⅰ 2006

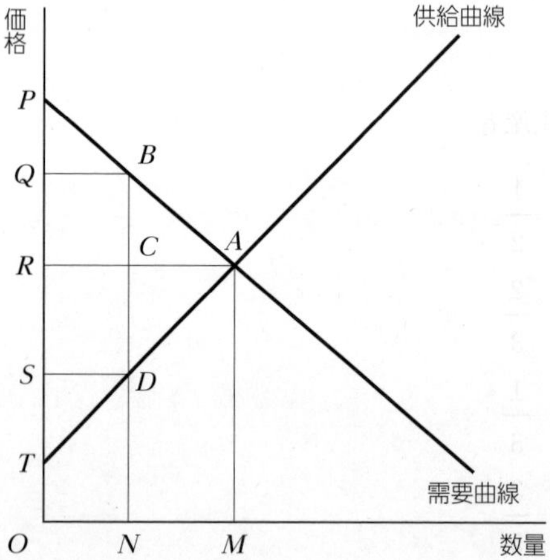

	消費者余剰	生産者余剰
❶	*PBQ*	*TQBA*
❷	*PADS*	*TSD*
❸	*PBQ*	*TQBD*
❹	*PBCR*	*TRCD*
❺	*PBDS*	*TSD*

問題8 ★

次の図は、縦軸にある財の価格を、横軸にその数量をとり、供給曲線をSS'、需要曲線をDD'、その交点をE、財の供給量をXで表したものである。今、政府が市場に介入して、この財を価格P_1で生産者から購入し、価格P_2で消費者に販売して、その差額を税金で賄った場合に生じる厚生損失を示すのはどれか。ただし、政府が購入した財は、すべて売り切れるようにP_2は設定されているものとする。

区Ⅰ 2003

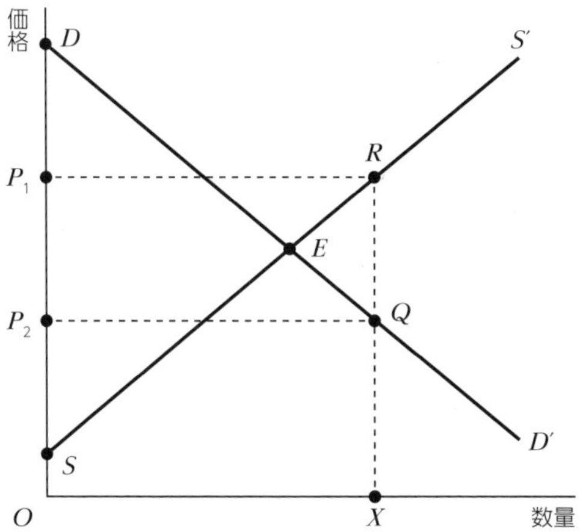

❶ REQ
❷ DP_2Q
❸ P_1SR
❹ P_2OXQ
❺ P_1P_2QR

問題9 ★★

ある財の需要曲線と供給曲線がそれぞれ

$d = 22 - p$　（d：需要量、s：供給量、p：価格）

$s = p$

で与えられている。いま、政府がこの財を生産者から価格14で購入し、消費者に価格8で販売する政策を実施したとする。このとき、政府の財政赤字、死荷重の組合せとして正しいのはどれか。

国税2011

	政府の財政赤字	死荷重
❶	84	9
❷	84	18
❸	121	9
❹	121	18
❺	130	9

問題10 ★★

ある財の需要曲線と供給曲線がそれぞれ

$D = -P + 16$

$S = P$　　　　（D：需要量、S：供給量、P：価格）

で示されるとする。

政府は生産者価格を10に設定してこの財を生産者から購入し、消費者価格を6に設定して消費者に販売する。この売買の際に生じる政府の赤字は、補助金によって賄われるものとする。この場合の補助金の額及び補助金を交付したことにより生じる経済厚生の損失（超過負担）の絶対値の組合せとして妥当なのはどれか。

国般1999

	補助金の額	経済厚生の損失
❶	20	4
❷	20	2
❸	40	2
❹	40	4
❺	80	2

3 完全競争市場の最適性（一般均衡分析）

学習のポイント

- ここでは複数の市場を同時に分析する手法を学習します。
- ボックス・ダイアグラムの見方やパレート最適、パレート改善などの概念を正しく理解しておきましょう。

1 エッジワースのボックス・ダイヤグラム

二つの財（x財、y財）が存在するとして、資源配分の最適性（効率性）という問題について考えていきます（一般均衡分析）。

２人の消費者（Aさん、Bさん）が、それぞれ２種類の財（x財、y財）を保有しています。Aさんはx財を多めに、Bさんはy財を多めに持っているとしましょう。

Aさんの保有量 $(x_A, y_A)=(x_{A0}, y_{A0})$　　例えば、(80個，30個)

Bさんの保有量 $(x_B, y_B)=(x_{B0}, y_{B0})$　　例えば、(20個，70個)

このような、**はじめに保有している財の組合せ**のことを**初期保有量**と呼びます。また、消費者は２人だけしかいませんから、AさんとBさんが保有する財の合計（全体量）は、$(X, Y)=$(100個，100個）になります。これは、企業による財の供給量だと考えてください。初期保有量と供給量（全体量）との関係は、以下のとおりです。

$X = x_{A0} + x_{B0}$　　(100個＝80個＋20個)

$Y = y_{A0} + y_{B0}$　　(100個＝30個＋70個)

初期保有量のもとでの２人が得ている効用を示したものが、以下の無差別曲線です。初期保有量（W点）のときに、AさんはU_{A0}、BさんはU_{B0}の効用を得ているとします。

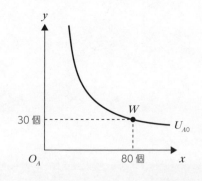

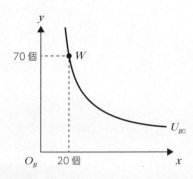

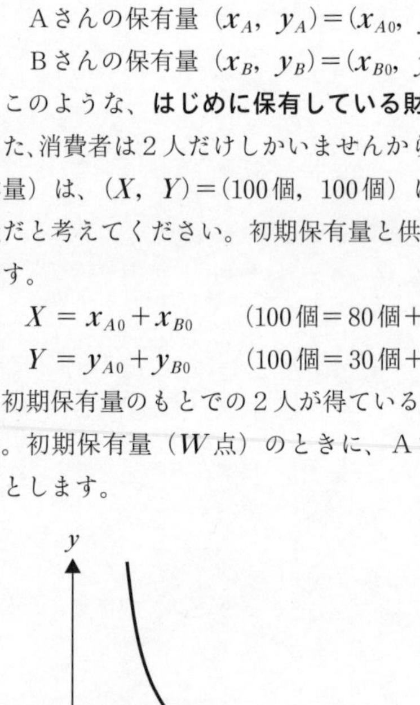

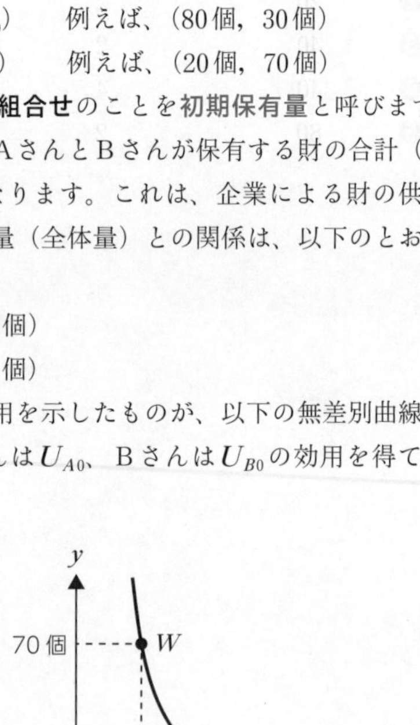

無差別曲線の縦軸と横軸では、ほぼ無限に財の量を取ることができます。しかし、2人に供給されている財の量は、それぞれ100個しかありません。そこで、当事者は2人だけで、しかも財は100個ずつしかないことを表す、いわば「2人だけの箱庭」を作ります。具体的には、Bさんの無差別曲線を原点O_Bを中心に反時計回りに回転させ、Aさんの無差別曲線にかぶせ合わせます。

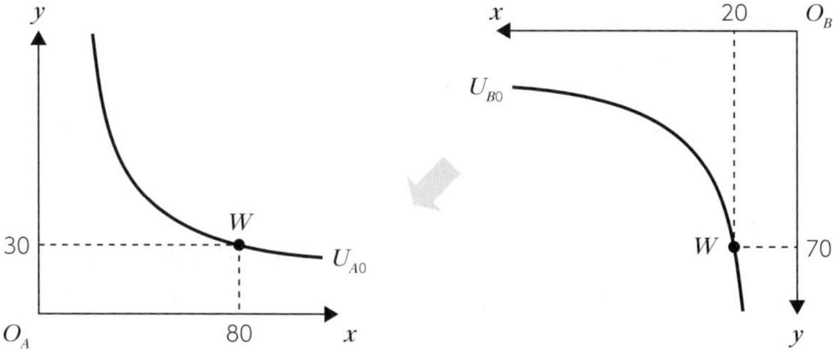

こうしてでき上がったものを、**エッジワースのボックス・ダイヤグラム**といいます。横の長さはx財の供給量（全体量）Xを表し、縦の長さはy財の供給量（全体量）Yを表します。つまり、AさんとBさんは、ダイヤグラムの内側でしか財を保有することができません。

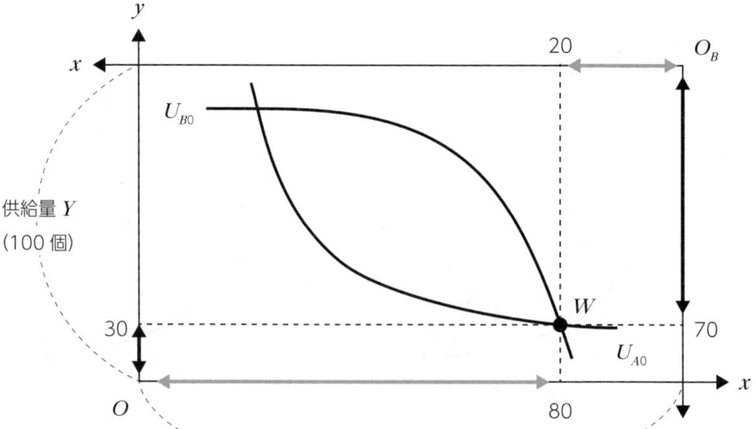

Aさんのx財80個とBさんのx財20個の合計は、ダイヤグラムの横の長さ（x財供給量100個）に一致します。したがって、2人のx財の保有量は、"垂直線"（点線）1本でつなぐことができます。

同様に、Aさんのy財30個とBさんのy財70個の合計は、ダイヤグラムの縦の長さ（y財供給量100個）に一致します。したがって、2人のy財の保有量は、"水平線"（点線）1本でつなぐことができます。

つまり、2人の初期保有点Wは、ボックス・ダイヤグラム内の1点で示すことができます。

2 純粋交換経済

(1) パレート最適基準

財の配分の最適性（効率性）を二つの財を前提として考える場合、余剰分析は使えません。二財で最適性を考える場合には**パレート最適基準**を適用します。

パレート最適とは、**相手の効用を下げることなく、自己の効用を高めることができない状態**をいいます。相手の効用を下げることなく、自己の効用を高めることができるなら、「全体として、改善の余地のある状態」ということができますので、現状の配分は最適な配分とはいえません。パレート最適な資源配分とは、**全体として、効用について改善の余地のない配分**を意味します。

(2) パレート改善

では、初期保有点（W点）における財の配分が最適か否かを考えていきましょう。まず、2人の間で財の物々交換を行って財の配分を変えてみたときに、2人の効用がどのように変化するかを見てみます。

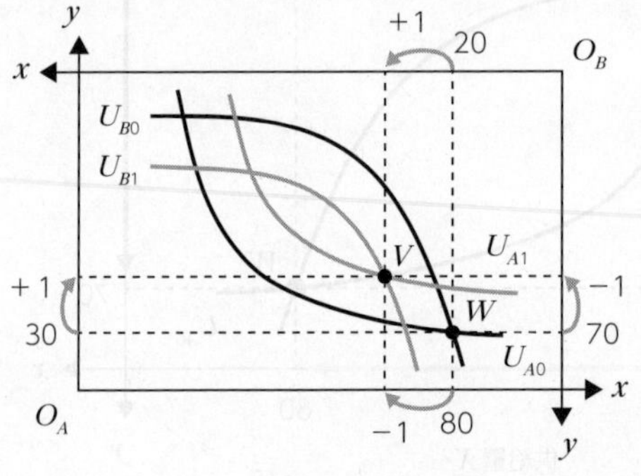

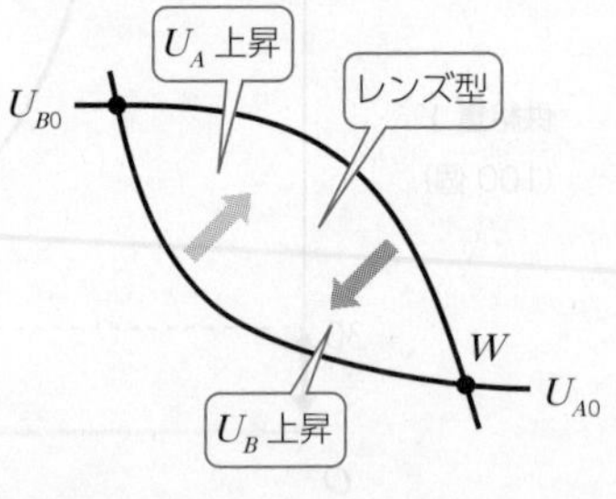

Aさんがx財を1個Bさんに提供し、代わりにy財を1個受け取るとします。すると、2人の財の配分はV点に移動します。

このとき、2人の効用の大きさに注目してください。Aさんの効用はU_{A0}からU_{A1}へと高まり（$U_{A0} < U_{A1}$）、Bさんの効用もU_{B0}からU_{B1}へと高まっています

$(U_{B0} < U_{B1})$。これを**交換の利益**といいます。この交換の利益が発生することで、社会全体としても豊かになっているといえます。**全体として状況が改善すること**を、**パレート改善**と表現します（逆に、**全体として状況が悪化すること**を、**パレート悪化**と表現します）。W点から見てパレート改善となる配分は、V点のように、**2人の無差別曲線で囲まれる領域（レンズ型）**に存在します。**W点からレンズ型の内側へ配分を変更すれば、全体として状況が改善する**のです。つまり、W点は最適な資源配分を実現しているとはいえません。

⑶ パレート最適

では、V点の配分は最適な配分でしょうか。同様に財の交換を行っていくと、E点のような状態に至ります。

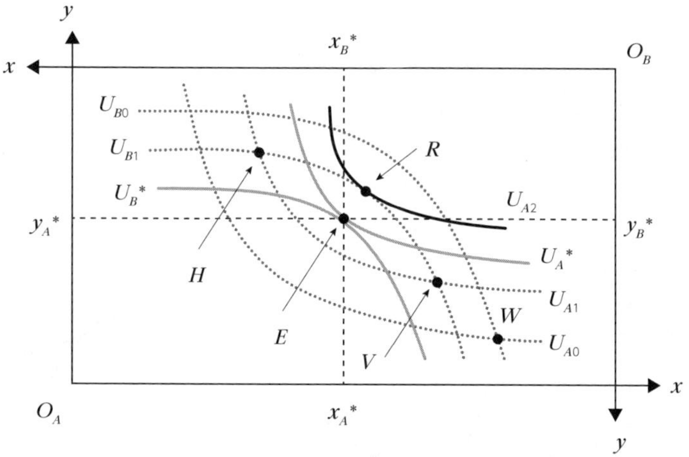

V点からE点に配分が変わることで、Aさんの効用はU_{A1}から$U_A{}^*$へと上昇し、Bさんの効用もU_{B1}から$U_B{}^*$へと上昇します。つまり、パレート改善となり、V点も改善の余地がある配分であるといえます。よって、最適な資源配分ではありません。

このように、W点やV点のような**2人の無差別曲線が交わる点は、最適な配分とはいえません。**

では、2人の無差別曲線が接するE点はどうでしょうか。E点から同様の交換を行うと、H点に移動します。このとき、2人の効用は同時に低下してしまいます。あるいは、Aさんが効用を$U_A{}^*$からU_{A2}に高めようとすると、Bさんの効用を$U_B{}^*$からU_{B1}まで下げてしまうことになります（R点）。つまり、E点は、他の配分に変えようとすると、少なくとも1人の効用を悪化させてしまうことになるのです。

これは、２人の効用について改善の余地のない配分に至っていることを意味します。これがパレート最適な資源配分です。**パレート最適な資源配分は、２人の無差別曲線が接する状態で実現される**のです。

⑷ パレート最適条件

パレート最適点（E点）では、２人の無差別曲線は接しています。このE点に“接線”を引くと、ＡさんとＢさんで接線が共通します。つまり、２人の接線の傾きの大きさが一致するのです。無差別曲線の接線の傾きの大きさは限界代替率（MRS_{xy}）ですから、パレート最適基準を満たす配分を決定するための条件は、以下のようになります。

〔パレート最適条件〕 Aさんの限界代替率 ＝ Bさんの限界代替率

$$MRS_A = MRS_B$$

⑸ 契約曲線

パレート最適点は、唯一無二の配分点ではなく、無数に存在します。 ２人の無差別曲線が無数に描ける以上、２人の無差別曲線が接する点も、無数に描き得るからです。

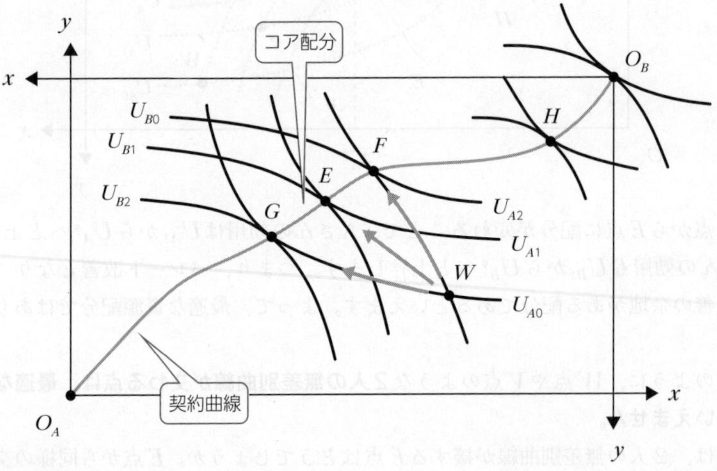

Wを初期保有点として、Ｂさんの効用をU_{B0}で固定します。このU_{B0}上で財の配分をF点に移動させると、Ｂさんの効用を変えることなく、Ａさんの効用をU_{A0}からU_{A2}まで高めることができ（パレート改善）、F点で２人の無差別曲線が接することになります。F点はパレート最適点です。

状況を逆にして考えることもできます。Wを初期保有点として、Aさんの効用をU_{A0}で固定します。このU_{A0}上で財の配分をW点からG点に変更すると、Aさんの効用を変えることなく、Bさんの効用を高めることができます（$U_{B0} \to U_{B2}$）。G点もパレート最適点です。初期保有点は、ダイヤグラム内に無数に存在し得ますから、パレート最適点も無数に存在することになります。２人の無差別曲線が接する点は、いくらでも描けるのです。

無数に存在するパレート最適点を線で結んだものを、**契約曲線**といいます。また、W点で作られるレンズ型の内側で、かつ、契約曲線上の領域（F点からG点）を、特に、**コア配分**と呼びます。

この契約曲線は、２人の原点（O_A、O_B）を必ず通過します。これは、原点がパレート最適点だからです。

いま、２人の財の配分がO_Bにあるとします。これは、二つの財をすべてAさんが独り占めしている状態です。ここから配分をH点に変更したとすると、Bさんの効用は高められますが、Aさんの効用は引き下げられることになります。したがって、原点O_Bはパレート最適基準に照らすと、最適点であるといえるのです。

契約曲線上の財の配分は、最適な資源配分であるといえますが、公平性が保たれているとはいえません。例えば、H点の配分では、Aさんの効用はかなり高くなっていますが、Bさんの効用は低くなってしまいます。**パレート最適基準では、公平性の判断はできません**ので注意しておきましょう。

3 消費のパレート最適性

完全競争市場では、最適な資源配分を実現します。このことを、**厚生経済学の第1定理**といいます。

(1) 予算制約線

完全競争市場では、２人の消費者は、プライス・テイカーとして行動します。この場合の、消費者の予算制約式について考えてみましょう。

２人の消費者は、はじめに財を保有しています（初期保有量）。これを市場で価格に従って売却したとすると、所得（M）に変えることができます。

Aさんの予算制約線は、初期保有量が（x_{A0}, y_{A0}）=（80個, 30個）なので、以下のようになります。

$$P_x \cdot x + P_y \cdot y = M$$
$$\Leftrightarrow \quad P_x \cdot x + P_y \cdot y = P_x \cdot 80 + P_y \cdot 30$$
$$\Leftrightarrow \quad P_y \cdot y - 30P_y = -P_x \cdot x + 80P_x$$

$\Leftrightarrow\ P_y(y-30)=-P_x(x-80)$

$\therefore\ y-30=-\dfrac{P_x}{P_y}(x-80)$ ……①

この①式は、横軸にx、縦軸にyの平面上に、初期保有点W（80，30）を通り、傾きが$-\dfrac{P_x}{P_y}$の右下がりの直線として示すことができます。

一方、同様にBさんの予算制約線は、初期保有量が（x_{B0}，y_{B0}）=（20個，70個）なので、以下のようになります。

$P_x \cdot x+P_y \cdot y=M$

$\Leftrightarrow\ P_x \cdot x+P_y \cdot y=P_x \cdot 20+P_y \cdot 70$

$\therefore\ y-70=-\dfrac{P_x}{P_y}(x-20)$ ……②

この②式は、横軸にx、縦軸にyの平面上に、初期保有点W（20，70）を通り、傾きが$-\dfrac{P_x}{P_y}$の右下がりの直線として示すことができます。

ここで、２人が直面する価格比$\dfrac{P_x}{P_y}$は完全競争下では同じです。また、２人の初期保有点Wは、ボックス・ダイヤグラム内では１点で示すことができました。よって、①式と②式の定点と傾きが共通するため、**２人の予算制約線はボックス・ダイヤグラム内に１本の直線として示すことができます。**

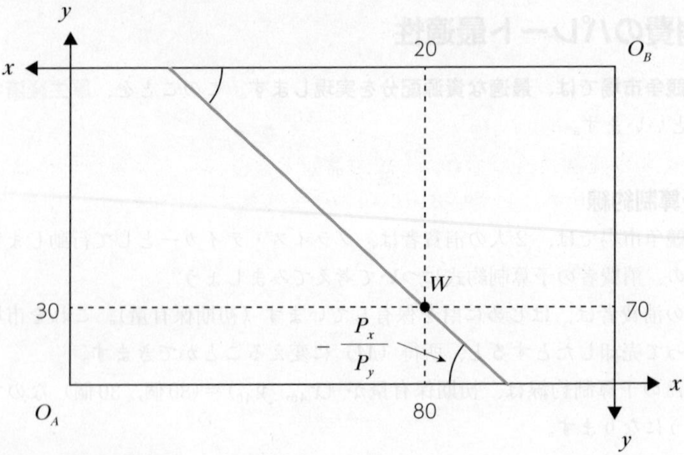

(2) 競争均衡配分

当初、ｘ財が割安で、ｙ財が割高であったとしましょう。価格比（$\frac{P_x}{P_y}$）が小さくなり、Aさんはｘ財とｙ財を50個ずつ（E_{A1}点）、Bさんはｘ財を80個、ｙ財を10個需要するとします（E_{B1}）。

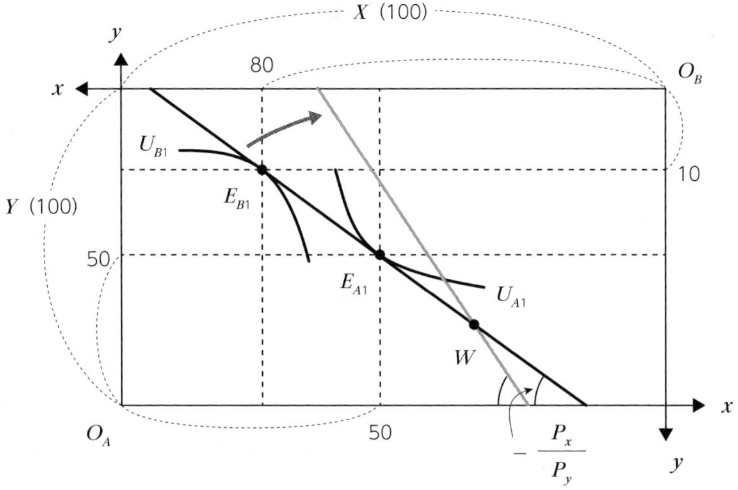

財の供給量（全体量）はそれぞれ100個ですから、２人の需要量と比べると、以下のような状況になっています。

ｘ財：50個＋80個 ＞ X（100個）（需要量＞供給量）

ｙ財：50個＋10個 ＜ Y（100個）（需要量＜供給量）

つまり、ｘ財は30個の超過需要、ｙ財は40個の超過供給になっています。

ワルラスの価格調整によれば、超過需要となっているｘ財の価格は上昇し（P_x↑）、超過供給となっているｙ財の価格は下落します（P_y↓）。これにより、価格比（$\frac{P_x}{P_y}$）は大きくなり始め、２人の予算制約線はW点を軸にして矢印の方向にシフトしていきます。価格比の変化は、財の超過需要と超過供給を解消していき、やがてE^*点のような状態に至ります。

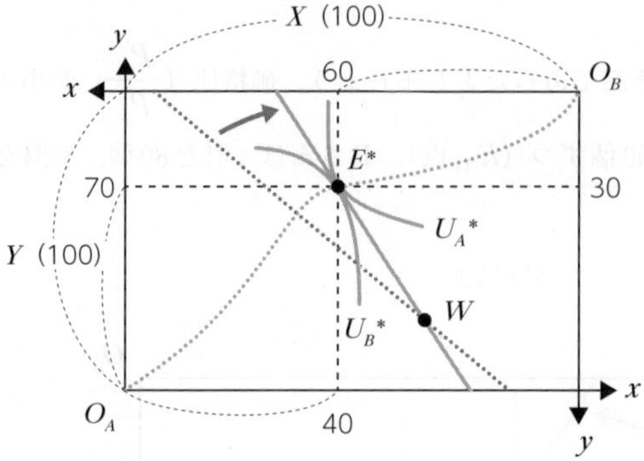

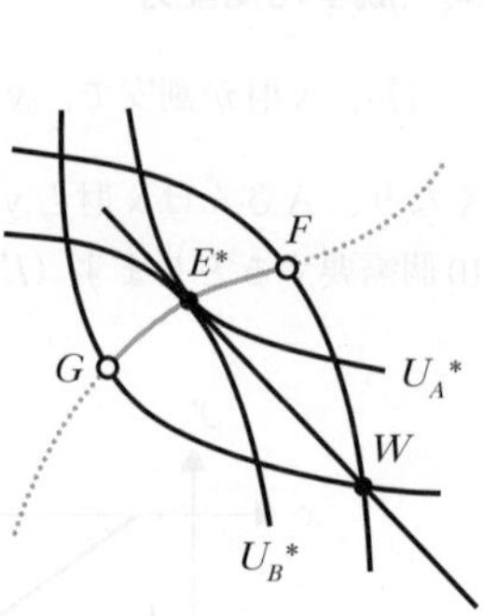

E^*点では、２人の無差別曲線が接しており、

x財：40個＋60個 ＝ X（100個）（需要量＝供給量）

y財：70個＋30個 ＝ Y（100個）（需要量＝供給量）

となり、二つの財の需要と供給が完全に一致しています。しかも、２人の無差別曲線が接していますから、契約曲線上に位置するパレート最適点であるといえます。

このように、市場で決まる価格に従って行動すれば、価格調整を通じてパレート最適な資源配分を実現することができるのです。このようにして実現されるE^*点を、**競争均衡配分**と呼びます。これは、**完全競争市場均衡点と同じ意味を持つ**ものです。以上から、完全競争市場における均衡はパレート最適であるといえます。これを**厚生経済学の第１定理**といいます。

競争均衡配分を決定するための条件は、以下のように示すことができます。

〔消費のパレート最適条件〕 Aさんの限界代替率＝Bさんの限界代替率＝価格比

$$MRS_A = MRS_B = \frac{P_x}{P_y}$$

この競争均衡配分は、**コア配分のうちG点とF点を含まない領域**に実現されます。例えば、初期保有点WからF点を考えると、Bさんの効用は変化せず、Bさんには交換の利益がないからです。市場の取引で、自分の利益にならない行動は採らないでしょう。同様に、G点はAさんにとって交換の利益がありません。この範囲内で、具体的にどこで競争均衡配分が実現されるかは、２財の価格比（$\frac{P_x}{P_y}$）次第ということになります。

(3) 厚生経済学の第２定理

競争均衡配分は最適な資源配分を実現しますが、公平性が保たれているとはいえません。しかし、公平性を考慮して、政策的に競争均衡配分をコントロールすることはできます。

例えば、初期保有点がW_0点にある場合、市場の自由な取引に任せると、競争均衡配分は$E_0{}^*$点に実現され、Ａさんの効用が非常に高くなるとします。

そこで、政府がＢさんの効用を高めるため、Ａさんにｘ財の一部（$x_{A0}-x_{A1}$）を「税金」の名目で物納させ、これをＢさんに「補助金」（$x_{B1}-x_{B0}$）として現物支給する**所得再分配政策**を行ったとします。すると、初期保有点はW_1点に移動し、２人の無差別曲線で作られるレンズ型も移動します。このW_1点から自由な取引に委ねれば、$E_1{}^*$という別の競争均衡配分を実現することができ、Ｂさんの効用を高めることが可能になります。

このように、**初期保有量を政策によって変化させることにより、別の競争均衡配分を実現することが可能**なのです。これを、**厚生経済学の第２定理**と呼びます。

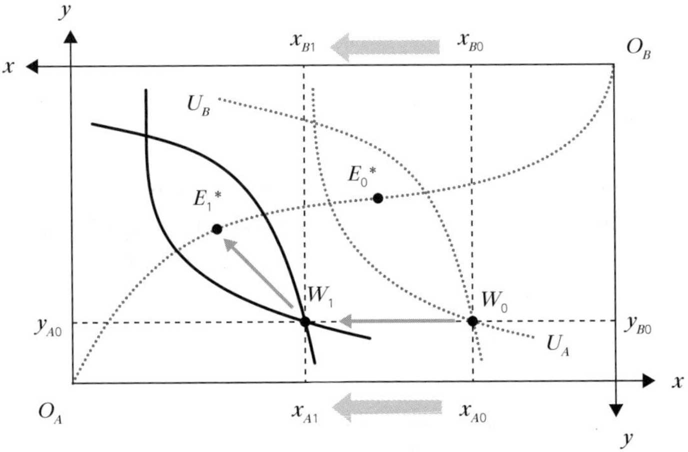

確認してみよう

① 図のようにAさんの無差別曲線が示されている場合、W点に比べて、E点、F点、G点の効用の大きさは、高い、低い、同じのいずれになるか。

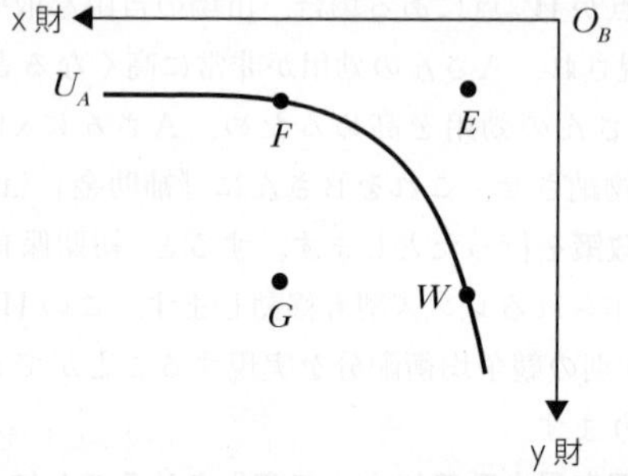

1 参照

W点に比べて、

- E点は、効用は低い
- F点は、効用は同じ
- G点は、効用は高い

② 2人が存在する経済において、初期保有点がW点にある場合、①W点よりもパレート改善となる配分は、H点、I点、J点、K点、L点のうちどれか。また、②コア配分となる点はどれか。さらに、③競争均衡配分として実現する可能性があるのはどの点か。

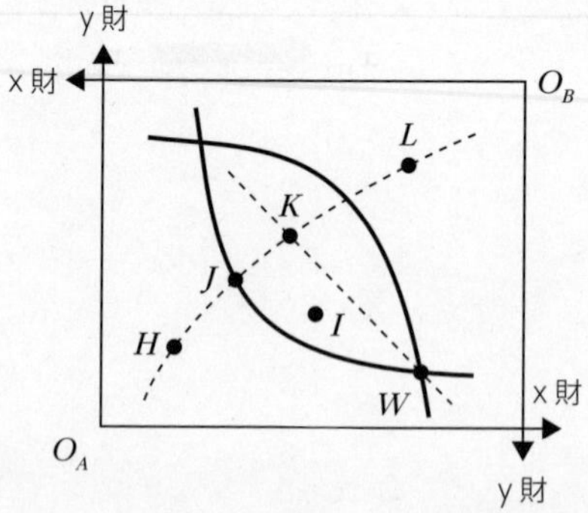

2 (2)、(5)、3 (2) 参照

W 点に対して、

①パレート改善となる点は、I 点、J 点、K 点
（レンズ型の内側にある配分）

②コア配分となる点は、J 点、K 点
（レンズ型の内側で、かつ、契約曲線上の配分）

③競争均衡配分となる点は、K 点
（コア配分で、かつ、両者の効用が同時に高まる配分）

3 契約曲線とは、どのような意味を持った曲線か。

2 (5) 参照

パレート最適点を結んだ曲線

4 完全競争市場におけるパレート最適点においては、どのような条件が成立しているか。

3 (2) 参照

２人の限界代替率と財の価格比が等しくなっている（$MRS_A = MRS_B = \frac{P_x}{P_y}$）

5 初期保有点を政策的に再配分すると、競争均衡配分を変更することができることを何というか。

3 (3) 参照

厚生経済学の第２定理

解法ナビゲーション

次の図は2財（x財とy財）と2個人（1、2）が存在する経済のエッジワース・ボックスである。O_1は個人1の原点を、O_2は個人2の原点を表す。実線曲線u^{11}、u^{12}、u^{13}、u^{14}は個人1の無差別曲線を表し、O_1から、より遠い位置にある無差別曲線ほど、大きな効用を表す。点線曲線u^{21}、u^{22}は個人2の無差別曲線を表し、O_2から、より遠い位置にある無差別曲線ほど、大きな効用を表す。次の説明文の中で最も適当なのはどれか。

裁判所2013

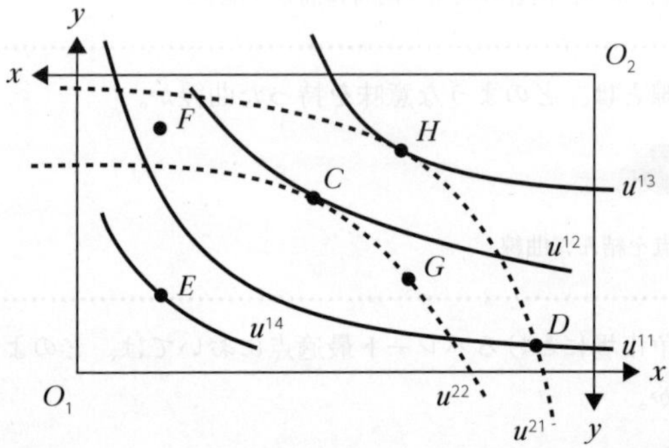

❶ 配分が点Cから点Dへ移行した場合、パレート改善する。
❷ 配分が点Gから点Hへ移行した場合、パレート改善する。
❸ 配分が点Dから点Fへ移行した場合、パレート改善する。
❹ 配分が点Hから点Eへ移行した場合、パレート改善する。
❺ 配分が点Cから点Fへ移行した場合、パレート改善する。

着眼点

配分が変化することで、誰も効用が低下せず、一方または両方の効用が高まるならパレート改善となります。

【解答・解説】

正解 ❸

❶ ×　点Cから点Dへ配分を移行すると、個人１は、効用がu^{12}からu^{11}に低下し、個人２も、効用がu^{22}からu^{21}に低下してしまいます。したがって、パレート改善しません。

あるいは、点Cは、２人の無差別曲線が接しているパレート最適点ですから、ここから２人の無差別曲線が交わる点Dに移行すれば、パレート悪化すると考えても構いません。

❷ ×　点Gから点Hへ配分を移行すると、個人１の効用は高まりますが、個人２は、u^{22}からu^{21}に効用が低下してしまいます。したがって、パレート改善しません。

ヒント

ちなみに、点Gには個人1の無差別曲線は描かれていませんが、グラフからu^{11}とu^{12}の間の効用水準であると考えられます。u^{11}、u^{12}、u^{13}とは交わらないように、点Gを通る無差別曲線を描いてみるとよいでしょう。ないものは、自分で補って考えることが重要です。

❸ ○　点Dを初期保有点と見れば、点Fはu^{11}とu^{21}で囲まれるレンズ型の内側にある点です。よって、点Dから点Fへの移行は、パレート改善します。

確認しましょう。点Fには、２人の無差別曲線が描かれていませんので、それぞれ補うと以下の図のようになります（同じ個人の無差別曲線は、互いに交わらないように描きます）。点Dから点Fへ配分を移行すると、２人の効用は同時に高まることがわかります。

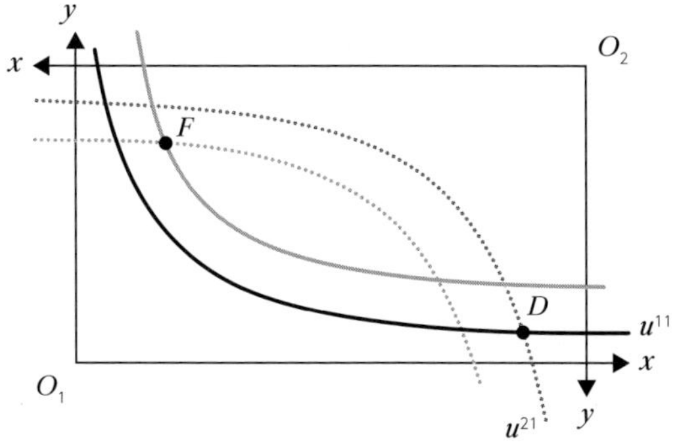

❹ × 点Hから点Eへ配分を移行すると、個人２の効用は高まりますが、個人１は、u^{13}からu^{14}に効用が低下してしまいます。したがって、パレート改善しません。

ヒント

ちなみに、点Eには個人２の無差別曲線は描かれていませんが、グラフからu^{22}よりも高い効用水準であると考えられます。u^{21}、u^{22}とは交わらないように、点Eを通る無差別曲線を描いてみると、個人２の中では原点O_2から最も遠い無差別曲線となります。

❺ × 点Fに２人の無差別曲線を補ったうえで点Cから点Fへの移行を見ると、２人の効用は同時に低下してしまうことがわかります。したがって、パレート改善しません。

あるいは、点Cは、２人の無差別曲線が接しているパレート最適点ですから、ここから２人の無差別曲線が交わる点Fに移行すれば、パレート悪化になると考えても構いません。

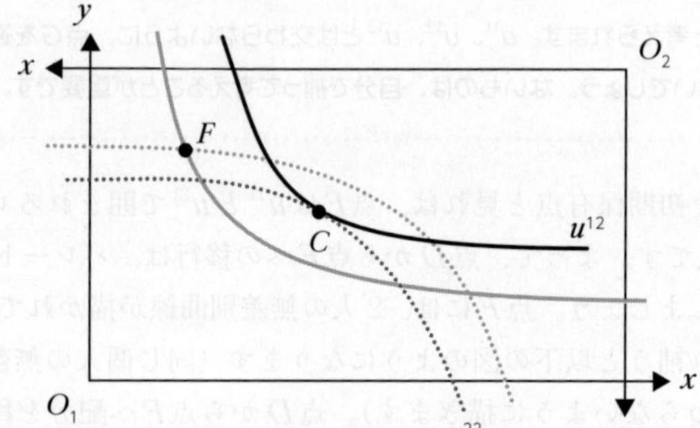

過去問にチャレンジ

問題1
★

次の図は、2人の消費者A、BとX財、Y財の2つの財からなる交換経済のエッジワース・ボックスである。図において横軸と縦軸の長さは、それぞれX財とY財の全体量を表す。図中のU_1、U_2、U_3は消費者Aの無差別曲線を表し、V_1、V_2、V_3は消費者Bの無差別曲線を表している。この図の説明として妥当なのはどれか。

区Ⅰ 2009

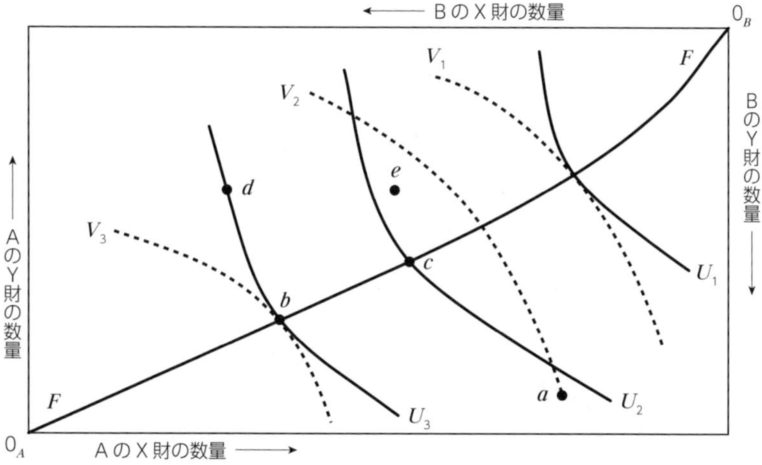

❶ a点からd点への移行は、パレート改善である。

❷ 曲線FFは契約曲線と呼ばれ、曲線FF上では、A、Bのそれぞれの資源配分は効率的であるとともに、常に公平な分配が実現される。

❸ a点からe点への移行は、パレート改善である。

❹ b点からc点への移行は、パレート改善である。

❺ b点では、Aの限界代替率は、Bの限界代替率より小さく、X財、Y財をより多くAに配分すれば、社会厚生は増加する。

問題2 ★★

次の図は、2財（第1財、第2財）及び2消費者（消費者AとB）からなる経済のエッジワース・ボックスである。ただし、O_AとO_Bはそれぞれ消費者AとBの原点を、点Eはこの経済における財の初期保有点を表し、線分BB'は予算線を、曲線CC'は契約曲線を表すものとする。また、実線の無差別曲線は消費者Aの無差別曲線を、点線の無差別曲線は消費者Bの無差別曲線を表すものとする。両消費者ともにより多くの財を消費すれば効用が増加するとしたとき、次のア～オの記述のうち、適当なもののみをすべて挙げているのはどれか。

裁判所2010

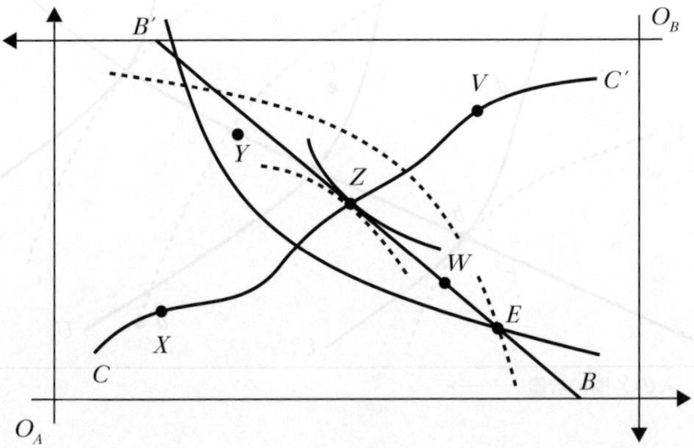

ア 点Xは、パレート最適な配分であると同時にコア配分でもある。

イ 点Yは、パレート最適な配分ではないが、コア配分である。

ウ 点Zは、競争均衡で実現する配分であると同時にコア配分でもある。

エ 点Wは、パレート最適な配分であるが、コア配分ではない。

オ 点Vは、パレート最適な配分だが、競争均衡配分ではない。

❶ イ、ウ
❷ ア、エ
❸ ウ、オ
❹ ア、イ、エ
❺ イ、ウ、オ

問題3 ★★

下図は、X財とY財を一定量保有する消費者A及びBの2人が、X財とY財の2財を交換するモデルを表したエッジワースのボックス・ダイアグラムである。いま、Aの最適消費点が点P、Bの最適消費点が点Qであるとき、下図に関する記述として、妥当なのはどれか。ただし、線分MNの傾きは2財の価格比、点Eは初期保有量、U_AはAの無差別曲線、U_BはBの無差別曲線である。

都Ⅰ 2008

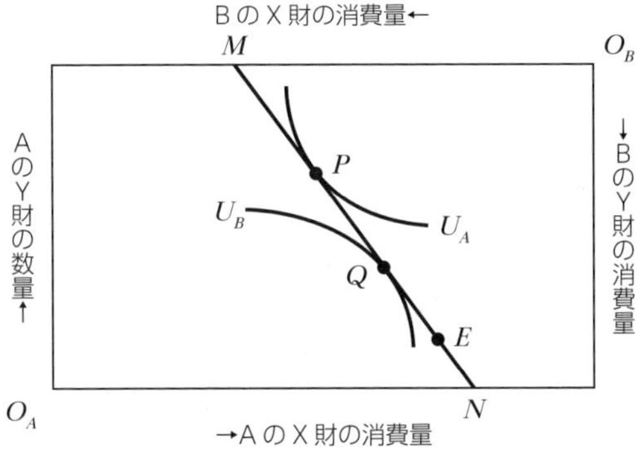

❶ 消費者Aの効用は、X財の消費量が減少しているため、点Eより点Pの方が減少している。

❷ 線分MNの傾きで表される価格比では、X財には超過需要が生じ、Y財には超過供給が生じている。

❸ 点Eから点Qへの移行は、消費者A及びBの2人の効用をともに増加させているため、点Qでは、パレート最適である。

❹ X財の市場とY財の市場とが同時に均衡した場合、2財の価格比、消費者Aの限界代替率及び消費者Bの限界代替率は、いずれも等しくなる。

❺ 点PにおいてはU_Aが、点QにおいてはU_Bが、それぞれ予算制約線に接しているため、点Pと点Qはともに契約曲線上にある。

問題4 ★★★

次の図は、ある純粋交換経済におけるエッジワース・ダイアグラムである。横軸は財Xの数量、縦軸は財Yの数量を示し、左下の0_A点は主体Aの原点、右上の0_B点は主体Bの原点を表す。0_A点に向かって凸に描かれている曲線は主体Aの無差別曲線であり、0_B点に向かって凸に描かれている曲線は主体Bの無差別曲線である。H点は両主体の初期保有量を表す。また、線分LMは、J点で無差別曲線UUに接している。

この図に関する次の記述のうち、最も妥当なものはどれか。

裁判所2018

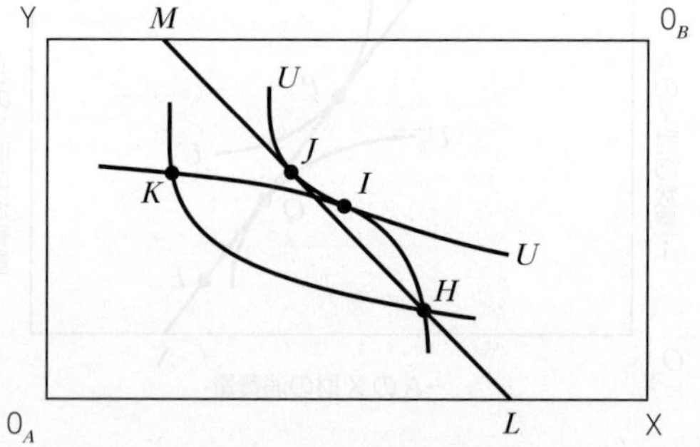

❶ H点からK点への移行は、主体A、主体Bの効用水準をともに増加させる。

❷ 初期保有量を適切に再配分すれば、市場メカニズムによって点Iを実現できる。

❸ I点は主体Aのオファー曲線上にある。

❹ J点は契約曲線上にある。

❺ 線分LMの傾きの大きさは、完全競争市場において実現する価格比に等しい。

第4章

市場理論Ⅱ（不完全競争市場）

独占市場
寡占市場
独占的競争市場
ゲームの理論

1 独占市場

学習のポイント

・これまでと違って市場における財の供給が限定された企業によってなされている状況を考えます。
・まず、財の供給が１社に独占されている場合の理論を学習しましょう。

1 独占市場とは

独占市場とは、**財の売り手または買い手が１社（１者）しか存在しない市場**をいいます。独占市場には、供給独占と需要独占という二つのタイプがあります。

供給独占とは、買い手（消費者）は多数存在していますが、**売り手（企業）が１社しか存在しない市場**です。一方、**需要独占**は、売り手は多数存在していますが、**買い手が１人（１社）しか存在しない市場**をいいます。

出題の中心は供給独占ですので、以下、供給独占を取り扱います。財の供給を行う企業が１社だけのとき、その企業のことを**独占企業**と呼びます。

2 価格に対する行動

完全競争下の１企業（多数の中の１社）は、市場で決まった価格を一定のものとして受け入れ（プライス・テイカーの仮定）、利潤最大化条件を満たすように生産量を決定しました（$P=MC$）。価格に対して影響力がないため、市場で決まった価格というルールに従わなければならないのです。

これに対して、独占市場の場合には、消費者は独占企業から財を買うしかありません。そのため、**独占企業は価格に対して強い影響力（価格支配力）を持ち、独自に価格を設定することができる**のです（**プライス・メイカーの仮定**）。

ただ、消費者を無視した価格を設定できるわけではありません。

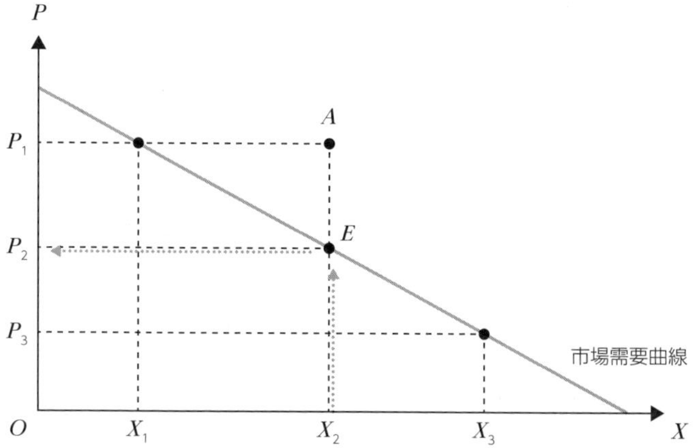

右下がりの直線は、多数の消費者からなる市場需要曲線（D）です。例えば、独占企業がX_2だけの財の供給を望んでいるとしましょう。このとき、需要曲線を無視して価格をP_1に設定することはできません（A点）。なぜなら、P_1のときには、消費者は財をX_1しか購入しません。これでは、X_2-X_1だけの売れ残りを自ら出してしまうことになります。

X_2のときには、消費者は最大でP_2までの金額を支払ってもよいと考えています。そこで、独占企業は価格支配力を行使して価格をP_2に設定するのです。X_1の供給をするときにはP_1に、X_3の供給を行うときにはP_3に設定します。このように、独占企業は市場需要曲線上で生産量ごとに異なる価格を設定するのです。

3 利潤最大化行動

(1) 独占企業の利潤最大化条件

独占企業は市場需要曲線上で価格を設定するため、完全競争下の企業とは収入関数（R）が異なってきます。

市場需要曲線を、

$$P=-aX+b \quad \cdots\cdots①$$

〔P：価格、X：需要量、a、b：正の定数〕

であるとします。これを用いて収入を計算すると、

$$R=P\cdot X$$

$$\Leftrightarrow \quad R=(-aX+b)X$$

$$\Leftrightarrow \quad R=-aX^2+bX \quad \cdots\cdots②$$

となり、収入関数が2次関数になります。

完全競争下の１企業

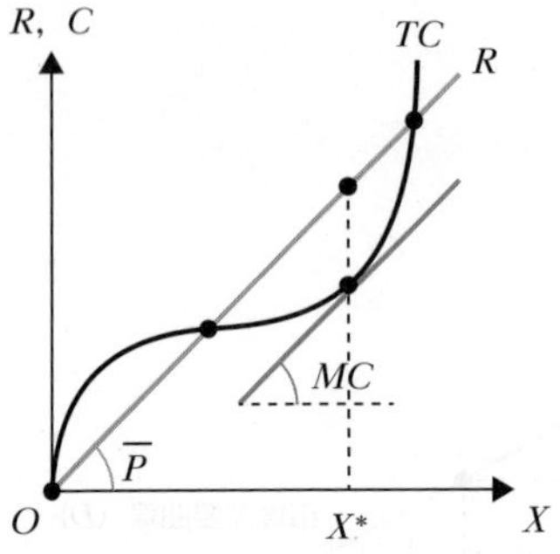

独占企業

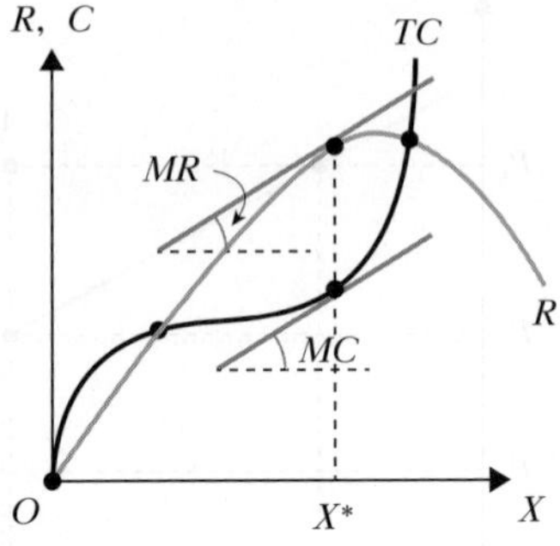

独占企業も、収入関数（R）と総費用関数（TC）の差が最も大きくなり、利潤が最大となるところで生産量を決定します。

このとき、総費用関数（TC）の接線の傾きの大きさと収入関数（R）の接線の傾きの大きさが一致します。総費用関数の接線の傾きの大きさは、これまでどおり限界費用（MC）です。一方、**収入関数の接線の傾きの大きさ**を**限界収入**（MR：Marginal Revenue）といいます。これは、**追加的に１単位生産量（X）を拡大させたときに、収入（R）がどれだけ増加するか**を表します。

したがって、独占企業の利潤最大化条件は次のとおりです。

〔独占企業の利潤最大化条件〕　$MR = MC$

(2) 限界収入

限界収入（MR）は、収入関数の傾きの大きさに当たります。式で示すと、

$$MR = \frac{\varDelta R}{\varDelta X}$$

となり、収入関数を生産量で微分することで得られます。②式を前提とすると、

$$MR = \frac{\varDelta R}{\varDelta X} = -2 \cdot aX^{2-1} + 1 \cdot bX^{1-1}$$

$$= -2aX + b \qquad \cdots\cdots ③$$

と計算することができます。

③式と①式の形をよく見ると、限界収入（MR）（③式）は、Pについて整理した市場需要曲線の式（①式）の**傾きの大きさを２倍したグラフ**として描けることがわかります。

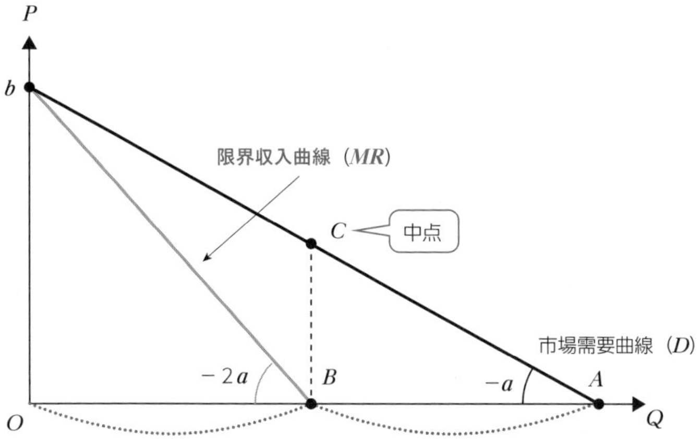

市場需要曲線の傾きの大きさを2倍したものになっているということは、限界収入曲線が横軸と交わるB点は、原点OからA点までの横軸上の線分をちょうど2分する点になります。したがって、B点から垂直線を引き、市場需要曲線との交点をC点とすると、このC点は市場需要曲線上の中点になります（線分OB＝線分BA）。

4 独占均衡

(1) 独占均衡点の決定

右下がりの直線は市場需要曲線を、右上がりの直線MCは独占企業の限界費用曲線を表しています（右上がりの直線を仮定）。財の供給を行う企業は1社だけなので、独占企業の限界費用曲線が市場全体の供給曲線になります。

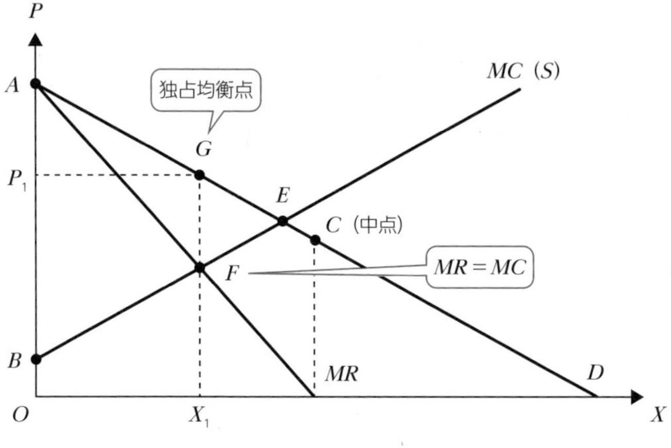

限界収入曲線（MR）と限界費用曲線（MC）が一致するF点で利潤最大化条件が成立しますので、独占企業は、生産量をX_1に決定します。このとき、消費者はP_1までだったら払ってもよいとしています。そこで独占企業は、市場需要曲線上のG点で価格をP_1に設定します。こうして設定された価格を**独占価格**と呼びます。

一方、消費者は価格P_1に従ってX_1だけ財を需要することになります。この価格と取引量の組合せ（G点）を**独占均衡点**（**クールノーの点**）といいます。

(2) 独占均衡点の特徴

これまで見てきた完全競争下の一企業は、$P=MC$（価格＝限界費用）を満たすように生産量を決定していました。

これに対して独占企業の場合は、生産量X_1のときの限界費用（MC）の大きさはF点の高さに相当しますが、独占価格はG点の高さになります（P_1）。**独占市場では$P>MC$となっている**のです。

また、独占均衡点G点は、市場需要曲線上の中点よりも左側にあります。中点よりも左側の領域では、需要の価格弾力性が1より大になります（$\varepsilon>1$）。**独占企業は、消費者が価格に対して弾力的となる領域で独占価格を形成している**のです。

(3) ラーナーの独占度

ラーナーの独占度（L）とは、**市場の取引が完全競争からどれだけ乖離しているか**（＝独占の傾向が強いか）**を測る指標**です。以下のように表されます。

$$L=\frac{P-MC}{P}$$ 〔P：価格、MC：限界費用〕

市場が完全競争であるならば、価格と企業の限界費用は一致するので（$P=MC$）、$P-MC=0$となり、$L=0$（独占度ゼロ）となります。

一方、独占の傾向が強くなるほど、価格と限界費用との乖離が大きくなるので（$P>MC$）、独占度Lも大きな値になります。

また、ラーナーの独占度は、需要の価格弾力性（ε）を使って、以下のように表すこともできます（導出は不要）。

$$L=\frac{1}{\varepsilon}$$

(4) 余剰分析

独占市場と完全競争市場の総余剰（TS）を比較してみましょう。

完全競争市場では、市場需要曲線（D）と市場供給曲線（S）の交点で市場は均衡します。ここでは、独占企業の限界費用曲線が市場供給曲線に相当しますので、

E点が完全競争的な均衡点になります。

このとき、消費者余剰は面積AEP^*、生産者余剰が面積P^*EBとなるため、総余剰は面積AEBとなります。これが最大の総余剰ということになります。

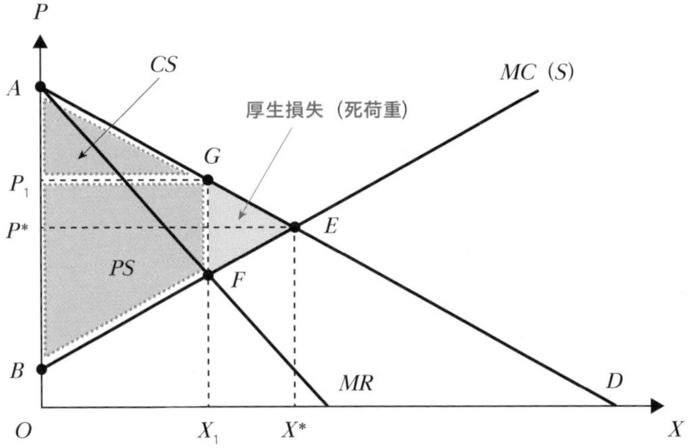

一方、独占均衡点の場合、消費者余剰（CS）は、

CS＝最大限の支払可能額の合計－独占価格に基づいた支払額
＝面積AGX_1O－面積P_1GX_1O
＝面積AGP_1

となります。

一方、生産者余剰（PS）は、

PS＝独占価格に基づいた収入額－最低限の保証価格の合計
＝面積P_1GX_1O－面積BFX_1O
＝面積P_1GFB

となります。

したがって、総余剰（TS）は面積$AGFB$となります。

ここで、完全競争の場合と総余剰の面積を比較すると、独占均衡の場合のほうが面積EFGの分だけ総余剰が小さくなっていることがわかります。これは厚生損失（死荷重）です。したがって、総余剰を最大化されていませんので、**独占市場における取引量X_1は最適な資源配分とはいえません。**

5 売上高最大化仮説

価格支配力を持つ独占企業は、利潤（π）ではなく、売上高（＝収入）を最大にするように行動するという考え方があります。

売上高が最大となるのは、収入関数の頂点（A点）です。A点では、収入関数上に取った接線の傾きの大きさはゼロになります。収入関数の接線の傾きの大きさは限界収入（MR）に当たりますから、売上高を最大にするには、

$$MR = 0$$

となる生産量を選択する必要があります。

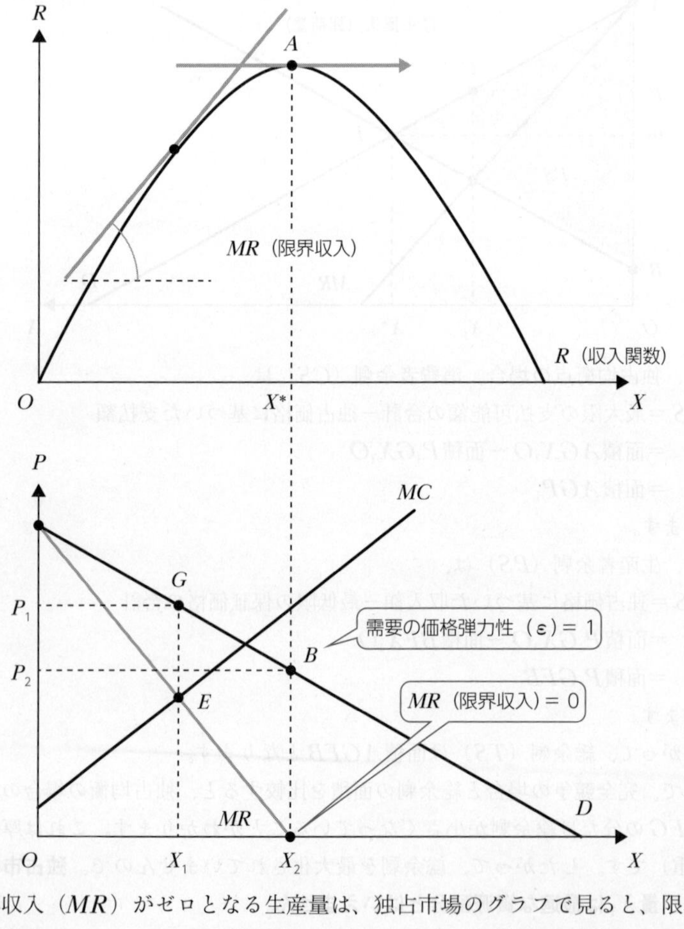

限界収入（MR）がゼロとなる生産量は、独占市場のグラフで見ると、限界収入曲線が横軸と交わっている水準（X_2）に当たります。価格は需要曲線上でP_2に設定すると、独占企業の生産量と価格の組合せはB点で示すことができます。**利潤（π）を追求する場合**（独占均衡点G）**に比べて、生産量は多くなり、価格は低めに設定される**ことがわかります。また、B点は需要曲線上の中点に当たるので、需要の価格弾力性は1になります。

6 価格差別（差別独占）

価格支配力を持つ独占企業は、市場を二つに分割し、異なる価格を設定して財の供給を行う場合があります。

例えば、ある地域の弁当屋（独占企業）が、同じ種類の弁当をあまりお金に余裕のない学生向けには安く、これから新幹線に乗るビジネスパーソンには高く売るようなことです。学生には少しでも安く売れば、たくさん買ってくれる可能性があります。一方、ビジネスパーソンは、多少高くしても買って行ってくれるでしょう。これを**価格差別**（**差別独占**）といいます。現実にも、鉄道会社が同じ輸送サービスに、一般の運賃と学割運賃を設けて差別化していますね。

独占企業が、一つの工場で作った同質的な財Xを、二つの市場（市場1、市場2）に分割して供給しているとしましょう。前提として、市場1は需要の価格弾力性（ε）が弾力的で（学生）、市場2は需要の価格弾力性が非弾力的（ビジネスパーソン）であるとします。

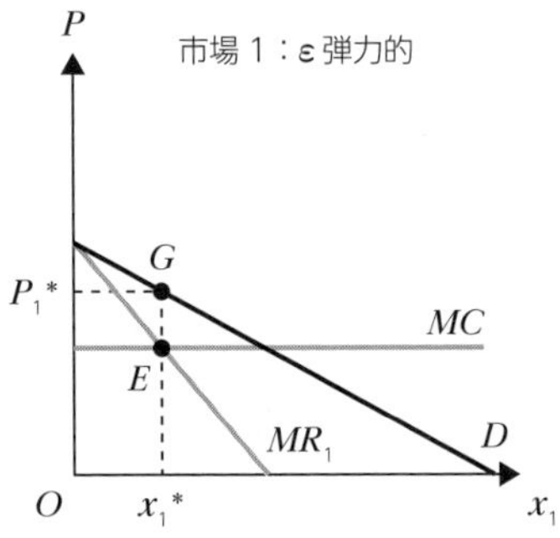

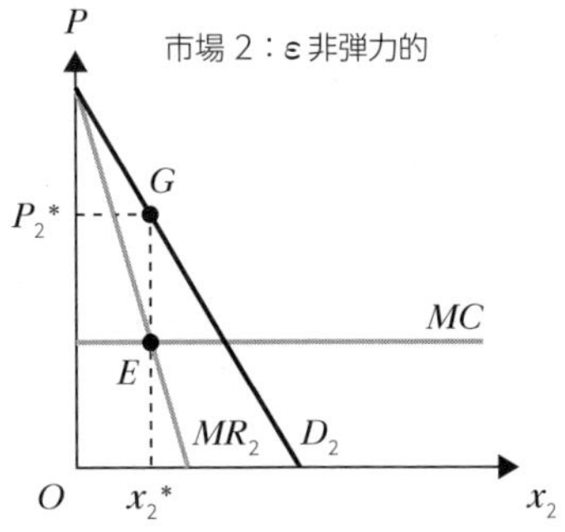

すべての財を一つの工場で、同じ費用条件で作っているので、どちらの市場で供給するにせよ限界費用（MC）は等しくなります（上図では、ともに同じ値で一定と仮定しています）。また、需要の価格弾力性が大きくなるほど、需要曲線の傾きは緩やかになります。

独占企業は、各市場でMR（限界収入）$=MC$（限界費用）となるように生産量を決め（E点）、それぞれの市場需要曲線上（G点）で消費者の最大限の支払可能額に相当する価格を設定します。限界収入は各市場で異なるので、この場合の利潤最大化条件は、以下のように示すことができます。

〔価格差別における利潤最大化条件〕

$MR_1=MC$　　　（MR_1：市場1の限界収入、MR_2：市場2の限界収入）

$MR_2=MC$

グラフを見ると、需要の価格弾力性が大きい（弾力的）な市場1では低い価格（P_1^*）が設定され、需要の価格弾力性が小さい（非弾力的）な市場2では高い価格（P_2^*）が設定されることがわかります。

ただし、このような価格差別を行うためには、二つの条件が必要です。

第一に、**消費者（顧客）を、需要の価格弾力性の違いに基づいて分割可能でなければなりません**（分割可能性）。分割そのものが不可能である場合、あるいは、分割できたとしても需要の価格弾力性が同じであれば、異なる価格を付けることはできません。

第二に、**消費者間での転売が不可能であることが必要です**（転売不可能性）。例えば、安く買った学生が、陰でビジネスパーソンにそのままの価格で売却することができてしまったら、独占企業の価格差別は無意味になってしまいます。

確認してみよう

① 独占企業の利潤最大化条件を示しなさい。

3 (1) 参照

MR（限界収入）$= MC$（限界費用）

② 市場需要曲線が、

$X = -2P + 10$ 〔X：需要量、P：価格〕

となっている場合、独占企業の限界収入（MR）を示しなさい。

3 (2) 参照

まず、市場需要曲線をPについて整理します。

$$P = -\frac{1}{2}X + 5$$

この式の傾きの大きさを2倍したものが限界収入（MR）を表す式になります。

$MR = -X + 5$

③ 市場需要曲線が、

$X = -2P + 10$ 〔X：需要量、P：価格〕

で、独占企業の限界費用が2であるとき、利潤を最大にする生産量と、売上高が最大となる生産量はそれぞれいくつか。

3 (1)、5 参照

利潤最大化条件$MR = MC$から、利潤を最大にする生産量は、

$$-X + 5 = 2 \qquad \therefore \quad X = 3$$

となります。

一方、売上高が最大になる生産量では、$MR = 0$となるので、このときの生産量は、

$$-X + 5 = 0 \qquad \therefore \quad X = 5$$

となります。

---

④ ラーナーの独占度（L）を示しなさい。ただし、価格をP、生産量をX、限界費用をMC、限界収入をMR、需要の価格弾力性をεとする。

4 (3) 参照

$$L = \frac{P - MC}{P} \text{ または } L = \frac{1}{\varepsilon}$$

---

⑤ 価格差別化が可能である場合、需要の価格弾力性が非弾力的な市場においては、弾力的な市場に比べて価格水準はどうなるか。

6 参照

高くなる

解法ナビゲーション

一企業により独占的に供給されるある財の価格をP、生産量をQとすると、その企業の

総費用曲線が、$TC = Q^3 - 5Q^2 + 15Q + 80$

需要曲線が、$P = 90 - 5Q$

で表されるとき、この企業の利潤を最大にする財の価格はどれか。

区Ⅰ 2010

❶ 5
❷ 25
❸ 45
❹ 65
❺ 85

着眼点

独占企業の最も基礎的な計算問題になります。以下に二つの解き方を示します。❶で公式を確認し、❷もはじめは解説を見ながらでよいので、手を動かしてみてください。今後、❷の解法が有用になるだろうと思います。

【解答・解説】

正解 ❹

❶ 利潤最大化条件を使って解く方法

(i) 需要曲線の式をPについて整理して、限界収入（MR）を求める

限界収入曲線が、需要曲線の傾きを２倍したものであることを利用して、需要曲線から限界収入を求めます。本問の需要曲線はPについて整理された形なので、そのまま傾きの大きさを２倍して限界収入（MR）とします。

$$MR = 90 - 10Q$$

(ii) 利潤最大化条件（$MR = MC$）を立てて、生産量を計算する

独占企業の利潤最大化条件は$MR = MC$でした。まずMCを求めるために問題文の費用関数（TC）を生産量で微分すると、限界費用（MC）は、

$$MC = \frac{\Delta TC}{\Delta Q} = 3 \cdot Q^{3-1} - 2 \cdot 5Q^{2-1} + 1 \cdot 15Q^{1-1} + 0$$
$$= 3Q^2 - 10Q + 15$$

となります。

よって、利潤最大化条件（$MR = MC$）から、生産量は以下のように計算することができます。

$$90 - 10Q = 3Q^2 - 10Q + 15$$
$$\Leftrightarrow \quad 3Q^2 = 75$$
$$\Leftrightarrow \quad Q^2 = 25 \qquad \therefore \quad Q = 5$$

(iii) 需要曲線上の価格（独占価格）を求める

この結果を需要曲線に代入すると、

$$P = 90 - 5 \cdot 5 \qquad \therefore \quad P = 65$$

となります。

よって、正解は❹となります。

❷ 利潤を立てて、微分してゼロとおく方法

独占企業の利潤（π）を立ててみます。

独占企業は、需要曲線上で独占価格を設定します。よって、Pについて整理した需要曲線の式を価格（P）に代入します。

$$\pi = 収入（R）- 費用（TC）$$
$$= P \cdot Q - TC$$

$$=(90-5Q)Q-(Q^3-5Q^2+15Q+80)$$
$$=90Q-5Q^2-Q^3+5Q^2-15Q-80$$
$$=-Q^3+75Q-80$$

この利潤（π）を、生産量（Q）で微分してゼロとおくと、利潤を最大にする生産量が求められます。

$$\frac{\varDelta \pi}{\varDelta Q}=-3Q^{3-1}+1\cdot 75Q^{1-1}-0=0$$
$$\Leftrightarrow \quad 3Q^2=75$$
$$\Leftrightarrow \quad Q^2=25 \qquad \therefore \quad Q=5$$

価格は需要曲線上で設定されるので、この結果を需要曲線の式に代入します。

$$P=90-5Q=90-5\cdot 5 \qquad \therefore \quad P=65$$

よって、正解は❹となります。

解法ナビゲーション

ある独占企業が、市場をAとBの2つに分割し、同一財にそれぞれの市場で異なる価格をつけて販売する場合において、

A市場の需要曲線が、$D_A = 5 - 0.5P_A$

B市場の需要曲線が、$D_B = 8 - P_B$

この企業の総費用曲線が、$TC = 5 + 2X$

で表されるとき、それぞれの市場における利潤が最大となる価格の組合せとして、妥当なのはどれか。

ただし、P_AはA市場における価格、D_AはA市場における需要量、P_BはB市場における価格、D_BはB市場における需要量、Xは生産量とし、この財の市場間での転売はできないものとする。

区Ⅰ 2012

	A市場	B市場
❶	1	1
❷	2	3
❸	3	2
❹	4	5
❺	6	5

着眼点

問題文の冒頭の記述から、価格差別（差別独占）の問題であると判断することができます。

【解答・解説】

正解 5

問題を解くに当たって、文字（変数）が多く、このままでは解くことができないので、これを整理します。

独占企業は、まとめて生産したXを二つの市場に分けて販売するので、それぞれの市場への供給量をx_A、x_Bとすると、

$$X = x_A + x_B$$

とおくことができます。よって、総費用曲線（TC）は、以下のように表すことができます。

$$\begin{aligned} TC &= 5 + 2X \\ &= 5 + 2(x_A + x_B) \\ &= 5 + 2x_A + 2x_B \quad \cdots\cdots ① \end{aligned}$$

また、各市場では、消費者は供給された財しか需要できないので、$x_A = D_A$、$x_B = D_B$となります。そこで、以下では財の数量はx_Aとx_Bに統一して計算を示します。

❶ 利潤最大化条件を使って解く方法

まず、各市場の需要曲線をPについて整理します。

A市場：$P_A = -2x_A + 10 \quad \cdots\cdots ②$

B市場：$P_B = -x_B + 8 \quad \cdots\cdots ③$

限界収入（MR）は、需要曲線の傾きの大きさを2倍したものに相当しますので、

A市場：$MR_A = -4x_A + 10 \quad \cdots\cdots ④$

B市場：$MR_B = -2x_B + 8 \quad \cdots\cdots ⑤$

となります。

一方、限界費用（MC）は、①式を各市場向けの生産量（供給量）で微分すると、

$$\frac{\varDelta TC}{\varDelta x_A} = 0 + 1 \cdot 2x_A{}^{1-1} + 0 = 2$$

$$\frac{\varDelta TC}{\varDelta x_B} = 0 + 0 + 1 \cdot 2x_B{}^{1-1} = 2$$

となり、各市場とも$MC = 2$で一定であることがわかります。

ここで、④、⑤式から各市場の利潤最大化条件を立てると、各市場の生産量が求められます。

A市場：$-4x_A + 10 = 2 \quad (MR_A = MC) \quad \therefore \quad x_A = 2$

B市場：$-2x_B + 8 = 2 \quad (MR_B = MC) \quad \therefore \quad x_B = 3$

最後に、価格は需要曲線上で設定されるので、この結果を②、③式に代入すると、

A市場：$P_A = -2 \cdot 2 + 10 \quad \therefore \quad P_A = 6$

B市場：$P_B = -3 + 8 \quad \therefore \quad P_B = 5$

となります。

よって、正解は❺となります。

❷ 利潤を立てて、微分してゼロとおいて解く方法

独占企業は、二つの市場から収入（R）を得ますので、各市場の需要曲線（②式、③式）を使って利潤（π）を立てると、以下のようになります。

$$\begin{aligned}
\pi &= \text{A市場からの収入} + \text{B市場からの収入} - \text{費用} \\
&= R_A + R_B - TC \\
&= P_A \cdot x_A + P_B \cdot x_B - TC \\
&= (-2x_A + 10)x_A + (-x_B + 8)x_B - (5 + 2x_A + 2x_B) \\
&= -2x_A{}^2 + 10x_A - x_B{}^2 + 8x_B - 5 - 2x_A - 2x_B \quad \cdots\cdots ⑥
\end{aligned}$$

この⑥式を、x_Aとx_Bのそれぞれについて微分してゼロとおくと、各市場において利潤が最大となる生産量が求められます。

$$\frac{\varDelta \pi}{\varDelta x_A} = -2 \cdot 2x_A{}^{2-1} + 1 \cdot 10x_A{}^{1-1} - 0 + 0 - 0 - 1 \cdot 2x_A{}^{1-1} - 0 = 0$$

$$\Leftrightarrow \quad -4x_A + 10 - 2 = 0 \quad \therefore \quad x_A = 2$$

$$\frac{\varDelta \pi}{\varDelta x_B} = 0 + 0 - 2 \cdot x_B{}^{2-1} + 1 \cdot 8x_B{}^{1-1} - 0 - 0 - 1 \cdot 2x_B{}^{1-1} = 0$$

$$\Leftrightarrow \quad -2x_B + 8 - 2 = 0 \quad \therefore \quad x_B = 3$$

最後に、価格は需要曲線上で設定されますので、この結果を②、③式に代入すると、

A市場：$P_A = -2 \cdot 2 + 10 \quad \therefore \quad P_A = 6$

B市場：$P_B = -3 + 8 \quad \therefore \quad P_B = 5$

となります。

よって、正解は❺となります。

過去問にチャレンジ

問題1
★

ある財の売り手独占市場において、独占企業が利潤最大化行動をとる場合を考える。この財の価格をP、生産量をXとする。この企業の総費用曲線が、$TC = X^2 + 10X + 400$、市場需要曲線が$X = 200 - 2P$であるとき、均衡における財の価格はいくらか。

裁判所2014

❶ 30
❷ 36
❸ 55
❹ 82
❺ 85

問題2
★★

ある財の独占市場において、企業が利潤最大化行動をとるものとする。この企業の平均費用曲線（AC）は$AC = \frac{1}{2}x + 50$、市場需要曲線は$x = 300 - 2p$である。ここで、xは数量、pは価格を表す。このとき、均衡における財の価格はいくらか。

国般2009

❶ 100
❷ 125
❸ 150
❹ 175
❺ 200

問題3
★★

ある企業がX財を独占供給する市場において、需要曲線が$x = 160 - 4p$、総費用関数$C(x)$が$C(x) = \frac{1}{2}x^2 + 10x + 100$で与えられている。ここで$x$は数量、$p$は価格を表す。このとき、利潤最大化を行う、この企業の利潤はいくらか。

国税2008

❶ 100
❷ 150
❸ 200
❹ 250
❺ 300

問題4
★

図は独占市場における均衡に関するものであるが、完全競争市場と比べた場合の死荷重の大きさを示したものとして最も妥当なのはどれか。

労基2009

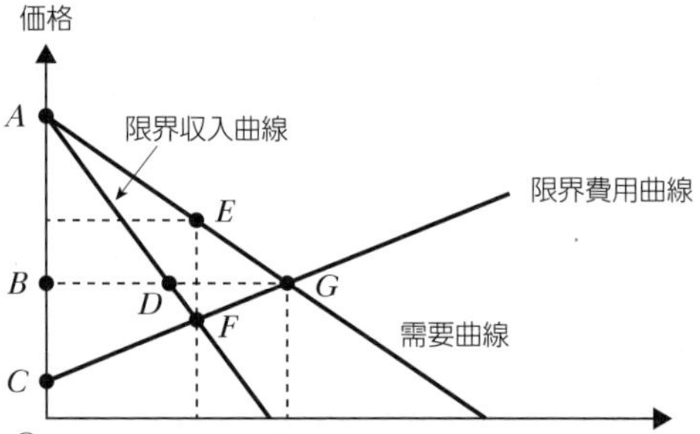

❶ 三角形ABG
❷ 三角形BCG
❸ 三角形ADG
❹ 三角形DFG
❺ 三角形EFG

問題5 ★

独占企業の需要曲線が、

$Y = 25 - 0.25P$ （Y：生産量、P：価格）

で表され、また、限界費用$MC = 2Y + 40$で示されるとした場合、独占化に基づく経済余剰の損失はいくらになるか。

国税・労基2001

❶ 27
❷ 36
❸ 48
❹ 53
❺ 62

問題6 ★★

独占市場における価格と生産量に関する次の記述のうち、妥当なのはどれか。

国般2004

❶ ラーナーの独占度は、独占企業の需要の価格弾力性の逆数に等しい。

❷ クールノーの点とは、独占市場における価格水準を示すものであり、限界収入と限界費用の一致する点のことである。

❸ 独占企業の生産する財に対する需要曲線は右下がりであり、限界収入曲線は平均収入曲線と等しくなる。

❹ 需要曲線と限界費用曲線が一致する点に対応するところで生産を行うと、独占企業の利潤は最大になる。

❺ 独占企業は完全競争市場の企業と異なり、コストの増大により価格を引き上げたとしてもすべての需要を失うことはないので、利潤は常に正となる。

問題7
★★

ある財を独占的に供給する独占企業の直面する市場需要関数が、

$x = 120 - p$

で示されるとする。また、その独占企業の総費用関数が、

$c = x^2$

で示されるとする。ここで、xは数量、pは価格、cは総費用である。独占均衡において、ラーナーの独占度（需要の価格弾力性の逆数と等しい。）はいくらか。

国般2014

❶ $\frac{1}{3}$
❷ $\frac{1}{2}$
❸ 1
❹ 2
❺ 3

問題8
★★

ある独占企業において、需要曲線$P = 90 - 0.2x$（P：価格、x：数量）、限界費用曲線$MC = 10$が与えられている。

このとき、この企業が売上高最大化行動をとり生産量を決定する場合は、利潤最大化行動をとる場合と比べて、価格の高さはどうなるか。

国般2006

❶ 10だけ低い。
❷ 5だけ低い。
❸ 変わらない。
❹ 5だけ高い。
❺ 10だけ高い。

問題9 ★★

独占企業が市場を二つに分割して、同一財に対して市場ごとに異なった価格を付ける戦略を採る場合を考える。この差別価格戦略に関して、各市場の需要関数と総費用関数がそれぞれ次のように表されるとする。

需要関数

$$P_1 = 5 - \frac{1}{2}X_1$$

$$P_2 = 3 - \frac{1}{2}X_2$$

総費用関数

$$C = \frac{2}{3} + x_1 + x_2$$

(P_i ($i = 1$、2)：i 市場における価格、x_i ($i = 1$、2)：i 市場における数量)

このとき、各市場において利潤最大化をもたらす価格はそれぞれいくらになるか。

国般2003

	P_1	P_2
❶	1	4
❷	2	3
❸	3	2
❹	4	3
❺	5	1

問題10 ★★

独占企業が市場を分割し、同一財に対して市場ごとに異なった価格を付ける差別独占に関する次の記述のうち、妥当なのはどれか。

国般2000

❶ 差別独占の場合、利潤最大化のためにはその企業が生産物を販売する小市場ごとに限界収入が異なることが前提となる。

❷ 利潤最大化を求めて価格差別化を行う場合には、各市場における需要の価格弾力性が等しいことが必要となる。

❸ 価格差別化が行われるためには、その企業の生産物市場がそれぞれ分離独立した小市場に分割され、生産物が各市場間で自由に転売可能であることが条件となる。

❹ 各市場間で価格差別化が行われる場合、需要の価格弾力性が小さい市場ほど高い価格が設定される。

❺ 価格差別化は市場ごとの費用条件の違いに基づいてなされるので、限界費用が高い市場ほど高い価格が設定される。

2 寡占市場

学習のポイント

・寡占市場を分析するモデルを学習します。
・計算問題が主体となるため、各モデルの計算の仕方をしっかり練習しましょう。

1 寡占モデルの種類

財の供給が比較的少数の企業によって行われている市場を、**寡占市場**といいます。特に、**2企業しか存在しない市場**を**複占市場**と呼びます。ここでは、2企業を前提とした計算問題が出題の中心になりますので、以下では寡占＝複占として、計算問題の解き方を中心にして説明していきます。

市場に存在する2企業の捉え方には、2通りの考え方があります。

一つ目は、**2企業が協調する（協力関係を結ぶ）という考え方**です（**協調型寡占モデル**）。2企業しか存在しないなら、無理にその企業どうしで争う必要はないかもしれません。少々乱暴な言い方をすれば、2企業で協力して消費者を食いものにしていけば、暴利を山分けできるかもしれませんね。

二つ目は、**2企業がライバル関係（競争関係）に立つという考え方**です（**競争型寡占モデル**）。この考え方には、2企業間にどのような競争状態を想定するかによって、クールノー・モデル、シュタッケルベルク・モデル、ベルトラン・モデルの3タイプが存在します。ただ、ベルトラン・モデルはほとんど出題されませんので、ここでは二つのタイプの解き方を紹介します。

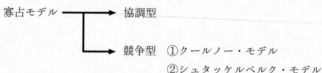

寡占モデル → 協調型
　　　　　 → 競争型　①クールノー・モデル
　　　　　　　　　　　②シュタッケルベルク・モデル

2 協調型寡占モデル

一つの市場を二つの企業が支配し、その2企業が協力して行動する場合、少なくとも市場から得られる2企業の利潤の合計が最大になるように行動しようとするでしょう。そのうえで、各企業の生産量の組合せ（シェア）を決定することになります。

例題 ある財は二つの企業によって供給されている。この市場の需要関数は、

$D=120-P$ 〔D：需要量、P：価格〕

であり、また、両企業の費用関数は同一で、いずれも、

$C_i=x_i^2+5$ 〔C_i：費用、x_i：企業iの生産量（$i=1$、2）〕

である。このとき、この2企業が共謀（結託）してカルテルを結び、両企業の利潤の和を最大にするように行動したとすると、この財の市場価格はいくつになるか。

❶ 文字（変数）の整理をする

二つの企業によって市場に財の供給が行われるので、2企業の生産量の合計は市場全体の需要量に一致します。よって、

$D=x_1+x_2$ ……①

という関係になります。よって、需要関数は、Pについて整理すると、以下のようにおくことができます。

$$D=120-P$$
$$\Leftrightarrow \quad P=120-D$$
$$\Leftrightarrow \quad P=120-(x_1+x_2) \qquad \therefore \quad P=120-x_1-x_2 \quad \cdots\cdots②$$

❷ 問題文に従って、2企業の利潤の合計（Π）を立てる

②式を使って、2企業の利潤を単純合算します。

$$\Pi=\pi_1+\pi_2$$
$$=(P\cdot x_1-C_1)+(P\cdot x_2-C_2)$$
$$=\{(120-x_1-x_2)x_1-(x_1^2+5)\}+\{(120-x_1-x_2)x_2-(x_2^2+5)\}$$
$$=120x_1-2x_1^2-2x_1\cdot x_2+120x_2-2x_2^2-10 \quad \cdots\cdots③$$

❸ 利潤最大化の計算

③式を、x_1とx_2のそれぞれについて微分してゼロとおくと、以下のようになります。

$$\frac{\varDelta \Pi}{\varDelta x_1}=1\cdot 120x_1^{1-1}-2\cdot 2x_1^{2-1}-1\cdot 2x_1^{1-1}\cdot x_2+0-0-0=0$$
$$\Leftrightarrow \quad 120-4x_1-2x_2=0$$
$$\Leftrightarrow \quad x_2=60-2x_1 \quad \cdots\cdots④$$

$$\frac{\varDelta \Pi}{\varDelta x_2}=0-0-1\cdot 2x_1\cdot x_2^{1-1}+1\cdot 120x_2^{1-1}-2\cdot 2x_2^{2-1}-0=0$$

$\Leftrightarrow \ -2x_1 + 120 - 4x_2 = 0$

$\Leftrightarrow \ x_1 = 60 - 2x_2$ ……⑤

ここで、④式と⑤式を連立して解くと、$x_1 = 20$、$x_2 = 20$となり、この結果を需要関数（②式）に代入すると、価格を求めることができます。

$P = 120 - x_1 - x_2 = 120 - 20 - 20 = 80$

ヒント

この例題のように、基本的に、2企業の費用関数が同じ式である場合、2企業の生産量は同じになります（$x_1 = x_2$）。これは、費用関数が同じである場合には、これを前提とした限界費用（≒供給曲線）も同じになり、財の供給条件が同じになるからです。

これを踏まえると、④式から、

$x_2 = 60 - 2x_1$

$\Leftrightarrow \ x_1 = 60 - 2x_1 \quad \therefore \ x_1 = 20$

となり、2企業の生産量は同じなので、企業2の生産量も$x_2 = 20$となります。

「費用関数が同じ＝生産量が同じ」という関係を知っておくと、計算が早くなりますね。

3 競争型寡占モデル

(1) クールノー・モデル

今度は、競争型の寡占モデルについて見ていきましょう。

競争型のうち公務員試験で重要なのが**クールノー・モデル**です。このモデルでは、**2企業は、市場に存在する需要量（X）を奪い合うように生産数量に関して競争を行います**（数量競争、シェア争い）。このとき、各企業は以下の仮定に基づいて行動すると仮定します。

〔クールノーの仮定〕

各企業は、ライバルの生産量を一定（所与）と仮定して、利潤を最大にするように生産量を決定する。

つまり、ライバルが何個財を生産したかを見て、自社の生産量を決定するのです。これは、将棋やチェスなどのゲームで、相手の打ってきた手を見て、自分の出方を決めるようなものです。

このようなやり取り（戦い）が繰り広げられ、やがて均衡するときを迎えます。それは、**2企業の利潤が同時に最大化されているとき**です。同時に利潤が最大になっているのであれば、話し合いなどを持たなくても、いずれの企業も生産量を変えようとはしないはずです。このような、**両企業の利潤最大化が同時に実現され、生産量の組合せが決定されている状態**を**クールノー（・ナッシュ）均衡**といいます。

例題1 複占市場において、市場の需要曲線と各企業の総費用曲線が、

市場需要曲線　　：　$D = 22 - P$　〔D：需要量、P：価格〕

総費用曲線　企業1：　$TC_1 = x_1{}^2 + 3$

　　　　　　企業2：　$TC_2 = 0.5x_2{}^2 + 24$

であるとき、クールノー均衡における各企業の生産量（x_1、x_2）はいくらか。

❶ 文字（変数）の整理をする

市場の需要量Dを二つの企業で奪い合うことになりますから、

$$D = x_1 + x_2$$

とおけます。よって、市場需要曲線は、以下のようになります。

$$P = -(x_1 + x_2) + 22 \qquad \cdots\cdots①$$

❷ 2企業の利潤を立て、別々に利潤最大化の計算を行う

①式を使って各企業の利潤を立てます。2企業は競争関係にあり、互いに独立して利潤最大化行動をとりますから、各企業の利潤を立て、それぞれ別々に利潤最大化条件（微分してゼロとおく）を適用します。

まず、企業1の利潤をπ_1とすると、

$$\pi_1 = P \cdot x_1 - TC_1$$
$$= \{-(x_1 + x_2) + 22\} \cdot x_1 - (x_1{}^2 + 3)$$
$$= -2x_1{}^2 - x_1x_2 + 22x_1 - 3$$

となります。この利潤をライバルの生産量x_2は一定として、x_1について微分してゼロとおきます。

$$\frac{\varDelta \pi_1}{\varDelta x_1} = -4x_1 - x_2 + 22 = 0$$

$$\Leftrightarrow \quad x_1 = -\frac{1}{4}x_2 + \frac{11}{2} \qquad \cdots\cdots②$$

この②式は、企業1の利潤最大化条件（$MR = MC$）そのものであり、ライバルの生産量（x_2）が決まれば、企業1の利潤最大化生産量を計算することができます。もし、ライバル企業が生産量を変更してきた場合には、企業1はこの②式を前提として生産量を修正することになります。このようなことから、寡占理論では、この

②式を企業1の反応関数と呼びます。

次に、企業2についても同様の計算を行います。

$$\pi_2 = P \cdot x_2 - TC_2$$
$$= \{-(x_1 + x_2) + 22\} \cdot x_2 - (0.5x_2^2 + 24)$$
$$= -\frac{3}{2}x_2^2 - x_1x_2 + 22x_2 - 24$$

となります。この利潤をライバルの生産量x_1は一定として、x_2について微分してゼロとおきます。

$$\frac{\Delta \pi_2}{\Delta x_2} = -3x_2 - x_1 + 22 = 0$$

$$\Leftrightarrow \quad x_2 = -\frac{1}{3}x_1 + \frac{22}{3} \quad \cdots\cdots ③$$

この③式は、企業2の利潤最大化条件（$MR = MC$）そのものであり、ライバルの生産量（x_1）が決まれば、企業2の利潤最大化生産量を計算することができます。これを企業2の反応関数と呼びます。

❸　2企業の反応関数を連立して解く

両企業の利潤が同時に最大となるときに、クールノー均衡を実現します。これは、2企業の反応関数（②式と③式）が同時に満たされるときに実現されます。よって、②式を③式に代入すると、

$$x_2 = -\frac{1}{3}(-\frac{1}{4}x_2 + \frac{11}{2}) + \frac{22}{3}$$

$$\Leftrightarrow \quad x_2 = \frac{1}{12}x_2 - \frac{11}{6} + \frac{22}{3}$$

$$\Leftrightarrow \quad \frac{11}{12}x_2 = \frac{33}{6} \qquad \therefore \quad x_2 = 6$$

これを②式に代入すれば、

$$x_1 = -\frac{1}{4} \cdot 6 + \frac{11}{2} \qquad \therefore \quad x_1 = 4$$

と計算することができます。

補足

❷で導いた反応関数は企業の利潤最大化条件のことですから、問題文から限界収入（*MR*）と限界費用（*MC*）を別個に計算して、独占企業のときと同様に、$MR = MC$という式を立てても構いません。

ただ、今後さまざまな企業関連の計算問題を処理していくときに、いちいちモデルに則した公式を覚えることは効率的ではありませんし、試験会場での判断もむしろ難しくなってきますので、これ以降、利潤最大化条件は「利潤を立てて、微分してゼロとおく」という方法で示していきます。

⑵ シュタッケルベルク・モデル

将棋やチェスをしているとき、もし相手の"手のうち"を知ることができれば有利ですよね。相手がどのような行動をとるかを見込んだうえで、自分の手を打てばよいのですから。

企業間の競争も同様です。二つの企業が持っている"情報"に違いがあるとしたら、"情報"を握っている企業が優位に競争を展開することができるでしょう。

シュタッケルベルク・モデルは、**二つの企業が保有する"情報"に差がある場合の競争状態**を想定します。ここでの"情報"は、**利潤最大化条件である反応関数**です。**相手企業の反応関数を知っている企業**のことを先導者（リーダー）と呼びます。リーダーは、相手の反応関数を知っているので、それを考慮したうえで自己の利潤最大化を図ることができます。

他方、**相手企業の反応関数を知らない企業**を追随者（フォロワー）と呼びます。フォロワーは、リーダーの決定した生産量を見てからでないと、自社の生産量を決めることができません。フォロワーは、クールノー・モデルのときの企業と同じ状態になります。

計算上のポイントは、「フォロワーの反応関数を考慮して、リーダーが先手を打つ」という点です。

例題2 X財を企業A、企業Bが生産しており、企業Aは先導者（リーダー）で企業Bの戦略行動を知ったうえで行動し、企業Bは企業Aの生産量を所与として行動する追随者（フォロワー）と仮定する。ここで、X財の需要曲線と各企業の費用関数がそれぞれ以下のように示されているとき、各企業の生産量（X_A、X_B）はそれぞれいくつか。

$D = 180 - P$　〔D：需要量、P：価格、C_A：企業Aの費用、C_B：企業Bの費用〕
$C_A = 50$
$C_B = 50$

❶ 文字（変数）の整理をする

市場の需要量Dを二つの企業で奪い合うことになりますから、

$$D = X_A + X_B$$

とおけます。よって、X財の需要曲線は、以下のようになります。

$$P = -(X_A + X_B) + 180 \quad \cdots\cdots①$$

❷ フォロワーの反応関数を求める

企業A（リーダー）は、企業B（フォロワー）の戦略行動（利潤最大化行動）を知ったうえで行動することができます。そこで、企業Aが知っているはずの企業Bの反応関数を求めておきます。①式を使うと、企業Bの利潤π_Bは、

$$\pi_B = P \cdot X_B - C_B$$
$$\Leftrightarrow \quad \pi_B = \{-(X_A + X_B) + 180\}X_B - 50$$
$$\Leftrightarrow \quad \pi_B = -X_A \cdot X_B - X_B{}^2 + 180X_B - 50$$

となります。これをX_Bについて微分してゼロとおくと（利潤最大化）、

$$\frac{\varDelta \pi_B}{\varDelta X_B} = -X_A - 2X_B + 180 = 0$$

$$\Leftrightarrow \quad X_B = -\frac{1}{2}X_A + 90 \quad \cdots\cdots②$$

となります。これが企業Bの反応関数です。

❸ リーダーの生産量（リーダー解）を求める

企業A（リーダー）は、企業B（フォロワー）が②式に従って行動するということを把握したうえで、生産量を決定します。そこで、企業Aの利潤π_Aに②式を代入すると、

$$\pi_A = P \cdot X_A - C_A$$

$$\Leftrightarrow \quad \pi_A = \{-(X_A + X_B) + 180\}X_A - 50$$

$$\Leftrightarrow \quad \pi_A = \{-(X_A - \frac{1}{2}X_A + 90) + 180\}X_A - 50$$

$$\Leftrightarrow \quad \pi_A = -\frac{1}{2}X_A{}^2 + 90X_A - 50$$

となります。

この企業Aの利潤をX_Aについて微分してゼロとおくと、

$$\frac{\varDelta \pi_A}{\varDelta X_A} = -X_A + 90 = 0 \qquad \therefore \quad X_A = 90$$

と生産量を計算することができます。

❹　フォロワーの生産量（フォロワー解）を計算する

最後に、リーダーの生産量を、はじめに計算した企業B（フォロワー）の反応関数（②式）に代入します。

$$X_B = -\frac{1}{2}\cdot 90 + 90 \qquad \therefore \quad X_B = 45$$

シュタッケルベルク・モデルでは、問題文で企業の立場（リーダーかフォロワーか）を確認したら、必ず以上の手順で計算しなければなりません。

また、２企業の生産量の大小関係に注目してください。２企業の費用関数が同じであるにもかかわらず（$C_A = C_B = 50$）、フォロワーの生産量（$X_B = 45$）よりもリーダーの生産量（$X_A = 90$）のほうが大きくなっています。これは、**2企業間に情報格差（反応関数を知っているか否か）があるため**です。リーダーは、フォロワーの行動を見込んで生産量を先に決めることができるので、シェアを拡大することができるのです。**シュタッケルベルク・モデルでは、費用関数が同じでも２企業の生産量は異なり得る**ので注意しておいてください。

確認してみよう

ある寡占市場において、需要曲線と各企業の費用関数が、以下のように表されている。

需要曲線：$D=17-P$　〔D：需要量、P：価格〕

A社の費用関数：$C_A=X_A$

B社の費用関数：$C_B=X_B$　〔C_i：費用、X_i：生産量、$i=A$、B〕

① 需要曲線を2企業の生産量で表し、Pについて整理しなさい。

2、3 参照

$P=-D+17$

$\Leftrightarrow\ P=-(X_A+X_B)+17$

$\Leftrightarrow\ P=-X_A-X_B+17$

② A社の利潤（π_A）を立て、A社の反応関数を計算しなさい。

2、3 参照

$\pi_A=P\cdot X_A-C_A$

$\Leftrightarrow\ \pi_A=(-X_A-X_B+17)X_A-X_A$

$\Leftrightarrow\ \pi_A=-X_A{}^2-X_A\cdot X_B+16X_A$

X_Aについて微分してゼロとおくと、

$$\frac{\varDelta\pi_A}{\varDelta X_A}=-2X_A-X_B+16=0$$

$$\therefore\ X_A=-\frac{1}{2}X_B+8$$

③ A社の収入（R_A）を立て、A社の限界収入（MR_A）を計算しなさい。

2、3 参照

$R_A=P\cdot X_A$

$\Leftrightarrow\ R_A=(-X_A-X_B+17)X_A$

$\Leftrightarrow\ R_A=-X_A{}^2-X_A\cdot X_B+17X_A$

X_Aについて微分すると、

$$MR_A = \frac{\Delta R_A}{\Delta X_A} = -2X_A - X_B + 17$$

④ A社の利潤最大化条件（$MR_A = MC_A$）を立て、X_A について整理しなさい。

2、3 参照

$$MC_A = \frac{\Delta C_A}{\Delta X_A} = 1$$

$$MR_A = MC_A$$

$$\Leftrightarrow \quad -2X_A - X_B + 17 = 1$$

$$\therefore \quad X_A = -\frac{1}{2}X_B + 8$$

⑤ クールノー・モデルにおいて、2企業の費用関数が同じであるとき、2企業の生産量はどのような関係になるか。

3 (1) 参照

等しくなる（$X_A = X_B$）

過去問にチャレンジ

問題1
★★

同じ財を生産する企業1、企業2からなる複占市場において、需要量をD、価格をP、総費用をC、生産量をXとし、この財の市場の需要曲線が、

$$D = 160 - P$$

で表され、また、総費用曲線は企業1、企業2ともに

$$C = 2X^2$$

で表されるものとする。もし2つの企業が協調して、企業1、企業2の利潤の合計が最大となるように行動するとした場合、財の価格はどれか。

区Ⅰ 2015

❶ 40
❷ 60
❸ 80
❹ 100
❺ 120

問題2
★★

ある財が二つの企業1、2によって市場に供給されている。この財の市場の需要曲線は

$d = 200 - p$　　(d：需要量、p：価格)

で示されるとする。総費用曲線は次のように示されるとする。

$c_i = 20x_i$　　(c_i:企業iの総費用、x_i:企業iの生産量;$i = 1$、2)

このとき、クールノー均衡における企業1の生産量はいくらか。

国税・労基 2010

❶ 40
❷ 45
❸ 50
❹ 55
❺ 60

問題3 ★

ある財が二つの企業によって生産されている複占市場がある。この財の逆需要関数が

$$p = 100 - 2(q_1 + q_2)$$

であるとする。ここで、pは財の価格、q_1は第1企業が生産する財に対する需要量、q_2は第2企業が生産する財に対する需要量を表す。また、二つの企業の費用関数は同一であり、

$c_i = 4x_i$　（i＝1、2で、c_iは第i企業の総費用、x_iは第i企業の生産量）

であるとする。このとき、クールノー均衡における二つの企業の生産量はそれぞれいくらか。

国般2012

❶ $x_1 = x_2 = 4$
❷ $x_1 = x_2 = 8$
❸ $x_1 = x_2 = 16$
❹ $x_1 = 6$、$x_2 = 4$
❺ $x_1 = 12$、$x_2 = 8$

問題4
★★

ある財の市場の需要関数が

$d = 21 - p$　　(d：需要量、p：価格)

で示されるとする。この財は二つの企業1、2のみによって市場に供給され、それらの企業の費用関数はそれぞれ

$c_1 = 2x_1$　　(c_1：企業1の総費用、x_1：企業1の生産量)

$c_2 = 4x_2$　　(c_2：企業2の総費用、x_2：企業2の生産量)

で示されるとする。

このとき、二つの企業が互いに他の企業の生産量を所与のものとして利潤の最大化を図るとすると、均衡価格はいくらか。

国税・労基・財務2015

❶　5
❷　7
❸　9
❹　11
❺　13

問題5
★★

同質的な財Xを生産する企業1、企業2からなる複占市場において、Xの需要関数が、

$D = 32 - P$ 〔D：財Xの需要量 P：財Xの価格〕

で表されるとする。また、企業1、企業2の費用関数はそれぞれ、

$C_1 = 2Q_1 + 10$ （C_1:企業1の総費用　Q_1：企業1の生産量）

$C_2 = 4Q_2$ （C_2:企業2の総費用　Q_2：企業2の生産量）

で表されるとする。

企業1が先導者、企業2が追随者として行動するとき、シュタッケルベルク均衡における企業1、企業2のそれぞれの生産量の組合せとして、妥当なのはどれか。

区Ⅰ 2020

	企業1の生産量	企業2の生産量
❶	6	11
❷	9	10
❸	12	7
❹	16	6
❺	19	3

問題6
★★★

複占市場において、二つの企業が同質の財を生産しており、その財の需要関数が、以下のように示される。

$p = 42 - (q_1 + q_2)$ （p：財の価格、q_1：企業1の生産量、q_2：企業2の生産量）

また、各企業の総費用関数は同じ形であり、以下のように示される。

$TC(q_i) = q_i^2$ （$i = 1、2$）（TC：総費用）

企業1がリーダーである場合、シュタッケルベルク均衡における企業1の生産量はいくらか。

労基・財務2019

❶ 8
❷ 9
❸ 10
❹ 11
❺ 12

3 独占的競争市場

学習のポイント

・頻出の論点ではありませんが、独占市場と独占的競争市場の違いはきちんと理解しておきましょう。

・長期均衡点を求める問題が多いので、図形的な結論を覚えておきましょう。

1 独占的競争市場の二つの性質

独占的競争市場とは、**完全競争の四つの条件のうち、「財の同質性」を満たさない市場**のことをいいます。ブランドなどによって差別化された市場です。

独占的競争市場は、すでに学習した「独占市場」とは異なります。以下の２点に特徴があります。

第一に、**代替的ではあるが同質的ではない財が多数取引されている**、という点です。つまり、企業は多数存在します。ただ、各企業が供給する財は、すべてブランド等によって差別化されているのです。つまり、ここでの「独占的」とは、「**そのブランドの財を供給できる企業は１社だけ**」という意味になります。

例えば、スマートフォンを供給する企業は複数存在しますが、“かじられたリンゴ”のロゴを付けたスマートフォン（iPhone）を売ることができるのは、Apple社だけです。そして、Apple社は、iPhoneに対する需要を見て価格を決定します。このときの、iPhoneユーザーのiPhoneに対する需要を集計したものを**主観的需要曲線**（**または、個別需要曲線**）と呼びます。

第二に、**長期において市場への参入・退出が自由であること**です。したがって、既参入企業の超過利潤がゼロになるまで、代替的な財の生産を行う企業の参入・退出という完全競争的な動きが生じることになります。

スマートフォン市場でも、時間の経過に伴って、日本企業や韓国企業による参入・退出が起きています。Apple社にとって、新規にライバル企業が増えれば顧客を奪われ、退出によってライバル企業が減れば、iPhoneに対する需要は増えるでしょう。つまり、企業の参入・退出によって主観的需要曲線が変化し、iPhoneの価格も変化するのです。

以上から、独占的競争市場は、**「独占的性質」と「完全競争的性質」の二つを兼ね備えた中間的な競争状態**といえます。

2 短期均衡

以下のグラフにおいて、MCとACは、X財（iPhone）の限界費用曲線（MC）と平均費用曲線（AC）です。ここに、iPhoneユーザーで構成される主観的需要曲線（D）を描き、この主観的需要曲線の傾きの大きさを2倍した直線として限界収入曲線（MR）を描いています。「独占市場」のグラフにそっくりですが、全く異なります。このグラフは、スマートフォン市場全体を描いたものではなく、iPhoneという特定の財が直面している状況を描いたものです。

さて、Apple社は、利潤を最大にするように、$MR=MC$（限界収入＝限界費用）となるX_0を生産量として決定し、自社ブランド商品の需要や顧客層の性質等に照らし、主観的需要曲線上のF点で価格をP_0に設定します。この**生産量と価格の組合せ**を示すF点を、**短期均衡点**といいます。

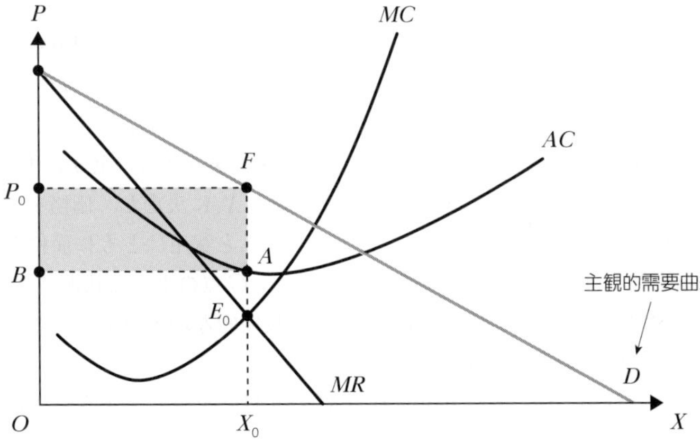

このとき、Apple社の収入は$P_0 \cdot X_0$で面積P_0FX_0O、生産量1単位当たりの費用（平均費用）はA点の高さ（＝B点の高さ）になりますから、費用は面積BAX_0Oとなります。したがって、Apple社は、短期均衡において面積P_0FABだけの超過利潤（プラスの利潤）を得ていることになります。

3 長期均衡

短期において、Apple社が超過利潤を得ていることを他の市場の企業（日本企業や韓国企業）が察知すると、長期においてスマートフォン市場への新規参入を促します。“羨ましい”からです。

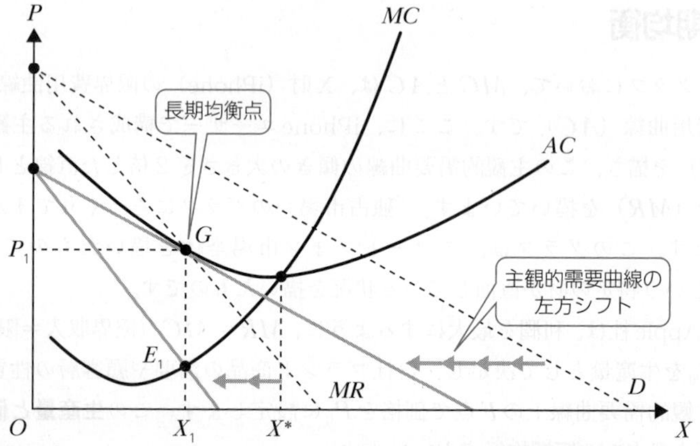

日本企業がAndroidを搭載したスマートフォンを供給し始めると、Apple社はiPhoneユーザーを日本企業に奪われることになります。これは、iPhoneに対する需要の減少をもたらしますから、iPhoneに対する主観的需要曲線（D）が左方へシフトし始めます。すると、これに合わせて限界収入曲線（MR）も左方にシフトし、やがて主観的需要曲線と平均費用曲線（AC）が接する状態に至ります（G点）。

Apple社は、$MR=MC$を満たすように生産量をX_1に決定し、価格を主観的需要曲線上のG点でP_1に設定します。このとき、収入と費用はともに面積P_1GX_1Oとなり、超過利潤はゼロとなっています。つまり、G点のような状況でiPhoneの価格がP_1に決まると、新規参入はストップし、長期的な均衡を実現することになるのです。このG点を**長期均衡点**といいます。

このように、長期均衡では、Apple社は$MR=MC$を満たすように生産量を決定し、設定される価格は平均費用に一致することになります（$P=AC$）。$MR=MC$は独占企業の利潤最大化条件と同じです。一方、$P=AC$は、完全競争市場において、損益分岐点価格のもとで長期均衡を迎えるときの条件に類似しています（第3章第1節**5**参照）。このような意味で、**独占的競争市場は、独占的な特徴と完全競争的な特徴を併せ持った市場**だとされるのです。

ただし、長期均衡で実現される生産量（X_1）は、完全競争下の生産量（損益分岐点生産量）（X^*）よりも過少になります。完全競争市場を前提にするなら、Apple社には、iPhoneをX^*まで生産する生産能力があるのです。ところが、独占的競争下ではX_1にとどまってしまっています。このことは、生産している量が少ない分だけ、“使用されていない資本（設備）”がApple社内に存在していることを暗に示すものです。このため、独占的競争市場は、生産の効率性の観点からは完全競争市場よりも望ましくなく、この市場に参入する個別企業（Apple社）は、X

*$-X_1$に相当する過剰生産能力を抱えていると指摘されることがあります。

確認してみよう

① 独占的競争市場の特徴を二つ挙げなさい。

1 参照

①参入企業は、差別化された財の独占的供給者
②市場への参入・退出は自由

② 独占的競争市場に新規参入が発生すると、特定の財に対する個別需要曲線（主観的需要曲線）は、どのように変化するか。

2 参照

新規参入企業に顧客を奪われるため、左方にシフトする

③ （復習）完全競争市場の長期均衡点においては、市場均衡価格（P）、個別企業の限界費用（MC）および平均費用（AC）との間にどのような関係が成立するか。

第3章第1節 5 (2) 参照

市場均衡価格が、個別企業の損益分岐点価格に至ったところで長期均衡を迎えるので、以下のような関係になる

$P=MC=AC$

④ 独占的競争市場の長期均衡点においては、設定される価格（P）、個別企業の限界費用（MC）、限界収入（MR）および平均費用（AC）との間にどのような関係が成立するか。

3 参照

生産量の決定に際し、$MR=MC$
価格の設定に際し、$P=AC$

⑤ 完全競争市場の場合に比べて、独占的競争市場の長期均衡における個別企業の生産量は、どのようになるか。

3 参照

少なくなる（過少配分となり、効率的ではない）

過去問にチャレンジ

問題1
★

次の図は、縦軸に価格・費用、横軸に生産量をとり、独占的競争の長期的均衡の下における、代表的企業の個別需要曲線D、限界収入曲線MR、長期平均費用曲線AC、長期限界費用曲線MCを表している。また、個別需要曲線と長期平均費用曲線との接点をS、長期平均費用曲線と長期限界費用曲線との交点をT、個別需要曲線と長期限界費用曲線との交点をU、限界収入曲線と長期限界費用曲線との交点をVで表したものである。この状態における代表的企業の長期均衡点と超過利潤の組合せとして、妥当なのはどれか。

区Ⅰ2003

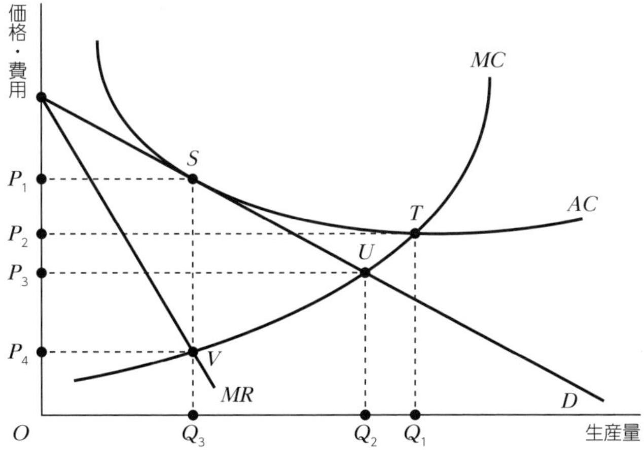

	長期均衡点	超過利潤
❶	S	P_1P_4VS
❷	S	ゼロ
❸	T	P_2P_3UT
❹	V	ゼロ
❺	V	P_4OQ_3V

問題2 ★★ **独占的競争に関する次の記述のうち、妥当なのはどれか。**

都Ⅰ1999

❶ 独占的競争では、企業は他の多数の企業と競争関係にあるため、独自に価格を設定する力を有しておらず、水平な需要曲線に直面する。

❷ 独占的競争では、製品の差別化が存在しており、企業は価格や生産量を決定するにあたっては、自己の行動に対する他の企業の反応を考慮する。

❸ 独占的競争における短期均衡では、企業は製品の価格が限界費用と一致するように生産量を決定し、利潤の極大化を達成する。

❹ 独占的競争における長期均衡では、企業は平均費用曲線の最低点において生産を行っており、資本設備の大きさから見た最適規模での生産を達成する。

❺ 独占的競争における長期均衡では、企業の利潤最大化点で決定される価格は平均費用と等しくなっており、正常利潤を超える利潤はゼロとなる。

4 ゲームの理論

学習のポイント

- さまざまな社会科学の分野に影響を与えているゲームの理論について学習します。
- 第３章で学習したパレート最適の考え方も再登場します。

1 ゲームの理論

(1) ゲーム的状況

ゲーム的状況とは、**相手の出方を予想しながら自らの出方を決定するような状況**をいいます。まさに、将棋やチェスといったゲームを楽しんでいるような状況です。相手は何を考えて、どんな手を打ってくるか、自分の打った手に対して相手はどのような反応を示すかを考えながら、自分の手を決めたりしますよね。

このようなゲーム的状況を説明する理論が、**ゲームの理論**です。ゲーム的状況は、文字どおりのゲームをしている状況にとどまらず、さまざまなところで観察されます。例えば、国家間の外交交渉や貿易交渉、企業間の価格競争、労使間での賃金交渉、恋の駆け引きといったものまで含みます。ゲームの理論が誕生したことで、広い意味での“取引”を説明することができるようになり、経済学も大いに発展することになりました。

(2) 非協力ゲームと協力ゲーム

ゲームの理論で取り扱われるゲーム的状況は、以下の二つに大別することができます。

一つは**競争・対立の状態を前提として、当事者間で話し合いはせず、それぞれ独立して意思決定を行う状況**です。この状況を**非協力ゲーム**と呼びます。

もう一つは、**話し合いを前提とし、当事者が協調行動をとる状況**です。この状況を**協力ゲーム**と呼びます。

ゲームの理論の問題としては、非協力ゲームが出題されます。

(3) ゲーム的状況の表現方法

ゲーム的状況は、プレイヤー、戦略、利得（利益）の三つの要素で表されます。

プレイヤーとは、**ゲーム的状況における当事者（登場人物）**のことです。これまでのミクロ経済学では、消費者、企業、政府がプレイヤーでしたが、ゲームの理論ではこれに限りません。さまざまな立場の人、団体がプレイヤーになり得ます。

戦略とは、**プレイヤーが持っている勝つための選択肢（手持ちのカード）**です。その時どきでプレイヤーが取り得る行動や方針などが戦略に当たります。

利得は、**プレイヤーが特定の戦略を採用したときに得ることのできる利益（ゲームの結果）**をいいます。利得は必ずしも「金額」で示される必要はありません。

以上を踏まえ、ゲーム的状況を表したものが以下の表です（標準型ゲーム）。

		企業B	
		価格維持	値下げ
企業A	価格維持	(100, 100)	(0, 200)
	値下げ	(200, 0)	(80, 80)

この例では、プレイヤーは企業Aと企業Bで、各企業は「価格維持」と「値下げ」の二つの戦略を持っています。そして、各プレイヤーは、自己の戦略を決定する時点で他のプレイヤーがどのような決定をしたかわからず、各プレイヤーは同時に戦略を決定するとします（同時手番）。

２企業の戦略の組合せが決定されると両企業の利得が確定します。表の中に示されている数字が利得で、左側の数字は企業Aの利得を、右側の数字は企業Bの利得を表します。仮に、企業Aが「価格維持」を選択し、企業Bは「値下げ」を選択したとすると、企業Aの利得が0、企業Bの利得が200となります。

2 ナッシュ均衡

ナッシュ均衡とは、**各プレイヤーがライバルの戦略に対して最適な戦略を採用しており、ライバルが戦略を変更しない以上、自ら戦略を変更しようとしない安定的な均衡状態**をいいます。つまり、各プレイヤーが、ライバルの行動に対して、利得が最大となるような戦略を同時に選択している状態です。同時に利得が最大化されていれば、各プレイヤーは自ら行動を変えようとはしないはずです。つまり、「均衡」するのです。

有名な例がありますので紹介しましょう。

		囚人B	
		黙秘	自白
囚人A	黙秘	(−1, −1)	(−8, 0)
	自白	(0, −8)	(−3, −3)

２人の囚人A、Bがいます。彼らは爆弾テロ事件の容疑者ですが、下着泥棒の罪で逮捕され、検事から別々に取り調べを受けています。２人は話し合いを持つことができません。検察側は、テロ事件の十分な証拠をつかんでおらず、彼らに司法取引を持ち掛けることにしました。

「２人とも黙秘すれば、下着泥棒の罪でそれぞれ１年の懲役。テロ事件について正直に自白すれば、それぞれ３年の懲役だ。ただし、一方が自白し、他方が黙秘すれば、自白した者は無罪放免（刑期ゼロ）。黙秘した者は８年の懲役だ」

表の中の数値は「刑期」を表すため、マイナスの利得として示しています。２人の取り得る戦略は「黙秘」と「自白」です。２人は、それぞれどちらの戦略を選択するでしょうか。

(1) 囚人A

囚人Bの戦略について場合分けし、囚人Aの採るべき戦略を考えていきます。

		囚人B	
		黙秘	自白
囚人A	黙秘	(−1, −1)	(−8, 0)
	自白	(0, −8)	(−3, −3)

まず、囚人Bが「黙秘」を採ると仮定します。このとき、囚人Aが「黙秘」すれば刑期は１年、「自白」すれば刑期ゼロです（無罪放免）。この場合には、囚人Aとしては「自白」することが望ましいということになります。

次に、囚人Bが「自白」を採ると仮定します。このとき、囚人Aが「黙秘」すれば刑期は８年、「自白」すれば３年です。この場合には、囚人Aも「自白」することが望ましいということになります。

以上から、囚人Bがいかなる戦略を採ろうとも、囚人Aは「自白」することが望ましいということになります。このように、**他のプレイヤーがいかなる戦略を選択しようとも採るべき戦略が一つに決まる**とき、その戦略のことを**支配戦略**といいます。

⑵ 囚人B

次に、囚人Aの戦略について場合分けし、囚人Bの採るべき戦略について考えてみましょう。

		囚人B	
		黙秘	自白
囚人A	黙秘	(－1, －1)	(－8, 0)
	自白	(0, －8)	(－3, －3)

まず、囚人Aが「黙秘」を採ると仮定します。このとき、囚人Bが「黙秘」すれば刑期は１年、「自白」すれば刑期ゼロです（無罪放免）。この場合には、囚人Bとしては「自白」することが望ましいということになります。

次に、囚人Aが「自白」を採ると仮定します。このとき、囚人Bが「黙秘」すれば刑期は８年、「自白」すれば３年です。この場合には、囚人Bも「自白」することが望ましいということになります。

以上から、囚人Aがいかなる戦略を採ろうとも、囚人Bにとっては「自白」することが望ましいということになります。囚人Bにとっても「自白」が支配戦略になっているのです。

⑶ ナッシュ均衡と支配戦略均衡

これまでの作業をまとめると、以下のようになります。

各プレイヤーが相手の戦略に対して最適な戦略を同時に選択している組合せは(囚人A，囚人B)＝(自白，自白）となります。この戦略の組合せが、ナッシュ均衡です。ナッシュ均衡では、プレイヤーはともに相手の戦略に対する最適反応を採っている状態なので、２人ともこの均衡状態から逸脱することがありません。

		囚人B	
		黙秘	自白
囚人A	黙秘	(－1, －1)	(－8, 0)
	自白	(0, －8)	(－3, －3)

囚人Aが「自白」する可能性があるにもかかわらず、囚人Bが「黙秘」した場合、囚人Bの刑期は３年から８年に悪化してしまいます。一方、囚人Bが「自白」する可能性があるのに、囚人Aが「黙秘」すると、囚人Aの刑期も３年から８年に悪化することになります。

つまり、（自白，自白）という戦略の組合せは、相手が戦略を変更しないとき、自己の戦略を変更させようとする誘因が働かない状態なのです。

また、「自白」という戦略は、２人にとって支配戦略になっていました。**ナッシュ均衡の中でも支配戦略を基礎とした均衡状態**を、特に**支配戦略均衡**と呼びます。

(4) ナッシュ均衡の特徴

ナッシュ均衡は、パレート最適であるとは限りません。

		囚人B	
		黙秘	自白
囚人A	黙秘	(−1，−1)	(−8, 0)
	自白	(0, −8)	(−3, −3)

パレート最適とは、全体として改善の余地のない状態です。もし、誰も不利にすることなく自己を有利にすることができる状態であるなら、パレート改善となり、パレート最適とはいえません。

ナッシュ均衡を２人の初期の状態と考え、それ以上パレート改善が不可能であるなら、ナッシュ均衡はパレート最適です。他方、ナッシュ均衡からパレート改善が可能であるなら、ナッシュ均衡はパレート最適とはいえません。

囚人のゲームにおいて、もし囚人Ａと囚人Ｂが話し合いを持つことができれば、２人が選択する戦略の組合せは間違いなく（黙秘，黙秘）となるはずです。このほうが、２人の利得の合計を最大化（＝刑期を最小化）でき、パレート改善となるのです。つまり、（自白，自白）というナッシュ均衡は、２人の利得に関して改善の余地のある均衡状態であり、パレート最適とはいえないのです。このような、**パレート最適でないナッシュ均衡**を、**囚人のジレンマ**と呼びます。

3 ゼロサム・ゲーム

プレイヤーの利得の合計がゼロになるゲーム的状況を、**ゼロサム・ゲーム**（zero-sum game）といいます。

以下の利得表で、どの戦略の組合せにおいても、２企業の利得の合計はゼロになっています。これは、一方の企業が利得を得ているとき、他方の企業は同じ額だけの損失を被っているような状況です。

試験問題では、左に掲げた表のように、企業Ａの利得しか与えない表し方で出題されることがあります。このような場合には、企業Ｂについては、企業Ａの利得の符号を逆にして読み、その利得も書き入れたうえで問題を解くようにしましょう（右の表のようにする）。利得がすべて見えていたほうが解きやすいからです。

		企業B	
		戦略Ⅰ	戦略Ⅱ
企業A	戦略1	10	−30
	戦略2	30	−20

⇒

		企業B	
		戦略Ⅰ	戦略Ⅱ
企業A	戦略1	(10, −10)	(−30, 30)
	戦略2	(30, −30)	(−20, 20)

4 マクシ・ミン戦略（ミニ・マックス戦略）

これまでのプレイヤーは、「自己の利得を大きくするには、どの戦略を選ぶべきか」という方向で意思決定をしてきました。

しかし、世の中には悲観的な方向で物事を考え、意思決定する人もいます。

例えば、就職先を選ぶに際しての二つの戦略を考えてみましょう。一つは、外資系企業に就職するという戦略です。この戦略では、景気がよければ「年収3,000万円」、景気が悪ければあっという間のレイオフで「年収ゼロ」になるとします。もう一つは、日本企業に就職するという戦略です。この戦略では、景気がよければ「年収800万円」、景気が悪ければ「年収400万円」であるとします。

この場合、まず各戦略の最悪な結果を想定します。外資系という戦略は「年収ゼロ」、日本企業という戦略は「年収400万円」です。この二つを比較して、「景気が悪くなっても年収400万円得られるなら、日本企業がいい」と考えて、日本企業に就職するという戦略を選択するのです。

このような、**プレイヤーが各戦略のもとで考えられる最小利得（ミニ）を考慮し、その最小利得が最も大きくなるような（マックス）戦略を選択するという考え方**を、**マクシ・ミン戦略（ミニ・マックス戦略）**と呼びます。

では、以下の状況で、マクシ・ミン戦略に基づく均衡を求めてみましょう。

		企業B		
		戦略Ⅰ	戦略Ⅱ	戦略Ⅲ
企業A	戦略1	(3, 5)	(4, 3)	(6, 2)
	戦略2	(5, 2)	(1, 4)	(8, 3)
	戦略3	(6, 3)	(5, 4)	(4, 1)

戦略が3組になっていますが、考え方は同じです。自分の手持ちの戦略ごとに考えるのがポイントです。

企業Aが戦略１を採るとします。企業Bが戦略Ⅰであれば、企業Aの利得は３、戦略Ⅱであれば利得は４、戦略Ⅲであれば利得は６となります。したがって、戦略１を採ったときの最小利得は**3**です。

次に、企業Aが戦略２を採るとします。企業Bが戦略Ⅰであれば利得は５、戦略Ⅱであれば利得は１、戦略Ⅲであれば利得は８となります。したがって、戦略２を採った場合の最小利得は**1**です。

最後に、企業Aが戦略３を採るとします。企業Bが戦略Ⅰであれば利得は６、戦略Ⅱであれば利得は５、戦略Ⅲであれば利得は４となります。したがって、戦略３を採った場合の最小利得は**4**です。

よって、最小利得は３、１、４です。企業Aは最小利得が最も大きくなる戦略を選択しますから、企業Aは**戦略3**を選択するということになります。

同様の作業を企業Bについても行います。

企業Bが戦略Ⅰを採るとします。企業Aが戦略１であれば、企業Bの利得は５、戦略２であれば利得は２、戦略３であれば利得は３となります。したがって、戦略Ⅰを採ったときの最小利得は**2**です。

次に、企業Bが戦略Ⅱを採るとします。企業Aが戦略１であれば利得は３、戦略２であれば利得は４、戦略３であれば利得は４となります。したがって、戦略Ⅱを採った場合の最小利得は**3**です。

最後に、企業Bが戦略Ⅲを採るとします。企業Aが戦略１であれば利得は２、戦略2であれば利得は３、戦略３であれば利得は１となります。したがって、戦略Ⅲを採った場合の最小利得は**1**です。

よって、最小利得は２、３、１です。企業Bは最小利得が最も大きくなる**戦略Ⅱ**を選択するということになります。

以上から、マクシ・ミン戦略に基づく均衡は、(企業A，企業B)＝(戦略３，戦略Ⅱ) となります。

これは、ナッシュ均衡を求める場合と異なる戦略の組合せとなります。

第4章 市場理論Ⅱ（不完全競争市場）

確認してみよう

		B氏	
		X	Y
A氏	X	(2, 2)	(−1, 3)
	Y	(3, −1)	(0, 0)

① B氏が戦略Xを選択するとした場合、A氏は戦略X、Yのうちいずれの戦略を選択するべきか。

1 (3) 参照

戦略Y（戦略Xを選択すると利得は2、戦略Yを選択すると利得は3）

② B氏が戦略Yを選択するとした場合、A氏は戦略X、Yのうちいずれの戦略を選択するべきか。

1 (3) 参照

戦略Y（戦略Xを選択すると利得は－1、戦略Yを選択すると利得は0）

③ A氏が戦略Xを選択するとした場合、B氏は戦略X、Yのうちいずれの戦略を選択するべきか。

1 (3) 参照

戦略Y（戦略Xを選択すると利得は2、戦略Yを選択すると利得は3）

④ A氏が戦略Yを選択するとした場合、B氏は戦略X、Yのうちいずれの戦略を選択するべきか。

1 (3) 参照

戦略Y（戦略Xを選択すると利得は－1、戦略Yを選択すると利得は0）

⑤ ナッシュ均衡となる戦略の組合せはどのようになるか。また、その戦略の組合せはパレート最適といえるか。

2 (4) 参照

ナッシュ均衡は、(A, B)＝(Y, Y)

戦略の組合せを（X, X）にすることができれば、両者の利得を同時に高めることができるため、パレート最適ではない

解法ナビゲーション

表は、プレイヤー1とプレイヤー2がそれぞれ二つの戦略を持つゲームを示したものである。表の(　)内の左側の数字がプレイヤー1の利得、右側の数字がプレイヤー2の利得を示す。

なお、各プレイヤーは純粋戦略を採用するものとする。

		プレイヤー2	
		戦略C	戦略D
プレイヤー1	戦略A	(4, 10)	(7, 6)
	戦略B	(10, 9)	(11, 3)

表で示された状況に関する次の記述のうち、妥当なのはどれか。

国税・労基2007

❶ ナッシュ均衡は存在しない。
❷ 戦略の組（A, D）はナッシュ均衡かつ支配戦略均衡である。
❸ 戦略の組（A, D）はナッシュ均衡であるが、支配戦略均衡ではない。
❹ 戦略の組（B, C）はナッシュ均衡かつ支配戦略均衡である。
❺ 戦略の組（B, C）はナッシュ均衡であるが、支配戦略均衡ではない。

着眼点

相手の戦略に対してどの戦略を採ると利得が大きくなるか、一つずつ検討していきます。

ちなみに、純粋戦略とは、自己の手番において確定的に一つだけ選択される戦略のことを指します。あまり気にする必要はありません。

【解答・解説】

正解 ❹

各プレイヤーの立場に立ち、ライバルの戦略に対して利得が大きくなるところに「チェック」を入れていきます。チェックが重なったところが、ナッシュ均衡となる戦略の組合せです。

		プレイヤー２	
		戦略C	戦略D
プレイヤー１	戦略A	(4, 10)	(7, 6)
	戦略B	(10, 9)	(11, 3)

❶ プレイヤー1

まず、プレイヤー１の立場で考えます。

・プレイヤー２が「戦略C」と仮定　⇒　プレイヤー１は「戦略B」を採るべき

（戦略Aなら利得は4、戦略Bなら利得は10）

・プレイヤー２が「戦略D」と仮定　⇒　プレイヤー１は「戦略B」を採るべき

（戦略Aなら利得は7、戦略Bなら利得は11）

以上から、プレイヤー１は、プレイヤー２がいかなる戦略を選択しようと、採るべき戦略はBとなります。したがって、戦略Bは、プレイヤー１にとっての支配戦略になっています。

❷ プレイヤー2

次に、プレイヤー２の立場で考えます。

・プレイヤー１が「戦略A」と仮定　⇒　プレイヤー２は「戦略C」を採るべき

（戦略Cなら利得は10、戦略Dなら利得は6）

・プレイヤー１が「戦略B」と仮定　⇒　プレイヤー２は「戦略C」を採るべき

（戦略Cなら利得は9、戦略Dなら利得は3）

以上から、プレイヤー２は、プレイヤー１がいかなる戦略を選択しようと、採るべき戦略はCとなります。したがって、戦略Cは、プレイヤー２にとっての支配戦略になっています。

❸ ナッシュ均衡

よって、各プレイヤーが、相手の戦略に対して利得が最大となる戦略を同時に選択しているときの戦略の組合せは、

（プレイヤー1，プレイヤー2）＝(戦略B，戦略C)

となります。

しかも、この戦略の組合せは、互いの支配戦略の組合せにもなっています。したがって、戦略の組（B，C）はナッシュ均衡かつ支配戦略均衡となります。

以上から、正解は❹となります。

解法ナビゲーション

下表は、プレイヤーAとBの2人が、ゼロサムゲームにおいて、それぞれA1、A2、A3及びB1、B2、B3の戦略を採った場合のA、Bの受け取る利得水準を表している。なお、括弧内の第1要素はAの利得を、第2要素はBの利得を示している。

このとき、A、B共にゲーム理論のミニマックス戦略を採った場合の記述として正しいのはどれか。

国税・労基2001

	B 1	B 2	B 3
A 1	(1, −1)	(1, −1)	(2, −2)
A 2	(2, −2)	(−1, 1)	(0, 0)
A 3	(2, −2)	(−1, 1)	(−2, 2)

❶ ゲームの値は1となるが、戦略の組合せは複数ある。
❷ AはA1、BはB2を選択し、ゲームの値は1となる。
❸ ゲームの値は2となるが、戦略の組合せは複数ある。
❹ AはA2、BはB3を選択し、ゲームの値は2となる。
❺ このゲームに解はない。

着眼点

「ミニマックス戦略」と明記されているので、ナッシュ均衡とは違ったアプローチで戦略を検討します。

【解答・解説】

正解 ❷

問題文に、「ミニマックス戦略を採った場合の」とありますので、ナッシュ均衡の探し方で解いてはいけません。

	B1	B2	B3	プレイヤーA
A1	(1, −1)	(1, −1)	(2, −2)	最小利得1
A2	(2, −2)	(−1, 1)	(0, 0)	最小利得−1
A3	(2, −2)	(−1, 1)	(−2, 2)	最小利得−2
プレイヤーB	最小利得−2	最小利得−1	最小利得−2	

ミニマックス戦略（マクシ・ミン戦略）は、手持ちの戦略のもとで想定される最小利得のうち、最も大きな利得を得られる戦略を選択するという考え方です。

そこで、利得表から、各プレイヤーの戦略ごとに最小利得をピックアップします。

❶ プレイヤーA

まず、プレイヤーAの立場で考えます。

・「戦略A1」を採る場合　⇒　プレイヤーAの採り得る利得は、1、1、2となります。

（プレイヤーBが戦略B1なら利得は1、戦略B2なら利得は1、戦略B3なら利得は2）

⇒　戦略A1の最小利得は1　……①

・「戦略A2」を採る場合　⇒　プレイヤーAの採り得る利得は、2、−1、0となります。

（プレイヤーBが戦略B1なら利得は2、戦略B2なら利得は−1、戦略B3なら利得は0）

⇒　戦略A2の最小利得は−1　……②

・「戦略A3」を採る場合　⇒　プレイヤーAの採り得る利得は、2、−1、−2となります。

（プレイヤーBが戦略B1なら利得は2、戦略B2なら利得は−1、戦略B3なら利得は−2）

⇒　戦略A3の最小利得は－2　　……③

①、②、③の最小利得の中で、最も大きな利得は①の1です。よって、プレイヤーAは「戦略A1」を選択します。

❷　プレイヤーB

次に、プレイヤーBの立場で考えます。

・「戦略B1」を採る場合　⇒　プレイヤーBの採り得る利得は、－1、－2、－2となります。

（プレイヤーAが戦略A1なら利得は－1、戦略A2なら利得は－2、戦略A3なら利得は－2）

⇒　戦略B1の最小利得は－2　　……④

・「戦略B2」を採る場合　⇒　プレイヤーBの採り得る利得は、－1、1、1となります。

（プレイヤーAが戦略A1なら利得は－1、戦略A2なら利得は1、戦略A3なら利得は1）

⇒　戦略B2の最小利得は－1　　……⑤

・「戦略B3」を採る場合　⇒　プレイヤーBの採り得る利得は、－2、0、2となります。

（プレイヤーAが戦略A1なら利得は－2、戦略A2なら利得は0、戦略A3なら利得は2）

⇒　戦略B3の最小利得は－2　　……⑥

④、⑤、⑥の最小利得の中で、最も大きな利得は⑤の－1です。よって、プレイヤーBは「戦略B2」を選択します。

❸　戦略の組合せ（ミニマックス均衡）

以上から、2人がミニマックス戦略に従った場合の戦略の組合せは、

（プレイヤーA, プレイヤーB）＝（戦略A1, 戦略B2）

の一つとなります（この段階で❷が正解）。

「ゲームの値」とは、戦略の組合せにおける利得の絶対値のことを指します。（戦略A1, 戦略B2）の組合せのときには、ゲームの値は1となります。あまり使われない表現ですので、気にしなくてもよいでしょう。

以上から、正解は❷となります。

過去問にチャレンジ

問題1
★

次の表は、個人Aが戦略S、T、Uのいずれかを、個人Bが戦略X、Y、Zのいずれかをそれぞれ選択したときの利得を表したものである。ただし、各マスの左側の値は個人Aの利得、右側の値は個人Bの利得をそれぞれ表す。このゲームにおける純粋戦略ナッシュ均衡をすべて導出した場合、それぞれの均衡で個人Aが得る利得を合計した値はいくらか。

裁判所2011

個人B ＼ 個人A	X	Y	Z
S	7，6	1，3	5，5
T	2，4	0，9	0，3
U	4，9	6，9	3，7

❶ 7
❷ 9
❸ 11
❹ 13
❺ 15

問題2 ★ 次の表は、二つの企業A、Bからなる寡占市場において、両企業がそれぞれX、Y、Zの3種類の戦略のうちいずれかを選択し、その選択した戦略の組合せから両企業にもたらされる利得を示したものである。各項の左側の数字が企業Aの利得、右側が企業Bの利得を示しており、この数値が大きいほど利得が大きいものとする。このとき、企業A、Bはともに当該表を所持するが、互いに協調せず、それぞれ独立に相手の戦略を読み合いながら、両企業がゲームの理論に基づき選択する戦略に関する記述として、妥当なのはどれか。

区Ⅰ 2009

		企業Bの戦略		
		X	Y	Z
企業Aの戦略	X	40, 10	30, 80	20, 70
	Y	60, 20	40, 60	30, 50
	Z	70, 10	60, 30	10, 40

❶ 支配戦略均衡である戦略の組合せは、複数存在する。

❷ A企業はX戦略を、B企業はY戦略を選択することとなり、この戦略の組合せは、ナッシュ均衡である。

❸ ナッシュ均衡である戦略の組合せは、複数存在する。

❹ A企業はZ戦略を、B企業はY戦略を選択することとなり、この戦略の組合せは、支配戦略均衡である。

❺ ナッシュ均衡である戦略の組合せは、存在しない。

問題3
★★

企業A、Bがそれぞれ三つの戦略を持つゲームが以下の表のとおり示されるとする。この表で示された状況に関する次の記述のうち、妥当なのはどれか。

ただし、表の(　)内の左側の数字は企業Aの利得、右側の数字は企業Bの利得を示し、各企業は純粋戦略をとるものとする。

国税・労基2010

		企業B		
		戦略b_1	戦略b_2	戦略b_3
企業A	戦略a_1	(10, 8)	(8, 5)	(11, 7)
	戦略a_2	(7, 4)	(12, 9)	(9, 10)
	戦略a_3	(9, 7)	(14, 6)	(10, 6)

❶ ナッシュ均衡は（戦略a_1、戦略b_1）であり、この組合せはパレート効率的である。

❷ ナッシュ均衡は（戦略a_2、戦略b_2）であり、この組合せはパレート効率的ではない。

❸ マクシ・ミン戦略に従うと、企業Aは戦略a_2を選び、企業Bは戦略b_1を選ぶ。

❹ マクシ・ミン戦略に従うと、企業Aは戦略a_2を選び、企業Bは戦略b_2を選ぶ。

❺ マクシ・ミン戦略に従うと、企業Aは戦略a_3を選び、企業Bは戦略b_3を選ぶ。

問題4 ★★

個人X、Yがそれぞれ三つの戦略を持つゲームが以下の表のとおり示されるとする。この表で示された状況に関するA～Dの記述のうち、妥当なもののみを全て挙げているのはどれか。

ただし、表の( )内の左側の数字は個人Xの利得を、右側の数字は個人Yの利得をそれぞれ示しており、各個人は純粋戦略をとるものとする。

労基・財務2014

		個人Y		
		戦略y_1	戦略y_2	戦略y_3
個人X	戦略x_1	(3, 8)	(6, 3)	(5, 3)
	戦略x_2	(5, 2)	(3, 4)	(9, 2)
	戦略x_3	(6, 5)	(5, 4)	(4, 2)

A （戦略x_1、戦略y_2）はナッシュ均衡であり、この組合せはパレート効率的である。

B （戦略x_3、戦略y_1）はナッシュ均衡であり、この組合せはパレート効率的である。

C マクシ・ミン戦略では、個人Xは戦略x_2を選び、個人Yは戦略y_1を選ぶ。

D マクシ・ミン戦略では、個人Xは戦略x_3を選び、個人Yは戦略y_2を選ぶ。

❶ A、B
❷ A、C
❸ A、D
❹ B、C
❺ B、D

第5章

市場理論Ⅲ（市場の失敗）

費用逓減産業

外部効果（外部性）

公共財

1 費用逓減産業

学習のポイント

・「市場の失敗」に陥る一つ目のケースについて学習します。

1 費用逓減産業とは

完全競争市場では、最適な資源配分を実現します（厚生経済学の第１定理）。ところが、完全競争市場を前提としても、**最適な資源配分を実現できなくなるケース**が存在します。これを、**市場の失敗**と呼びます。市場の失敗をもたらすケースの一つが、**費用逓減産業**です。

費用逓減産業とは、電力、ガス、鉄道といった、サービスを提供するに当たって、非常に大規模な資本（K）を必要とする産業の総称です。電力産業でいえば、原子力発電所、高圧電線、変電所など、必要となる資本の水準は、見当もつかないほど大規模です。

大規模な資本（K）を要するという点から、費用逓減産業には二つの特徴が現れます。

第一に、新規の参入が事実上困難であるという点です。参入を目論むすべての企業が大規模な資本を調達できるかというと、それは事実上困難でしょう。設備を配置する土地一つとってみても、無限に存在するわけではありません。つまり、必要となる大規模な資本（K）が、企業にとって事実上の参入障壁となってしまうのです。

第二に、大規模な資本を有する参入企業は、財の大量生産が可能になり、財１単位当たりのコストである平均費用（AC）を、ほぼ逓減し続けることができる点です。平均費用（AC）は、

$$AC=\frac{TC}{X}$$ 〔TC：短期費用関数、X：生産量、VC：可変費用、FC：固定費用〕

$$\Leftrightarrow\ AC=\frac{VC}{X}+\frac{FC}{X}\qquad\cdots\cdots①$$

と表すことができます。資本（K）が大規模なので、短期的には資本に関する巨額の固定費用（FC）が発生します。しかし、大量生産が可能となれば、①式の分母の生産量が高まることで、平均費用は逓減し続けることになります。これを、**規模の経済性**と呼びます。

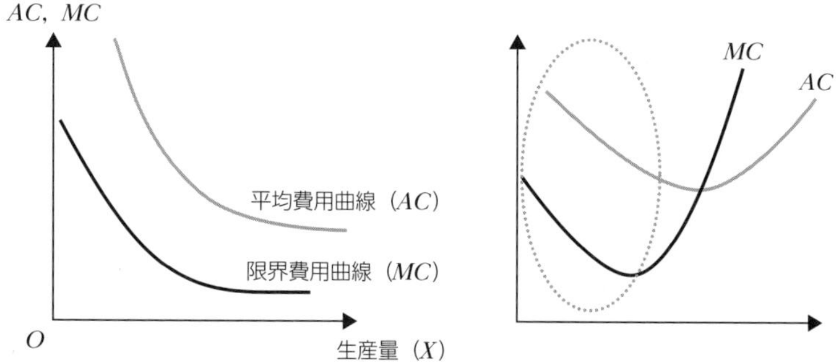

大規模な資本（K）を持つ参入企業は、規模の経済性というコスト競争力を持つことができます。これに対して、思うように資本の調達ができない企業は大量生産ができませんから、規模の経済性を享受することができません。同じ市場条件のもとでは太刀打ちできなくなり、やがて、市場から退出していくことになります。

以上から、費用逓減産業では、参入・退出が自由である完全競争市場を前提にしても、参入は起きず、退出ばかりを促すことになり、放置しておくと独占化されることになるのです。これを、**自然独占**と呼びます。

2 価格規制

電力のような公共性の高い財の市場が独占化されるのは、本来望ましいことではありません。独占企業が価格支配力を持ち、独占価格が形成されてしまうからです。

しかし、大規模な資本が必要なため、新規参入させて競争を促すことは事実上できません。一方で、この産業では平均費用が逓減し続けますから、独占企業が大量生産を行えば生産コストが抑えられ、効率的となる効果もあります。

このため、費用逓減産業においては、公的に地域独占が容認されているのです。ただし、独占価格の形成は阻止する必要があるため、政府は**価格規制**（**公共料金の設定**）を行うことになります。

(1) 限界費用価格形成原理

これは、市場需要曲線（D）と独占企業の限界費用曲線（MC）が一致する価格水準P_Mに取引価格を規制しようという考え方です。

独占企業の限界費用曲線（MC）は、市場供給曲線（S）に相当します。つまり、この価格規制は、市場需要曲線と市場供給曲線が一致するときの価格（完全競争下の均衡価格）を、政府が設定することを意味します。

この規制価格P_Mに従って消費者と独占企業に行動させれば、取引量はX^*となります。規制価格P_Mは完全競争時の均衡価格と同じですから、取引量X^*はパレート最適な資源配分となります。

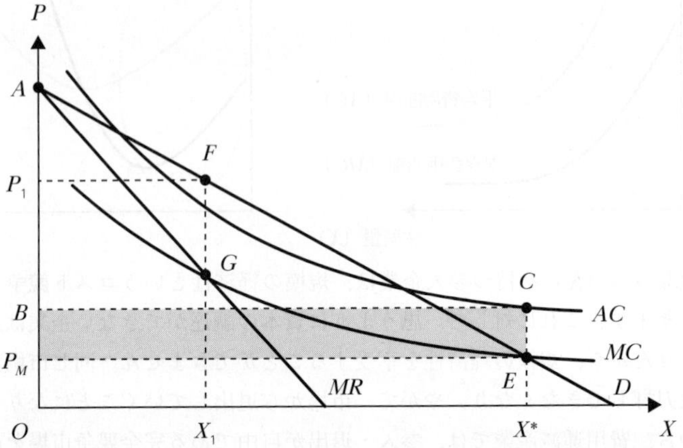

しかし、この規制には問題点があります。独占企業に損失（赤字）が発生してしまうのです。

独占企業の収入は面積P_MEX^*O、総費用は面積BCX^*Oとなり、面積$BCEP_M$の分だけ損失を発生させてしまうのです。これでは、独占企業も長期的には市場から退出してしまいます。

公共性の高い産業をなくすわけにはいきませんので、この価格規制を貫く場合には、独占企業の損失を政府が補助金を支給することで補填する必要があります。

ただ、この補助金が国民の税金から支給されることを考えると、国民の理解が得られるか否かは不透明です。

⑵ 平均費用価格形成原理

補助金支給の必要のない"次善の策"を考える必要があります。それが平均費用価格形成原理という考え方です。

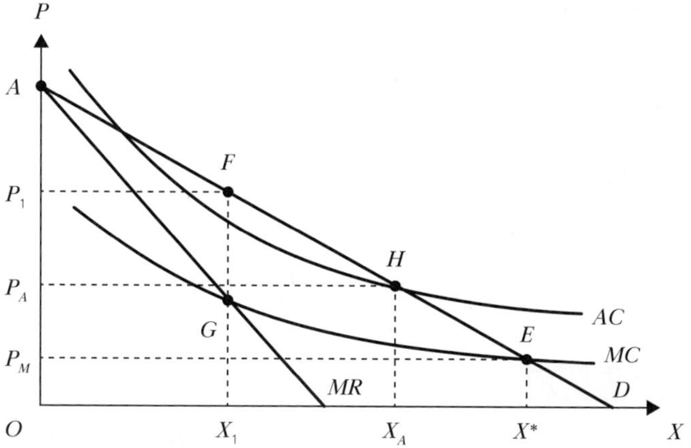

この価格規制は、市場需要曲線と平均費用曲線が一致する水準（H点）に、規制価格（P_A）を設定するという考え方です。取引量は、需要量に一致するX_Aに決定されます。

この取引量のもとでは、価格P_Aと企業の平均費用ACが一致します。財1単位当たりの生産コストと同じ水準の価格で財を供給することになるので、独占企業に損失を発生させず、企業の独立採算を可能にします。補助金支給の問題を回避することができるのです。

しかし、この規制のもとでの取引量X_Aはパレート最適な取引量X^*を下回ってしまい、最適な資源配分を実現することはできません。この点が、次善の策といわれるゆえんです。

確認してみよう

① 費用逓減産業が市場の失敗（最適な資源配分が実現されない）に陥ってしまう理由は何か。

1 参照

自然と独占化されてしまうから

② （復習）独占企業は、生産量と独占価格をどのように決定するか。

第4章第2節 4 (1) 参照

限界収入と限界費用が一致するところで生産量を決定し（$MR=MC$）、市場需要曲線上で独占価格を設定する

③ （復習）平均費用曲線が右下がりである生産領域では、平均費用と限界費用の大小関係はどのようになっているか。

第1章第1節 3 (4) 参照

平均費用よりも限界費用のほうが小さくなっている

④ 限界費用価格形成原理のメリットとデメリットを示しなさい。

2 (1) 参照

（メリット）最適な資源配分が実現できる

（デメリット）独占企業に損失が発生し、補助金の支給が必要になる

⑤ 平均費用価格形成原理のメリットとデメリットを示しなさい。

2 (2) 参照

（メリット）補助金支給を回避できる

（デメリット）最適な資源配分が実現できない

過去問にチャレンジ

問題1 ★

次の文は、費用逓減産業の価格決定に関する記述であるが、文中の空所ア〜エに該当する語の組合せとして、妥当なのはどれか。

区Ⅰ 2002

下の図は、縦軸に価格及び費用を、横軸に生産量をとり、ある費用逓減産業の需要曲線をD、平均費用曲線をAC、限界費用曲線をMC、限界収入曲線をMRで表したものである。この産業が私的企業によって営まれ、その生産量や価格について政府の規制を受けないならば、その企業に利潤極大化をもたらす生産量は［　ア　］であり、そのときの価格は［　イ　］となる。一方、限界費用価格形成原理に基づき価格が決定される場合、価格は［　ウ　］となり、この企業にとって、［　エ　］の赤字が生じる。

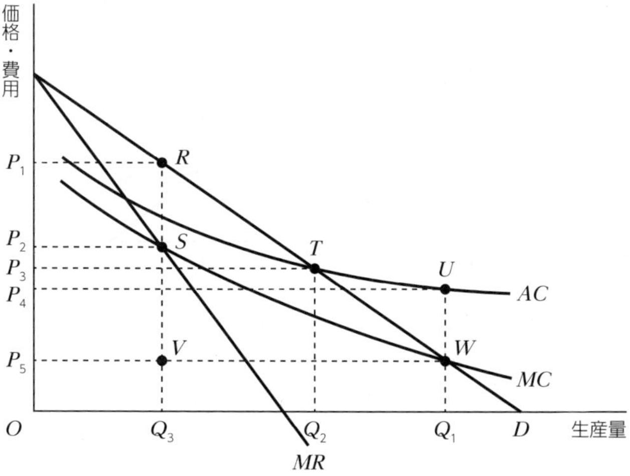

	ア	イ	ウ	エ
❶	OQ_1	OP_4	OP_2	P_5WQ_1O
❷	OQ_2	OP_3	OP_4	P_5WQ_1O
❸	OQ_2	OP_3	OP_5	P_4UWP_5
❹	OQ_3	OP_1	OP_4	P_3TWP_5
❺	OQ_3	OP_1	OP_5	P_4UWP_5

問題2 ★★ 図には、自然独占企業の場合の市場需要曲線D、限界収入曲線MR、平均費用曲線AC、限界費用曲線MCが描かれている。横軸xは生産量であり、縦軸pは価格である。この図に基づいて、自然独占企業の生産活動と社会的厚生を最大化するための政府による規制に関する説明として次の記述のうち妥当なのはどれか。

国般2000

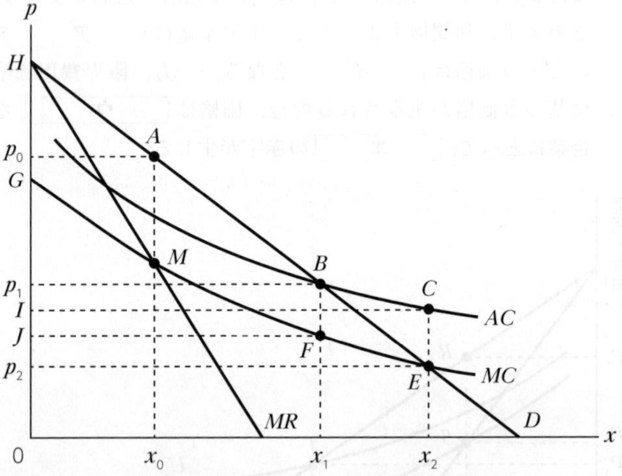

❶ 政府の規制がない場合には、独占企業は利潤最大化を目指して行動するので、価格と生産量は、限界収入＝限界費用の条件に対応して、p_0、x_0となる。この場合、社会的厚生の大きさはHAp_0の面積で与えられる。

❷ 社会的厚生を最大にするには、価格と限界費用が一致する点で生産量と価格を設定する必要がある。この場合には、価格はp_2となり、生産量はx_2となる。このときの社会的厚生の大きさは、HEp_2の面積となる。

❸ 政府の規制により、平均費用と価格が一致するB点が選択される場合には、価格はp_1、生産量はx_1となる。この場合には、利潤がゼロになるために、生産活動に必要な利潤p_1BFJを政府が補償する必要がある。

❹ 自然独占企業が利潤を最大化するように行動する場合の社会的厚生は、価格＝限界費用の条件のもとでの社会的に最適な大きさに比べてp_0AEp_2の面積だけ小さくなっている。これを死荷重と呼ぶ。

❺ 価格と限界費用が一致するE点に価格と生産量が設定される場合には、自然独占企業にCEp_2Iの大きさの損失が発生することになる。この損失は、政府からの補助金で穴埋めせざるを得ない。

問題3 ★★

費用逓減産業である電力供給事業において、需要曲線と平均費用曲線がそれぞれ次のように表されるとする。

$$P = 100 - 2Q$$

$$AC = \frac{100}{Q} + 40$$

（P：価格、Q：電力量）

政府が電力供給を安定化するために、限界費用価格形成に基づき電力生産量を決定し、その際に生じる事業者の赤字額を補助金で補てんするとした場合、必要な補助金はいくらになるか。

国税2004

❶ 60
❷ 80
❸ 100
❹ 120
❺ 150

第5章 市場理論Ⅲ（市場の失敗）

問題4
★★★

ある財の市場の需要関数が$D(p)=16-p$（D：需要量、p：価格）で示され、この財を費用関数が$C(y)=4y+32$（C：費用、y：生産量）である独占企業が生産している。独占による死荷重を小さくするために、政府が、この企業に対して平均費用での価格設定をさせる平均費用価格規制を行ったとすると、死荷重の大きさはいくらになるか。

労基2015

❶ 4
❷ 8
❸ 16
❹ 18
❺ 24

2 外部効果（外部性）

学習のポイント

- 「市場の失敗」に陥る二つ目のケースについて学習します。
- 余剰分析の結果は、覚えてしまいましょう。

1 外部効果（外部性）とは

外部効果（外部性）とは、**ある人の行動が、市場を経由することなく、他の人の効用や利潤に影響を与えること**をいいます。"市場を経由することなく"とは、市場価格の変化に現れないことを意味します。このような外部効果を、**技術的外部効果**といいます。

例えば、原油という財を市場での自由な取引に任せてしまってもよいでしょうか。いまとなってはほとんどの人が、「それはよくない。温暖化に拍車がかかり、我々の生活環境が悪化してしまうから、取引を抑制すべきだ」、と考えるのではないでしょうか。原油の取引に参加していない人が、生活環境の悪化という形で悪影響を被ります。つまり、原油価格の変化による損得ではなく、**社会全体にある種の損害をもたらす**のです。これを**技術的外部不経済**と呼びます。いわゆる公害や温暖化といった問題がこれに該当します。

よい影響をもたらす財もあります。例えば、教育サービスです。教育サービスの取引を、市場に任せておいて問題はないでしょうか。おそらく、「市場に任せるだけでは不十分だ。意欲のある者にはよい教育をどんどん受けさせるべきだ。教育が広く普及すれば企業の教育研修コストも抑えられ、日本の国際的競争力も高まる。もっと教育を」、と考える方が多いのではないでしょうか。教育サービスの普及は、価格の変化による損得ではなく、**社会全体にある種の利益をもたらす**のです。これを**技術的外部経済**と呼びます。

以上のように、市場の取引に任せておくと技術的外部不経済を発生させる財は、市場での取引が社会が望む水準を超えてしまい（過剰）、技術的外部経済をもたらす財は、市場での取引が社会が望む水準を下回る（過少）傾向にあります。これを、**外部効果による市場の失敗**といいます。

なお、外部効果の中には、市場を経由して（価格の変化を通じて）発生するものもあります。これを**金銭的外部効果**と呼びます。例えば、原油が掘り当てられるとその周辺地価（価格）が上昇し、地主が儲かる、といった効果です（金銭的外部経済）。しかし、こちらは市場の失敗をもたらさないので、ほとんど試験には出題されません。名前だけ知っていれば十分でしょう。

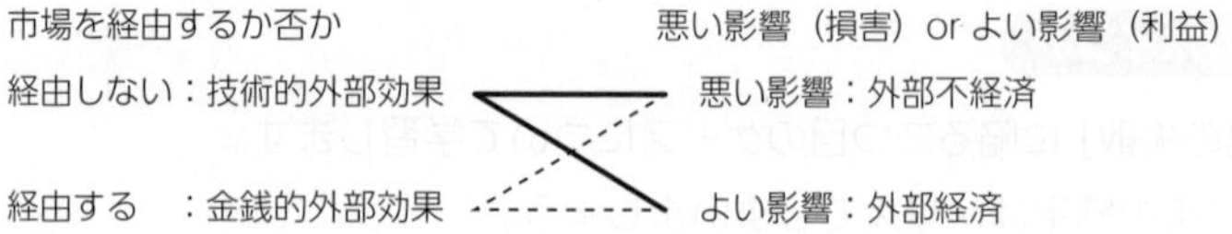

2 技術的外部不経済

出題の中心は、公害問題などの技術的外部不経済です。

(1) 限界損失

原油の生産量をXとします。追加的に１単位原油の生産量が増えると、一定額の公害（損害）が発生するとします。これを**限界損失**といいます。

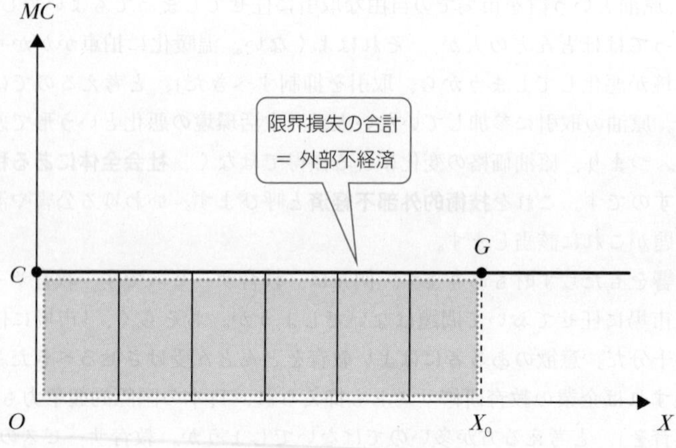

１単位の生産を行うごとに一定額の限界損失が発生する場合、これを水平線で表すことができます。仮に、X_0まで原油の生産が行われたとすると、面積CGX_0Oが限界損失の合計となります。これを外部不経済と呼び、余剰分析の際には“マイナスの余剰”として扱います（社会にとって、“損”になるからです）。

(2) 私的限界費用と社会的限界費用

これまでの市場供給曲線で表される費用を、ここでは**私的限界費用**（PMC：Private Marginal Cost）と呼びます。“**企業が社内で負担する生産コスト**”だけを表しているという意味で、「私的」という言葉をつけます[1)]。

一方、**私的限界費用に、社会に与える限界損失を加えたもの**を**社会的限界費用**（SMC：Social Marginal Cost）と呼びます。

社会的限界費用（SMC）＝私的限界費用（PMC）＋限界損失

グラフで示すと、以下のようになります。

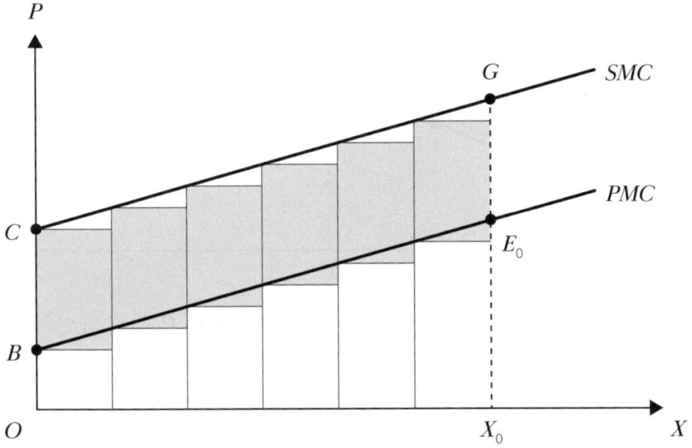

生産量がX_0のときの外部不経済は、面積CGE_0Bに対応します。すると、社会的限界費用曲線（SMC）は、限界損失を上乗せした分だけ、私的限界費用曲線（PMC）よりも上方に描かれることになります。

1）同様に、これまで総費用（TC）と表現してきたものを私的総費用（PTC）と呼ぶことがありますが、これも「私的」が“企業が社内で負担する生産コスト”を意味している点で同じです。

⑶ 市場の失敗

X財（原油）を生産する企業は、社会に与えている限界損失（公害）を考慮せず、これまでどおり、私的限界費用曲線（PMC）を前提として財の生産を行います。一方、消費者も、市場需要曲線上でこれまでどおりにX財の需要を行います。そのため、市場均衡点はE_0点となり、均衡価格はP_0、取引量はX_0となります。

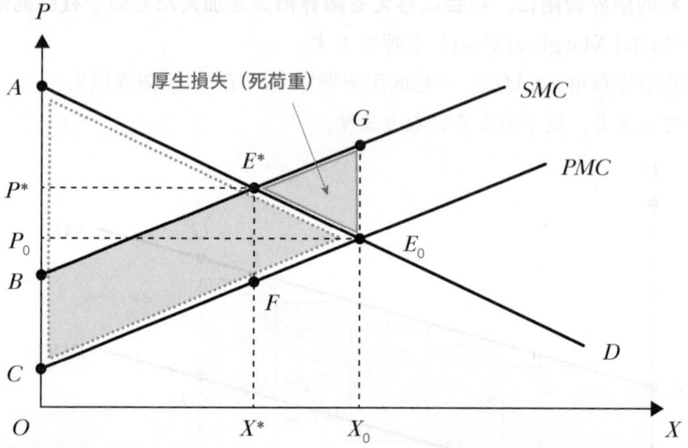

完全競争市場を前提にするなら、企業と消費者が価格P_0に従って行動することで総余剰が最大化され、最適な資源配分を実現するはずです。しかし、この場合には総余剰は最大化されません。余剰分析を行って確認してみましょう。

消費者余剰（CS）＝面積AE_0X_0O－面積$P_0E_0X_0O$
　　　　　　　　＝面積AE_0P_0
生産者余剰（PS）＝面積$P_0E_0X_0O$－面積CE_0X_0O
　　　　　　　　＝面積P_0E_0C

よって、消費者余剰と生産者余剰の合計は面積AE_0C（点線部）となります。しかし、これが総余剰（TS）になるわけではありません。この市場は、面積BGE_0Cだけの外部不経済を発生させています。これをマイナスの余剰として全体に加えます。よって、総余剰（TS）は、

総余剰（TS）＝($CS+PS$)＋外部不経済
　　　　　　　＝面積AE_0C－面積BGE_0C
　　　　　　　＝面積AE^*B－面積E^*GE_0

となります。ここで発生した総余剰のマイナス部分（面積E^*GE_0）は**厚生損失**（**死荷重**）を表します。したがって、取引量X_0はパレート最適な資源配分を実現しているとはいえません（市場の失敗）。

では、パレート最適な資源配分はどこで実現されるのでしょうか。結論からいうと、E^*点におけるX^*です。

仮に、企業が限界損失を負担して社会的限界費用曲線（SMC）に沿って生産を行ったとすると、市場均衡点はE^*点となり、価格はP^*まで上昇します。

このとき、消費者余剰は面積AE^*P^*、生産者余剰は面積P^*E^*Bとなり、総余剰は面積AE^*Bとなります（企業がコストとして限界損失を負担するなら、外

部不経済を全体から差し引く必要はありません)。**企業が限界損失を負担することで価格が上昇するなら、取引量は望ましい水準まで抑制されて、厚生損失は発生しなくなる**のです。

(4) ピグー的課税政策

企業が限界損失を負担して財の生産を行わない場合、完全競争市場の取引に任せておいても最適な資源配分を実現することはできません。このようなときには、政府が市場に介入して市場の失敗を是正する必要があります。

具体的には、取引量をX^*まで抑制するために、外部不経済の発生主体である企業に課税を行います。X^*の取引量を実現するには、市場均衡点をE^*点にする必要があります。

そこで、財の生産1単位当たりの税額(t)を、私的限界費用と社会的限界費用の差である限界損失分(線分E^*F)に設定して課税します。すると、企業の追加的な生産コストはtだけ高まりますから、私的限界費用曲線(PMC)はtだけ上方にシフトします($PMC+t$)。すると、均衡点はE^*点となり、価格はP^*、取引量はX^*となります。

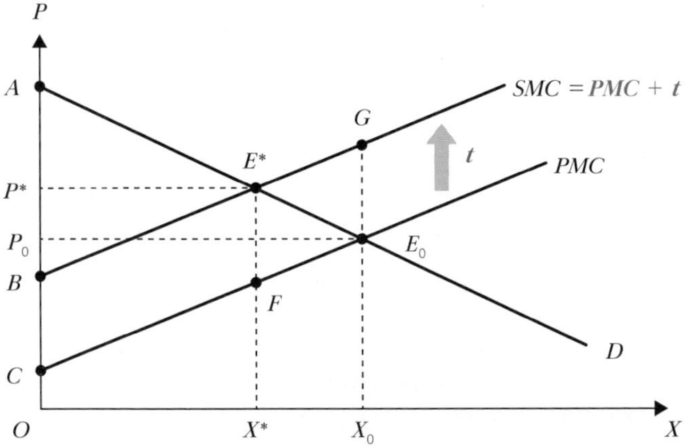

このとき、消費者余剰(CS)と生産者余剰(PS)は、以下のようになります。

$CS=$面積AE^*P^* ……①

$PS=$面積P^*E^*B ……②

次に、政府が税収(GS)を受け取っています。税収は$t\cdot X^*$(税率×取引量)と計算できますから、

$GS=$面積BE^*FC ……③

となります。

第5章 市場理論III(市場の失敗)

税金を課しても、プラスの生産をしている以上、外部不経済は残ります。取引量がX^*のとき、面積BE^*FCだけ発生しています。これをマイナスの余剰として考慮します（④）。

以上から、①〜④を集計すると総余剰（TS）となります。

$$TS = \text{面積}AE^*P^* + \text{面積}P^*E^*B + \text{面積}BE^*FC - \text{面積}BE^*FC$$
$$= \text{面積}AE^*B$$

となります。

このように、**政府による課税政策によって厚生損失は発生しなくなり、総余剰の最大化が実現される**のです。このような、パレート最適な資源配分を実現するための課税政策を、**ピグー的課税政策**と呼びます。

⑸ 外部性の内部化

技術的外部不経済の発生による市場の失敗を回避する方法は、政府による政策だけではありません。

技術的外部不経済の問題は、企業が限界損失を考慮せず、私的限界費用に基づいて行動してしまうところにあります。したがって、企業が限界損失を考慮に入れて行動すれば、市場の失敗という問題は解消されることになります。具体的には、**限界損失を企業内部の私的限界費用にしてしまう**のです。これを**外部性の内部化**といいます。

① コースの定理

加害者（企業とします）と被害者（住民とします）が明確で、関係者が少数である場合には、“話し合い”（＝ 交渉）によってパレート最適な取引を実現できるとする考え方があります。これを**コースの定理**といいます。

> コースの定理：交渉にかかる取引費用がゼロであるならば、加害者・被害者のどちらに権利が存在する場合にも、当事者間の自発的な交渉によって、同一のパレート最適（効率的）な資源配分を実現することができる。

取引費用とは、交渉に至るまでにかかる諸経費のことで、調査費用、弁護士費用、会場代などです。このような諸経費は掛からないことが前提です。

この定理のポイントは、「**加害者・被害者のどちらに権利が存在する場合にも**」と、「**同一のパレート最適な資源配分**」のところです。

被害者（住民）に権利（企業に生産させない権利）があるとしましょう。この場合、企業には財を生産する権利がないので、基本的には生産量はゼロとせざるを得ません（$X=0$）。しかし、無権利者である企業側が、「住民の皆様が被った損失分（限界損失）だけ損害賠償をしますので、財の生産をさせてもらえないでしょうか」と交渉するとします。被害者側が損害賠償に納得すれば、企業が限界損失の負担を続けられるところまで財の生産が可能になります。これは結局、限界損失を負担して、社会的限界費用に基づいて財の生産を行うことと同じです（X^*）。

一方、加害者である企業に権利（生産をする権利）があるとしましょう。この場合、企業は私的限界費用に基づいて利潤を最大にする財の生産を行います（X_0）。しかし、無権利者である住民側から「迷惑なので生産を減らしてもらえませんか。生産減少による利潤の減少分は、住民側で補填しますから」と交渉するとします。企業がこの提案に納得すれば、住民側が補填を続けられる限り財の生産を減らすことができます（X^*）。

つまり、誰がカネを払い、誰が受け取るべきかという所得分配の問題に関係なく、双方が同時に納得できる同一のパレート最適な取引を実現できる可能性があるのです。

では、双方が同時に納得できる状態とはどのような状態でしょうか。それは、関係当事者の利益の合計が最大化される状態です。**総余剰が最大になるときに、最適な資源配分を実現するのと同じ**です。

②　合併による解消

企業Ａが企業Ｂに外部不経済を与えているとします。このような場合には、企業Ａと企業Ｂが合併して一つの会社になってしまえば問題は解決します。合併すれば、企業Ａが発生させていた限界損失が、合併後の会社内部の私的限界費用になるため、嫌でも考慮せざるを得なくなります。そして合併した２企業は、お互いの利潤の合計が最大となるように行動することで、改善の余地のないパレート最適な資源配分を実現できるようになるのです。

しかし、合併による外部性の内部化という方法には現実的に難しいところもあります。上記のように、外部効果の問題が企業間の問題であれば可能かもしれませんが、企業と周辺住民との関係になってしまうと、合併などという方法を採ることはできません。このような場合には、交渉か政府による政策に頼らざるを得なくなります。

3 技術的外部経済

出題頻度はさほどでもありませんが、教育サービスを前提として技術的外部経済も見ておきましょう。

⑴ 限界利益

教育サービスの生産量をXとします。追加的に１単位サービスの生産量が増えると、社会の教育研修コストを引き下げ、生産性を高めるとします。これを**限界利益**といいます。限界利益は、社会のコスト削減効果と考えてみてください。

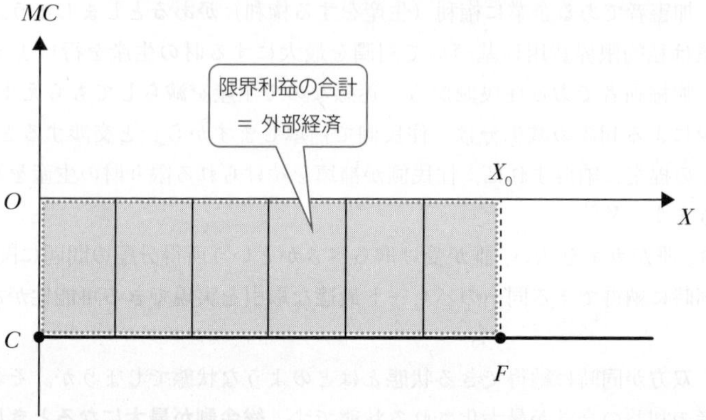

１単位の生産を行うごとに一定額の限界利益が発生する場合、これをマイナスの領域の水平線で表すことができます。仮に、X_0まで教育サービスの生産が行われたとすると、面積CFX_0Oが限界利益の合計となります。これを外部経済と呼び、余剰分析の際には“プラスの余剰”として扱います（社会にとって、“得”になるからです）。

⑵ 私的限界費用と社会的限界費用

市場に外部経済が発生している場合には、限界利益分だけ、私的限界費用曲線（PMC）よりも社会的限界費用曲線（SMC）のほうが低くなります。

社会的限界費用（SMC）＝私的限界費用（PMC）－限界利益

グラフで示すと、以下のようになります。

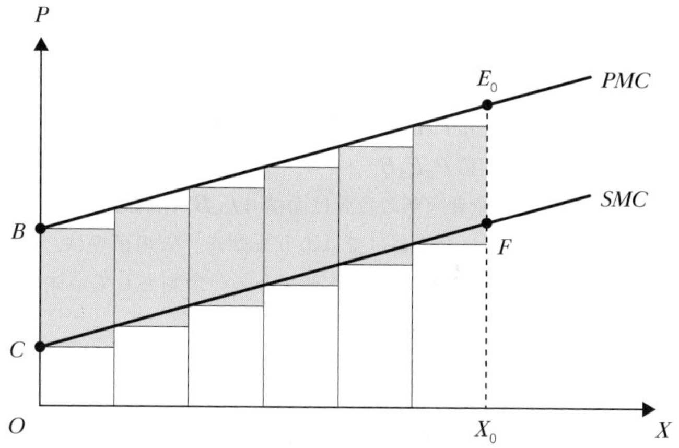

生産量がX_0のときの外部経済は、面積BE_0FCに対応します。すると、社会的限界費用曲線（SMC）は、限界利益をコスト削減効果として差し引いた分だけ、私的限界費用曲線（PMC）よりも下方に描かれることになります。

⑶ 市場の失敗

X財（教育サービス）を生産する企業は、社会に与えている限界利益（コスト削減）を考慮せず、これまでどおり、私的限界費用曲線（PMC）を前提として財の生産を行います。一方、消費者も、市場需要曲線上でこれまでどおりにX財の需要を行います。そのため、市場均衡点はE_0点となり、均衡価格はP_0、取引量はX_0となります。

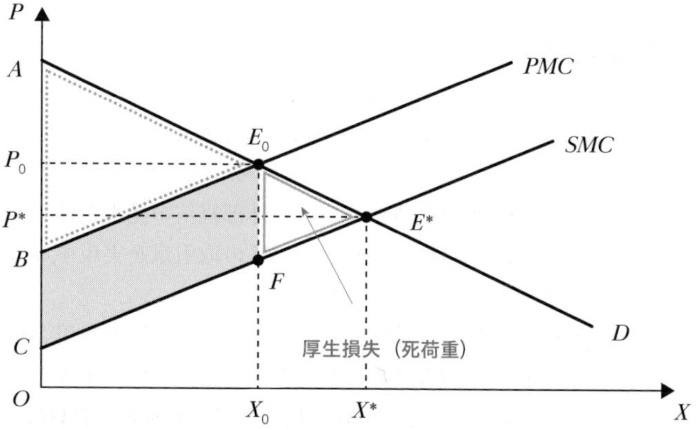

完全競争市場を前提にするなら、企業と消費者が価格P_0に従って行動することで総余剰が最大化され、最適な資源配分を実現するはずです。しかし、この場合に

は総余剰は最大化されません。余剰分析を行って確認してみましょう。

消費者余剰（CS）＝面積AE_0X_0O－面積$P_0E_0X_0O$
＝面積AE_0P_0

生産者余剰（PS）＝面積$P_0E_0X_0O$－面積BE_0X_0O
＝面積P_0E_0B

よって、消費者余剰と生産者余剰の合計は面積AE_0B（点線部）となります。しかし、これが総余剰（TS）になるわけではありません。この市場は、面積BE_0FCだけの外部経済を発生させています。これをプラスの余剰として全体に加えます。よって、総余剰（TS）は、

総余剰（TS）＝（CS＋PS）＋外部経済
＝面積AE_0B＋面積BE_0FC
＝面積AE_0FC

となります。

一方、パレート最適な資源配分は、E^*点におけるX^*です。仮に、企業が限界利益を考慮して社会的限界費用曲線（SMC）に沿って生産を行ったとすると、市場均衡点はE^*点となり、価格はP^*まで下落します。

このとき、消費者余剰は面積AE^*P^*、生産者余剰は面積P^*E^*Cとなり、総余剰は面積AE^*Cとなります（企業が限界利益を考慮するなら、外部経済を全体に加える必要はありません）。つまり、X_0のときは、面積E_0E^*Fの分だけ総余剰が小さくなってしまうのです。これは**厚生損失（死荷重）**を表します。したがって、取引量X_0はパレート最適な資源配分を実現しているとはいえず、過少配分となっているのです（市場の失敗）。

(4) ピグー的補助金政策

やはり、完全競争市場の取引に任せておいても、最適な資源配分を実現することはできません。このようなときには、政府が市場に介入して市場の失敗を是正する必要があります。

具体的には、取引量をX^*まで高めるために、外部経済の発生主体である企業に補助金を支給します。生産を奨励するのです。X^*の取引量を実現するには、市場均衡点をE^*点にする必要があります。

そこで、財の生産１単位当たりの補助金（s）を、社会的限界費用と私的限界費用の差である限界利益分（線分GE^*）に設定して支給します。すると、企業の追加的なコスト負担はsだけ下がりますから、私的限界費用曲線（PMC）はsだけ下方にシフトします（$PMC-s$）。すると、均衡点はE^*点となり、価格はP^*、取引量はX^*となります。

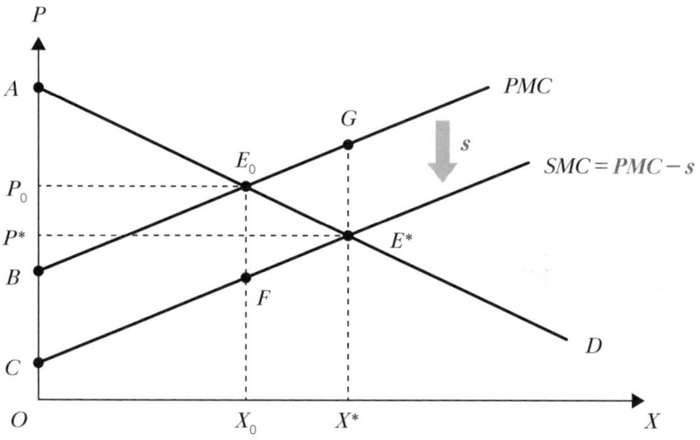

このとき、消費者余剰（CS）と生産者余剰（PS）は、以下のようになります。

CS＝面積AE^*P^*　……①

PS＝面積P^*E^*C　……②

次に、政府が補助金を支給しています。補助金額は$s \cdot X^*$（1単位当たりの補助金×取引量）と計算できますから、政府の余剰（GS）はマイナスとなります。

GS＝－面積BGE^*C　……③

となります。

補助金を支給していても、外部不経済は残ります。取引量がX^*のとき、面積BGE^*Cだけ発生しています。これをプラスの余剰として考慮します（④）。

以上から、①～④を集計すると総余剰（TS）となります。

TS＝面積AE^*P^*＋面積P^*E^*C－面積BGE^*C＋面積BGE^*C
＝面積AE^*C

となります。

このように、**政府による補助金政策によって厚生損失は発生しなくなり、総余剰の最大化が実現される**のです。このような、パレート最適な資源配分を実現するための補助金政策を、**ピグー的補助金政策**と呼びます。

⑸ 外部性の内部化

外部経済の場合にも、自発的な交渉（コースの定理）や合併によって限界利益を内部化することで、過少配分を解消することができます。

ここでは、外部経済の内部化に当たる、有名な例を一つ紹介しましょう。

ハチミツを取る養蜂業者とイチゴ園の関係です。この二つが隣接していると、互いに外部利益をもたらします。養蜂業者としては、イチゴ園が近ければミツバチたちは短時間でハチミツを効率的に収集することができます。一方、イチゴ園では、ミツバチたちの活動によってイチゴの受粉作業が効率的に完了します。互いに、生産性を高め合うことができるわけです。もしこの二つが離れていると、互いの生産量は伸び悩むことでしょう。このような関係があるために、ハウス栽培のイチゴ園では、ミツバチの巣箱をハウス内に設置していたりします。まさに、内部化の一例です。

確認してみよう

市場における私的限界費用（*PMC*）と社会的限界費用（*SMC*）が、以下のグラフのようになっているとする。

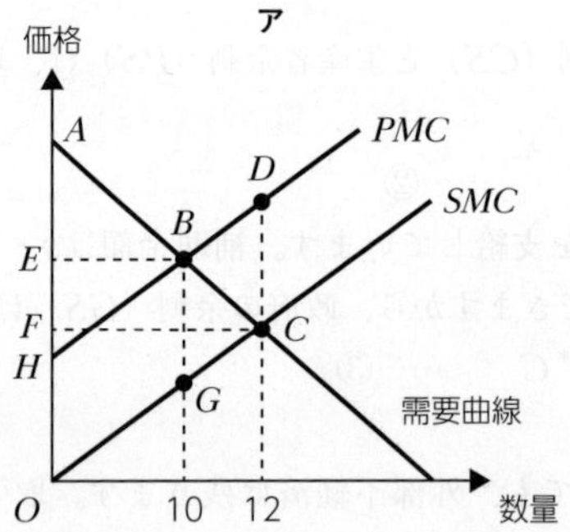

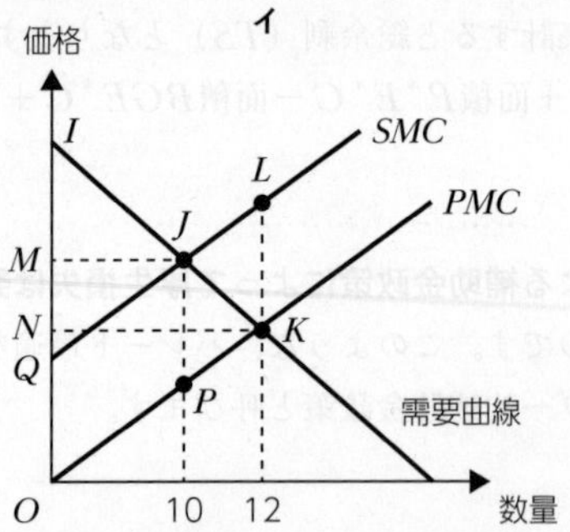

① 外部不経済が発生しているものと、外部経済が発生しているものは、それぞれどのグラフか。

2 (3)、3 (3) 参照

外部不経済が発生：**イ**
外部経済が発生　：**ア**

② それぞれのグラフで、社会的に最適な生産量はいくつか。また、そのときの総余剰はどの面積か。

2 (3)、3 (3) 参照

社会的に最適な生産量（取引量）は、需要曲線と社会的限界費用曲線（SMC）が交わる点で決まる

外部経済**ア**　：C点で生産量は12
総余剰は、面積ACO

外部不経済**イ**：J点で生産量は10
総余剰は、面積IJQ

③ それぞれのグラフで、市場均衡における生産量はいくつか。また、そのときの総余剰はどの面積か。

2 (3)、3 (3) 参照

市場均衡における生産量（取引量）は、需要曲線と私的限界費用曲線（PMC）が交わる点で決まる

外部経済**ア**　：B点で生産量は10
総余剰は、面積$ABGO$

外部不経済**イ**：K点で生産量は12
総余剰は、面積IJQ－面積JLK

④ それぞれのグラフで、市場均衡において社会的に最適な生産量を実現するためには、どのような政策を実施すべきか。

2 (4)、3 (4) 参照

社会的に最適な生産量（取引量）のもとで、企業が負担する私的限界費用を社会的限界費用に一致させるように政策を実施する必要がある

外部経済**ア**　：補助金を支給してPMCを下方シフトさせ、C点を通過するようにする
外部不経済**イ**：課税を行ってPMCを情報シフトさせ、J点を通過するようにする

過去問にチャレンジ

問題1 ★

下の図は、縦軸に価格を、横軸に数量をとり、完全競争市場において企業が外部不経済を発生させているときの需要曲線をD、私的限界費用曲線をPMC、社会的限界費用曲線をSMCで表したものである。この図において、社会全体の厚生損失を表す部分及び政府が市場の失敗を補正するためにピグー的課税を行い、パレート最適を実現した場合における生産量の組合せとして、妥当なのはどれか。

区Ⅰ 2008

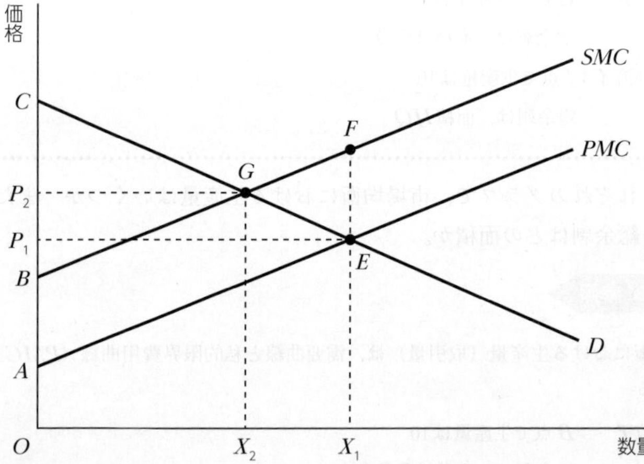

	厚生損失	生産量
❶	P_1AE	OX_1
❷	CP_2G	OX_1
❸	CP_2G	OX_2
❹	GEF	OX_1
❺	GEF	OX_2

問題2
★

図には私的限界費用に基づく供給曲線S_0と外部限界費用を含んだ社会的限界費用を表す供給曲線S_1が描かれている。この図において、政府が外部限界費用に当たるtを供給者に課税することによって外部不経済が内部化される場合の説明として妥当なのはどれか。

国般2001

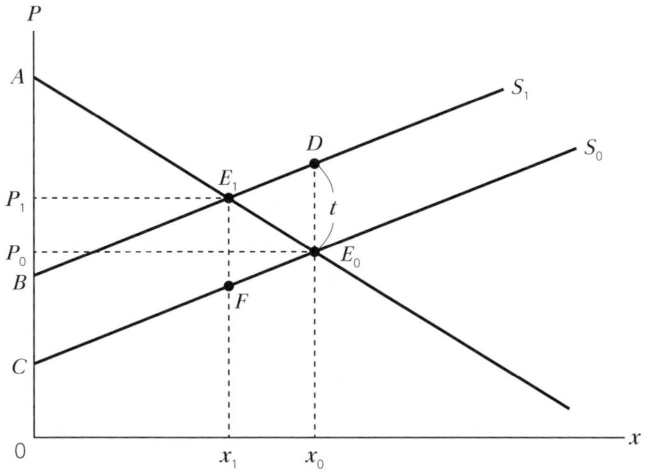

❶ 外部不経済が発生しているとしても、政府による規制がなければ生産水準はx_0になるが、その場合の社会的余剰の大きさは、$AE_0C - E_1DE_0$の面積となる。

❷ 外部不経済が発生しているとき、政府の課税による規制が行われ、生産水準がx_1になる場合の消費者余剰の大きさは、AE_1Bの面積となる。

❸ 外部不経済が発生しているとき、政府の課税による規制が行われ、生産水準がx_1になる場合の生産者余剰の大きさは、P_1E_1FCの面積となる。

❹ 外部不経済が発生しているとしても、政府による規制がなければ生産水準はx_0になるが、その場合の外部不経済の大きさは、$AE_1B - E_1DE_0$の面積となる。

❺ 外部不経済が発生しているとき、政府の課税による規制が行われ、生産水準がx_1になる場合の社会的余剰の大きさは、$AE_1P_1 + P_1E_1FC - BE_1FC$の面積となる。

問題3 ★★ 下の図は、ある企業が外部不経済を発生させながら操業しているときの、私的限界費用曲線、社会的限界費用曲線及びこの企業が直面する需要曲線を描いたものである。この図に関する次のA～Eの記述のうち、適当なもののみを全て挙げているものはどれか。

裁判所2014

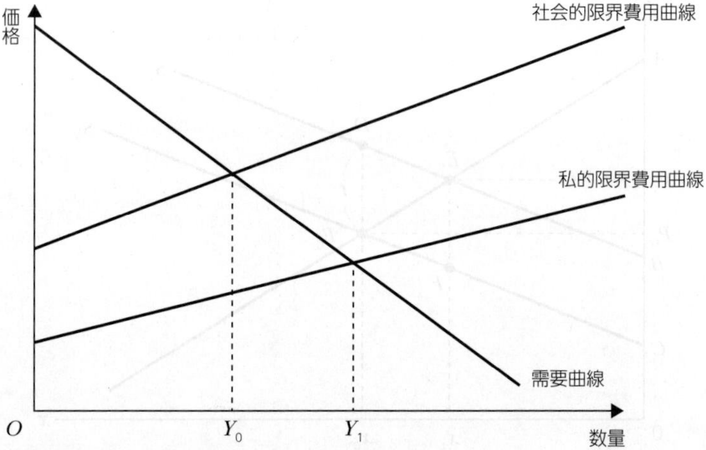

A 生産量がY_1のとき、直接規制により、生産量の上限をY_0にすることで、外部不経済は減少するが、社会全体の余剰は変化しない。

B 生産量がY_1のとき、企業に対して生産量に比例した適切な課税をして、生産量をY_0にすることで、社会全体の余剰は大きくなる。

C 生産量がY_1のとき、企業が被害者に損害額を賠償することにより、生産量は減少し、社会全体の余剰は大きくなる。

D 生産量がY_1のとき、国が企業に減産補助金を出して生産量をY_0にすることで、外部不経済は減少するが、社会全体の余剰は小さくなる。

E 生産量がY_0のとき、企業が被害者に損害額を賠償し、生産量を増加させると、社会全体の余剰は大きくなる。

❶ B、C
❷ C、E
❸ A、B、E
❹ A、D、E
❺ B、C、D

問題4
★★

完全競争市場において、市場全体の私的総費用が、

$PC = X^2 + 20X + 10$ 〔PC：私的総費用の大きさ、X：財の生産量〕

と表されるものとし、生産に伴う外部不経済から、

$C = \frac{1}{2}X^2$ 〔C：外部不経済による費用〕

が社会的に発生するとする。

また、この市場の需要関数が、

$X = -\frac{1}{2}P + 50$ 〔P：財の価格〕

で表されるとき、政府がこの市場に対して、生産量1単位につきTの課税をする場合、総余剰が最大となる「T」と「税収」の組合せとして、妥当なのはどれか。

区Ⅰ 2020

	T	税収
❶	8	100
❷	8	120
❸	16	104
❹	16	208
❺	16	256

問題5 外部効果に関する次の記述のうち、妥当なのはどれか。

★★

国税・労基2005

❶ コースの定理によれば、外部性が存在しても、取引費用がない場合には、資源配分は損害賠償に関する法的制度によって変化することはなく、当事者間の交渉により常に効率的な資源配分が実現する。

❷ コースの定理は、外部性の問題は政府の介入なしでは解決し得ないことを示すものであり、この定理に基づいた解決策は、利害関係のある当事者が多い場合よりも少ない場合の方がより有効であると考えられる。

❸ 企業の生産活動に伴う環境汚染の問題は外部不経済の典型例であるが、企業が多数存在し、それぞれの企業が異なる費用関数を持つ場合、資源配分の問題を課税によって解決することはできても補助金によって解決することはできない。

❹ 企業の生産活動に伴う環境汚染の問題は外部不経済の典型例であるが、企業が多数存在し、それぞれの企業が異なる費用関数を持つ場合であっても、政府が一律の排出基準を設定することにより企業全体の限界費用と社会的な限界費用を一致させることができる。

❺ 外部効果に対するピグー的政策とは、外部効果を発生させる企業に対して、政府が具体的な生産量を指導する政策であり、課税や補助金政策よりも効率的に社会的に望ましい資源配分を達成すると考えられている。

問題6 ★

異なる個人によって経営される農場と牧場が隣接していると仮定する。

農場では穀物生産が行われており、牧場では牛の飼育を行っている。農場と牧場が隣接していることから、牛の飼育頭数が増えることによって穀物生産に被害が生じることが分かっており、その関係は表のとおりである。

牛の飼育頭数	牧場の収益	農場の損失
100	400	0
120	430	10
140	460	30
160	480	60
180	500	100

ここで、両者の間で損失補償に関して交渉が行われ、その際、交渉のための取引費用が一切掛からず、また、分配効果がないものとする。

先に農場経営が行われているところに後から牧場経営が行われた場合（ケースⅠ）と、先に牧場経営が行われているところに後から農場経営が行われた場合（ケースⅡ）における牛の飼育頭数の組合せとして妥当なのはどれか。

国税2000

	ケースⅠ	ケースⅡ
❶	100	100
❷	100	180
❸	120	160
❹	140	140
❺	180	180

問題7 ★★

X財を生産する企業1とY財を生産する企業2の間には外部性が存在し、企業1は企業2に外部不経済を与えているとする。

企業1の費用関数は、

$c_1 = 2x^2$　（x：企業1の生産量、c_1：企業1の総費用）

で表されるものとする。

他方、企業2の費用関数は、

$c_2 = 2y^2 + 8x$　（y：企業2の生産量、c_2：企業2の総費用）

で表され、企業2は企業1の生産量xに影響を受け、損害（追加的費用）を受けているとする。

X財とY財の価格は完全競争市場において決定され、X財の価格は80、Y財の価格は60とする。

いま、二企業間で外部性に関して交渉が行われ、二企業の利潤の合計を最大化するように生産量を決めることが合意された場合、企業1の生産量xはいくらになるか。なお、交渉のための取引費用は一切かからないものとする。

国般2016

❶ 10
❷ 15
❸ 18
❹ 20
❺ 24

3 公共財

学習のポイント

- 「市場の失敗」に陥る三つ目のケースについて学習します。
- 公共財の定義を暗記し、計算問題も着実に解けるようにしておきましょう。

1 市場における財の分類

世の中に存在する財は、**競合性**と**排除性**という二つの性質があるか否かという観点から、いくつかの種類に分類することができます。

		排除性 あり	排除性 なし
競合性	あり	① 私的財 (これまでの通常の財)	② 共有財（準公共財） (無料駐車場、一般道路など)
競合性	なし	③ クラブ財（準公共財） (有料道路、教育サービスなど)	④ （純粋）公共財

競合性とは、**誰かが消費（利用）したら、他の人は消費（利用）できなくなってしまうという性質**です。一方、**排除性**とは、**財の対価（商品代金）を支払わない者の消費（利用）を排除できる性質**をいいます。

(1) 私的財

競合性・排除性の両方を兼ね備える財を**私的財**といいます。いわゆる“普通の商品・製品”です。商品代金を支払った人がその商品を利用でき、代金を支払わない人は決して利用することはできません。これまで扱ってきた財は、この私的財を指します。

(2) 共有財

競合性はあるけれども、排除性はない（＝非排除性）**財**を**共有財**といいます。非排除性とは、代金を支払っていなくても消費ができてしまい、フリーライダー（ただ乗り）を排除できないという性質です。

例えば、無料駐車場は、誰かが利用している場所は他の人は利用できませんが（競合性）、無料で利用できます（非排除性）。他に、公園の遊具、漁業資源などがあります。

⑶ クラブ財

競合性はない（＝非競合性）**が、排除性はある財**を**クラブ財**といいます。非競合性とは、複数の人が同じ財を、同時に、同じ量だけ消費できるという性質で、等量消費性ともいいます。商品代金を払っている複数の人が、同時に同じ量だけ消費できるということです。

例えば、教育サービスは、何百人という学生が、同時に授業を受けることができます。他に、映画、アミューズメント・パークなどがあります。

⑷ （純粋）公共財

競合性がなく（＝非競合性、等量消費性）**、排除性もない**（＝非排除性）**財**を**純粋公共財**、または単に**公共財**といいます。商品代金を支払っていなくても、すべての人が同時に、同じ量だけ利用できてしまいます。

例えば、警察による治安維持、国防、外交、公園、ゴミ収集サービスなどです。通常、これらの財は、税金を代金として、国や地方自治体が供給してくれるものです。しかし、税金を支払っていない人もたくさんいます（非排除性）。また、税金を支払っているか否かに関係なく、すべての人が同時に、同じ量だけサービスを利用することができます（非競合性）。

このような（純粋）公共財は、企業によって十分な量が供給されることは期待できません。利潤の確保が困難だからです。仮に、供給する企業が存在したとしても、社会が望む量（最適な資源配分）を供給するまでには至らず、過少供給となってしまいます（市場の失敗）。このため、**社会的に見て望ましい量を、政府が供給する**ことになるのです。

以後は、（純粋）公共財を前提として話を進めます。

2 社会的限界評価曲線

社会的に見て望ましい量を供給するには、公共財に対する社会全体の需要を把握する必要があります。

この点、私的財（これまでの財）の場合、市場に存在している消費者の需要量を合計することで（水平和）、市場需要曲線を導きました。

これに対して公共財には、非競合性（等量消費性）という性質があるために、すべての消費者の需要量は等しくなります。よって、各人の需要量を合計することに意味はありません。ただ、供給された公共財に対して、「どれだけ代金を支払ってもよいと考えているか（＝公共財に対する評価）」は、各人で異なるはずです。

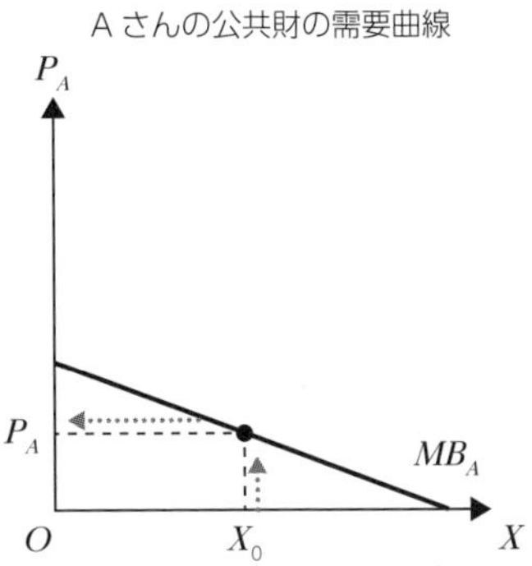

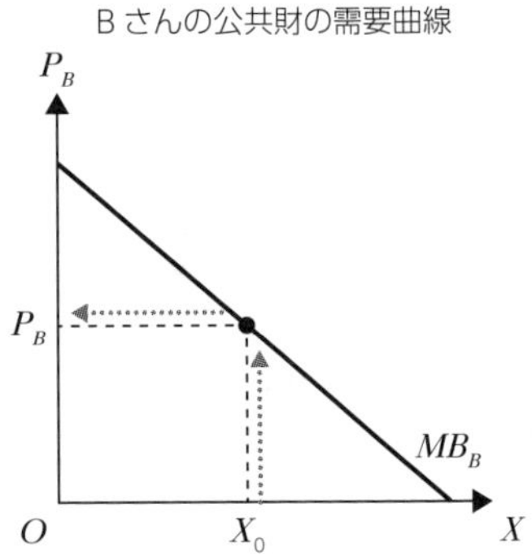

上図は、AさんとBさんの公共財（X）に対する需要曲線です。

仮に、２人は同時にX_0だけ需要できるとしましょう。このとき、AさんはP_A円、BさんはP_B円まで支払ってもよいと考えています（需要曲線上の金額）。支払ってもよいと考えている金額が大きいほど、その公共財を高く評価しているといえます。このようなことから、需要曲線の縦軸の大きさ（P）のことを、消費者の**限界評価**または**限界便益**（MB：Marginal Benefit）と呼び、公共財に対する需要曲線のことを、しばしば**限界評価曲線**（MB）と呼びます。

２人の限界評価の合計（P_A円＋P_B円）が、社会全体の公共財に対する評価の大きさを表すといえます。そこで、２人の限界評価曲線の縦軸を合計し（垂直和）、社会全体の公共財に対する評価の大きさを把握します。これを、**社会的限界評価曲線**（SMB：Social Marginal Benefit）と呼びます。

例えば、２人の公共財に対する需要曲線（限界評価曲線）が以下のようになっていたとします。

Aさん　：　$X_A = -2P_A + 10$　　　Bさん　：　$X_B = -P_B + 10$

それぞれの消費者の「支払ってもよいとする金額」の合計が市場全体の限界評価となりますから、

$$SMB = MB_A + MB_B$$

とし、AさんとBさんの限界評価曲線をPについて整理して足し合わせます。

$$SMB = \left(-\frac{1}{2}X_A + 5\right) + (-X_B + 10)$$

公共財では、非競合性（等量消費性）がありますから、$X_A = X_B = X$とおけます。すると上式は、

$$SMB = -\frac{3}{2}X + 15$$

と計算できます。これが、社会的限界評価曲線を表す式になります。

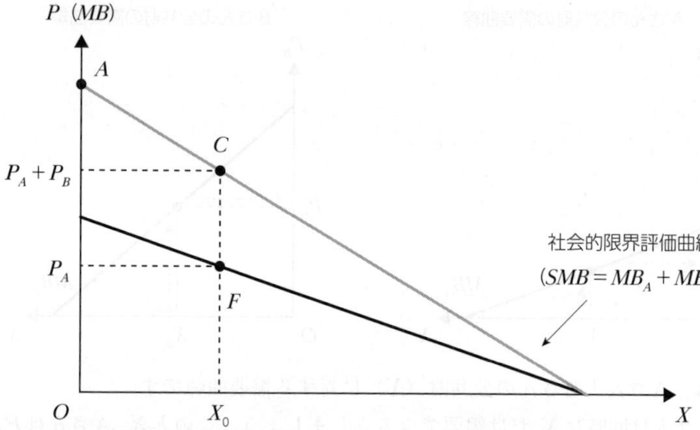

3 公共財の最適供給条件（サミュエルソン条件）

政府が公共財を供給する場合にも、コストは掛かります。これを示したのが、右上がりの限界費用曲線（MC）です。これが市場供給曲線に相当します。

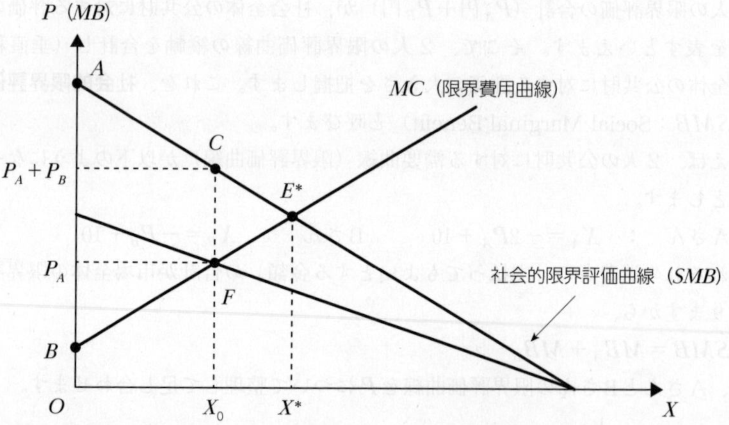

社会的限界評価曲線（SMB）は市場需要曲線に相当するので、公共財の需要と供給が一致するのはE^*点です。このE^*点で得られる均衡を**リンダール均衡**といいます。リンダール均衡では、総余剰が面積AE^*Bで最大化されます。よって、X^*が**公共財の最適供給量**となります。

リンダール均衡では、以下の条件が成立します。

公共財の最適供給条件（サミュエルソン条件）

社会的限界評価＝限界費用

$SMB = MC$

$MB_A + MB_B = MC$

確認してみよう

① 消費の競合性はあるが、排除性はない（非排除性）財を何と呼ぶか。

1 (2) 参照

共有財

② 消費の競合性もなく（非競合性）、排除性もない（非排除性）財を何と呼ぶか。

1 (4) 参照

（純粋）公共財

③ （復習）私的財Xに対する消費者A、Bの需要曲線が以下のようになっているとき、２人で構成される市場全体の需要曲線を導きなさい。なお、市場全体の需要量をXとする。

消費者A：$P = 3 - x_A$

消費者B：$P = 6 - 2x_B$

第3章第1節 2 (2) 参照

私的財の場合、各消費者の需要量の合計が市場全体の需要量に一致するので、

$$X = x_A + x_B$$

$$\Leftrightarrow \quad X = (-P + 3) + (-\frac{1}{2}P + 3)$$

$$\Leftrightarrow \quad X = -\frac{3}{2}P + 6$$

4 公共財Xに対する消費者A、Bの需要曲線（限界評価曲線）が以下のようになっているとき、２人で構成される社会全体の限界評価曲線（SMB）を導きなさい。なお、市場全体の需要量をXとする。

消費者A：$P_A = 3 - x_A$

消費者B：$P_B = 6 - 2x_B$

2 参照

公共財の場合、各消費者の限界評価（P）の合計が社会全体の限界評価になるので、

$SMB = P_A + P_B$

$\Leftrightarrow \quad SMB = (3 - x_A) + (6 - 2x_B)$

また、等量消費性から、$x_A = x_B = X$となるので、上式は、

$SMB = (3 - X) + (6 - 2X)$

$\Leftrightarrow \quad SMB = 9 - 3X$

5 公共財の最適供給条件（サミュエルソン条件）を示しなさい。

3 参照

社会的限界評価＝限界費用

解法ナビゲーション

消費者が二人のみ存在する経済で、公共財に対する需要が

$$P_1 = 5 - \frac{D_1}{2}$$

$$P_2 = 10 - D_2$$

（P：価格、D：需要量）

でそれぞれ表されるとする。

公共財の限界費用が9で一定である場合の公共財の最適供給水準はどれか。

国税・労基2002

❶ 2
❷ 4
❸ 6
❹ 8
❺ 10

着眼点

公共財の計算問題も頻出分野です。計算上のポイントは、「垂直和をとる」と「等量消費性」です。なお、問題文では、（P:価格）としていますが、公共財においては、「価格」と呼ぶのは不適当で、限界評価（限界便益）と呼ぶべきです。割り引いて考えておいてください。

【解答・解説】

正解 ❷

公共財の場合、各消費者の限界評価（P）の合計が社会全体の限界評価になるので、社会的限界評価（SMB）は、

$$SMB = P_1 + P_2$$

$$\Leftrightarrow \quad SMB = (5 - \frac{1}{2}D_1) + (10 - D_2) \quad \cdots\cdots①$$

とおけます（垂直和）。

また、公共財の等量消費性から、供給量をXとすると、$D_1 = D_2 = X$となります。よって、①式は、

$$SMB = (5 - \frac{1}{2}X) + (10 - X)$$

$$\Leftrightarrow \quad SMB = 15 - \frac{3}{2}X \quad \cdots\cdots②$$

となります。

最後に、②式と公共財の最適供給条件（サミュエルソン条件）を使って最適供給水準を導くと、以下のようになります。

社会的限界評価（SMB）＝限界費用（MC）

$$\Leftrightarrow \quad 15 - \frac{3}{2}X = 9 \qquad \therefore \quad X = 4$$

よって、正解は❷となります。

過去問にチャレンジ

問題1
★

次の文は、公共財に関する記述であるが、文中の空所A～Dに該当する語の組合せとして、妥当なのはどれか。

区Ⅰ2011

公共財は、私的財と異なり、消費における［ A ］と［ B ］という性質を持つ財として定義される。

消費における［ A ］とは、ある人の消費が他の人の消費可能性を減らさないことをいい、消費における［ B ］とは、対価を支払わない人の消費を妨げることが著しく困難であるということである。この二つの性質を併せ持った財は、純粋公共財といわれ、例として［ C ］や［ D ］がある。

	A	B	C	D
❶	競合性	排除性	国防	交通
❷	非競合性	非排除性	国防	消防
❸	排除性	競合性	教育	保健
❹	非排除性	非競合性	警察	交通
❺	競合性	排除性	警察	保健

問題2 ★

二人の個人によって構成される社会において、個人Aと個人Bの公共財に対する需要曲線がそれぞれ

$$D_A = \frac{5}{2} - \frac{1}{2}P_A$$

$$D_B = 3 - P_B$$

で与えられている。ここでD_Aは個人Aの公共財需要量、P_Aは個人Aの公共財に対する限界評価（金額表示）、D_Bは個人Bの公共財需要量、P_Bは個人Bの公共財に対する限界評価（金額表示）を表す。

公共財供給の限界費用が2のとき、公共財のパレート最適な供給量として、正しいのはどれか。

国税2007

❶ 2
❷ 4
❸ 6
❹ 8
❺ 10

問題3 ★★

公共財に関する次の記述のうち、妥当なのはどれか。

国般2005

❶ 公共財の最適供給水準は、公共財の供給を１単位増加したときに発生するすべての個人の限界便益の総和が公共財の供給の限界費用に等しくなる水準であり、この条件をサムエルソンのルールという。

❷ 公共財は、初期費用が莫大なため民間企業では供給することができず、政府のみが供給することとなるため、公共財が民間企業により生産、販売される財と競合することはない。この公共財の性格を非競合性という。

❸ 公共財は、資源配分上の非効率な状態を改善するために主に政府によって供給され、対価を支払う者であれば年齢や所得にかかわらず誰でも消費することができる。この公共財の性格を非排除性という。

❹ リンダール均衡は、政府が各個人に公共財の予定供給量を提示し、各個人がその予定供給量のもとで望ましいと考える負担費用を政府に表明した後、政府が予定供給量を調整して最終的に各個人の負担費用が等しくなるところで実現される。

❺ ただ乗りとは、負担を伴わないで便益を受けることである。政府が公共財の供給に関与しないナッシュ均衡の場合には、ただ乗りの問題が生じる可能性があるが、政府が公共財の供給に関与するリンダール均衡の場合には、ただ乗りの問題は生じない。

第6章

国際貿易理論

部分均衡分析
一般均衡分析

1 部分均衡分析

学習のポイント

・国際市場に分析範囲を広げ、これまで考えてこなかった輸入・輸出を考慮した分析を行います。

・余剰分析の結果は、覚えてしまいましょう。

1 閉鎖経済

これまで、他国との財の取引（輸入・輸出）は一切考えてきませんでした。**財の輸入や輸出を考慮しない市場経済**を、**閉鎖経済**（**封鎖経済**）と呼びます。

ある国のX財市場の市場需要曲線と市場供給曲線が、以下のようになっているとします。

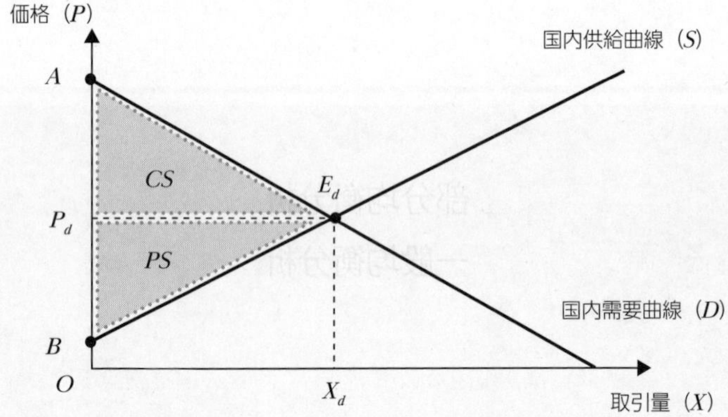

市場需要曲線は、国内に存在する消費者のX財に対する需要量を集計したものです。そこで、この市場需要曲線を**国内需要曲線**と呼ぶことにします。一方、市場供給曲線も、国内に存在する企業によるX財の供給量を集計したものです。よって、これを**国内供給曲線**と呼ぶことにしましょう。

図における市場均衡点E_dは、他国との貿易を無視した国内における需要と供給の一致を示しています。よって、これを**国内均衡点**（**自給自足均衡**）と呼びます。

国内均衡価格（P_d）、国内取引量（X_d）のもとで、国内消費者の消費者余剰（CS）は面積AE_dP_d、国内生産者の生産者余剰（PS）は面積P_dE_dBとなります。したがって、閉鎖経済のもとでの総余剰は面積AE_dBとなり、この大きさで総余剰は最大化されます。閉鎖経済のもとでは、これ以上大きな総余剰を実現できません。

では、他国との貿易が行われることで、国内の総余剰がどのように変化するか見ていきましょう。

2 開放経済（自由貿易）

X財という一つの財について、他国との貿易を考えていきましょう（部分均衡分析）。

はじめに、**自由貿易**と呼ばれる状態について考えます。これは、**何も制約がなく、好きなだけ自由に輸入や輸出ができる状態**です。

さらに、前提として、**自国は小国である**とします（**小国の仮定**）。これは、自国は、多数存在する国々の中の、小さな一国であるとするものです。ちっぽけな国が輸入や輸出を増減させても、国際的な財の価格はビクともしません。例えば、アメリカのような経済大国が原油の輸入を拡大した場合、国際的な原油価格は上昇することになるでしょう。ここでは、このようなことはないとするのです。つまり、自国がどんなに輸出入数量を変化させても、X財の国際価格（P_f）には何も影響を与えず、常に国際価格を一定のものとして行動すると仮定するのです。

以下で、国内均衡価格（P_d）と国際価格（P_f）の大小関係によって場合分けして見ていきます。

(1) 国際価格（P_f）が国内価格（P_d）よりも低い場合

国際価格（P_f）が国内価格（P_d）よりも低いと、国内の消費者は外国の安い財を買おうとします。つまり、輸入が起きます。国内に安い外国の財が増えてくると、国内の取引価格は次第に下がり始めます。国内企業も外国の安い財を無視できなくなるからです。最終的には、国内の取引価格は、一定の国際価格（P_f）に一致することになります。

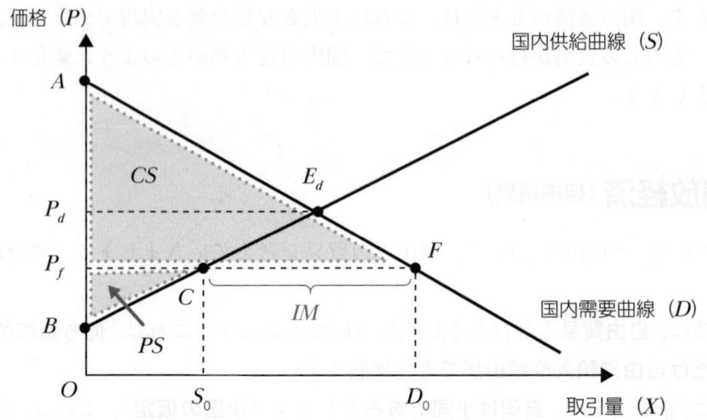

国内の取引価格がP_fになると、国内企業はS_0だけ財の供給を行います。一方、国内消費者はD_0まで財を需要しようとします。いま、$S_0 < D_0$となっていますから、国内のX財市場に超過需要（品不足）が発生します。このとき、この超過需要を埋めるように、財の輸入（IM）が行われるのです。

輸入量（IM）＝国内需要量（D）－国内供給量（S）

国内消費者が望む分だけ自由に輸入が行われたことで、消費者はD_0の財の消費が可能になります。この場合、X財市場の総余剰（TS）はどうなるでしょうか。

需要量D_0を基準として消費者余剰を捉えると、

消費者余剰（CS）＝最大限の支払可能額の合計－実際の支払額
＝面積AFD_0O－面積P_fFD_0O
＝面積AFP_f

となります。

一方、国内生産者の供給量はS_0ですから、

生産者余剰（PS）＝実際の収入額－最低限の保証価格の合計
＝面積P_fCS_0O－面積BCS_0O
＝面積P_fCB

となります。

以上から、X財市場の総余剰（TS）は、面積$AFCB$となります。国際価格（P_f）のもとで自由に輸入が行われたことで、閉鎖経済の場合よりも総余剰が面積E_dCFだけ拡大しています。これを**貿易の利益**と呼びます。

(2) 国際価格（P_f）が国内価格（P_d）よりも高い場合

国際価格（P_f）が国内価格（P_d）よりも高いと、国内の企業が外国に財を売ろうとします。つまり、輸出が起きます。このとき、消費者は、国際価格と同等の価

格を支払わないと企業に財を売ってもらえなくなります。消費者も高い国際価格に従わざるを得なくなり、最終的には国内の取引価格は一定の国際価格（P_f）に一致することになります。

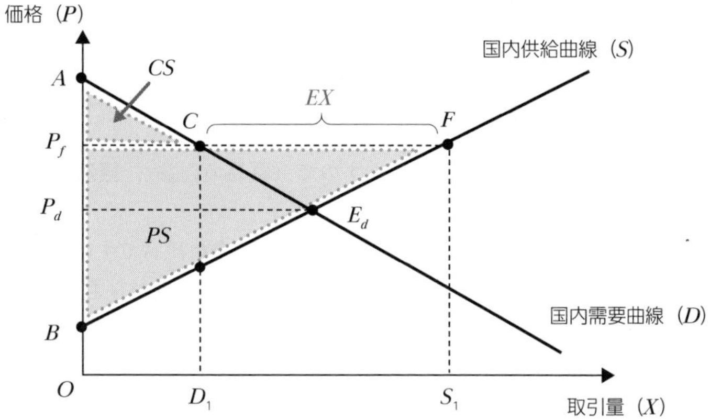

国内の取引価格がP_fになると、国内企業はS_1だけ財の供給を行います。一方、国内消費者はD_1までしか財を需要しようとしません。いま、$S_1 > D_1$となっていますから、国内のX財市場に超過供給（品余り）が発生します。このとき、この超過供給を埋めるように、財の輸出（EX）が行われるのです。

輸出量（EX）＝国内供給量（S）－国内需要量（D）

国内企業が望む分だけ自由に輸出が行われたことで、企業はS_1の財の供給が可能になります。この場合、X財市場の総余剰（TS）はどうなるでしょうか。

消費者は、D_1までしか消費しませんから、

消費者余剰（CS）＝面積ACD_1O－面積P_fCD_1O
＝面積ACP_f

となります。

一方、国内企業の供給量は、輸出品も含めてS_1ですから、

生産者余剰（PS）＝面積P_fFS_1O－面積BFS_1O
＝面積P_fFB

となります。

以上から、X財市場の総余剰（TS）は、面積$ACFB$となります。国際価格（P_f）のもとで自由に輸出が行われたことで、閉鎖経済の場合よりも総余剰が面積E_dCFだけ拡大しています。これも**貿易の利益**です。

補足

なお、公務員試験では、⑵の自国が輸出国になるケースは出題されたことがありません。よって、以後は、⑴の自国が輸入国になるケースを前提とします。

3 貿易政策（自国が輸入国のケース）

自由貿易は自国の総余剰を拡大させますので（貿易の利益）、**経済厚生上望ましい**といえます。

しかし、自由な輸入を許してしまうと、閉鎖経済の場合に比べて生産者余剰（PS）が縮小してしまいます。そこで、国内企業（産業）保護の観点から主張されるのが、以下の貿易政策です。

⑴ 関税政策

生産者余剰（PS）を拡大させるためには、取引価格を引き上げ、国内生産量を拡大させる必要があります。これを実現するために採られる貿易政策の一つが、**関税政策**です。

財1単位の輸入につき、tの課税を行うとします（輸入従量税）。消費者は、外国に支払うP_fに加え、自国の政府にtの税金を納めることになります。つまり、消費者の財1単位当たりの支払額は上昇し、P_f+tとなります。国内の取引価格はこの水準に収斂しますから、国内の企業もP_f+tまで財の供給ができるようになります。

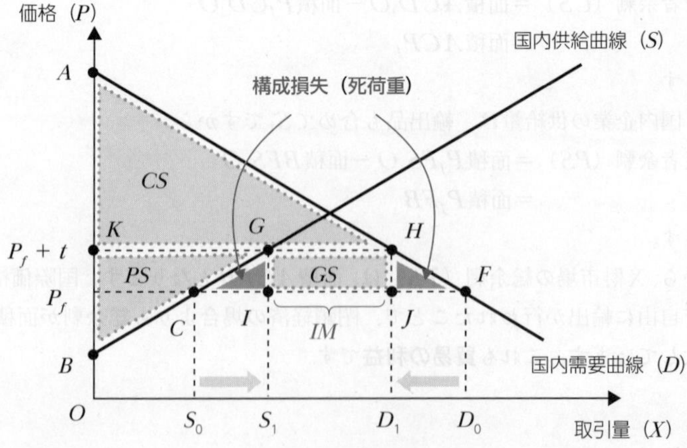

当初、国際価格P_fを一定として自由貿易が行われていたとします。当初の輸入

量は$D_0 - S_0$で、総余剰は面積$AFCB$です。

ここで関税政策が行われると、取引価格は$P_f + t$まで上昇します。これにより、国内生産量はS_0からS_1へと拡大し、国内消費量はD_0からD_1へと減少することになります。この結果、課税後の輸入量は$D_1 - S_1$となり（IM）、課税前に比べて減少することになります。

課税後の消費者余剰（CS）と生産者余剰（PS）を見てみましょう。

$$CS = 面積AHD_1O - 面積KHD_1O$$
$$= 面積AHK$$
$$PS = 面積KGS_1O - 面積BGS_1O$$
$$= 面積KGB$$

生産者余剰（PS）に注目すると、自由貿易の場合（面積P_fCB）よりも拡大していることがわかります。関税政策による取引価格の引上げは、**国内企業（産業）保護に資する**ことになるのです。

さらに、政府が税収を得ています。政府の税収は、輸入量（$D_1 - S_1$）に税率tを乗じたものになりますから、政府の余剰（GS）は、四角形$GHJI$となります。

以上から、課税後の総余剰（TS）は、

$$TS = CS + PS + GS$$
$$= 面積AHK + 面積KGB + 面積GHJI$$
$$= 面積AHJIGB$$

となります。

自由貿易のときの総余剰と比較してみましょう。課税により、総余剰が三角形$CGI + HJF$の分だけ減少していることがわかります。これは厚生損失（死荷重）です。つまり関税政策は、**国内企業の保護に資することにはなっても、総余剰最大化の観点からは望ましいとはいえない**のです。

(2) 輸入数量規制（輸入数量割当）

輸入数量規制とは、輸入量をある一定量までに規制する政策です。規制量を超えて輸入はできないので、許可された量の輸入が終わったら、閉鎖経済になります。

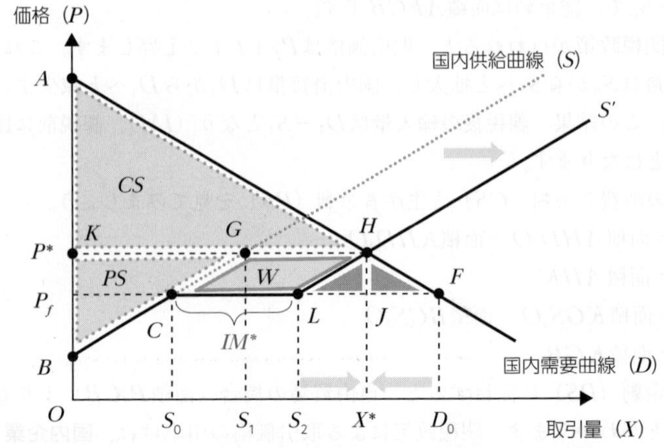

① 割当後（政策実施後）の国内供給曲線

まず、国内のX財市場への財の供給量がどのようになるかについて考えておきます。

国際価格（P_f）を下回る価格では、国内の企業がS_0まで財の供給を行います（線分BC）。取引価格がP_fに至ると、許可された量の輸入（IM^*）が可能になります。このときの供給量はS_2（国内供給量S_0＋輸入量IM^*）になります（L点）。許可された量を超えた輸入はできないので、S_2を超えた財の供給は、再び国内の企業が担うことになります。よって、L点から先の割当後の供給曲線（S'）は、国内供給曲線（S）（点線部）を右方シフトさせたものになります。

② 余剰分析

輸入数量規制の場合の総余剰について考えてみましょう。ただし、前提として、関税政策を行った場合に実現される輸入量と同じ量で規制するとします。

関税政策を行った場合、価格はP^*（$=P_f+t$）まで上昇し、輸入量は線分GHの大きさになるとします。この量を、価格P_fのときの国内生産量S_0に加えると（線分GH＝線分CL）、財の供給量はS_2となります（L点）。このとき、消費者はD_0までの財の需要を望んでおり、国内のX財市場に超過需要が発生します（線分LF）。これ以上の輸入はできませんから、超過需要を受けて取引価格が上昇し、市場はH点で均衡することになります。関税政策と同じ水準まで、国内の取引価格が上昇することになるのです。

このとき、消費者余剰（CS）と生産者余剰（PS）は、

CS＝面積AHK

$PS=$ 面積 KGB

となります。

さらに、国際価格 P_f と国内の取引価格 P^* との差（内外価格差）で、外国の財を国内に持ち込んだ貿易業者が、面積 $GCLH$ の分だけ利益を得ています（W）。これも総余剰に含めます。

以上から、課税後の総余剰（TS）は、

$$TS=CS+PS+W$$
$$=\text{面積}AHK+\text{面積}KGB+\text{面積}GCLH$$
$$=\text{面積}AHLCB$$

となります。自由貿易のもとでの総余剰（面積 $AFCB$）と比べると、面積 HLF だけ小さくなっています。これが輸入数量規制の場合の厚生損失（死荷重）です。

③ 同値定理（同一性命題）

関税政策と輸入数量規制は、政策実施後の輸入量が同じであれば、二つの政策の総余剰は同じになります。つまり､発生する厚生損失（死荷重）も同じになります。これを、**同値定理（同一性命題）**といいます。

どちらの政策も、政策実施後の取引価格は同じになります（$P_f+t=P^*$）。そのため、消費者余剰（CS）と生産者余剰（PS）は全く同じ面積となります。

また、関税政策のときの政府の余剰（GS）と、輸入数量規制のときの貿易業者の利益（W）も同じ大きさになります（底辺と高さが同じであれば、長方形の面積と平行四辺形の面積は等しくなります）。

したがって、総余剰の大きさはどちらの政策においても同じになり、**全体としての経済効果は等しくなる**のです。異なるのは、関税政策では政府の余剰となる部分が、輸入数量規制では貿易業者の利益になっているだけです（所得分配は異なる）。

確認してみよう

X財の国内需要曲線（D）、国内供給曲線（S）、国際価格（P_2）が図のようになっているとき、以下の各問いに答えなさい。

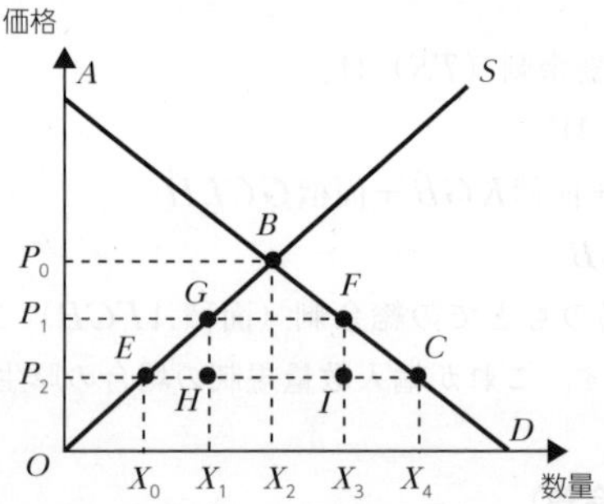

1 自由貿易が行われた場合、輸入量はどれだけになるか。また、貿易の利益は、どの部分になるか。

2 (1) 参照

輸入量＝X_4-X_0（あるいは、線分ECの長さ）

貿易の利益＝面積BCE

2 関税政策を行って、取引価格がP_1になった場合、政府の税収はどの部分になるか。

3 (1) 参照

政府の税収＝面積$GFIH$

3 関税政策を行って、取引価格がP_1になった場合、自由貿易の場合に比べて、国内企業の生産者余剰はどれだけ拡大するか。

3 (1) 参照

自由貿易の場合には、面積P_2EO、関税政策によって価格がP_1に上昇すると、面積P_1GOとなる

よって、生産者余剰は、関税政策によって面積P_1GEP_2だけ拡大することになる

④　関税政策が行われた場合の輸入量はどれだけになるか。また、政策が行われたことで、経済厚生の損失（死荷重）はどれだけ発生するか。

3 (1) 参照

輸入量＝X_3-X_1（あるいは、線分GF（HI）の長さ）

経済厚生の損失＝面積EGH＋面積FIC

⑤　関税政策のときと同じ輸入量を割り当てて規制する場合、国内の取引価格はいくらになるか。また、貿易業者の利益はどの部分で示すことができるか。

3 (2) 参照

取引価格＝P_1（関税政策のときと同じ水準まで上昇する）

貿易業者の利益＝面積$GFIH$（関税政策のときの政府の税収と等しくなる）

解法ナビゲーション

鎖国をしているA国のある財Xの国内市場の需要曲線は$Q^D = 80 - 4P$（Q^Dは国内の需要量、Pは価格）であり、供給曲線は$Q^S = P - 10$（Q^Sは国内の供給量、Pは価格）である。財Xの世界価格が12である場合に、A国が財Xの市場を開放し自由貿易を行うと、A国の総余剰は、市場開放前後でどのように変化するか。ただし、A国は小国であり、A国の取引活動は世界価格に影響を与えないものとする。

裁判所2011

❶ 総余剰は90だけ増加する。
❷ 総余剰は126だけ増加する。
❸ 総余剰は変化しない。
❹ 総余剰は84だけ減少する。
❺ 総余剰は132だけ減少する。

着眼点

グラフを描いて、状況を確認しながら計算を行うようにしましょう。「自由貿易を行うと、A国の総余剰は、市場開放前後でどのように変化するか」とありますから、貿易の利益の計算問題だと判断することができます。

【解答・解説】

正解 ❶

国内の需要曲線と供給曲線をPについて整理してグラフを描くと、以下のようになります。

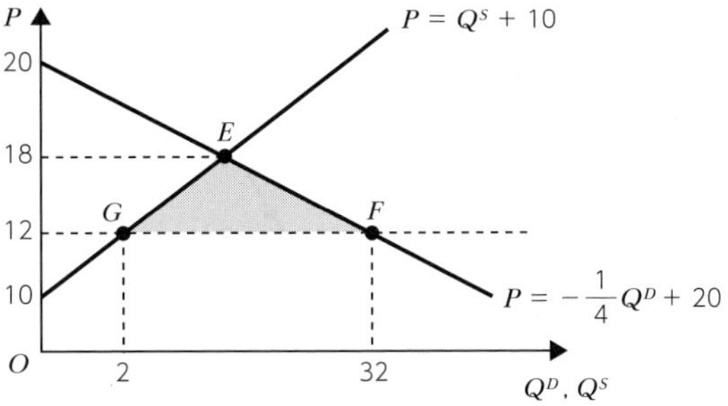

まず、国内均衡点Eにおける価格を求めます。国内均衡点Eでは、需要と供給は一致しますので、$Q^D = Q^S$となります。

$80 - 4P = P - 10 \quad \therefore \quad P = 18$

次に、世界価格12のもとでの国内需要量と国内供給量を計算します。

$Q^D = 80 - 4 \cdot 12 \quad \therefore \quad Q^D = 32$

$Q^S = 12 - 10 \quad \therefore \quad Q^S = 2$

貿易の利益は、グラフにおける面積EFGに相当しますから、

$$\text{貿易の利益} = (32 - 2) \times (18 - 12) \times \frac{1}{2}$$

$$= 90$$

となります。

よって、正解は❶となります。

過去問にチャレンジ

問題1 ★

小国における、ある財の国内市場における需要曲線と供給曲線がそれぞれ図のように示されており、海外との自由貿易がない場合の国内市場における均衡点は E である。また、この財の世界市場における価格は p^* である。この国が自由貿易を行った場合の記述として最も妥当なのはどれか。

労基2013

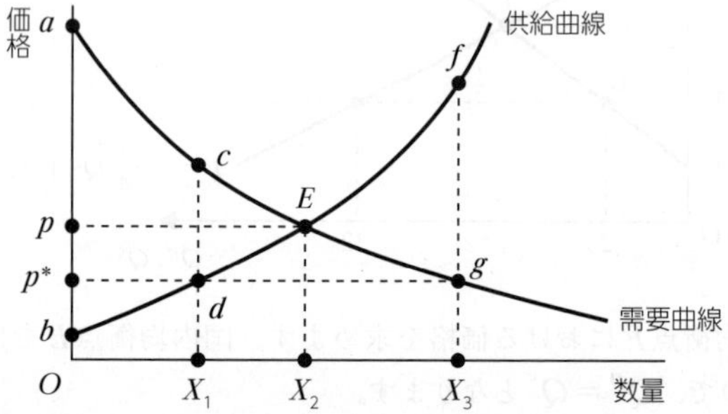

❶ 世界市場の価格にかかわらず、国内市場での均衡点 E において総余剰は bEa で囲まれた部分となり最大であるため、自由貿易を行ったとしても貿易による利益は得られない。

❷ 自由貿易により、世界市場での価格 p^* で取引が行われるので、需要量は X_3、国内生産量は X_1、輸入量は $(X_3 - X_1)$ となり、貿易の利益が dgE で囲まれた部分だけ発生する。

❸ 世界市場での価格 p^* が国内価格 p よりも低いため、自由貿易により、消費者余剰は p^*dca で囲まれた部分、生産者余剰は bdp^* で囲まれた部分となるため、貿易の利益が dEc で囲まれた部分だけ発生する。

❹ 世界市場での価格 p^* は国内価格 p よりも低いため、自由貿易により、消費者余剰は pEa で囲まれた部分、生産者余剰は dgf で囲まれた部分となり、自由貿易により総余剰が増える。

❺ 自由貿易によって国内価格 p が成立しなくなるため、消費者にも生産者にも帰属しない死荷重が Egf で囲まれた部分だけ発生する。

問題2 ★

下図のように、ある小国におけるZ財の需要曲線と供給曲線とがあり、自由貿易におけるZ財の国際価格がOP_0である場合、P_0P_1の輸入関税が課されたときの輸入量と経済厚生の減少分との組合せとして、正しいのはどれか。ただし、輸入関税による収入は国民に分配されるものとする。

都Ⅰ 2007

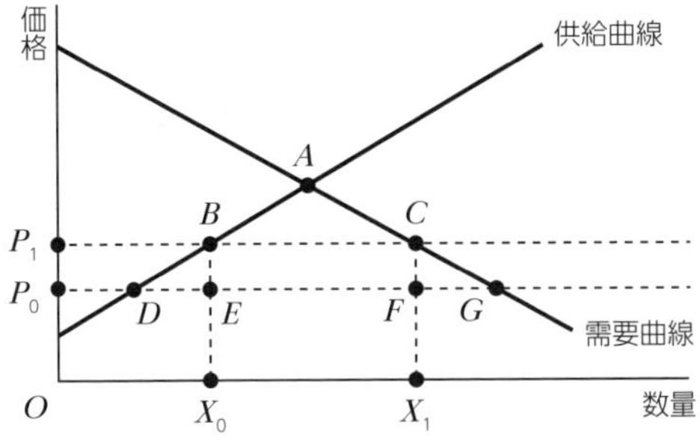

	輸入量	経済厚生の減少分
❶	OX_1	$P_1P_0DB+ABC$
❷	OX_1	$P_1P_0DB+BEFC$
❸	OX_1	P_1P_0GC
❹	X_0X_1	$BDE+CFG$
❺	X_0X_1	$BEFC$

問題3 ★★

この国はある財の輸入について小国であると仮定し、その財の需要曲線と国内生産者の供給曲線がそれぞれ、価格をPとして、

$D=600-6P$ 〔D：需要量〕

$S=4P-200$ 〔S：国内生産者供給量〕

で表されるとする。当初自由貿易のもとで、この財の国際価格は60であったが、この国の政府がこの財に輸入1単位当たり10の関税を賦課したとすると、そのときに発生する厚生損失はいくらか。

区Ⅰ 2019

❶ 200
❷ 300
❸ 500
❹ 1000
❺ 1500

問題4 ★★

下図は、ある財の需要曲線と供給曲線を示したものである。政府がある輸入業者にQ_1Q_2の輸入数量割当を行った場合、輸入業者の超過利潤を表す部分として、妥当なのはどれか。ただし、自由貿易のときの国内価格をP、輸入数量割当後の国内価格をP_1とする。

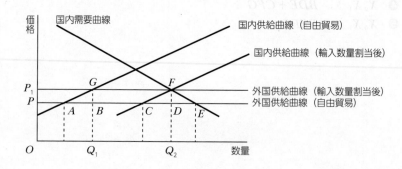

都Ⅰ 2002

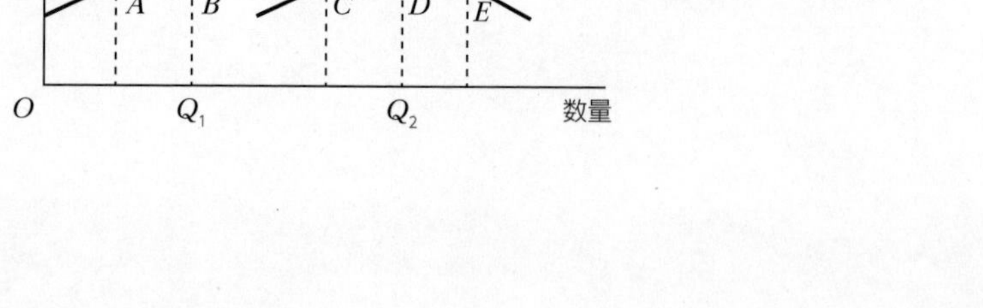

❶ FCE
❷ $GBEF$
❸ $GADF$
❹ P_1PEF
❺ $GBDF$

問題5
★★★

小国AにおけるX財の需要関数及び供給関数が次のように示されている。

$D = 450 - 2P \qquad S = 3P - 100$ （D：需要量、S：供給量、P：価格）

またX財の国際価格は50であり、当初は自由貿易が行われていた。ここで、A国において政府は、国内のX財の生産者を保護するため、X財の輸入数量を200に制限することとした。

このときA国において輸入制限を行ったことにより発生する死荷重の大きさはいくらか。

国税・労基・財務2018

❶ 450
❷ 600
❸ 750
❹ 900
❺ 1,000

2 一般均衡分析

学習のポイント

- 国家間の貿易が成立するメカニズムについて理論的に分析します。
- リカード・モデルが重要ですので、これを中心に学習しておきましょう。

1 貿易パターンの決まり方

日本とアメリカとの間では、貿易が盛んに行われています。日本は、主に自動車や家電製品をアメリカに輸出し、アメリカは、主にトウモロコシや小麦といった農産物を日本に輸出しています。大きく捉えると、日本は工業製品の輸出国、アメリカは農産物の輸出国となっています。さて、両国間の貿易パターンは、なぜこのような形になったのでしょうか。ここで考えたいのは、**"国家間の貿易パターンは何に依存して決まるのか"**という問題です。

二つのモデルを考えます。一つは、**リカード・モデル**です。これは、**両国の持つ生産技術の差が**、貿易パターンを決定する要因になると説明します。もう一つは、**ヘクシャー＝オリーン・モデル**です。こちらは、**両国が保有する生産要素（労働、資本）の量が**、貿易パターンを決定する要因になると説明します。

皆さんの学習の中心は、リカード・モデルになります。

2 リカード・モデル

二つの国（A国、B国）が、それぞれ二つの財（x財、y財）を生産しているとします。二つの財は、労働（L）のみから生産されるものとし、各国の労働人口（労働賦存量）は一定であるとします（表参照）。両国の労働者に質的な差はなく、両国の賃金水準は同じだと考えてください。また、それぞれの国の労働者はいずれかの財の生産に従事し、失業者は存在しないとします（完全雇用）。

表の左側にある数値は、それぞれの国が、財１単位の生産に何人の労働者を必要とするかを表しています。例えば、A国はx財１個の生産に１人の労働者を、y財１個の生産に２人の労働者を必要としています。これらを**投入係数**と呼びます。これも一定であるとします。

	x財	y財	労働賦存量（一定）
A 国	1人	2人	60人
B 国	4人	3人	120人

⑴ 投入係数と比較生産費

上記の数値例を前提とすると、どちらの財もA国のほうが少ない労働者数で生産できる状態になっています。このように、**貿易相手国に比べて生産に必要となる労働者数が少なく済む状態**を絶対優位といい、「**A国はB国に対して絶対優位にある**」といいます。B国から見ると、「**B国はA国に対して絶対劣位にある**」といいます。

この場合、A国にはB国から財を買う（＝輸入する）メリットはないように見えます。自国で財を生産したほうがよっぽど効率的だからです。しかし、リカードは、比較生産費という概念を使った比較優位という考え方で、B国がA国に財を輸出できる可能性を示しました。

比較生産費とは、労働で測った二つの財の相対的な生産コストを表すものです。具体的に見ていきましょう。

① A国の比較生産費

A国国内では、y財に比べてx財のほうが少ない労働者数で生産が可能です。このとき、x財のy財に対する生産コストを「x財のy財に対する比較生産費」といい、

$$\text{x財のy財に対する比較生産費} = \frac{1\text{人}}{2\text{人}} = \frac{1}{2} \qquad \cdots\cdots①$$

とします。これは、「x財はy財の半分のコストで生産できる」ことを表します。

逆に、y財のx財に対する生産コストを「y財のx財に対する比較生産費」といい、

$$\text{y財のx財に対する比較生産費} = \frac{2\text{人}}{1\text{人}} = 2 \qquad \cdots\cdots②$$

とします。これは、「y財はx財の2倍のコストが掛かる」ことを表します。

② B国の比較生産費

B国でも同様に計算します。

$$\text{x財のy財に対する比較生産費} = \frac{4\text{人}}{3\text{人}} = \frac{4}{3} \qquad \cdots\cdots③$$

これは、「x財はy財の$\frac{4}{3}$のコストが掛かる」ことを表します。

一方、

第6章 国際貿易理論

$$y財のx財に対する比較生産費=\frac{3人}{4人}=\frac{3}{4} \quad ……④$$

とします。これは、「y財はx財の$\frac{3}{4}$のコストで生産できる」ことを表します。

(2) 比較優位説（比較生産費説）

二つの国を「世界」と考えた場合、世界全体で効率的な財の生産を行うためには、両国が比較生産費の小さな財の生産を行うことが効率的です。生産に必要な労働者数（労働賦存量）に限りがあるからです。

そこで、それぞれの財について、２国間で比較生産費を比べてみます。

まず、x財のy財に対する比較生産費を比較すると（①と③の比較）、

$$\frac{1}{2}<\frac{4}{3}$$

となっており、x財の比較生産費についてはA国のほうが小さくなっています。この状況を、**「A国はx財の生産において比較優位にある」**（＝B国はx財の生産において比較劣位にある）といいます。

一方、y財のx財に対する比較生産費を比較すると（②と④の比較）、

$$2>\frac{3}{4}$$

となっており、y財の比較生産費についてはB国のほうが小さくなっています。この状況を、**「B国はy財の生産において比較優位にある」**（＝A国はy財の生産において比較劣位にある）といいます。

これを踏まえて、リカードは以下のように主張します。とりあえず、“結論”として覚えてしまいましょう。

> **比較優位説（比較生産費説）**
>
> **各国は、比較生産費の小さな財（比較優位）の生産に特化（集中）し、これを貿易相手国に輸出するべきである。逆に、比較生産費が大きな財（比較劣位）については、貿易相手国から輸入するべきである。**

上記の数値例では、A国はx財に比較優位があるので、x財の生産に特化してx財の輸出国となります。他方、B国はy財に比較優位があるので、y財の生産に特化してy財の輸出国となるのです。このような形で財の生産を分担すれば（国際的分業）、世界全体で貿易の利益が生じると主張するのです。

さて、なぜこのようなことがいえるのか、また、何か条件はないのか等について、このあと見ていきます。

(3) 生産可能性フロンティア

労働人口（労働賦存量）が決まっていて、財１個の生産に必要となる労働者数（投入係数）も決まっているので、各国が生産できる財の量には限度があります。そもそも、「どれだけ作れるのか」がわからなければ、「どれだけ輸出できるのか」もわかりません。そこで、**労働者を使って、両国が最大限生産することのできる財の組合せ**を考えてみます。これを**生産可能性フロンティア**（*PPF*：Production Possibility Frontier）と呼びます。

最大限の生産量を実現するには、少なくとも、すべての労働者を財の生産に従事させる必要があります（完全雇用）。財の生産量をx、yとすると、以下の関係が成立します。

〔A国〕　１人・x個＋２人・y個＝60人　……①

$$\Leftrightarrow \quad y = -\frac{1}{2}x + 30$$

〔B国〕　４人・x個＋３人・y個＝120人　……②

$$\Leftrightarrow \quad y = -\frac{4}{3}x + 40$$

①式と②式は、「生産に必要な労働者総数＝労働人口」という形の式になっていて、労働者をいずれかの財の生産に完全に割り当てている状態（完全雇用）を示しています。そして、それぞれの式をyについて整理してグラフにしたものが、生産可能性フロンティアです（下図）。直線上は、労働者を完全に利用した２財の組合せになっており、直線の内側が、各国の生産可能な領域を表しています。

A国の生産可能フロンティア

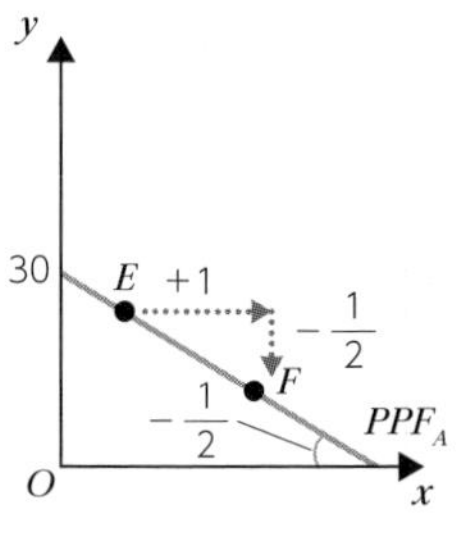

B国の生産可能フロンティア

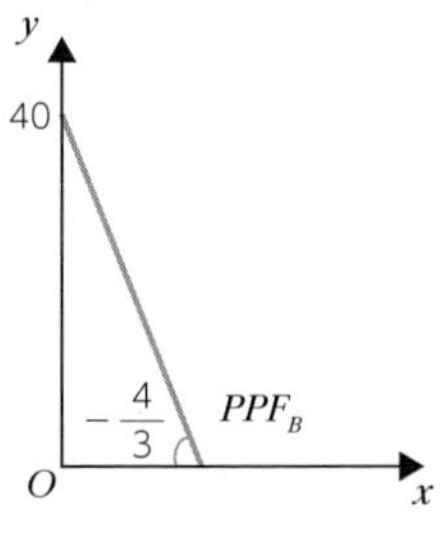

生産可能性フロンティアは右下がりの直線になっています。これは、財の生産に必要な労働者に限りがあるので、いずれかの財の生産量を増やす場合には、他方の財の生産量を減らさざるを得ない、ということを示しています。

仮に、A国において、*E*点で二つの財を生産しているとします。ここからx財の生産を１個増やすと、財の組合せが生産可能性フロンティアの外側に出てしまうため、

y財の生産量を減少させなければなりません。A国の生産可能性フロンティアの傾きは$-\frac{1}{2}$ですから、減少させることになるy財は$\frac{1}{2}$個ということになります（F点）。**このような、x財を1単位増やしたときに、他のy財をどれだけ減らさなければならないか**を示したものを**限界変形率**（MRT：Marginal Rate of Transformation）といい、生産可能曲線の傾きの大きさ$\frac{1}{2}$に一致します（これは、x財の比較生産費に一致します）。

A国の限界変形率（$MRT_{xy}{}^{A}$）と同様に、B国の生産可能性フロンティアの傾きの大きさ$\frac{4}{3}$は、B国の限界変形率（$MRT_{xy}{}^{B}$）を表しています。

(4) 自給自足均衡

もし、両国が全く貿易を行わない閉鎖経済である場合には、両国の国民（消費者）は、生産可能性フロンティア上のどこかで、二つの財の消費量を決定しなければなりません。つまり、供給された範囲内でしか消費ができませんから、

その国の生産可能領域＝その国の消費者の消費可能領域

となります。

ここで、両国の国民全体の無差別曲線をそれぞれU_A、U_Bとします。これは、特定の個人ではなく、**国民全体の満足水準**を示すもので、**社会的無差別曲線**と呼びます。社会全体の効用水準が最大となる二つの財の消費量の組合せは、**生産可能性フロンティアと社会的無差別曲線が接するところ**（a点、b点）で決定されます。そして、**財の生産量の組合せも、需要と供給を一致させるように同じ点で決定されます**。この点で得られる均衡を、**自給自足均衡**と呼びます。

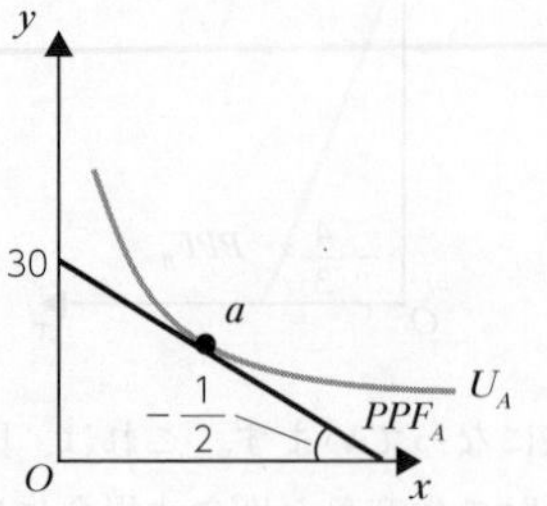

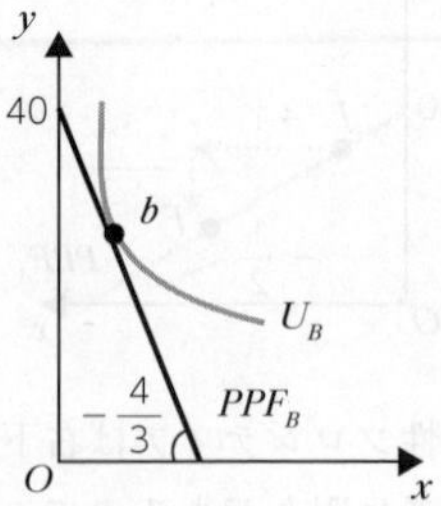

(5) 貿易の利益

では、A国を例にして、自給自足均衡（a点）を初期状態と見て、自由貿易を行

うとしましょう。貿易によって消費者の財の消費可能領域に変化が生じるので、国民全体の予算制約線を見ておきます。

①　価格比（$\frac{P_x}{P_y}$）＞限界変形率（$MRS_{xy}{}^A$）となる場合

２財の国際価格が、$P_x = 100$円、$P_y = 100$円であるとしましょう。初期状態（自給自足均衡）が（x, y）＝(40, 10）だとすると、これを外国に売却すれば、Ａ国は合計で5,000円（＝100円・40個＋100円・10個）の所得を得ることができます。よって、Ａ国国民の予算制約線は、

$$P_x \cdot x + P_y \cdot y = M \quad 〔M：所得〕$$

$$\Leftrightarrow \quad 100x + 100y = 5{,}000 \qquad \therefore \quad y = -x + 50$$

となります。これをＡ国の生産可能性フロンティアと重ねて描くと、以下のようになります。

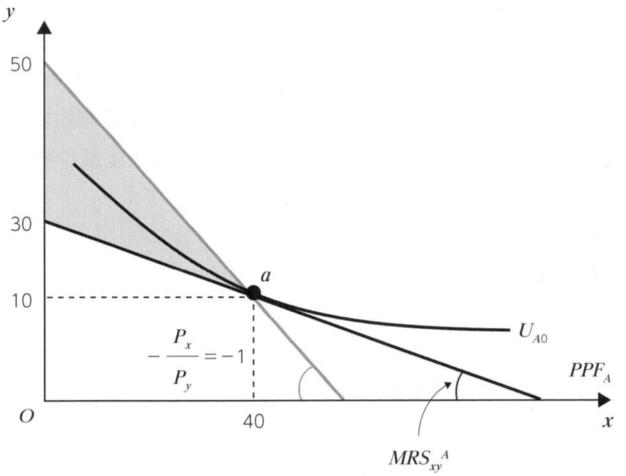

国際的な価格比（$\frac{P_x}{P_y}$）に従うと、着色部分だけ消費可能領域が拡大します。他国との貿易が可能であれば、x財を他国へ輸出し、y財を他国から輸入すれば、$\boldsymbol{a}_1$点で消費することができ、自給自足均衡のときの効用（U_{A0}）よりも高い効用（U_{A1}）を実現することができます。これが、**貿易の利益**です（図参照）。

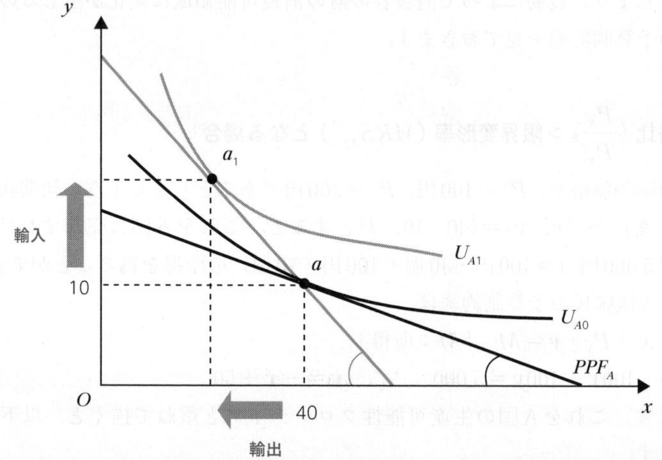

ただし、この貿易の利益は、自給自足均衡（a点）を生産の初期の状態としたときに得られるものです。ここで、A国の企業が、国内での生産量の組合せをa点からP点の方向に変化させたとします（下図参照）。要するに、y財の生産を減らし、x財の生産を増やすのです。これにより、国内の消費者の予算制約線が右方にシフトし、消費可能領域が拡大していくことがわかります。生産量の組合せがP点に至った状態で、消費者の消費可能領域が最も大きくなります。

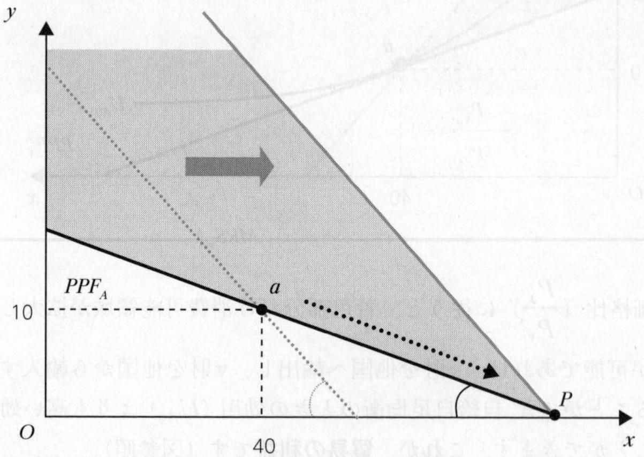

生産量の組合せを表すP点は、x財だけを生産することを表しています（y財はゼロ）。この状態をx財生産への**完全特化**といいます。このP点を初期の状態として自由貿易が可能だとすると、消費者は予算制約線と無差別曲線が接するC点で消費量の組合せを決定します（図参照）。

x財については、$x_P - x_C$だけの超過供給となっています。これを他国に輸出します。一方、y財については、生産量はゼロなので、y_Cだけの超過需要となります($y_C - 0$)。これを他国から輸入します。これにより、国内の消費者は、U_{A2}の効用水準を実現することができるのです。

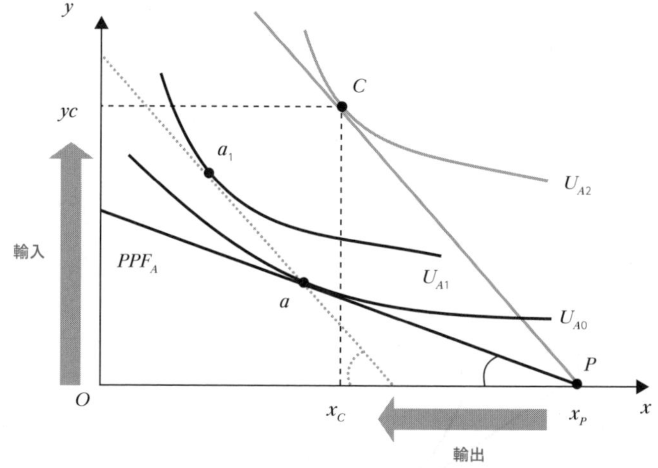

x財の生産に完全特化することは、企業の利潤を考えても合理的であるといえます。

$\frac{P_x}{P_y}$ $(\frac{100円}{100円})$ $> MRS_{xy}{}^A$ $(\frac{1}{2})$ となっている状態で、a点からP点の方向にx財の生産を増やし、y財の生産を減らすとします。仮に、x財を1個増やすと、限界変形率は$\frac{1}{2}$ですから、y財が$\frac{1}{2}$個減ることになります。

このとき、x財を1個増やすことで100円の収入が得られますが（1個×100円)、y財が$\frac{1}{2}$個減るので、50円だけ収入が減ることになります（$-\frac{1}{2}$個×100円)。つまり、トータルで考えると、50円だけ企業の利潤が改善するのです。つまり、$\frac{P_x}{P_y} > MRS_{xy}{}^A$となっている場合には、**x財を増やせるところまで増やし、y財を減らせるところまで減らした状態（P点）が、A国企業の利潤最大化を実現する状態**になるのです。

②　価格比（$\frac{P_x}{P_y}$）＜限界変形率（$MRS_{xy}{}^A$）となる場合

２財の国際価格が、P_x＝100円、P_y＝300円であるとしましょう。初期状態（自給自足均衡）が（x，y）＝(40，10）だとすると、これを外国に売却すれば、A国は合計で7,000円（＝100円・40個＋300円・10個）の所得を得ることができます。よって、A国国民の予算制約線は、

$$P_x \cdot x + P_y \cdot y = M \quad 〔M：所得〕$$

$$\Leftrightarrow \quad 100x + 300y = 7{,}000 \qquad \therefore \quad y = -\frac{1}{3}x + \frac{70}{3}$$

となります。これをA国の生産可能性フロンティアと重ねて描くと、以下のようになります。

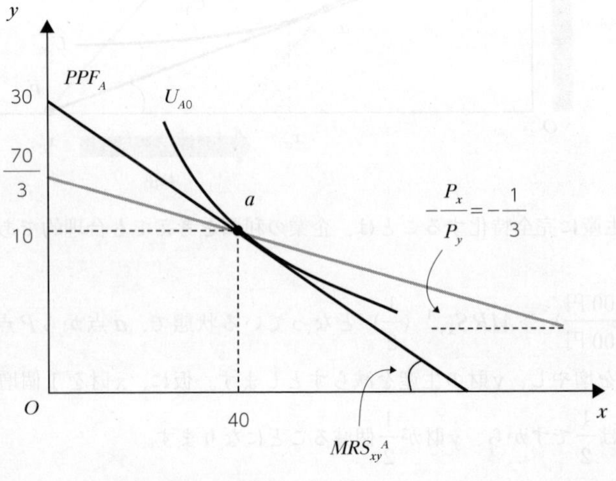

今度は、a点よりも右側で消費可能領域が拡大します。他国との貿易が可能であれば、x財を他国から輸入し、y財を他国へ輸出すれば、a_1点で消費することができ、自給自足均衡のときの効用（U_{A0}）よりも高い効用（U_{A1}）を実現することができます。これが、**貿易の利益**です。

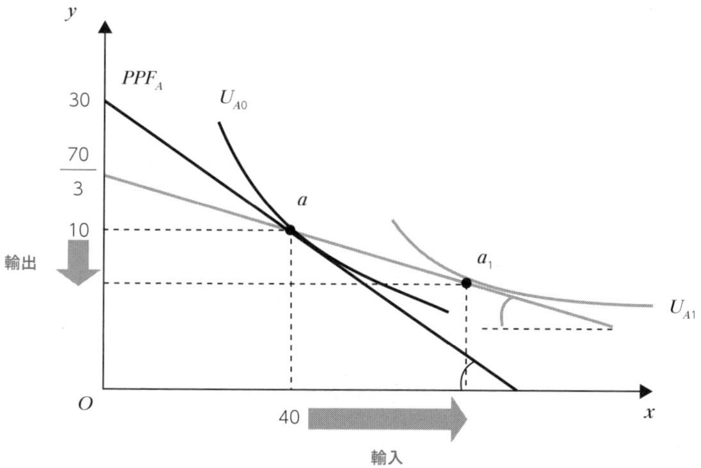

この場合には、y財の生産を増やし、x財の生産を減らすことで、P点でy財の生産に**完全特化**したとしましょう。これにより、国内の消費者の予算制約線が上方にシフトし、生産量の組合せがP点に至った状態で、消費者の消費可能領域が最も大きくなります。このP点を初期の状態として自由貿易が可能だとすると、消費者は予算制約線と無差別曲線が接するC点で消費量の組合せを決定します。

x財については、生産量がゼロなので、x_Cだけの超過需要となっています（x_C-0）。これを他国から輸入します。一方、y財については、y_P-y_Cだけの超過供給となります。これを他国へ輸出します。これにより、国内の消費者は、U_{A2}の効用水準を実現することができるのです。

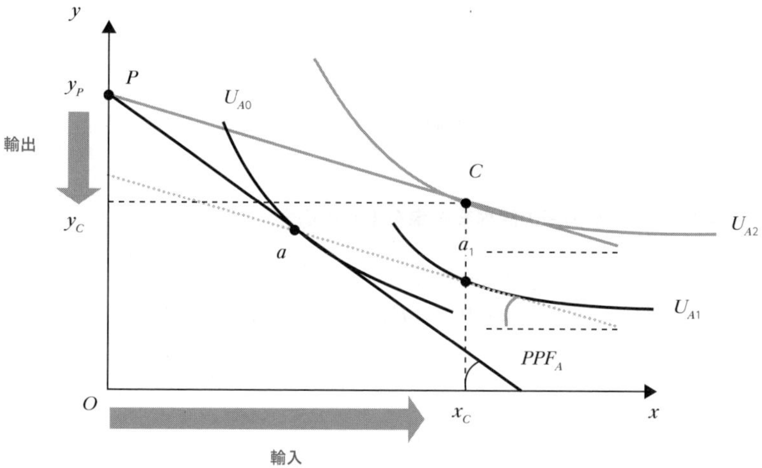

x財の生産に完全特化することは、企業の利潤を考えても合理的であるといえます。

$\frac{P_x}{P_y}$（$\frac{100円}{300円}$）$<MRS_{xy}{}^A$（$\frac{1}{2}$）となっている状態で、a点からP点の方向にy財の生産を増やし、x財の生産を減らすとします。仮に、x財を１個減らすと、限界変形率は$\frac{1}{2}$ですから、y財が$\frac{1}{2}$個増えることになります。

このとき、x財を１個減らすことで100円の収入が減りますが（－１個×100円）、y財が$\frac{1}{2}$個増えるので、150円だけ収入が増えることになります（$\frac{1}{2}$個×300円）。つまり、トータルで考えると、50円だけ企業の利潤が改善するのです。つまり、$\frac{P_x}{P_y}<MRS_{xy}{}^A$となっている場合には、**y財を増やせるところまで増やし、x財を減らせるところまで減らした状態（P点）が、A国企業の利潤最大化を実現する状態になるのです。**

⑹ 交易条件

これまでの数値例を前提とすると、リカードの比較優位説では、A国はx財の生産に完全特化し、B国はy財の生産に完全特化するはずです。ところが、国際的な価格比（$\frac{P_x}{P_y}$）の与えられ方によっては、A国がy財の生産に完全特化する可能性も見えてきました。B国についても同様のことがいえます。

すると、価格比（$\frac{P_x}{P_y}$）の大きさによっては、両国が完全特化する財が重複してしまう可能性があります。

そこで、場合分けしながら２国同時に見ていきましょう。

① 価格比（$\frac{P_x}{P_y}$）が両国の限界変形率を上回る場合

財の価格比が両国の限界変形率を超えると、A国とB国の企業はいずれもx財の生産に完全特化し、生産点はそれぞれP_A、P_Bに決定されます。

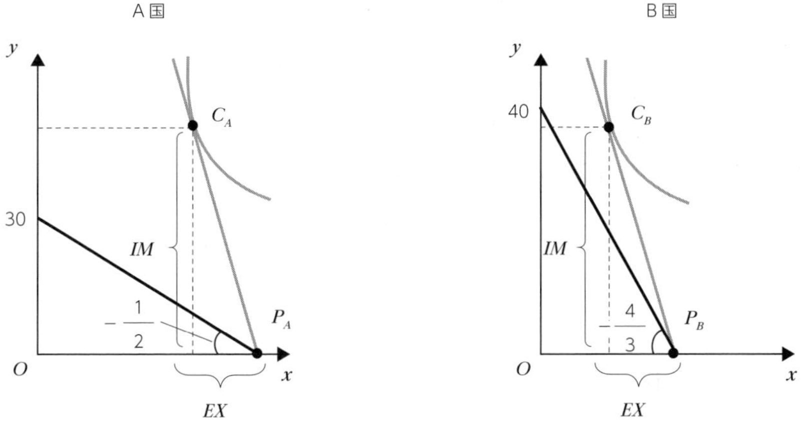

一方、消費者は予算制約線を前提として消費点を決定します。C_A点、C_B点が消費点です。

このように生産点と消費点が決定されると、両国ともに生産を全く行わないy財を輸入（IM）しようとし、国内市場で超過供給となっているx財を輸出（EX）しようとします。これでは両国の間で財のやり取り（貿易）は成立しません。

② 価格比（$\frac{P_x}{P_y}$）が両国の限界変形率を下回る場合

財の価格比が両国の限界変形率を下回ると、A国とB国の企業はいずれもy財の生産に完全特化し、生産点はそれぞれP_A、P_Bに決定されます。

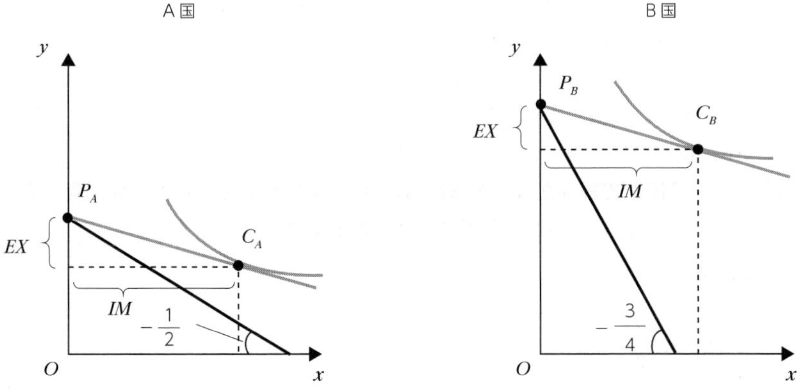

一方、消費者は予算制約線を前提として消費点を決定しようとします。C_A点、C_B点が消費点です。

このように生産点と消費点が決定されると、両国ともに生産を全く行わないx財を輸入（IM）しようとし、国内市場で超過供給となっているy財を輸出（EX）しようとします。これでは両国の間で財のやり取り（貿易）は成立しません。

③　価格比（$\frac{P_x}{P_y}$）が両国の限界変形率の間になる場合

財の価格比がA国の限界変形率（$\frac{1}{2}$）とB国の限界変形率（$\frac{4}{3}$）の間に与えられると、A国の企業はx財の生産に完全特化し（P_A点）、B国の企業はy財の生産に完全特化します（P_B点）。一方、C_A点とC_B点が両国の消費点です。

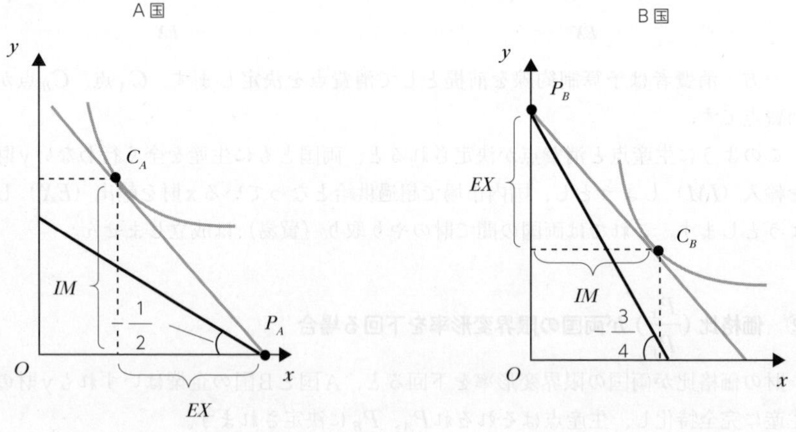

A国ではx財の生産量が消費量を上回っているのでx財をB国に輸出し、生産しないy財はB国から輸入しようとします。

一方、B国ではy財の生産量が消費量を上回っていますから、y財をA国に輸出し、生産しないx財はA国から輸入しようとします。

よって、両国の間で貿易は成立することになります。

以上から、**2国間で貿易が成立するためには、2財の価格比が両国の限界変形率**（x財のy財に対する比較生産費）**の間に与えられる必要があります。**

〔交易条件〕

$$MRT_{xy}{}^{A} < \frac{P_x}{P_y} < MRT_{xy}{}^{B}$$

3 ヘクシャー＝オリーン・モデル

リカード・モデルでは、二つの国の生産技術（投入係数）の差が、両国間で貿易が行われる原因になるとしました。これに対して、ヘクシャー＝オリーン・モデルでは、**二つの国が保有する生産要素賦存量**（労働、資本）**の差**が、両国間で貿易が行われる原因になるとします。

このモデルは、以下の四つの定理からなります。

ヒント

特別区で定期的に出題されますので、簡単に内容を覚えておきましょう。本格的なモデルの学習は不要です。

(1) ヘクシャー＝オリーン定理

ヘクシャー＝オリーン定理とは、各国は、国内に相対的に多く保有する生産要素をより集約的に用いる財の生産に比較優位を持ち、その財を他国に輸出することになる、というものです。

例えば、インドや中国は人口が多く、労働力が豊富な国です。このような国は、かつての織物業など、労働を大量投入しないと生産できないような財（労働集約財）の生産に比較優位があると考えるのです。一方、アメリカや日本は、資本の調達には困らない国です。このような国は、電力や自動車といった、資本の大量投入が必要な財（資本集約財）の生産に比較優位があるとされます。

しかし、この定理に反する事例があります。アメリカは、資本を豊富に保有する資本豊富国です。ヘクシャー＝オリーン定理によれば、資本集約財の生産に比較優位があるはずですから、資本集約財を大量生産し、これを外国に輸出しているはずです。ところが、実際には、資本集約財を輸入している事実が確認されました。このことは、発見者の名前をとって、**レオンチェフの逆説**と呼ばれています。

(2) ストルパー＝サミュエルソンの定理

ストルパー＝サミュエルソンの定理とは、ある財の価格が上昇すると、その財の生産に集約的に用いる生産要素の価格を上昇させることになる、というものです。

例えば、X財の価格（P_X）が上昇して、財の価格比（$\frac{P_X}{P_Y}$）が上昇したとします。各国の企業は、X財の生産を増やそうとするでしょう。仮に、X財が労働集約財であれば、労働需要が増えて、賃金率が上昇することになります。このように、財価

第6章 国際貿易理論

格の変化が、生産要素の価格に影響を与えるというのです。

(3) リプチンスキーの定理

リプチンスキーの定理とは、ある生産要素賦存量が増加すると、その生産要素を集約的に投入する財の生産量が増加し、他の財の生産量は減少することになる、というものです。

例えば、労働人口が増えたとすると、労働供給の増加により賃金が下落します。賃金が下落してくれば、企業の労働需要が増加し、労働を集約的に投入する財の生産量が増加し、労働集約的ではない財の生産量は減ることになります。

(4) 要素価格均等化定理

要素価格均等化定理とは、財の国際価格（P_f）が決まると、各国の生産要素の価格（賃金率、資本財価格）も等しくなる、というものです。

直感的なイメージをお話ししましょう。貿易が盛んになって、人件費の安い国々から安い財（X財）が日本国内でも取引され始めたとしましょう。すると、同じX財を国内で生産している生産者は、国内の高い人件費をかけて同じ財を生産しようとはしないはずです。X財の生産は減らし、他の財（Y財）の生産で生き残りをかけようとするでしょう。すると、国内でX財の生産に従事していた労働者の賃金は下落していき、やがて、国内の賃金水準が、国外の安い人件費と大差ない状態（生産要素価格が均等化する）になってしまうのです。つまり、財が国際的な競争にさらされると、国内の生産要素価格も、その影響を受けることになるのです。

確認してみよう

二つの国AとBだけが存在し、両国は労働だけを用いて２種類の財XとYのみを生産するものとする。それぞれの国で、X財とY財を１単位生産するのに必要な労働量が次の表のとおりである。

	X財	Y財	労働賦存量(一定)
A　国	2人	4人	500人
B　国	4人	6人	500人

① 二つの財の生産に、絶対優位にある国はどちらか。

2 (2) 参照

二つの財ともに、A国のほうが少ない労働者数で生産が可能なので、A国が絶対優位にあるといえます。

② A国の二つの財の比較生産費を計算しなさい。

2 (2) 参照

X財：$\frac{2\text{人}}{4\text{人}}=\frac{1}{2}$ ……①

Y財：$\frac{4\text{人}}{2\text{人}}=2$ ……②

③ B国の二つの財の比較生産費を計算しなさい。

2 (2) 参照

X財：$\frac{4\text{人}}{6\text{人}}=\frac{2}{3}$ ……③

Y財：$\frac{6\text{人}}{4\text{人}}=\frac{3}{2}$ ……④

④ 比較優位の考え方による場合、Y財の輸出国になるのはどちらの国か。

2 (2) 参照

両国のY財の比較生産費を比べると（②と④）、B国のほうが小さいので、B国はy財の生産に完全特化し、Y財の輸出国となります。

5 両国の間で貿易が成立するためには、財の価格比（$\frac{P_X}{P_Y}$）はどのような範囲である必要があるか。

2 (6) 参照

両国の間で貿易が成立するためには、財の価格比が両国の限界変形率の間に収まっている必要があります。限界変形率は、生産可能性フロンティアの傾きの大きさに当たるので、生産可能性フロンティアを計算します。

A国：$2 \cdot X + 4 \cdot Y = 500$

$\Leftrightarrow \quad Y = -\frac{1}{2}X + 125$

B国：$4 \cdot X + 6 \cdot Y = 500$

$\Leftrightarrow \quad Y = -\frac{2}{3}X + \frac{250}{3}$

両国の限界変形率はそれぞれ、$\frac{1}{2}$、$\frac{2}{3}$となるので、財の価格比は、

$$\frac{1}{2} < \frac{P_X}{P_Y} < \frac{2}{3}$$

となる必要があります。

過去問にチャレンジ

問題1 ★

世界に二つの国AとBだけが存在し、両国は生産要素として労働だけを用いて2種類の財XとYのみを生産するものとする。それぞれの国においてX財とY財を1単位生産するのに必要な労働量が次の表のとおりであるとき、比較生産費説に基づく両国間の貿易に関する記述として、妥当なのはどれか。ただし、労働はすべて同質であり、輸送費はかからないものとし、生産要素の両国間の移動はないものとする。

区Ⅰ2007

	X 財	Y 財
A 国	25	20
B 国	18	10

❶ A国は、X財において比較劣位をもつため、Y財に生産を特化し、X財を輸入する。

❷ A国は、Y財において比較優位をもつため、X財に生産を特化し、Y財を輸入する。

❸ A国は、B国に比べてX財及びY財においてともに絶対優位をもつため、両国間で貿易は行わない。

❹ B国は、Y財において比較優位をもつため、Y財に生産を特化し、Y財を輸出する。

❺ B国は、A国に比べてX財及びY財においてともに比較優位をもつため、両国間で貿易は行われない。

第6章 国際貿易理論

問題2
★★

リカードの比較生産費説に基づいて、A国とB国の2か国と、X財とY財の2種類の財のみが存在する世界を考える。生産要素は労働のみであり、各財を1単位生産するために投入される労働量は以下の表のように示される。両国間で労働の移動がない場合、次の財の相対価格($\frac{P_x}{P_y}$)の範囲のうち、両国間に貿易が生じるものとして妥当なのはどれか。ただし、P_xはX財の価格を、P_yはY財の価格を表す。

国税・労基・財務2014

	X財	Y財	労働人口
A国	2	1	12
B国	6	2	30

❶ $0 < \frac{P_x}{P_y} < 1$

❷ $1 < \frac{P_x}{P_y} < 2$

❸ $2 < \frac{P_x}{P_y} < 3$

❹ $3 < \frac{P_x}{P_y} < 4$

❺ $4 < \frac{P_x}{P_y} < 5$

問題3
★

A国とB国の2国、x財とy財の2財からなるリカードの貿易モデルにおいて、次の図のaa'線、bb'線は、それぞれA国、B国の2財の生産可能性フロンティアを表している。x財とy財の価格をそれぞれp_x、p_yとすると、2国間で貿易が行われるための2財の価格比$\dfrac{P_x}{P_y}$の範囲として、妥当なのはどれか。

区Ⅰ 2014

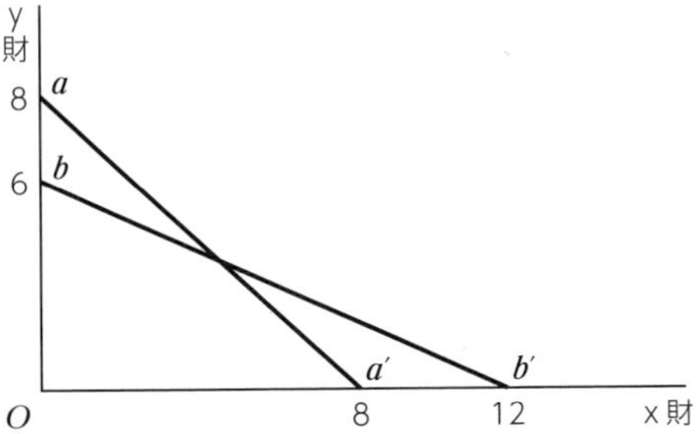

❶ $\dfrac{1}{3}<\dfrac{P_x}{P_y}<\dfrac{1}{2}$

❷ $\dfrac{1}{3}<\dfrac{P_x}{P_y}<1$

❸ $\dfrac{1}{2}<\dfrac{P_x}{P_y}<1$

❹ $\dfrac{1}{2}<\dfrac{P_x}{P_y}<\dfrac{3}{2}$

❺ $\dfrac{2}{3}<\dfrac{P_x}{P_y}<\dfrac{4}{3}$

問題4
★★

労働力のみで生産される財Xと財Yがあり、A国とB国でそれらの財を1単位生産するのに必要な労働投入量は、表のとおりである。リカードの比較生産費説を前提とすると、A国とB国の間で貿易が生じる場合の財の相対価格$\dfrac{P_x}{P_y}$の範囲として最も妥当なのはどれか。

ただし、P_xは財Xの価格、P_yは財Yの価格を表す。また、両国間で労働力の移動はないものとする。

労基2019

	財X	財Y
A国	5	2
B国	8	3

❶ $\dfrac{3}{8}<\dfrac{P_x}{P_y}<\dfrac{2}{5}$

❷ $\dfrac{5}{8}<\dfrac{P_x}{P_y}<\dfrac{2}{3}$

❸ $\dfrac{3}{2}<\dfrac{P_x}{P_y}<\dfrac{8}{5}$

❹ $\dfrac{5}{3}<\dfrac{P_x}{P_y}<4$

❺ $\dfrac{5}{2}<\dfrac{P_x}{P_y}<\dfrac{8}{3}$

問題5 ★★★ ヘクシャー＝オリーンの定理に関する記述として、妥当なのはどれか。

区Ⅰ2018

❶ ヘクシャー＝オリーンの定理では、各国間で異なる生産技術を持つと仮定すると、各国はそれぞれ比較優位にある方の財の生産に完全特化することによって、互いに貿易を通じて各国の利益を増加できるとした。

❷ ヘクシャー＝オリーンの定理では、比較優位の原因を生産要素の存在量に求め、各国が相対的に豊富に存在する資源をより集約的に投入して生産する財に比較優位を持つとした。

❸ ヘクシャー＝オリーンの定理では、財の価格の上昇は、その財の生産により集約的に投入される生産要素の価格を上昇させ、他の生産要素の価格を下落させるとした。

❹ ヘクシャー＝オリーンの定理では、財の価格が一定に保たれるならば、ある資源の総量が増加すると、その資源をより集約的に投入して生産する財の生産量が増加し、他の財の生産量が減少するとした。

❺ ヘクシャー＝オリーンの定理では、アメリカにおける実証研究の結果から、資本豊富国と考えられていたアメリカが労働集約的な財を輸出し、資本集約的な財を輸入しているとした。

索引

さ

MEMO

MEMO

〈執筆〉高橋 義憲

〈本文デザイン〉清原 一隆（KIYO DESIGN）

本書の内容は、小社より2020年12月に刊行された
「公務員試験 ゼロから合格 基本過去問題集 ミクロ経済学」（ISBN：978-4-8132-9491-7）
と同一です。

公務員試験 ゼロから合格 基本過去問題集 ミクロ経済学 新装版

2020年12月25日　初　版　第１刷発行
2024年４月１日　新装版　第１刷発行

編著者　ＴＡＣ株式会社（公務員講座）
発行者　多田敏男
発行所　ＴＡＣ株式会社　出版事業部（TAC出版）
〒101-8383
東京都千代田区神田三崎町3-2-18
電話　03(5276)9492(営業)
FAX　03(5276)9674
https://shuppan.tac-school.co.jp
組　版　朝日メディアインターナショナル株式会社
印　刷　株式会社　ワコー
製　本　株式会社　常川製本

ISBN 978-4-300-11108-6
N.D.C. 317

TAC出版

(2018年5月現在)

書籍のご購入は

1 全国の書店、大学生協、ネット書店で

2 TAC各校の書籍コーナーで

資格の学校TACの校舎は全国に展開!
校舎のご確認はホームページにて

資格の学校TAC ホームページ
https://www.tac-school.co.jp

3 TAC出版書籍販売サイトで

CYBER BOOK STORE TAC出版書籍販売サイト

TAC 出版 で 検索

24時間
ご注文
受付中

https://bookstore.tac-school.co.jp/

新刊情報をいち早くチェック!

たっぷり読める立ち読み機能

学習お役立ちの特設ページも充実!

TAC出版書籍販売サイト「サイバーブックストア」では、TAC出版および早稲田経営出版から刊行されている、すべての最新書籍をお取り扱いしています。
また、無料の会員登録をしていただくことで、会員様限定キャンペーンのほか、送料無料サービス、メールマガジン配信サービス、マイページのご利用など、うれしい特典がたくさん受けられます。

サイバーブックストア会員は、特典がいっぱい!(一部抜粋)

通常、1万円(税込)未満のご注文につきましては、送料・手数料として500円(全国一律・税込)頂戴しておりますが、1冊から無料となります。

専用の「マイページ」は、「購入履歴・配送状況の確認」のほか、「ほしいものリスト」や「マイフォルダ」など、便利な機能が満載です。

メールマガジンでは、キャンペーンやおすすめ書籍、新刊情報のほか、「電子ブック版TACNEWS(ダイジェスト版)」をお届けします。

書籍の発売を、販売開始当日にメールにてお知らせします。これなら買い忘れの心配もありません。

公務員試験対策書籍のご案内

TAC出版の公務員試験対策書籍は、独学用、およびスクール学習の副教材として、各商品を取り揃えています。学習の各段階に対応していますので、あなたのステップに応じて、合格に向けてご活用ください!

INPUT

『新・まるごと講義生中継』
A5判
TAC公務員講座講師
新谷 一郎 ほか
- TACのわかりやすい生講義を誌上で!
- 初学者の科目導入に最適!
- 豊富な図表で、理解度アップ!

・郷原豊茂の憲法
・新谷一郎の行政法

『まるごと講義生中継』
A5判
TAC公務員講座講師
渕元 哲 ほか
- TACのわかりやすい生講義を誌上で!
- 初学者の科目導入に最適!

・郷原豊茂の刑法
・渕元哲の政治学
・渕元哲の行政学
・ミクロ経済学
・マクロ経済学
・関野喬のパターンでわかる数的推理
・関野喬のパターンでわかる判断整理
・関野喬のパターンでわかる
　空間把握・資料解釈

INPUT

『過去問攻略Vテキスト』
A5判
TAC公務員講座
- TACが総力をあげてまとめた公務員試験対策テキスト

全21点
・専門科目:15点
・教養科目:6点

要点まとめ

**『一般知識
出るとこチェック』**
四六判
- 知識のチェックや直前期の暗記に最適!
- 豊富な図表とチェックテストでスピード学習!

・政治・経済
・思想・文学・芸術
・日本史・世界史
・地理
・数学・物理・化学
・生物・地学

判例対策

**『ココで差がつく!
必修判例』** A5判
TAC公務員講座
- 公務員試験によく出る憲法・行政法・民法の判例のうち、「基本＋α」の345選を収載!
- 関連過去問入りなので、出題イメージが把握できる!
- 頻出判例がひと目でわかる「出題傾向表」付き!

記述式対策

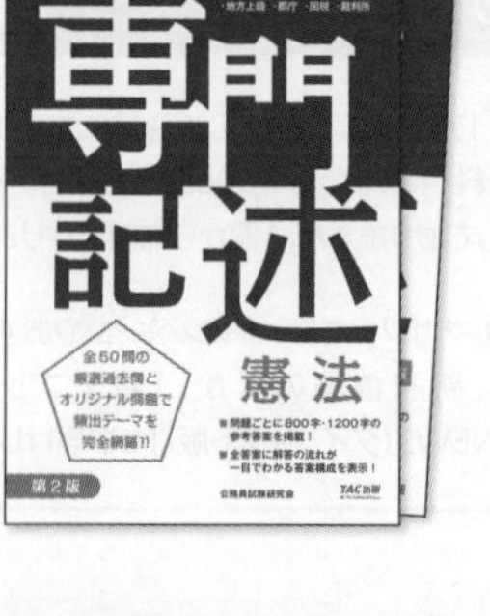

**『公務員試験論文答案集
専門記述』** A5判
公務員試験研究会
- 公務員試験(地方上級ほか)の専門記述を攻略するための問題集
- 過去問と新作問題で出題が予想されるテーマを完全網羅!

・憲法〈第2版〉
・行政法

書籍の正誤についてのお問合わせ

万一誤りと疑われる箇所がございましたら、以下の方法にてご確認いただきますよう、お願いいたします。

なお、正誤のお問合わせ以外の書籍内容に関する解説・受験指導等は、**一切行っておりません。**
そのようなお問合わせにつきましては、お答えいたしかねますので、あらかじめご了承ください。

1 正誤表の確認方法

TAC出版書籍販売サイト「Cyber Book Store」の
トップページ内「正誤表」コーナーにて、正誤表をご確認ください。

CYBER BOOK STORE TAC出版書籍販売サイト

URL:https://bookstore.tac-school.co.jp/

2 正誤のお問合わせ方法

正誤表がない場合、あるいは該当箇所が掲載されていない場合は、書名、発行年月日、お客様のお名前、ご連絡先を明記の上、下記の方法でお問合わせください。
なお、回答までに1週間前後を要する場合もございます。あらかじめご了承ください。

文書にて問合わせる

▶郵送先　〒101-8383 東京都千代田区神田三崎町3-2-18
TAC株式会社 出版事業部 正誤問合わせ係

FAXにて問合わせる

▶FAX番号　**03-5276-9674**

e-mailにて問合わせる

▶お問合わせ先アドレス　**syuppan-h@tac-school.co.jp**

※お電話でのお問合わせは、お受けできません。また、土日祝日はお問合わせ対応をおこなっておりません。
※正誤のお問合わせ対応は、該当書籍の改訂版刊行月末日までといたします。

乱丁・落丁による交換は、該当書籍の改訂版刊行月末日までといたします。なお、書籍の在庫状況等により、お受けできない場合もございます。
また、各種本試験の実施の延期、中止を理由とした本書の返品はお受けいたしません。返金もいたしかねますので、あらかじめご了承くださいますようお願い申し上げます。

TACにおける個人情報の取り扱いについて
■お預かりした個人情報は、TAC(株)で管理させていただき、お問い合わせへの対応、当社の記録保管および当社商品・サービスの向上にのみ利用いたします。お客様の同意なしに業務委託先以外の第三者に開示、提供することはございません(法令等により開示を求められた場合を除く)。その他、個人情報保護管理者、お預かりした個人情報の開示等及びTAC(株)への個人情報の提供の任意性については、当社ホームページ(https://www.tac-school.co.jp)をご覧いただくか、個人情報に関するお問い合わせ窓口(E-mail:privacy@tac-school.co.jp)までお問合せください。

(2020年10月現在)

ゼロから合格 基本過去問題集

ミクロ経済学

解答・解説編

解答・解説は、色紙を残したまま、丁寧に抜き取ってご利用ください。
なお、抜き取りの際の損傷によるお取替えは致しかねます。

目　次

第1章　企業行動理論

1　費用関数

問題1　　　　正解 ❹

一般的な逆Ｓ字型の総費用曲線が示されていますので、平均総費用（＝平均費用）、平均可変費用、限界費用の変化を表す曲線は、以下のような対応関係になります。

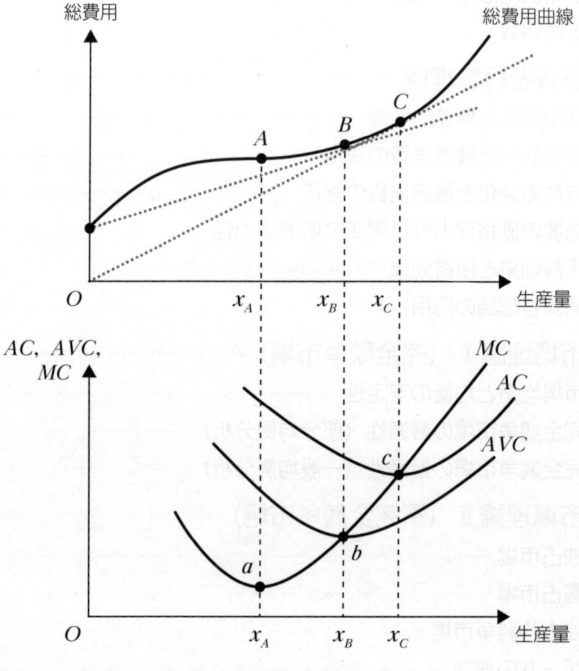

❶ ×　　限界費用（MC）が平均総費用（AC）よりも高くなるのは、生産量がx_Cを超えた水準になったときだけです。

❷ ×　　平均可変費用（AVC）は、固定費用を含まない分だけ平均総費用（AC）よりも小さくなります。

❸ ×　　平均総費用（AC）は、生産量が増加すると、x_Cまでは逓減しますが、x_Cを超えると逓増していきます。

❹ ○　　上の総費用曲線のグラフで見ると、平均総費用が最小となるのは、原点からの直線が総費用曲線と接するときです（C点）。このときC点に接線を描くと、

原点からC点に引いた直線と重なります。これは、平均費用の最小値とx_Cにおける限界費用が等しくなることを意味します。

❺ ×　限界費用と平均総費用が等しくなる生産水準は、平均総費用が最小となるx_Cにおいてです。

問題2

正解 ❺

一般的な短期総費用曲線（＝短期費用関数）の形状は、縦軸に切片を持った"逆S字型"ですが、本問では"右上がりの直線"になっています。しかし、各費用概念の図形的な捉え方は変わりありません。平均費用、限界費用、平均可変費用に分けて考えてみましょう。

❶ 平均費用（AC）

平均費用は、原点から総費用曲線上の任意の点に引いた直線の傾きの大きさとして示すことができます。

生産量がx_0のときには、平均費用は線分OAの傾きの大きさになります。生産量を拡大させてx_1になると、線分OBの傾きの大きさになり、平均費用は次第に小さくなっていく（逓減）ことがわかります。

ちなみに、生産量がゼロのときには、"１個当たり"の金額を計算することができません（❶は誤り）。

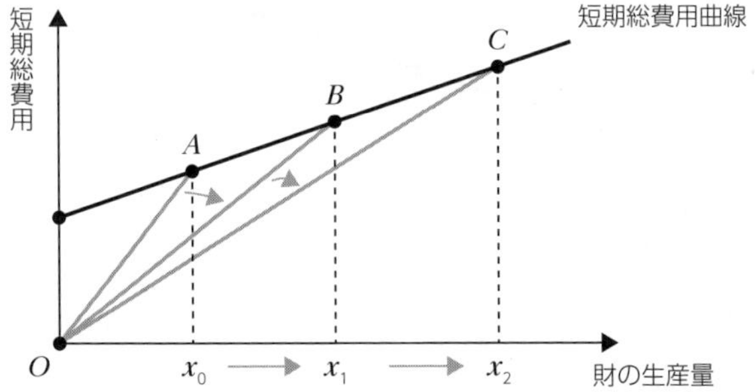

❷ 限界費用（MC）

限界費用は、総費用曲線上の任意の点における接線の傾きの大きさとして示すことができます。

短期総費用曲線上のどの点で接線を描いても総費用曲線と重なってしまい、短期総費用曲線の傾きと接線の傾きが同じ大きさで一致することがわかります。これは、生産量が増加したとしても、接線の傾きは常に一定であり、限界費用は変化しないことを示しているのです（❷、❸は誤り）。

また、限界費用と平均費用の大きさをグラフで比較してみると、いずれの生産量においても平均費用よりも限界費用のほうが小さくなっていることがわかります（❹は誤り)。

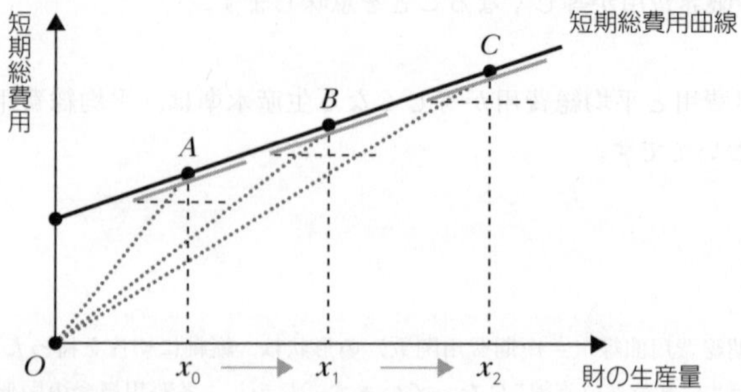

❸ 平均可変費用（AVC）

平均可変費用は、縦軸の切片から総費用曲線上の任意の点に引いた直線の傾きの大きさとして示すことができます。

短期総費用曲線上の点に切片から直線を引こうとすると、短期総費用曲線そのものが切片から引かれた直線であるために、切片からの直線と総費用曲線が重なってしまいます。これは、生産量が増加したとしても切片からの直線の傾きに変化はなく、平均可変費用は変化しないことを示しているのです。

また、平均可変費用は総費用曲線の傾きと常に一致するので、平均可変費用と限界費用も常に一致することになります（❺が正解）。

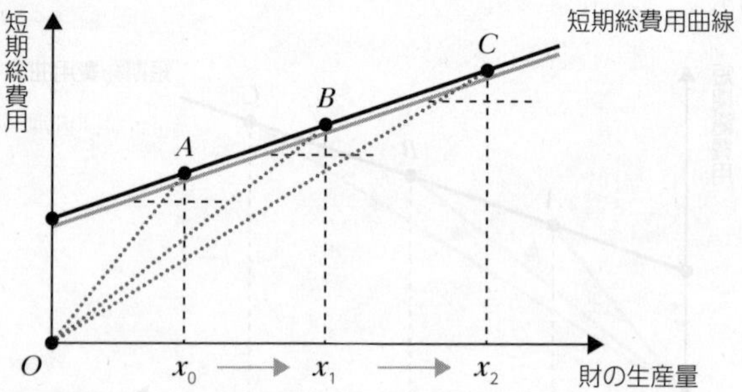

2 利潤最大化生産量の決定

問題1 正解 ❹

費用関数（TC）ではなく、平均費用曲線（AC）の式が与えられています。まず、平均費用曲線（AC）から費用関数（TC）を計算します。

平均費用（AC）は以下の式で示すことができました。

$$AC=\frac{TC}{Y}$$

よって、費用関数（TC）は、以下のように計算できます。

$$TC=Y\cdot AC$$

$$\Leftrightarrow \quad TC=Y(Y^2-9Y+52) \qquad \therefore \quad TC=Y^3-9Y^2+52Y \qquad \cdots\cdots①$$

❶ $P=MC$を使って解く

①式を生産量で微分して限界費用（MC）を求めます。

$$MC=\frac{\varDelta TC}{\varDelta Y}=3\cdot Y^{3-1}-2\cdot 9Y^{2-1}+1\cdot 52Y^{1-1}$$

$$=3Y^2-18Y+52$$

財価格（P）は100ですから、利潤最大化条件（$P=MC$）は以下のようにおくことができます。

$$100=3Y^2-18Y+52$$

この式を生産量Yについて解くと、

$$3Y^2-18Y-48=0$$

$$\Leftrightarrow \quad Y^2-6Y-16=0$$

掛けて－16、足して－6になる数の組合せを探します。

$$\Leftrightarrow \quad (Y-8)(Y+2)=0$$

$$\therefore \quad Y=8$$ （生産量が－2になることはあり得ない）

となります（よって、❶、❷、❸は誤り）。

次に、利潤（π）を計算します。費用関数は①式を使います。

$$利潤（\pi）=収入（R）-費用（TC）$$

$$=100Y-(Y^3-9Y^2+52Y)$$

$$=-Y^3+9Y^2+48Y \qquad \cdots\cdots②$$

収入は価格×生産量、費用は①式を使います。

②式に利潤最大化生産量$Y=8$を代入します。

$$\pi=-512+576+384 \qquad \therefore \quad \pi=448$$

よって、正解は❹となります。

❷ 利潤関数を立てて、微分してゼロとおく

費用関数（①式）を使って利潤関数を立てると、以下のようになります。

$$\pi=収入（R）-費用（C）$$

$$=100Y-(Y^3-9Y^2+52Y)$$

この利潤関数πを生産量Yで微分してゼロとおくと、

$$\frac{\varDelta \pi}{\varDelta Y}=1\cdot 100Y^{1-1}-3Y^{3-1}+2\cdot 9Y^{2-1}-1\cdot 52Y^{1-1}=0$$

$$\Leftrightarrow \quad 100-3Y^2+18Y-52=0$$

$$\Leftrightarrow \quad 3Y^2-18Y-48=0$$

$$\Leftrightarrow \quad Y^2-6Y-16=0$$

$\Leftrightarrow \quad (Y-8)(Y+2)=0$

$\therefore \quad Y=8$　（生産量が-2になることはあり得ない）

となります。利潤の計算は、❶と同じです。

よって、正解は❹となります。

問題2　　正解 ❺

費用関数（TC）ではなく、平均可変費用曲線（AVC）の式が与えられています。まず、平均可変費用曲線（AVC）から費用関数（TC）を計算します。

平均可変費用（AVC）は以下の式で示すことができました。

$AVC=\dfrac{VC}{X}$　（VC：可変費用）

よって、可変費用（VC）は、以下のように計算できます。

$VC=X\cdot AVC$

$\Leftrightarrow \quad VC=X(X^2-6X+380) \quad \therefore \quad VC=X^3-6X^2+380X$

固定費用（FC）は20なので、この企業の短期費用関数（TC）は、

$TC=VC+FC \qquad \therefore \quad TC=X^3-6X^2+380X+20$　……①

となります。

❶　$P=MC$を使って解く

①式を生産量Xで微分して限界費用（MC）を求めます。

$$MC=\frac{\Delta TC}{\Delta X}=3\cdot X^{3-1}-2\cdot 6X^{2-1}+1\cdot 380X^{1-1}+0$$

$$=3X^2-12X+380$$

財価格（P）は416ですから、利潤最大化条件（$P=MC$）は以下のようにおくことができます。

$416=3X^2-12X+380$

この式を生産量Xについて解くと、

$3X^2-12X-36=0$

$\Leftrightarrow \quad X^2-4X-12=0$　（掛けて-12、足して-4になる数の組合せを探します。）

$\Leftrightarrow \quad (X-6)(X+2)=0$

$\therefore \quad X=6$　（生産量が-2になることはあり得ない）

となります。

よって、正解は❺となります。

❷　利潤関数を立てて、微分してゼロとおく

短期費用関数（①式）を使って利潤関数を立てると、以下のようになります。

π ＝収入（R）－費用（C）

$= 416X - (X^3 - 6X^2 + 380X + 20)$

この利潤関数πを生産量Xで微分してゼロとおくと、

収入は価格×生産量、費用は②式を使います。

$$\frac{\Delta \pi}{\Delta X} = 1 \cdot 416X^{1-1} - 3X^{3-1} + 2 \cdot 6X^{2-1} - 1 \cdot 380X^{1-1} + 0 = 0$$

$\Leftrightarrow \quad 416 - 3X^2 + 12X - 380 = 0$

$\Leftrightarrow \quad 3X^2 - 12X - 36 = 0$

$\Leftrightarrow \quad X^2 - 4X - 12 = 0$

$\Leftrightarrow \quad (X-6)(X+2) = 0$

$\therefore \quad X = 6$ （生産量が－2になることはあり得ない）

となります。

よって、正解は❺となります。

問題3

正解 ❸

本問も平均可変費用曲線（AVC）の式が与えられています。まず、平均可変費用曲線（AVC）から費用関数（TC）を計算します。

平均可変費用（AVC）は以下の式で示すことができました。

$$AVC = \frac{VC}{X} \quad （VC：可変費用）$$

よって、可変費用（VC）は、以下のように計算できます。

$VC = X \cdot AVC$

$\Leftrightarrow \quad VC = X(X^2 - 30X + 320) \qquad \therefore \quad VC = X^3 - 30X^2 + 320X$

固定費用を求める必要があるのでこれをFCとすると、短期費用関数（TC）は、

$TC = VC + FC \qquad \therefore \quad TC = X^3 - 30X^2 + 320X + FC \qquad$ ……①

となります。

❶ $P = MC$を使って解く

①式を生産量Xで微分して限界費用（MC）を求めます。

①式のFCは不明なままですが、固定費用（一定値）ですから、微分するとゼロになります。不明でも問題ないのです。

$$MC = \frac{\Delta TC}{\Delta X} = 3 \cdot X^{3-1} - 2 \cdot 30X^{2-1} + 1 \cdot 320X^{1-1} + 0$$

$$= 3X^2 - 60X + 320$$

財価格（P）は320ですから、利潤最大化条件（$P = MC$）は以下のようにおくことができます。

$320 = 3X^2 - 60X + 320$

この式を生産量Xについて解くと、

$3X^2 - 60X = 0$

$\Leftrightarrow \quad 3X(X-20)=0$

$\therefore \quad X=20$ （生産量が0になることはあり得ない）

となります。

次に、利潤（π）について①式を使って式を立てると、以下のようになります。

π＝収入（R）－費用（TC）

$=320X-(X^3-30X^2+320X+FC)$

$=-X^3+30X^2-FC$

収入は価格×生産量、費用は①式を使います。

生産量は$X=20$なので、

$\pi=-8000+12000-FC$ ……②

となります。

この利潤（π）をゼロとした場合の固定費用の値を出せばよいので、③式に$\pi=0$を代入すると、

$-8000+12000-FC=0 \quad \therefore \quad FC=4000$

となります。

よって、正解は❸となります。

❷ 利潤関数を立てて、微分してゼロとおく

短期費用関数（①式）を使って利潤関数を立てると、以下のようになります。

π＝収入（R）－費用（C）

$=320X-(X^3-30X^2+320X+FC)$

$=-X^3+30X^2-FC$ ……③

この利潤関数πを生産量Xで微分してゼロとおくと、

$$\frac{\Delta\pi}{\Delta X}=-3\cdot X^{3-1}+2\cdot 30X^{2-1}-0=0$$

$\Leftrightarrow \quad 3X^2-60X=0$

$\Leftrightarrow \quad 3X(X-20)=0$

$\therefore \quad X=20$ （生産量が0になることはあり得ない）

となります。

ここで③式に$X=20$、$\pi=0$を代入すると、

$-8000+12000-FC=0 \quad \therefore \quad FC=4000$

と計算できます。

よって、正解は❸となります。

3　短期供給曲線の導出

問題1　　正解 ❸

指示された価格のもとで、企業の利潤（損失）を図形的に捉えられるようにしましょう。

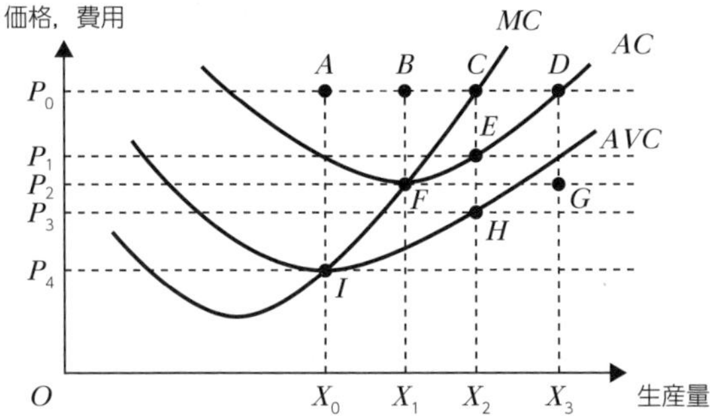

P_0の水準に価格が与えられると、利潤最大化条件（$P=MC$）を満たす点はC点になります。したがって、生産量は上図におけるX_2に決定します。

このとき、収入（R）は$P_0 \cdot X_2$と計算できるので、四角形の面積P_0CX_2Oになります。

一方、財をX_2だけ生産するときの平均費用（AC）はE点の高さになりますから、費用（TC）は四角形P_1EX_2Oの面積になります。

したがって、企業の利潤（π）は、

$$\pi = R - TC = \text{四角形}P_0CEP_1$$

と表せます。

よって、正解は❸となります。

問題2　　正解 ❸

財の価格に応じて、企業の利潤と損失がどのように生じるか、また損益分岐点や操業停止点についての知識も確認しておきましょう。

❶ ×　操業停止点は、平均可変費用曲線の最低点に相当するので、図におけるC点になります。

❷ ×　価格P_3は、平均費用曲線の最低点（損益分岐点：B点）を下回っていますから、損失（マイナスの利潤）が発生し、固定費用の一部が回収できなくなります。しかし、平均可変費用曲線の最低点（操業停止点：C点）は上回っていますから、このときの損失は生産を停止した場合の損失（＝固定費用）を下回ることになります。したがって、生産を続けた場合のほうが損失は小さくなり

ます。

❸ ○　価格がP_4に与えられると、収入も費用も四角形P_4BX_4Oの大きさになり、（純）利潤はゼロになります。平均費用曲線の最低点を損益分岐点と呼びます。

❹ ×　生産量がX_5のときの平均費用（1個当たりの総費用）は、E点の高さになります。このうち、平均可変費用（1個当たりの可変費用）はG点の高さに相当しますので、平均固定費用（1個当たりの固定費用）は線分EGに当たります。これに生産量を乗じると、固定費用の金額は、四角形P_5EGP_3となります。

❺ ×　価格がP_6で生産量がX_5であるとき、収入は四角形P_6AX_5O（$=P_6 \cdot X_5$）、費用は平均費用（E点の高さ）に生産量X_5を乗じることで四角形P_5EX_5Oとなります。したがって、収入と費用の差額である（純）利潤は、四角形P_6AEP_5となります。

問題3　　正解 ❹

「限界収入曲線」（一定の価格を表す）という言葉は気にしなくて結構です。後述します。

❶ ×　価格がP_3になると、企業は$P_3=MC$を満たすように（B点）生産量をX_3に決定します。

収入は四角形P_3BX_30（$=P_3 \cdot X_3$）となります。

一方、生産量がX_3のときの平均費用の大きさはB点の高さになり、価格P_3と平均費用の大きさが等しくなります。よって、「平均費用は価格を下回り」とする記述は誤りです。このとき費用は、平均費用（B点の高さ）に生産量X_3を乗じることで四角形P_3BX_30となります。

以上から、収入＝費用となり、利潤はゼロとなるのです。

❷ ×　価格がP_5で生産量がX_2のとき、収入は四角形P_5CX_20（$=P_5 \cdot X_2$）となります。

一方、生産量がX_2のときの平均費用の大きさは下図のH点の高さになり、これに生産量X_2を乗じることで費用は四角形IHX_20となります。このうち、可変費用が四角形P_5CX_20、固定費用は面積$IHCP_5$となります。可変費用と収入が同じ面積になりますから、収入で可変費用の全額を支払うことができますが、固定費用を賄うことはできません。

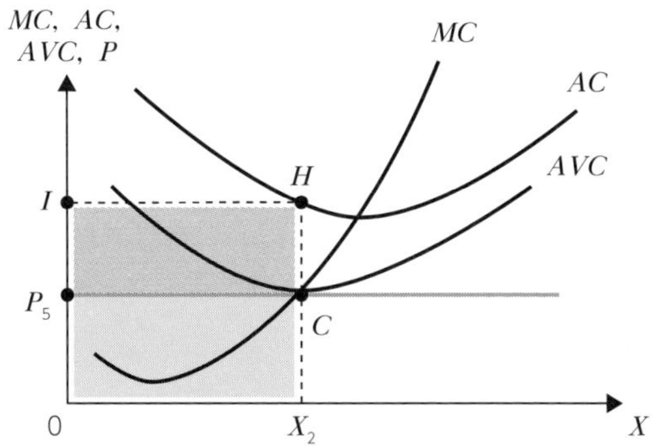

❸ × 　操業停止点は、平均可変費用曲線（AVC）の最低点ですから、C点です。価格P_6は操業停止点を下回っていますので、企業の最適生産はゼロになります。

❹ ○ 　企業は、短期的には縦軸上の原点からP_5の部分と点Cより右上の限界費用曲線MC上の部分で財の供給量を決定します。

❺ × 　平均固定費用とは、財1単位当たりの固定費用を表します。これは平均費用曲線（AC）と平均可変費用曲線（AVC）の高さの差に対応し、生産量がX_4のときには線分EFに当たります。これに生産量X_4を乗じることで、固定費用は四角形P_2EFP_4となります。

問題4 　　　　正解 ❸

損益分岐点と操業停止点の計算が求められた場合には、必ず操業停止点から計算するようにしましょう。計算が比較的楽ですし、操業停止点の計算だけで正解肢が絞れてしまう問題も過去に出題されているからです（本問は違いますが）。

また、ここでも2番目の解法が実践的です。「サンク・コスト」という言葉は気にする必要はありません。

❶ $AVC = MC$、$AC = MC$と式を立てて解く方法

(i) 操業停止点の計算

操業停止点は、平均可変費用曲線（AVC）と限界費用曲線（MC）との交点に対応します。

まず、与えられた短期費用関数から平均可変費用（AVC）を計算すると、

$$AVC = \frac{VC}{x} = x^2 - 4x + 6 \quad \cdots\cdots①$$

となります。固定費用18を含めないように注意してください。

次に、限界費用は以下のように計算できます。

$$MC=\frac{\Delta C}{\Delta x}=3\cdot x^{3-1}-2\cdot 4x^{2-1}+1\cdot 6x^{1-1}+0$$
$$=3x^2-8x+6 \quad \cdots\cdots ②$$

ここで、①式と②式から$AVC=MC$として生産量（x）を計算すると、以下のようになります。

$$x^2-4x+6=3x^2-8x+6$$
$$\Leftrightarrow \quad 2x^2-4x=0$$
$$\Leftrightarrow \quad x^2-2x=0$$
$$\Leftrightarrow \quad x(x-2)=0 \qquad \therefore \quad x=2$$

(ii) 損益分岐点の計算

損益分岐点は、平均費用曲線（AC）と限界費用曲線（MC）との交点に対応します。

与えられた短期費用関数から平均費用（AC）を計算すると、以下のようになります。

$$AC=\frac{C}{x}=x^2-4x+6+\frac{18}{x} \quad \cdots\cdots ③$$

②式と③式から$AC=MC$として生産量（x）を計算すると、

$$x^2-4x+6+\frac{18}{x}=3x^2-8x+6$$
$$\Leftrightarrow \quad 2x^2-4x-\frac{18}{x}=0$$
$$\Leftrightarrow \quad x^2-2x-\frac{9}{x}=0$$
$$\Leftrightarrow \quad x^3-2x^2-9=0$$
$$\Leftrightarrow \quad x^3-2x^2=9$$
$$\Leftrightarrow \quad x^2(x-2)=9 \quad \cdots\cdots ④$$
$$\therefore \quad x=3$$

④式の左辺がx^2と（$x-2$）の掛け算になっていて、右辺が９になっています。この場合、掛け算で９になる数字（整数）の組合せを考えると、３×３、９×１、１×９の３組です。このうち（$x-2$）＝１であるとすると$x=3$となります。このとき$x^2=9$となり、④式のつじつまが合います。したがって、④式を満たすxは$x=3$と判断できます。

となります。

よって、正解は❸となります。

❷ 最低点をとる方法

(i) 操業停止点の計算

操業停止点は平均可変費用曲線（AVC）の最低点に対応します。

与えられた短期費用関数から平均可変費用（AVC）を計算すると、

$$AVC=\frac{VC}{x}=x^2-4x+6 \quad \cdots\cdots ①$$

となります。固定費用18を含めないように注意してください。

「最低点」では、平均可変費用曲線（AVC）上に取った接線の傾きはゼロになるので、

①式を微分してゼロとおきます。

$$\frac{\varDelta AVC}{\varDelta x}=2x^{2-1}-1\cdot 4x^{1-1}+0=0$$

$$\Leftrightarrow\quad 2x-4=0 \qquad \therefore\quad x=2$$

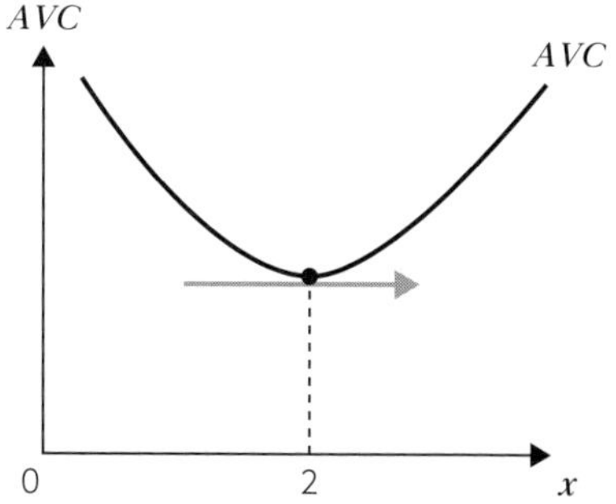

(ii) 損益分岐点の計算

損益分岐点は平均費用曲線（AC）の最低点に対応します。

与えられた短期費用関数から平均費用（AC）を計算すると、

$$AC=\frac{C}{x}=x^2-4x+6+\frac{18}{x}$$

$$\Leftrightarrow\quad AC=x^2-4x+6+18x^{-1} \qquad \cdots\cdots ②$$

となります。

指数法則
$\frac{1}{x}=x^{-1}$
$\frac{1}{x^2}=x^{-2}$

「最低点」では、平均費用曲線（AC）上に取った接線の傾きはゼロになるので、②式を微分してゼロとおきます。

$$\frac{\varDelta AC}{\varDelta x}=2x^{2-1}-1\cdot 4x^{1-1}+0-1\cdot 18x^{-1-1}=0$$

$$\Leftrightarrow\quad 2x-4-18x^{-2}=0$$

$$\Leftrightarrow\quad x-2-\frac{9}{x^2}=0$$

$$\Leftrightarrow\quad x^3-2x^2-9=0$$

$$\Leftrightarrow\quad x^3-2x^2=9$$

$$\Leftrightarrow\quad x^2(x-2)=9$$

$$\therefore\quad x=3$$

となります。

よって、正解は❸となります。

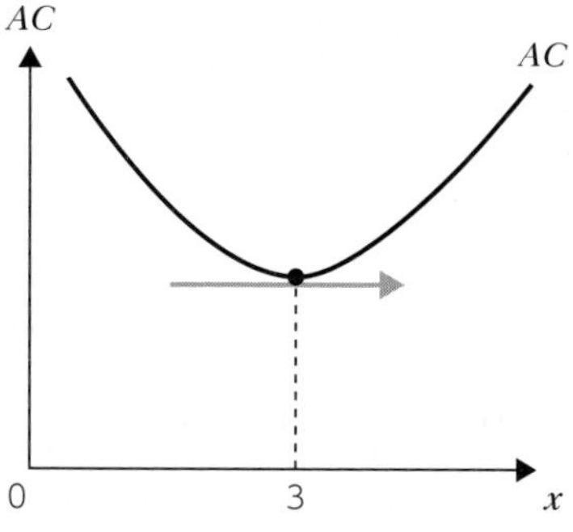

問題5

正解 ❹

「価格」（＝縦軸の値）が問われていますが、まずは各点の「生産量」を計算します（各費用を表す式が生産量で表されているからです）。次に、この結果を各式に代入して「価格」を求めます。

❶ $AVC=MC$、$AC=MC$と式を立てて解く方法

(i) 操業停止点の計算

操業停止点は、平均可変費用曲線（AVC）と限界費用曲線（MC）との交点に対応します。

まず、与えられた総費用関数から平均可変費用（AVC）を計算すると、

$$AVC=\frac{VC}{x}=x^2-2x+5 \quad \cdots\cdots①$$

となります。固定費用８を含めないように注意してください。

次に、限界費用は以下のように計算できます。

$$MC=\frac{\varDelta TC}{x}=3\cdot x^{3-1}-2\cdot 2x^{2-1}+1\cdot 5x^{1-1}+0$$
$$=3x^2-4x+5 \quad \cdots\cdots②$$

ここで、①式と②式から$AVC=MC$として生産量（x）を計算すると、以下のようになります。

$$x^2-2x+5=3x^2-4x+5$$
$$\Leftrightarrow \ 2x^2-2x=0$$
$$\Leftrightarrow \ x^2-x=0$$
$$\Leftrightarrow \ x(x-1)=0 \qquad \therefore \ x=1$$

操業停止点における価格（P）は、いま求めた生産量で生産を行うときの価格であるため、これをAVCまたはACの式に代入することで求められます。これを①式に代入すると（②式でも可）、

$$1^2-2\cdot 1+5=4 \qquad \therefore \ P(=AVC)=4$$

となります。

(ii) 損益分岐点の計算

損益分岐点は、平均費用曲線（AC）と限界費用曲線（MC）との交点に対応します。

与えられた総費用関数から平均費用（AC）を計算すると、以下のようになります。

$$AC=\frac{TC}{x}=x^2-2x+5+\frac{8}{x} \quad \cdots\cdots③$$

②式と③式から$AC=MC$として生産量（x）を計算すると、

$$x^2-2x+5+\frac{8}{x}=3x^2-4x+5$$
$$\Leftrightarrow \ 2x^2-2x-\frac{8}{x}=0$$
$$\Leftrightarrow \ x^2-x-\frac{4}{x}=0$$
$$\Leftrightarrow \ x^3-x^2-4=0$$
$$\Leftrightarrow \ x^3-x^2=4$$

$$\Leftrightarrow \quad x^2(x-1)=4 \qquad \cdots\cdots ④$$

$$\therefore \quad x=2$$

となります。

> ④式の左辺がx^2と（$x-1$）の掛け算になっていて、右辺が4になっています。この場合、掛け算で4になる数字（整数）の組合せを考えます。2×2、4×1、1×4の3組です。このうち（$x-1$）=1であるとするとx=2となります。このときx^2=4となり、④式のつじつまが合います。したがって、④式を満たすxはx=2と判断できます。

これを③式に代入すると（②式でも可）、

$$2^2-2\cdot 2+5+4=9$$

$$\therefore \quad P(=AC)=9$$

よって、正解は❹となります。

❷ 最低点をとる方法

(i) 操業停止点の計算

操業停止点は平均可変費用曲線（AVC）の最低点に対応します。

与えられた短期費用関数から平均可変費用（AVC）を計算すると、

$$AVC=\frac{VC}{x}=x^2-2x+5 \qquad \cdots\cdots ①$$

となります。固定費用18を含めないように注意してください。

「最低点」では、平均可変費用曲線（AVC）上に取った接線の傾きはゼロになるので、①式を微分してゼロとおきます。

$$\frac{\Delta AVC}{\Delta x}=2x^{2-1}-1\cdot 2x^{1-1}+0=0$$

$$\Leftrightarrow \quad 2x-2=0 \qquad \therefore \quad x=1$$

これを①式に代入すると、

$$1^2-2\cdot 1+5=4$$

$$\therefore \quad P(=AVC)=4$$

となります。

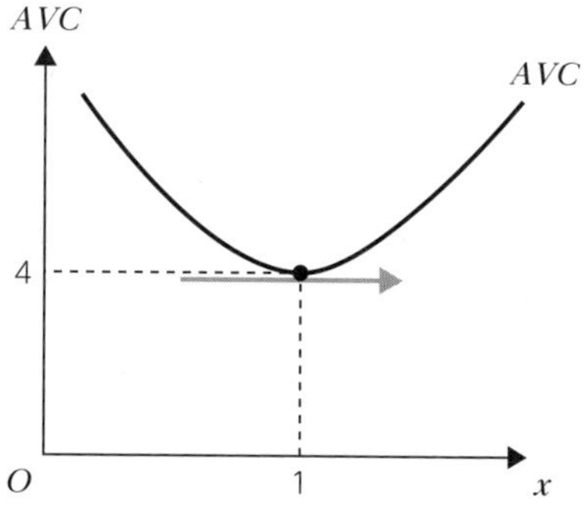

(ii) 損益分岐点の計算

損益分岐点は平均費用曲線（AC）の最低点に対応します。

与えられた総費用関数から平均費用（AC）を計算すると、

$$AC=\frac{TC}{x}=x^2-2x+5+\frac{8}{x} \qquad \cdots\cdots ②$$

$$\Leftrightarrow \quad AC=x^2-2x+5+8x^{-1} \qquad \cdots\cdots ③$$

となります。

「最低点」では、平均費用曲線（AC）上に取った接線の傾きはゼロになるので、③式を微分してゼロとおきます。

$$\frac{\Delta AC}{\Delta x}=2x^{2-1}-1\cdot 2x^{1-1}+0-1\cdot 8x^{-1-1}=0$$

$\Leftrightarrow\ 2x-2-8x^{-2}=0$

$\Leftrightarrow\ x-1-\dfrac{4}{x^2}=0$

$\Leftrightarrow\ x^3-x^2-4=0$

$\Leftrightarrow\ x^3-x^2=4$

$\Leftrightarrow\ x^2(x-1)=4$

$\therefore\ x=2$

となります。

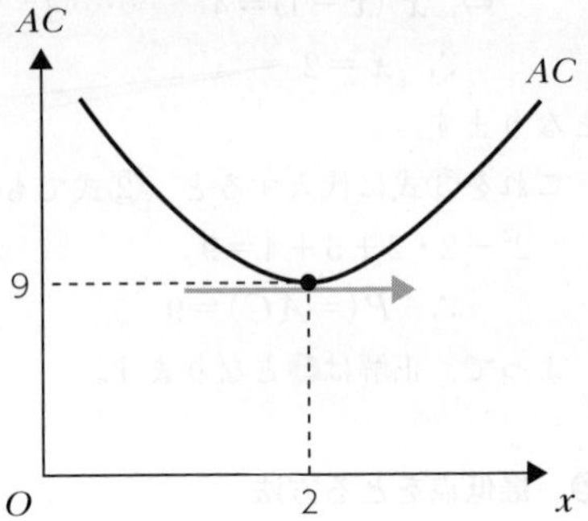

この結果を②式に代入すると、縦軸の「価格」となります。

$2^2-2\cdot 2+5+4=9 \quad \therefore\ P(=AC)=9$

よって、正解は❹となります。

問題6

正解 ❹

逆S字型の総費用曲線（TC）を前提として、平均費用曲線（AC）、平均可変費用曲線（AVC）、限界費用曲線（MC）がどのような関係になったか、正確に思い出せなければなりません。

問題文に「TCの接線の傾きは、$x=x_1$のとき最小となり、xがx_1を超えて増加するにつれて、その傾きは大きくなる」とありますので、グラフにおけるa点は変曲点を表します。よって、生産量x_1で限界費用は最小となります。

また、「点b、cはそれぞれO'、Oを通る直線とTCとの接点である」とありますので、点bで平均可変費用が最小となり、点cで平均費用が最小となります。

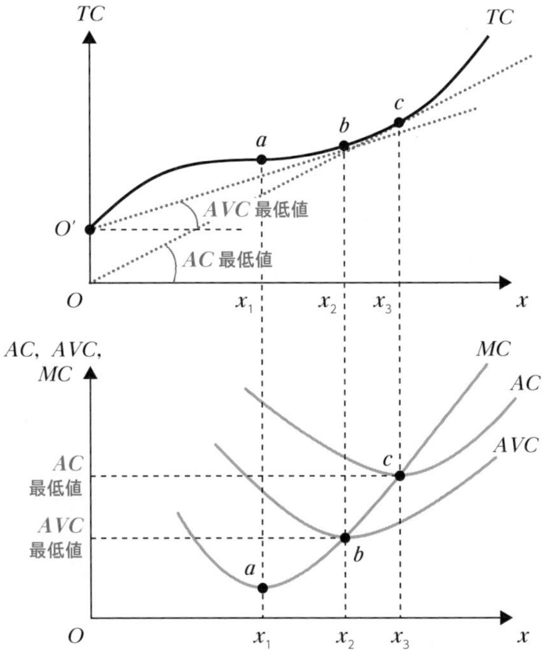

なお、平均固定費用とは、生産量１単位当たりの固定費用を表します。式で示すと、

$$\text{平均固定費用}=\frac{\text{固定費用}（FC）}{\text{生産量}（x）}$$

となります。分子の固定費用（FC）は一定額ですから、分母の生産量が増加していくと平均固定費用は逓減し続けることがわかります。

A ○　$x_2 \leqq x < x_3$では、平均可変費用曲線（AVC）は右上がり、平均費用曲線（AC）は右下がりになっています。また、平均固定費用は常に逓減し続けます。

B ○　$0 < x \leqq x_1$では、平均費用曲線（AC）、平均可変費用曲線（AVC）、限界費用曲線（MC）のいずれもが右下がりとなり、各費用は減少します。

C ×　$x = x_3$は平均費用曲線（AC）が最低点（点c）を迎えます。平均費用と限界費用は等しくなりますが、点cは損益分岐点と呼ばれます。

D ×　xが増加するにつれて平均費用が減少していくのは、$0 \leqq x < x_3$においてです。

4　生産関数

問題1　　正解❷

本編で紹介してこなかった用語が登場するので戸惑うかもしれませんが、正解の❷は学習してきた内容です。

❶ ×　等生産量曲線は、同じ生産量（y）を実現する二つの生産要素（x_1、x_2）の組合せを表すものです。具体的な生産量を示しますから可測的で、基数的（大きさそのものに意味がある）な概念です。

無差別曲線については第２章で学習しますが、こちらは序数的（順序にのみ意味がある）な概念です。

❷ ○　「２生産要素間の限界代替率」とは、技術的限界代替率（$MRTS_{12}$）のことを指します。これは二つの生産要素の限界生産力（MP）の比に等しくなります。x_1の限界生産力をMP_1、x_2の限界生産力をMP_2とすると、以下のようになります。

$$MRTS_{12}=\frac{MP_1}{MP_2}$$

❸ ×　「生産要素x_2の生産要素x_1に対する限界代替率」を式で示すと、$\frac{\Delta x_2}{\Delta x_1}$となります（マイナスは無視）。これは横軸に$x_1$、縦軸に$x_2$を取ったときの傾きの大きさを表しますから、通常の技術的限界代替率（$MRTS_{12}$）を表します。問題文の等生産量曲線のグラフは、原点に対して凸の形状をしていますので、x_1が増えるにつれて（左上から右下に移動する）技術的限界代替率（$MRTS_{12}$）は逓減します（技術的限界代替率逓減の法則）。

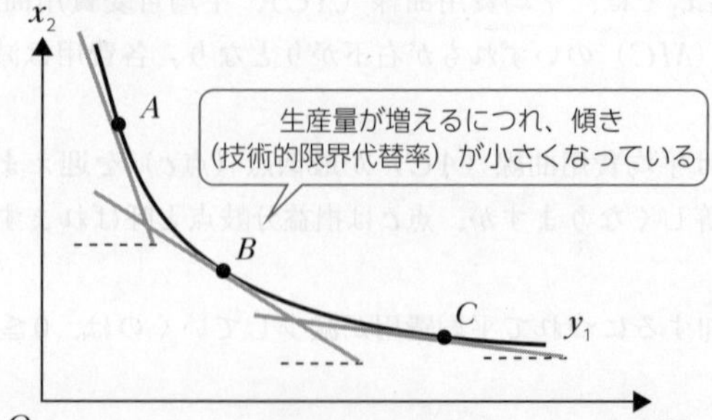

❹ ×　企業の持つ技術次第では、二つの生産要素を同時に２倍したにもかかわらず、

生産量の伸びが2倍に至らないことがあります。直感的には、効率的に生産要素を活用することができず、コストをかけている割に成果が少ない状態です。この状態を、規模に関して収穫逓減といいます。

等生産量曲線y_2とy_3の間隔に注目してください。y_1からy_2への100の生産量の増加よりも（A点→B点）、y_2からy_3への100の生産量の増加のほうが、少ない生産要素の増加で済んでいます（B点→C点）。これは、生産要素を効率的に活用できていて、少ないコストで多くの成果を実現している状態です。この状態を、規模に関して収穫逓増といいます。

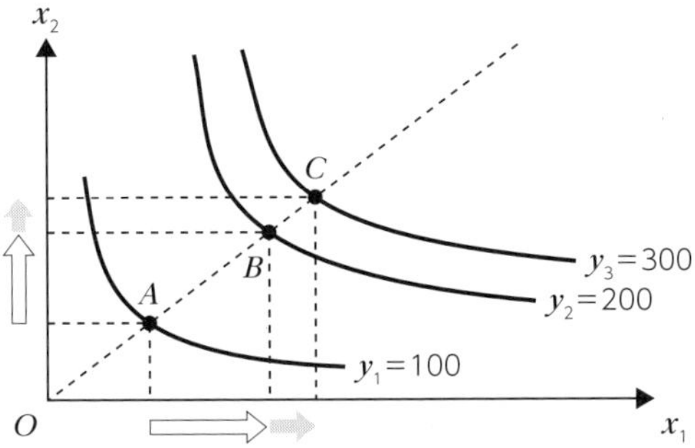

❺ ✕　等生産量曲線は、同じ生産量を実現する二つの生産要素の組合せを示したものです。生産要素の価格比（$\frac{w}{r}$）が変化すると、生産量そのものを変化させることはありますが、二つの曲線が交わることはありません。

問題2

正解 ❷

問題文の「Lを限界的に1単位減少させたとき、Lを減少させる前と同一の水準のYを保つためには、Kをどれだけ増加させなければならないか」から、技術的限界代替率を計算すればよいことがわかります。

与えられた生産関数はコブ＝ダグラス型生産関数です。生産関数が$x = AK^{\alpha}L^{\beta}$（A、α、β：正の定数）という形のとき、技術的限界代替率（$MRTS_{LK}$）は、

$$MRTS_{LK} = \frac{\beta}{\alpha} \cdot \frac{K}{L}$$

と計算することができます。よって、

$$MRTS_{LK} = \frac{0.5}{0.5} \cdot \frac{K}{L} \qquad \cdots\cdots①$$

となります。また、$K = 1$、$L = 4$と指示がありますから、これを①式に代入すると、

$$MRTS_{LK}=\frac{0.5}{0.5}\cdot\frac{1}{4}=\frac{1}{4}$$

となります。

よって、正解は❷となります。

問題3 正解 ❺

> 問題文に「産出量を40に固定したままで費用最小化を図った」とありますので、費用最小化条件を立てます（利潤最大化条件を考慮する必要はありません）。

与えられた生産関数はコブ＝ダグラス型生産関数ですから、生産関数を$x=AK^{\alpha}L^{\beta}$（A、α、β：正の定数）、賃金率をw、資本の価格をrとすると、費用最小化条件は、

$$\frac{\beta}{\alpha}\cdot\frac{K}{L}=\frac{w}{r}$$

とおけます。具体的な数値を代入すると、

$$\frac{\frac{1}{4}}{\frac{3}{4}}\cdot\frac{K}{L}=\frac{16}{3}$$

$$\Leftrightarrow\quad\frac{1}{3}\cdot\frac{K}{L}=\frac{16}{3}$$

$$\Leftrightarrow\quad K=16L\quad\cdots\cdots①$$

となります。

この①式を、縦軸に資本K、横軸に労働Lを取った平面に描くと、原点を通り、傾きが16の右上がりの直線となります。費用最小化点は、この直線上のどこかにあることになります。

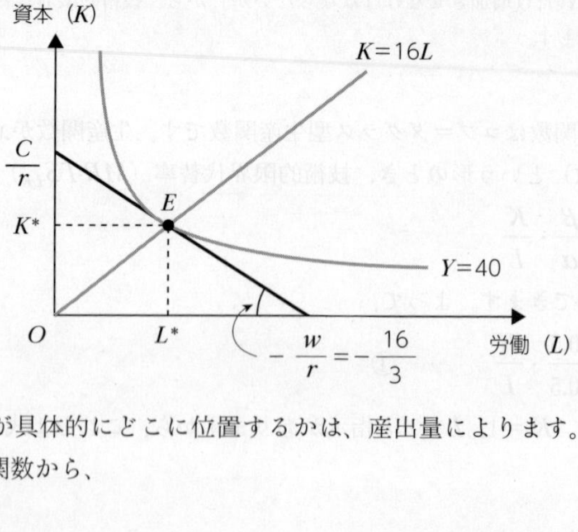

費用最小化点が具体的にどこに位置するかは、産出量によります。産出量は$Y=40$ですから、生産関数から、

$$40 = K^{\frac{3}{4}} \cdot L^{\frac{1}{4}} \quad \cdots\cdots②$$

とおけます。これは、グラフでは1本の等生産量曲線として示すことができます。

費用最小化点（E点）は、費用最小化条件（①式）を満たしている等生産量曲線（②式）上の点、つまりこれらの交点に当たりますから、①式と②式を連立して解きます。問題が求めているのは最適資本量（K）なので、①式を$L = \frac{1}{16} \cdot K$として②式に代入すると、

$$40 = K^{\frac{3}{4}} \cdot \left(\frac{1}{16} \cdot K\right)^{\frac{1}{4}}$$

$$\Leftrightarrow \quad 40 = K^{\frac{3}{4}} \cdot \left(\frac{1}{16}\right)^{\frac{1}{4}} \cdot K^{\frac{1}{4}}$$

> 指数法則
> $x^a \cdot y^a = (xy)^a$
> $x^a \cdot x^b = x^{a+b}$

$$\Leftrightarrow \quad 40 = \left(\frac{1}{16}\right)^{\frac{1}{4}} \cdot K$$

$$\Leftrightarrow \quad 40 = \left(\frac{1}{2}\right)^{4 \cdot \frac{1}{4}} \cdot K$$

$$\Leftrightarrow \quad 40 = \frac{1}{2} \cdot K \qquad \therefore \quad K = 80$$

となります。

よって、正解は❺となります。

問題4 正解 ❺

生産関数が与えられた問題ですが、費用最小化の問題なのか、利潤最大化まで考える問題なのか、指示がありません。このような場合には、企業は当然に利潤最大化を追求すると考えてください。

まず、利潤を最大にするように労働需要量（L）を決めます。この労働を使って生産関数を前提として財の生産（x）を行えば、その生産量は利潤最大化を実現する生産量に対応します。

❶ 利潤最大化条件（公式）を使って解く方法

生産関数から労働の限界生産力（MP_L）を計算しておきます。

$$x = \sqrt{L} = L^{\frac{1}{2}}$$

> 指数法則
> $\sqrt{x} = x^{\frac{1}{2}}$

$$\text{労働の限界生産力}：MP_L = \frac{\Delta x}{\Delta L} = \frac{1}{2} \cdot L^{\frac{1}{2}-1}$$

$$= \frac{1}{2} \cdot L^{-\frac{1}{2}} \quad \cdots\cdots①$$

①式を使って労働需要量の利潤最大化条件を立てると、労働需要量（L）は以下のように計算できます。

$$p \cdot MP_L = w$$

$$\Leftrightarrow \quad p \cdot \frac{1}{2} \cdot L^{-\frac{1}{2}} = w$$

$$\Leftrightarrow \quad \frac{P}{2} \cdot L^{-\frac{1}{2}} = w$$

$$\Leftrightarrow \quad L^{-\frac{1}{2}} = \frac{2w}{p}$$

$$\Leftrightarrow \quad L^{-1} = \frac{4w^2}{p^2}$$

$\frac{1}{2}$乗を避けるため、両辺を 2 乗します。

$$\Leftrightarrow \quad \frac{1}{L} = \frac{4w^2}{p^2} \qquad \therefore \quad L = \frac{p^2}{4w^2} \cdots\cdots②$$

②式を生産関数に代入して生産量を計算すると、利潤最大化生産量となります。これが財の供給量です。

$$x = \sqrt{L} = L^{\frac{1}{2}}$$

$$\Leftrightarrow \quad x = (\frac{p^2}{4w^2})^{\frac{1}{2}}$$

$$\Leftrightarrow \quad x = \frac{p^{2 \cdot \frac{1}{2}}}{(2w)^{2 \cdot \frac{1}{2}}} \qquad \therefore \quad x = \frac{p}{2w}$$

ここまでの内容で、正解は❺となります。利潤は計算しなくても正解肢は絞れますが、計算を示すと以下のようになります。

$$\pi = p \cdot x - w \cdot L$$

$$= p \cdot \frac{p}{2w} - w \cdot \frac{p^2}{4w^2}$$

$$= \frac{p^2}{2w} - \frac{p^2}{4w}$$

$$= \frac{2p^2 - p^2}{4w}$$

$$= \frac{p^2}{4w}$$

❷ 利潤（π）を立てて、微分してゼロとおく方法

費用関数ではなく生産関数が与えられていますので、収入を最大にする方向で利潤最大化問題を考えます。

費用（C）は費用方程式でおくことで、企業の利潤（π）は、

$$\pi = p \cdot x - wL$$

とおけます。収入を最大にするには生産量xを最大化する必要があります。最大の生産

量は生産関数が与えてくれますので、生産関数を代入することで、

$$\pi = p \cdot L^{\frac{1}{2}} - wL \quad \cdots\cdots ③$$

となります。

③式をLについて微分してゼロとおきます。

$$\frac{\Delta \pi}{\Delta L} = \frac{1}{2} \cdot p \cdot L^{\frac{1}{2}-1} - 1 \cdot wL^{1-1} = 0$$

$$\Leftrightarrow \frac{1}{2} \cdot p \cdot L^{-\frac{1}{2}} = w$$

$$\Leftrightarrow p \cdot L^{-\frac{1}{2}} = 2w$$

$$\Leftrightarrow L^{-\frac{1}{2}} = \frac{2w}{p}$$

$$\Leftrightarrow L^{-1} = \frac{4w^2}{p^2}$$

$$\Leftrightarrow \frac{1}{L} = \frac{4w^2}{p^2} \qquad \therefore \ L = \frac{p^2}{4w^2}$$

これを生産関数に代入すれば、❶と同様に財の供給量が得られます。

以上から、正解は❺となります。

問題5 正解 ❹

本問も費用最小化の問題なのか利潤最大化まで考える問題なのか、指示がありません。この場合も、企業は利潤最大化を追求すると考えてください。

平均生産性（$\frac{Y}{L}$）とは、労働者1人当たりの生産量を表します。YとLのそれぞれについて利潤最大化の計算をするのが筋ですが、少々計算が面倒です。そこで、以下の解き方を“コツ”として押さえておいてください。

まず、労働需要量の利潤最大化条件を立て、以下のように変形します。

$P \cdot MP_L = w$ 〔P：財価格、MP_L：労働の限界生産力、w：賃金率〕

$$\Leftrightarrow MP_L = \frac{w}{P} \quad \cdots\cdots ①$$

①式の右辺$\frac{w}{P}$を実質賃金率と呼びます（これが何を示しているかは、マクロ経済学で学習します）。これが48ですから、①式は以下のようにおけます。

$MP_L = 48 \quad \cdots\cdots ②$

次に、生産関数から労働の限界生産力（MP_L）を計算します。

$$MP_L = \frac{\Delta Y}{\Delta L} = 0.4 \cdot 10K^{0.6}L^{0.4-1}$$

$$\Leftrightarrow \quad 0.4 \cdot 10K^{0.6} \cdot L^{0.4} \cdot L^{-1}$$

指数法則
$x^a \cdot x^b = x^{a+b}$

ここで、上式の波線部は、問題文の生産関数と同じですから、ここをYとおくと、

$$MP_L = 0.4 \cdot Y \cdot L^{-1}$$

$$\Leftrightarrow \quad MP_L = 0.4 \cdot \frac{Y}{L} \qquad \cdots\cdots③$$

となります。

最後に、②式と③式を使って①式を立てると、

$$0.4 \cdot \frac{Y}{L} = 48 \qquad \therefore \quad \frac{Y}{L} = 120$$

と計算できます。

以上から、正解は❹となります。

補足

この解法は、利潤を最大にするように労働需要量を決定し、生産関数を通じて財の生産を行えば、その財の生産量も利潤最大化を実現しているという性質を利用したものです。

第2章　消費者行動理論

1　効用関数と無差別曲線

問題1　　正解 ❸

無差別曲線の一般的性質に関する問題です。専門試験のみならず、教養試験でも問われ得る問題です。しっかり基本的なことは記憶しておきましょう。

❶ ×　無差別曲線は、二つの財に対する消費者の選好の組合せを表す曲線ですが、その接線の傾きの大きさは、限界消費性向ではなく、限界代替率を表します。限界代替率は、消費者の主観的な二つの財に対する交換比率を表します。

❷ ×　横軸にXの消費量、縦軸にYの消費量を取った平面において、同一の効用水準を前提として、Xの消費量の減少に伴ってYの消費量が減少したら、右上がりの曲線になってしまいます。右下がりであるためには、Xの消費量の減少に伴ってYの消費量が増加する必要があります。

❸ ○　Xの消費量が増加すると、消費者のXに対する主観的価値が低下し、減少させてもよいと考えるYの量が減少します（限界代替率逓減の法則）。この経験則により、無差別曲線は、一般的には原点に対して凸の形状となります。

❹ ×　無差別曲線は、右上方に位置するほど高い効用水準を表します。これは、財の消費量が増えるほど、消費者の効用水準も高まるとされるためです（不飽和の仮定）。

❺ ×　二つの財がどのような財であっても、二つの無差別曲線が交わることはありません。なお、「下級財」については、後述します。

問題2　　正解 ❷

二つの無差別曲線が交わらない理由は、仮に、二つの無差別曲線が交わるとした場合に、消費者の財に対する選好関係に矛盾が生じるか否かで妥当性を判断します。

この際、①同一の無差別曲線上の財の組合せが同じ効用水準になっているか、②消費の絶対量が増えている場合、効用水準は高くなっているか、を考慮します。

❶ ×　矛盾するか否かの判断はできません。*B*点の消費の組合せは、*D*点よりもX財の消費量は少なく、Y財の消費量は多くなっています。つまり、消費の絶対量はどちらが大きいのか判断できません。したがって、消費者の選好順序も判

断することができません。

このように、ある財の組合せから見て、左上（あるいは、右下）にある財の組合せとの選好順序は、判断することができません。

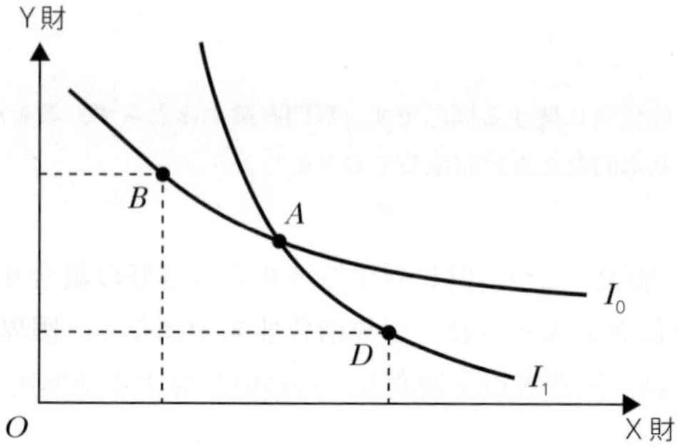

❷ ○　二つの無差別曲線が交わっているとすると、B点とC点は同じ効用水準（無差別）でなければなりません。しかし、B点の消費の組合せから見ると、C点の消費の組合せは右上方に位置します（着色部分）。X財とY財の両方について消費量が多くなりますから、消費の絶対量はC点のほうが多いのです。したがって、不飽和の仮定から、B点よりもC点のほうが効用水準は高くなっていなければならず、選好順序に矛盾が生じることになります。

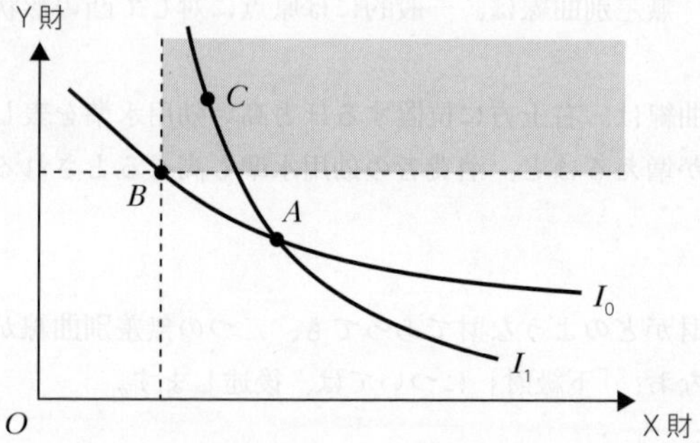

❸ ×　矛盾するか否かの判断はできません。D点の消費の組合せは、E点よりもX財の消費量は多く、Y財の消費量は少なくなっています（右下に位置します）。つまり、消費の絶対量はどちらが大きいのか判断できません。したがって、消費者の選好順序も判断することができません。

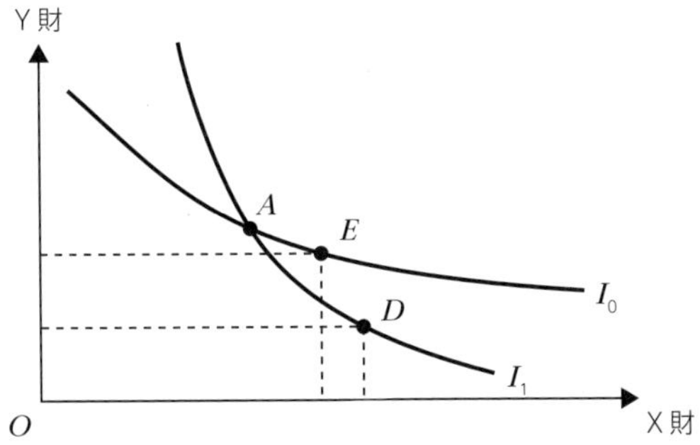

❹ × 　*F*点は、*A*点から見ても*G*点から見ても、左上の財の組合せに当たります。したがって、選好順序は不明なため、矛盾するか否かも判断することができません。

❺ × 　前半部分は正しいといえます。しかし、２本の無差別曲線で囲まれた、二つの領域の財の組合せは効用が等しい（無差別である）という性質は、無差別曲線にはありません。

2　予算制約と最適消費の決定

問題1 　　正解 ❺

「効用の最大値」は、最適消費量の組合せのもとで得ることができます。したがって、まずは最適消費の計算を行い、その結果を効用関数に代入して、効用の最大値を計算します。

効用関数はコブ＝ダグラス型ですから、所得（予算）6000円を、肩の数字の比（1：2）で二つの財の支出額に振り分けます。

$$P_X \cdot x = 6000 \cdot \frac{1}{1+2}$$

$$\Leftrightarrow \quad 100x = 2000 \qquad \therefore \quad x = 20$$

$$P_Y \cdot y = 6000 \cdot \frac{2}{1+2}$$

$$\Leftrightarrow \quad 400y = 4000 \qquad \therefore \quad y = 10$$

この結果を効用関数に代入すると、効用の最大値を得ることができます。

$$U = xy^2$$

$$= 20 \cdot 10^2 \qquad \therefore \quad U = 2000$$

よって、正解は❺となります。

問題2 正解 ❺

本問も効用関数はコブ＝ダグラス型ですから、所得２万円を、肩の数字の比（１：１）で二つの財の支出額に振り分けます。x_0の計算は、これまでと全く同様です。

$$P_X \cdot x_0 = 20000 \cdot \frac{1}{1+1}$$

$$\Leftrightarrow \quad 100x_0 = 10000 \qquad \therefore \quad x_0 = 100$$

「間接税」とは、消費税のようなタイプの税金で、価格に上乗せして課される税金です。１個100円のX財に、１個当たり100円の間接税を課すと、X財の価格は200円（＝100円＋100円）になります。効用関数に変化はありませんから、

$$P_X \cdot x_1 = 20000 \cdot \frac{1}{1+1}$$

$$\Leftrightarrow \quad 200x_1 = 10000 \qquad \therefore \quad x_1 = 50$$

と計算できます。

よって、正解は❺となります。

問題3 正解 ❸

効用500を実現することのできる所得（M）の金額を計算すればよいのです。ある所得（M）のもとで最大の効用が500であるとするとき、そのときの所得（M）は、効用500の実現に必要な最小値ということになります。

まず、所得をMとおいて最適消費量の計算を行います。前提となる効用関数はコブ＝ダグラス型ですから、最適消費の計算は以下のようになります（Mを各財の支出額に１：１で按分します）。

$$P_X \cdot x = M \cdot \frac{1}{1+1}$$

$$\Leftrightarrow \quad 4x = \frac{1}{2} \cdot M \qquad \therefore \quad x = \frac{1}{8} \cdot M \qquad \cdots\cdots①$$

$$P_Y \cdot y = M \cdot \frac{1}{1+1}$$

$$\Leftrightarrow \quad 20y = \frac{1}{2} \cdot M \qquad \therefore \quad y = \frac{1}{40} \cdot M \qquad \cdots\cdots②$$

この最適消費量の組合せのときに効用500を実現しますから、①式と②式を効用関数に代入して、

$$u = xy$$

$$\Leftrightarrow \quad 500 = \left(\frac{1}{8} \cdot M\right)\left(\frac{1}{40} \cdot M\right)$$

$$\Leftrightarrow \quad 500 = \frac{1}{320} \cdot M^2$$

$$\Leftrightarrow \quad M^2 = 160000$$

$$\Leftrightarrow \quad M^2 = 400^2 \qquad \therefore \quad M = 400$$

と計算できます。

以上から、正解は❸となります。

問題4

正解 ❷

求める変数は違うものの、これまでと同じアプローチで解くことができます。

この問題では、X財の価格と消費量が与えられているので、これをX財の最適消費量の計算に当てはめると所得Mを求めることができます。まず、所得をMとおいてX財の最適消費量の計算を行います。前提となる効用関数はコブ＝ダグラス型ですから、X財の最適消費の計算は以下のようになります（Mを各財の支出額に$\frac{1}{3}$：$\frac{2}{3}$で按分します）。

$$P_x \cdot x = M \times \frac{\frac{1}{3}}{\frac{1}{3}+\frac{2}{3}}$$

$$\Leftrightarrow \quad 2 \times 60 = M \times \frac{1}{3}$$

$$\Leftrightarrow \quad M = 360$$

ここで得られた所得をY財の最適消費量の計算に当てはめると、pを導くことができます。

$$P_y \cdot y = 360 \times \frac{\frac{2}{3}}{\frac{1}{3}+\frac{2}{3}}$$

$$\Leftrightarrow \quad p \times 24 = 360 \times \frac{2}{3}$$

$$\Leftrightarrow \quad 24p = 240$$

$$\therefore \quad p = 10$$

よって、正解は❷となります。

3　与件の変化と最適消費の修正

問題1　　　　正解 ❺

最適消費に関する基礎的な問題です。無差別曲線の性質、予算制約線のシフト、効用最大化条件等、基礎事項をしっかりと押さえておきましょう。

❶ ×　前半の無差別曲線の定義は妥当です。しかし、問題文に示された無差別曲線は原点に対して凸の形状をしているため、無差別曲線の接線の傾きの大きさである限界代替率は、X財の消費量が増加するにつれて逓減します（限界代替率逓減の法則）。

❷ ×　X財の価格をP_X、Y財の価格をP_Y、所得をMとすると、消費者の予算制約線は、

$$P_X \cdot X + P_Y \cdot Y = M$$

$$\Leftrightarrow \quad Y = -\frac{P_X}{P_Y} \cdot X + \frac{M}{P_Y} \qquad \cdots\cdots①$$

となります。X財の価格だけが上昇したとすると、予算制約線は、縦軸の切片（$\frac{M}{P_Y}$）は変えずに、傾きの大きさ（$\frac{P_X}{P_Y}$）が大きくなるようにシフトします。これは、A_0B_2からA_0B_0への動きに当たります。

❸ ×　二つの財の価格が変わらないまま所得だけが増加したとすると、①式から予算制約線は、傾きの大きさ（$\frac{P_X}{P_Y}$）は変えずに、縦軸の切片（$\frac{M}{P_Y}$）が大きくなるようにシフトします。これは、A_1B_1からA_0B_0への動きに当たります。これにより、最適消費点はE_0点からE_1点に変化します。

❹ ×　二つの財の価格が変わらないまま所得だけが減少したとすると、①式から予算制約線は、傾きの大きさ（$\frac{P_X}{P_Y}$）は変えずに、縦軸の切片（$\frac{M}{P_Y}$）が小さくなるようにシフトします。これは、A_0B_0からA_1B_1への動きに当たります。これにより、最適消費点はE_1点からE_0点に変化し、X財の消費量は減少しています。

❺ ○　E_1点では、無差別曲線と予算制約線が接しています。このとき、無差別曲線の接線の傾きの大きさである限界代替率と、予算制約線の傾きの大きさであ

る価格比（$\frac{P_X}{P_Y}$）は等しくなります。E_1点は効用最大化点であり、選択肢の記述は効用最大化条件を言い換えたものです。

問題2 正解 ❹

エンゲル曲線の形状から財の種類を特定する問題です。この問題で気をつけなければならないのは、通常のエンゲル曲線とは異なり、縦軸に財の消費量、横軸に所得を取っている点です。本文で紹介したものとは逆になっているので、注意してください。なお、選択肢にある「ギッフェン財」は未習ですが、これがわからなくても正答に至ることはできます。

❶ 所得m_0のとき

所得m_0の付近では、エンゲル曲線は右上がりになっていますから、X財は上級財であることがわかります。また、上に凸の形状をしていますから、横軸の所得の変化の割に、縦軸のX財の需要量の変化は小さくなります。したがって、必需品であると判断することができます（❷、❸は誤り）。

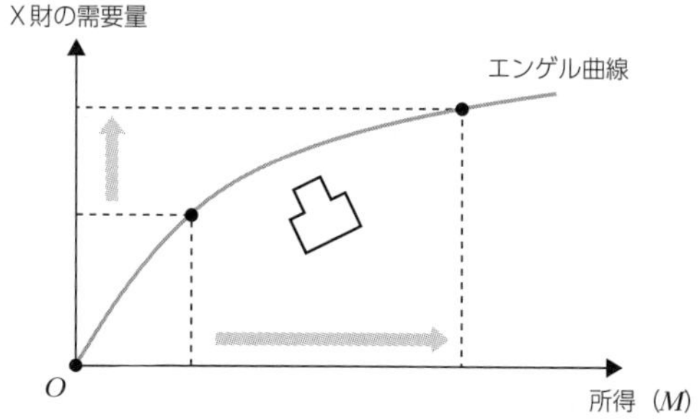

❷ 所得m_1のとき

所得m_1の付近では、エンゲル曲線は右下がりになっていますから、X財は下級財であることがわかります。なお、ギッフェン財とは下級財の一種ですが、ここでは通常の下級財かギッフェン財かは判断することができません。

❸ 所得m_2のとき

所得m_2の付近では、エンゲル曲線は右上がりになっていますから、X財は上級財であることがわかります。また、下に凸の形状をしていますから、横軸の所得の変化の割に、縦軸のX財の需要量の変化は大きくなります。したがって、奢侈品であると判断することができます（❶、❺は誤り）。

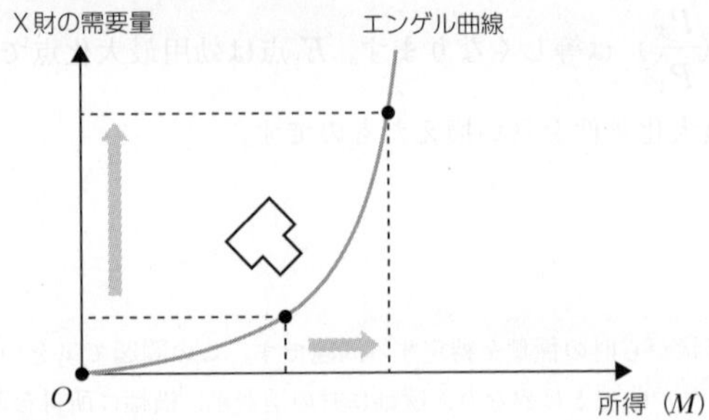

以上から、正解は❹となります。

問題3

正解 ❷

需要関数（＝需要曲線）は、任意の財価格と効用最大化消費量を対応させた右下がりの曲線をいいます。したがって、需要関数を計算するには、効用最大化（最適消費）の計算を行えばよいことになります。

問題文に与えられた効用関数はコブ＝ダグラス型効用関数ですから、所得Mを肩の数字（指数）の比率で各財の支出額に按分します。X財に所得を按分すると、

$$p_x \cdot x = M \cdot \frac{2}{2+1} \qquad \therefore \quad x = \frac{2M}{3p_x} \qquad \cdots\cdots ①$$

と計算できます。

①式において、右辺のX財価格p_xが下落したとすると、左辺の効用最大化消費量xは増えることがわかります。つまり、①式は、右下がりの需要関数を表します。

よって、正解は❷となります。

補足

ちなみに、p_xを一定と見て、①式を所得Mと効用最大化消費量xの関係式と見ると、①式はエンゲル曲線を表します。需要曲線もエンゲル曲線も、最適消費点を前提として導かれるグラフですから、どちらのグラフも最適消費の計算を行えば導くことができるのです。

①式を変形して、

$$p_x = \frac{2M}{3x}$$

とし、所得Mを一定と見ると、横軸x、縦軸p_xの平面に、反比例のグラフが描けます。これが需要曲線です（左図）。

一方、①式を、

$$M = \frac{3p_x}{2} \cdot x$$

とし、X財価格p_xを一定と見ると、横軸x、縦軸Mの平面に、右上がりの直線のグラフが描けます。これがエンゲル曲線です（右図）。

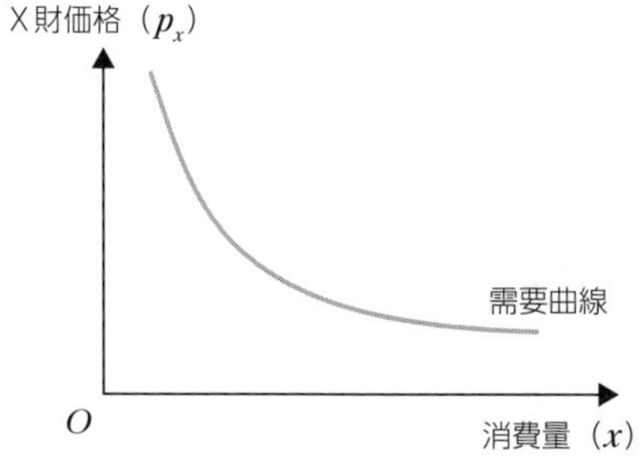

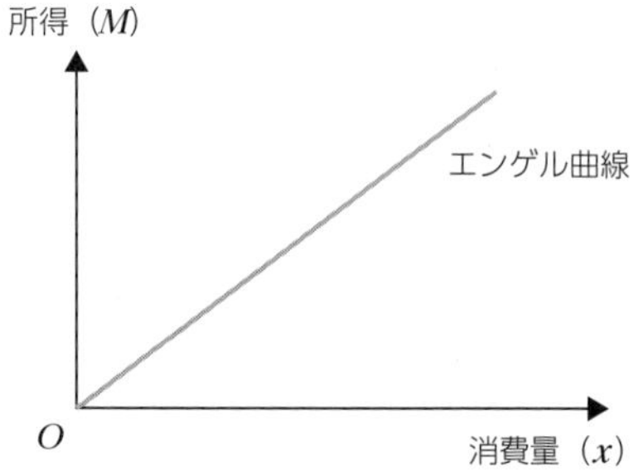

問題4

正解 ❷

価格変更前の効用を求め、価格変更後にそれと同値になるような所得を計算します。

まず、二つの財をどれだけ消費していて、「当初の効用水準」がどれだけであったかを計算します。

消費者の効用関数はコブ＝ダグラス型で、当初、X財の価格（P_X）は8、Y財の価格（P_Y）は2、所得（M）は144ですから、所得（144）を、肩の数字の比（1：1）で2財の支出額に按分すると、

$$P_X \cdot X = 144 \cdot \frac{1}{1+1}$$

$$\Leftrightarrow \quad 8X = 72 \qquad \therefore \quad X = 9$$

$$P_Y \cdot Y = 144 \cdot \frac{1}{1+1}$$

$$\Leftrightarrow \quad 2Y = 72 \qquad \therefore \quad Y = 36$$

と計算できます。

したがって、当初の効用水準は、

$$U = X \cdot Y$$

$$\Leftrightarrow \quad U = 9 \cdot 36 \qquad \therefore \quad U = 324$$

となります。

ここで、X財の価格が8から18に上昇すると、予算制約線の傾きの大きさ（$\frac{P_X}{P_Y}$）が大きくなり、消費可能領域が狭くなります（着色部分）。消費者にとって価格はどうすることもできませんから（プライス・テイカーの仮定）、当初の効用を維持するには、所得（M）を増加させて予算制約線を上方にシフトさせ、B点の消費を実現しなければなりません。

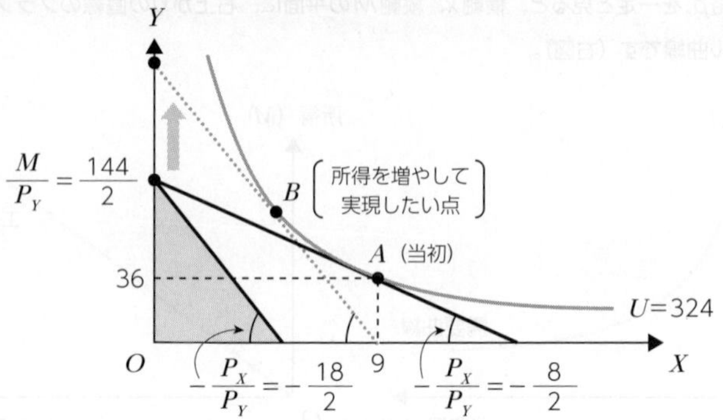

所得はいくら必要なのかわかりませんから、所得をMとおいて、B点における最適消費量の組合せを計算します。

$$P_X \cdot X = M \cdot \frac{1}{1+1}$$

$$\Leftrightarrow \quad 18X = \frac{1}{2} \cdot M \qquad \therefore \quad X = \frac{1}{36} \cdot M$$

$$P_Y \cdot Y = M \cdot \frac{1}{1+1}$$

$$\Leftrightarrow \quad 2Y = \frac{1}{2} \cdot M \qquad \therefore \quad Y = \frac{1}{4} \cdot M$$

$U=324$を実現する必要がありますので、効用関数にXとYの値を代入してMの値を求めます。

$$U = X \cdot Y$$

$$\Leftrightarrow \quad 324 = \left(\frac{1}{36} \cdot M\right)\left(\frac{1}{4} \cdot M\right)$$

$$\Leftrightarrow \quad 324 = \frac{1}{144} \cdot M^2$$

$$\Leftrightarrow \quad 18^2 = \left(\frac{1}{12}\right)^2 \cdot M^2$$

$$\Leftrightarrow \quad 18 = \frac{1}{12} \cdot M \qquad \therefore \quad M = 216$$

と計算することができます。このような、価格変化前の効用水準を実現するために必要な所得のことを補償所得といいます。

よって、以上から正解は❷になります。

4　需要の価格弾力性と需要の所得弾力性

問題1　　正解 ❸

需要の価格弾力性についての理解を確かめられる問題です。

まず、［　A　］の需要の価格弾力性（ε）を計算します。本問も「$p=2$としたとき」と、需要曲線上の座標が指定されていますので、微分を使って計算します。

需要の価格弾力性（ε）は、以下のようになります。

$$\varepsilon = -\frac{\dfrac{\Delta x}{x}}{\dfrac{\Delta p}{p}}$$

$$= -\frac{\Delta x}{\Delta p} \cdot \frac{p}{x} \quad \cdots\cdots ①$$

$\dfrac{\Delta x}{\Delta p}$の部分は、需要関数を$p$について微分して、

$$\frac{\Delta x}{\Delta p} = 0 - 1 \cdot 40p^{1-1}$$

$$= -40 \quad \cdots\cdots ②$$

とします。

次に、$\dfrac{p}{x}$の部分は、$p=2$のとき、需要曲線から$x=20$となりますので、

$$\frac{p}{x} = \frac{2}{20}$$

$$= \frac{1}{10} \quad \cdots\cdots ③$$

となります。

②、③の結果を①式に代入すると、

$$\varepsilon = -(-40) \cdot \frac{1}{10}$$

$$= 4$$

と計算することができます（❶、❷、❺は誤り）。

次に、［　B　］について考えます。需要の価格弾力性は、価格が1％変化したときの需要量の変化の割合を表しています。需要の価格弾力性は4ですから、価格が1％上昇すると、需要量は4％減少します（需要曲線は右下がり）。価格の上昇は2％ですから、需要量は8％減少することになります。

よって、正解は❸となります。

問題2 正解 ❹

消費者の効用関数はコブ＝ダグラス型ですから、X財の需要曲線は直角双曲線になり、需要の価格弾力性は常に1になります。このことを覚えておけば、具体的な計算を行う必要はありません。

効用関数がコブ＝ダグラス型なので、需要の価格弾力性は1となります。

よって、正解は❹となります。

計算練習になりますから、一応確認しておきましょう。

まず、効用関数からX財の需要曲線を導きます。効用関数はコブ＝ダグラス型ですから、所得100を肩の数字（指数）の比でX財の支出額に按分します。

$$P_X \cdot x = 100 \cdot \frac{0.5}{0.5+0.5} \quad \therefore \quad x = \frac{50}{P_X} \quad \cdots\cdots①$$

①式がX財の需要曲線で、直角双曲線になっています。

次に、需要の価格弾力性（ε）を計算します。

$$\varepsilon = -\frac{\dfrac{\Delta x}{x}}{\dfrac{\Delta P_X}{P_X}}$$

$$= -\frac{\Delta x}{\Delta P_X} \cdot \frac{P_X}{x} \quad \cdots\cdots②$$

$\dfrac{\Delta x}{\Delta P_X}$の部分は、需要関数を$x = 50P_X^{-1}$の形にして、$P_X$について微分します。

$$\frac{\Delta x}{\Delta P_X} = -1 \cdot 50P_X^{-1-1}$$

$$= -50P_X^{-2}$$

$$= -\frac{50}{P_X^2} \quad \cdots\cdots③$$

次に、$\dfrac{P_X}{x}$の部分は、需要の価格弾力性を計算する座標を代入しますが、本問には指示がありません。このような場合には、分母のxは需要曲線から決まる需要量ですから、①式を分母にそのまま代入します。

$$\frac{P_X}{x} = \frac{P_X}{\dfrac{50}{P_X}}$$

$$= \frac{P_X^2}{50} \quad \cdots\cdots④$$

となります。

③、④の結果を②式に代入すると、

$$\varepsilon = -\left(-\frac{50}{P_X{}^2}\right) \cdot \frac{P_X{}^2}{50}$$

$$= 1$$

と計算することができます。

問題3

正解 ❶

直角双曲線のように見えますが、これは直角双曲線ではありません（＋2など、余計なものがついていたらダメ）。よって、地道に計算する必要があります。

まず、需要曲線の形を以下のように変形します。

$$Q = P^{-1} + 2 \qquad \cdots\cdots①$$

一方、需要の価格弾力性（ε）は、以下のように表せます。

$$\varepsilon = -\frac{\Delta Q}{\Delta P} \cdot \frac{P}{Q} \qquad \cdots\cdots②$$

$\frac{\Delta Q}{\Delta P}$は、①式を$P$について微分することで計算できます。さらに、$P=2$のときと指示があるので、以下のようになります。

$$\frac{\Delta Q}{\Delta P} = -1 \cdot P^{-1-1} + 0$$

$$= -\frac{1}{P^2}$$

$$= -\frac{1}{4} \qquad \cdots\cdots③$$

次に、$\frac{P}{Q}$の部分は、需要の価格弾力性を計算する座標を代入します。$P=2$のとき、問題文の需要曲線から需要量Qは、

$$Q = \frac{1}{2} + 2 \qquad \therefore \quad Q = \frac{5}{2} \qquad \cdots\cdots④$$

となります。

以上から、③、④の結果を②式に代入すると、

$$\varepsilon = -\left(-\frac{1}{4}\right) \cdot \frac{2}{\frac{5}{2}}$$

$$= \frac{1}{5}$$

$= 0.2$
と計算することができます。

よって、正解は❶となります。

問題4 正解 ❷

三つの財が存在しますから、まずは財ごとに需要の価格弾力性（ε）がどのようになっているか整理しましょう。

❶ A財（需要曲線D_A）

右下がりの直線として示され、「点bは中点」とされています。したがって、a、b、cの各点の状況は、以下のようになります。

点a：$\varepsilon > 1$
点b：$\varepsilon = 1$
点c：$\varepsilon < 1$

❷ B財（需要曲線D_B）

「需要曲線D_Bは直角双曲線」とありますので、D_B上のa、d、cの各点では、需要の価格弾力性は常に1になります。

ここで、A財の点aとB財の点aをいっしょに考えてはいけません。別の財に対する需要曲線ですので、需要の価格弾力性も別のものとして考えてください。

❸ C財（需要曲線D_C）

「需要曲線D_Cは完全に垂直な直線」とありますので、D_C上のb、dの各点では、需要の価格弾力性は常にゼロになります。

では、各選択肢を見ていきましょう。

❶ ×　点aにおいてはA財は$\varepsilon > 1$、B財は$\varepsilon = 1$ですので、A財の需要の価格弾力性のほうが大きいといえます。

❷ ○　点aでは、A財は$\varepsilon > 1$（弾力的）になっています。ここで、A財の価格が上昇したとすると（$P\uparrow$）、A財の需要量は、価格の変化率を超えて大きく減少します（$X\downarrow\downarrow$）。したがって、需要量の減少のインパクトが大きく出て、A財に対する総支出額（$P \cdot X$）は、減少することになります。

❸ ×　点bにおいては、A財は$\varepsilon = 1$、C財は$\varepsilon = 0$（ゼロ）ですので、A財の需要の価格弾力性のほうが大きいといえます。

❹ × 点cでは、B財は$\varepsilon=1$になっています。ここで、B財の価格が下落したとすると（$P\downarrow$）、B財の需要量は増加します（$X\uparrow$）。$\varepsilon=1$のときには、価格と需要量が同率で変化するので打ち消される形になって、B財に対する総支出額（$P\cdot X$）は、変化しないことになります。

❺ × 点dにおいては、B財は$\varepsilon=1$、C財は$\varepsilon=0$（ゼロ）ですので、B財の需要の価格弾力性のほうが大きいといえます。

問題5

正解 ❹

需要の所得弾力性（η）は、エンゲル曲線を前提として計算されるものです。そこで、まずはX財のエンゲル曲線の式を導きます。

エンゲル曲線は、所得（M）と効用最大化消費量（x）の関係を示したグラフですから、所得をMとして最適消費の計算を行います。効用関数はコブ＝ダグラス型ですから、

$$P_X\cdot x=M\cdot\frac{1}{1+1}$$

$$\Leftrightarrow\quad 5x=\frac{1}{2}\cdot M\qquad\therefore\quad x=\frac{1}{10}\cdot M\qquad\cdots\cdots①$$

と計算できます。この①式がエンゲル曲線です。

次に、需要の所得弾力性（η）は、

$$\eta=\frac{\Delta x}{\Delta M}\cdot\frac{M}{x}\qquad\cdots\cdots②$$

とおけます。

$\dfrac{\Delta x}{\Delta M}$の部分は、エンゲル曲線（①式）を$M$について微分して、

$$\frac{\Delta x}{\Delta M}=1\cdot\frac{1}{10}M^{1-1}$$

$$=\frac{1}{10}\qquad\cdots\cdots③$$

となります。

次に、$\dfrac{M}{x}$の部分は、$M=40$のとき、エンゲル曲線から$x=4$となりますので、

$$\frac{M}{x}=\frac{40}{4}$$

$$=10\qquad\cdots\cdots④$$

となります。

③、④の結果を②式に代入すると、

$$\varepsilon = \frac{1}{10} \cdot 10$$
$$= 1$$

と計算することができます。

よって、正解は❹となります。

ヒント

ちなみに、効用関数がコブ=ダグラス型である場合、需要の所得弾力性も必ず1になります。このことを覚えておけば、本問のような問題は、試験会場では計算する必要はありません。本問は$M=40$のときの需要の所得弾力性を要求していますが、試しに$M=10$、$M=80$など、Mの値を適当において計算してみてください。

5 代替効果と所得効果

問題1 正解 ❹

価格の変化が消費者の需要量に及ぼす変化について、財の種類とともに問う問題です。

X財の価格が下落して（P_X↓）、消費者均衡点（最適消費点）がE_0点からE_2点へと移動し、横軸のX財の数量が減少しています（X↓）。これは、需要曲線を描けば右上がりの曲線になりますから、X財はギッフェン財であることがわかります（❶、❷、❸は誤り）。

次に、消費者均衡点の変化を代替効果と所得効果に分解します（スルツキー分解）。

価格下落後の予算線はPQですから、当初の無差別曲線U_0にE_1点で接し、予算線PQの傾きに等しい直線RSが補助線になります。よって、E_0点からE_1までの変化が代替効果、E_1点からE_2点への効用を高める効果が所得効果になります。

X財の数量を増やす方向に作用している代替効果よりも、X財の数量を減らす方向に作用している所得効果のほうが大きく作用しています。この結果、全体としてX財の消費量を減らす結果になっています（全体としての効果はマイナス）。

以上から、正解は❹となります。

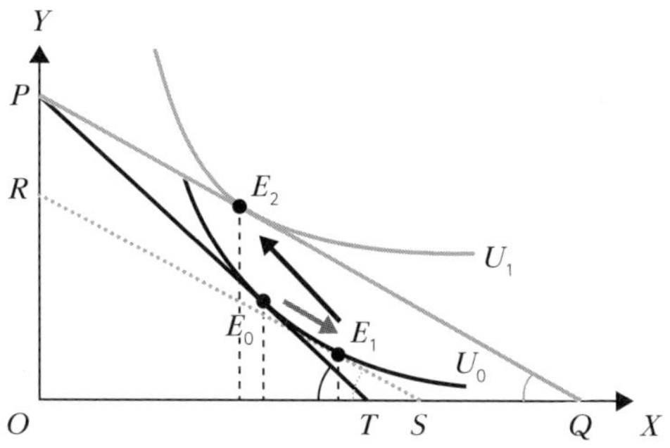

問題2

正解 ❷

グラフが与えられず、二つの財の需要量の変化が問われています。このような問題の場合には、頭の中だけで考えようとするのではなく、以下のような図解を問題用紙の余白に書いて、動きを考えることをお勧めします。

❶ 財xの価格（P_x）が上昇した場合（❶〜❸）

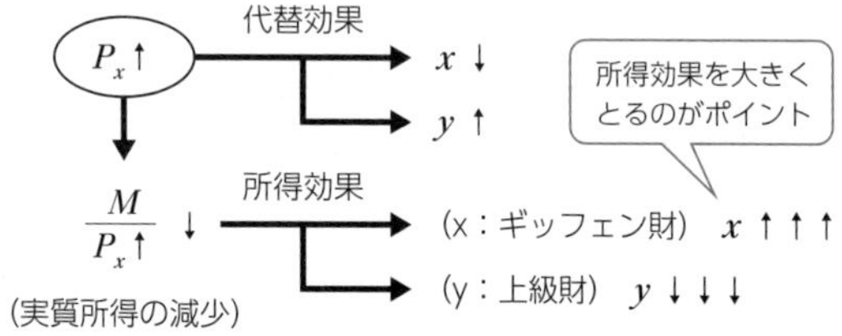

【代替効果】 x財の価格が上昇していますので、相対的に割安（お買い得）になっているのはy財です。よって、代替効果は、y財の需要量を増やし（*y* ↑）、x財の需要量を減少させる（*x* ↓）方向に作用します。

【所得効果】 価格の上昇は消費者の実質所得を減少させます。x財はギッフェン財（下級財の一種）なので、実質所得の減少によってx財の需要量は増加します。

一方、y財は上級財なので、実質所得の減少によってy財の需要量は減少します。

ただし、ギッフェン財は、所得効果の大きさが代替効果の大きさを超えてしまう性質があります。所得効果は二つの財に同時に作用するので、所得効果によってx財、y財ともに大きく変化します。

以上から、価格効果（全部効果）では、x財の需要量は必ず増加し、y財の需要量は必ず減少することになります（正解は❷）。

❷ 財yの価格（P_y）が上昇した場合（❹、❺）

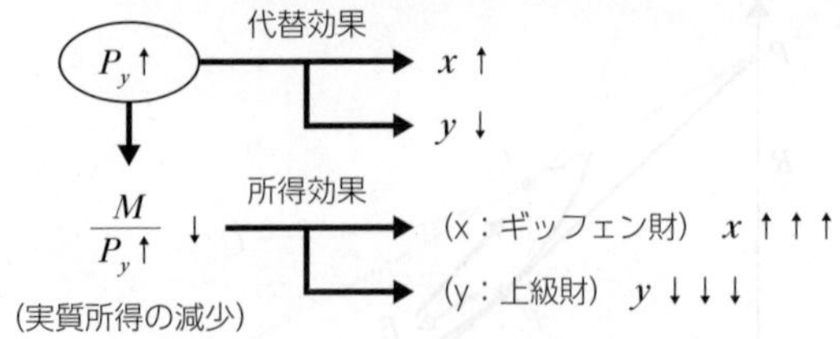

【代替効果】 y財の価格が上昇していますので、相対的に割安になっているのはx財です。よって、代替効果は、x財の需要量を増やし（x ↑）、y財の需要量を減少させる（y ↓）方向に作用します。

【所得効果】 価格の上昇は消費者の実質所得を減少させます。x財はギッフェン財（下級財の一種）なので、実質所得の減少によって代替効果の大きさを超えて大きくx財の需要量は増加します。

一方、y財は上級財なので、実質所得の減少によってy財の需要量は大きく減少します。

以上から、価格効果（全部効果）では、x財の需要量は必ず増加し、y財の需要量は必ず減少することになります。

問題3

正解 ❸

財の性質と具体例を問う問題です。代替財と補完財の例は覚えておきましょう。

［B］の後に「コーヒーと砂糖」とあります。これはワンセットで消費される関係の例ですから、［B］は「補完財」となります。二つの財が補完財の関係にあるとき、X財の価格が上昇すると、X財の需要は減少し、Y財の需要も減少することになります。したがって、［A］には「減少」が入ります（この段階で、❸が正解となります）。

次に、［D］の後に「コーヒーと紅茶」とあります。これはいずれか一方の消費だけでよいものですから、［D］は「代替財」となります。二つの財が代替財の関係にあるとき、X財の価格が上昇すると、X財の需要は減少するため、Y財の需要は増加することになります。したがって、［C］には「増加」が入ります。

以上から、正解は❸となります。

問題4

正解 ❺

❺に出てくる「需要の交差弾力性」は、本編で取り扱っていない論点ですので、基本的には、「消去法」で正解肢にたどり着ければ良いでしょう。

❶ ✕　他の財をB財としてスルツキー分解を行うと、以下のようになります。A財の価格が下落すると、A財が割安になるので、代替効果によってA財の需要量は増加します。また、価格の下落は実質所得を増加させます。A財が下級財であるなら、所得効果によってA財の需要量は減少します。

なお、問題文に言及がないので、所得効果のB財のところを「?」としましたが、A財が下級財であるとすると、B財は上級財であると判断できます。実質所得が高まっているときに、A財の消費量を減らすなら、B財の消費量を増やさないと所得を使い切る（予算制約線上）ことにならないからです。

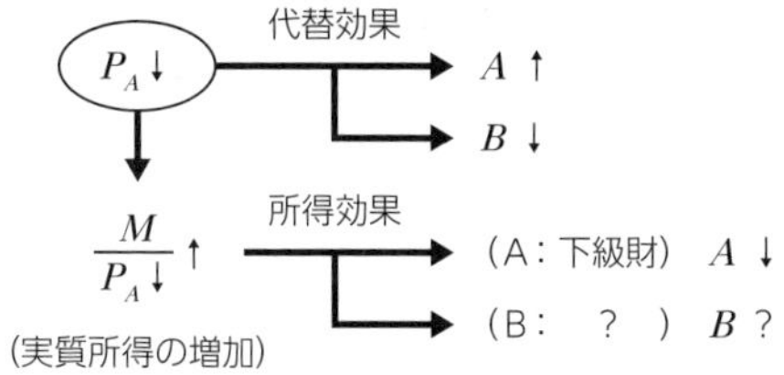

❷ ✕　A財の価格が下落すると、A財が割安になるので、代替効果によってA財の需要量は増加します。また、価格の下落は実質所得を増加させます。A財が下級財の一種であるギッフェン財であるなら、所得効果によってA財の需要量は減少します。

ここで、ギッフェン財の場合には、代替効果の大きさよりも所得効果の大きさのほうが大きくなるので、全部効果では需要量は減少するといえます。

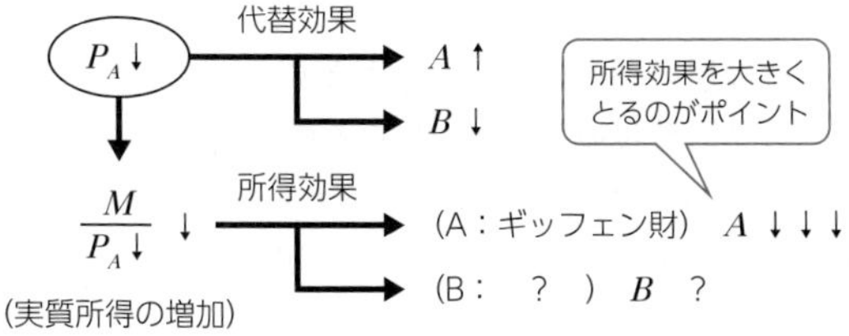

❸ ✕　連関財にあるA財とB財に関して、A財の価格が下落すると、A財がギッフェン財でないならば、A財の需要量は増加します（需要法則）。このときに、B財の需要量が増えるとすれば、二つの財はワンセットで増える関係にあるので、両財は（粗）補完財の関係にあるといえます。

❹ ×　A財の価格が下落すると、A財が割安になるので、代替効果によってA財の需要量は増加し、B財の需要量は減少します。また、価格の下落は実質所得を増加させます。A財とB財がともに上級財であるなら、所得効果によって二つの財の需要量は増加します。

よって、B財は、代替効果では需要量は減少しますが、所得効果では増加することになります。

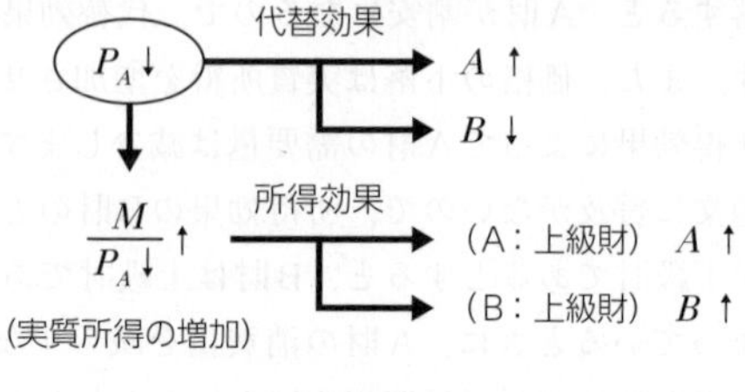

❺ ○　需要の交差弾力性（ω（オメガ））とは、ある財の価格が変化すると、他の財の消費量にどのような影響を与えるかを示すものです。例えば、A財の価格の変化がB財の需要量に与える影響を示すなら、

$$\omega = \frac{\text{B財の需要量の変化率}}{\text{A財の価格の変化率}} \quad \cdots\cdots①$$

$$= \frac{\frac{\Delta B}{B}}{\frac{\Delta P_A}{P_A}}$$

と表します。

A財の価格が下落した場合（$\frac{\Delta P_A}{P_A} < 0$）、通常、A財の需要量は増加します（需要法則）。このとき、B財の需要量が増加するなら（$\frac{\Delta B}{B} > 0$）、A財とB財は（粗）補完財の関係にあるといえます。このとき、①式から、需要の交差弾力性は、分子と分母の符号が逆になるので、マイナスになります（$\omega < 0$）。

このように、需要の交差弾力性がマイナスのときには、二つの財は互いに（粗）補完財、逆に、需要の交差弾力性がプラスの場合には、二つの財は互いに（粗）代替財になります。

問題5　　正解 ❺

スルツキー分解の計算問題です。第3節の問題4で補償所得を扱いましたが、その延長線上にある問題です。少々難しい問題ですが、頑張って取り組みましょう。

代替効果は、価格比が変化したときに、効用を一定にしてどれだけ消費を変化させるかを表します。そこで、まずは価格上昇前の最適消費を計算し、当初の効用の大きさを計算します。

消費者の効用関数はコブ＝ダグラス型で、当初、X財の価格（P_x）は1、Y財の価格（P_y）は1、所得（M）は32ですから、所得（32）を、肩の数字の比（1：1）で2財の支出額に按分すると、

$$P_x \cdot x = 32 \cdot \frac{1}{1+1}$$

$$\Leftrightarrow \quad 1 \cdot x = 16 \qquad \therefore \quad x = 16$$

$$P_y \cdot y = 32 \cdot \frac{1}{1+1}$$

$$\Leftrightarrow \quad 1 \cdot y = 16 \qquad \therefore \quad y = 16$$

と計算できます。

したがって、当初の効用水準は、

$$U = xy$$

$$\Leftrightarrow \quad U = 16 \cdot 16 \qquad \therefore \quad U = 256$$

となります。

ここで、X財の価格が1から4に上昇すると、予算制約線の傾きの大きさ（$\frac{P_x}{P_y}$）が大きくなり、消費可能領域が狭くなります（着色部分）。これを受けて、消費者は最適消費点を新しい予算制約線上に修正します（C点）。これが価格効果（全部効果）です。価格効果は、代替効果と所得効果に分解できます。

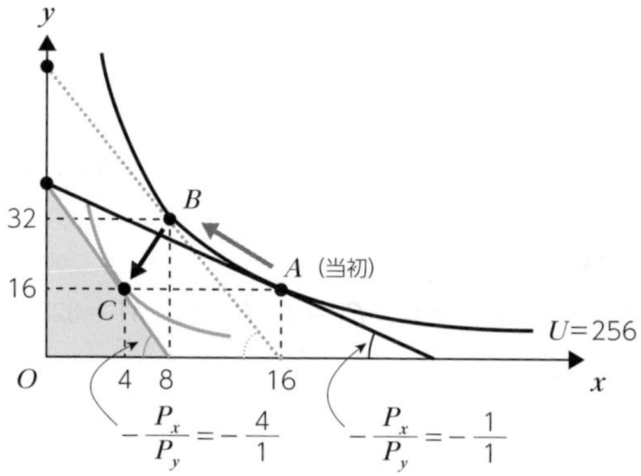

代替効果を捉えるために補助線を加えます。当初の無差別曲線（$U=256$）に接し、価格変化後の予算制約線の傾き（$-\frac{P_x}{P_y} = -\frac{4}{1}$）に等しい直線を描きます。接点である$B$点は、効用を一定とした価格変化後の消費の組合せです。よって、当初のA点からB点への変化が代替効果を表します。

価格上昇後に$U=256$の効用を実現するには、所得は32では足りません。そこで、

所得をMとおいて、B点における最適消費量の組合せを計算します。

$$P_x \cdot x = M \cdot \frac{1}{1+1}$$

$$\Leftrightarrow \quad 4 \cdot x = \frac{1}{2} \cdot M \qquad \therefore \quad x = \frac{1}{8} \cdot M \qquad \cdots\cdots ①$$

$$P_y \cdot y = M \cdot \frac{1}{1+1}$$

$$\Leftrightarrow \quad 1 \cdot y = \frac{1}{2} \cdot M \qquad \therefore \quad y = \frac{1}{2} \cdot M \qquad \cdots\cdots ②$$

$U=256$を実現する必要がありますので、効用関数から、

$$U = xy$$

$$\Leftrightarrow \quad 256 = \left(\frac{1}{8} \cdot M\right)\left(\frac{1}{2} \cdot M\right)$$

$$\Leftrightarrow \quad 256 = \frac{1}{16} \cdot M^2$$

$$\Leftrightarrow \quad 16^2 = \left(\frac{1}{4}\right)^2 \cdot M^2$$

$$\Leftrightarrow \quad 16 = \frac{1}{4} \cdot M \qquad \therefore \quad M = 64$$

と計算することができます。

この$M=64$を①式と②式に代入すると、B点の消費量の組合せになります。

$$x = \frac{1}{8} \cdot 64 \qquad \therefore \quad x = 8$$

$$y = \frac{1}{2} \cdot 64 \qquad \therefore \quad y = 32$$

当初のX財の需要量は16ですから、X財の需要量は代替効果によって8減少することがわかります。

この時点で、正解は❺となります。

ちなみに、C点の需要量の組合せは、$P_x=4$、$P_y=1$、$M=32$として、

$$P_x \cdot x = 32 \cdot \frac{1}{1+1}$$

$$\Leftrightarrow \quad 4 \cdot x = 16 \qquad \therefore \quad x = 4$$

$$P_y \cdot y = 32 \cdot \frac{1}{1+1}$$

$$\Leftrightarrow \quad 1 \cdot y = 16 \qquad \therefore \quad y = 16$$

と計算できますので、所得効果によるB点からC点へのX財の需要量の変化は、−4（4減少）となります。

6 消費者理論の応用

問題1　　　　正解 ❷

効用関数がコブ＝ダグラス型ではなく、加法分離型ですので、基本的には、❶の解き方がおススメです。❷については、限界代替率の計算と効用最大化条件について、一応目を通しておきましょう。

❶ 制約条件を組み込んだ効用関数を、微分してゼロとおいて解く

まず、消費者の予算制約式を立てます。

$y = w(24 - l)$

$\Leftrightarrow \quad y = 2(24 - l) \qquad \therefore \quad y = 48 - 2l \qquad \cdots\cdots ①$

①式を、問題文の効用関数に代入します。

$U = 2l(48 - 2l) + l^2 - 3(48 - 2l)$

$= 102l - 3l^2 - 144 \qquad \cdots\cdots ②$

ここで②式を見ると、l^2の前の定数（係数）が－3（マイナスの値）になっていますから、②式は概ね以下のような形状のグラフとなります（上に凸）。

②式を余暇lについて微分してゼロとおくことで、効用を最大にする余暇消費（l）を求めることができます。

$$\frac{\varDelta U}{\varDelta l} = 1 \cdot 102l^{1-1} - 2 \cdot 3l^{2-1} - 0 = 0$$

$\Leftrightarrow \quad 102 - 6l = 0 \qquad \therefore \quad l = 17$

最後に、労働供給時間（N）は$N = 24 - l$ですから、

$N = 24 - 17 = 7$（時間）

と計算できます。

よって、正解は❷となります。

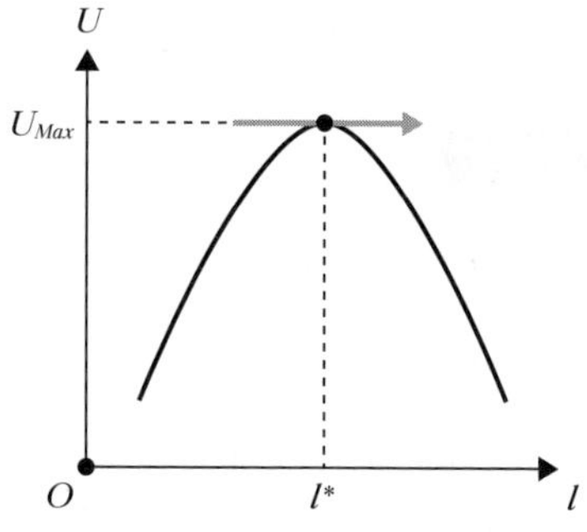

❷ 効用最大化条件を使って解く方法

効用を最大にするように余暇時間を決定するためには、以下の条件（効用最大化条件）が必要です。

限界代替率（MRS_{ly}）＝賃金率（w）　　$\cdots\cdots ①$

限界代替率は、余暇と所得の限界効用（MU_l、MU_y）の比に等しいので、①式は以下のようになります。

$$\frac{MU_l}{MU_y} = w \qquad \cdots\cdots ②$$

そこで、余暇と所得の限界効用（MU_l、MU_y）を計算します。

$$MU_l = \frac{\Delta U}{\Delta l} = 1 \cdot 2l^{1-1}y + 2l^{2-1} - 0$$

$$\Leftrightarrow \quad MU_l = 2y + 2l$$

$$MU_y = \frac{\Delta U}{\Delta y} = 1 \cdot 2ly^{1-1} + 0 - 1 \cdot 3y^{1-1}$$

$$\Leftrightarrow \quad MU_y = 2l - 3$$

よって、②式（効用最大化条件）は、

$$\frac{2y + 2l}{2l - 3} = 2$$

$$\Leftrightarrow \quad 2y + 2l = 2(2l - 3) \qquad \therefore \quad y = l - 3 \qquad \cdots\cdots ③$$

となります。

一方、消費者の予算制約線は、以下のようになります。

$$y = w(24 - l)$$

$$\Leftrightarrow \quad y = 2(24 - l) \qquad \therefore \quad y = 48 - 2l \qquad \cdots\cdots ④$$

③式と④式を連立して解くと、余暇（l）が得られます。

$$l - 3 = 48 - 2l \qquad \therefore \quad l = 17$$

最後に、労働供給時間（N）は$N = 24 - l$と計算できますから、

$N = 24 - 17 = 7$（時間）

となります。

よって、正解は❷となります。

問題2

正解 ❶

変数を一つ減らすことを考えます。

問題1の効用関数は、余暇と所得という二つの変数によって示されていました。

一方、本問は、変数が一つ多く、余暇（L）、所得（Y）、労働（W）の三つの変数によって示されています。このような場合には、

余暇（L）＋労働（W）＝24時間　　……①

という関係に着目して、変数を一つ減らして解きます。

①式から、$W = 24 - L$として効用関数に代入すれば、問題1と同様になります（解法❶）。ただ、労働（W）が問われているので、$L = 24 - W$として、効用関数を所得と労働の式として解いても構いません（解法❷）。

❶ 効用関数を余暇（L）と所得（Y）の式にして解く方法

①式を、

$$W = 24 - L$$

として、効用関数に代入すると、

$U = 2YL + 6L - (24 - L)^2$ ……②

となります。

一方、消費者の予算制約線は、以下のようになります。

$Y = w(24 - L)$

$\Leftrightarrow \quad Y = 1(24 - L) \quad \therefore \quad Y = 24 - L$ ……③

③式を②式に代入します。

$U = 2L(24 - L) + 6L - (24 - L)^2$

$= 102L - 3L^2 - 576$ ……④

④式を余暇Lについて微分してゼロとおくこと、効用を最大にする余暇時間（L）を求めることができます。

$$\frac{\Delta U}{\Delta L} = 1 \cdot 102L^{1-1} - 2 \cdot 3L^{2-1} - 0 = 0$$

$\Leftrightarrow \quad 102 - 6L = 0 \quad \therefore \quad L = 17$

最後に、労働時間（W）は$W = 24 - L$ですから、

$W = 24 - 17 = 7$（時間）

と計算できます。

よって、正解は❶となります。

❷ 効用関数を労働（W）と所得（Y）の式にして解く方法

①式を、

$L = 24 - W$

として、効用関数に代入すると、

$U = 2Y(24 - W) + 6(24 - W) - W^2$ ……⑤

となります。

一方、消費者の予算制約線は、以下のようになります。

$Y = w(24 - L)$

$\Leftrightarrow \quad Y = 1 \cdot W \quad \therefore \quad Y = W$ ……⑥

⑥式を、⑤式に代入します。

$U = 2W(24 - W) + 6(24 - W) - W^2$

$= -3W^2 + 42W + 144$ ……⑦

ここで⑦式を見ると、W^2の前の定数（係数）が−3（マイナスの値）になっていますから、⑦式は概ね以下のような形状のグラフとなります（上に凸）。

⑦式を労働Wについて微分してゼロとおくことで、効用を最大にする労働時間（W）を求めることができます。

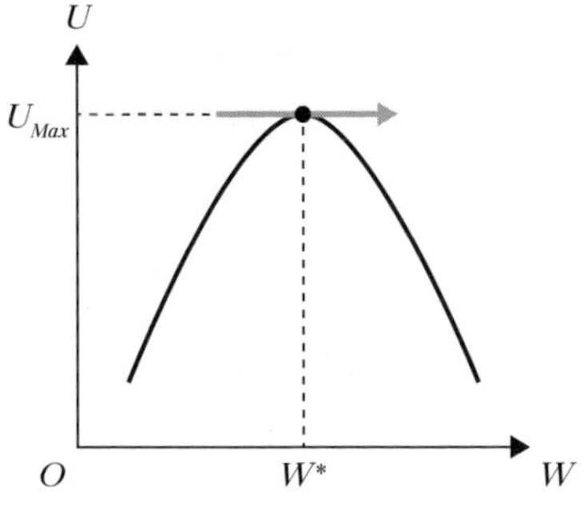

$$\frac{\Delta U}{\Delta W} = -2 \cdot 3W^{2-1} + 1 \cdot 42W^{1-1} + 0 = 0$$

$$\Leftrightarrow \quad 6W = 42 \qquad \therefore \quad W = 7$$

と計算できます。

よって、正解は❶となります。

問題3 　正解 ❸

コブ＝ダグラス型効用関数が、財の消費量（Z）と余暇（V）で表されています。両方とも消費者にとって効用を高めるものですから、通常の２財（X財、Y財）モデルと同様の方法で計算することができます。

ただ、"コツ"として、「財の消費量は労働日数に比例する」と考えることです。労働日数が決まれば、賃金は一定（7,000円）なので、稼げる所得が決まります。所得が決まれば、財の価格は一定（1,000円）ですから、購入可能な財の消費量（Z）が決まります。そこで、効用関数の「財の消費量Z」を「労働日数」と読んでしまえば、以下の解き方が覚えやすくなると思います。

❶ "金額"ベースの計算方法

まず、所得総額（M）を計算します。ここでの所得総額（M）は、初期保有時間（365日）をすべて働いたとした場合に得られる所得の最大値をとります。

所得総額（M）＝7000×365（賃金率）

＝2555000

この所得総額（M）を、肩の数値（指数）の比で、「労働によって得る所得」（＝賃金率×労働日数）と「余暇を取ることで失う所得」（＝賃金率×余暇日数）に按分すると、効用を最大にする余暇時間（あるいは、労働供給時間）を計算することができます。労働日数をNとすると、

$$\text{労働によって得る所得}(w \cdot N) = 2555000 \cdot \frac{3}{2+3} \quad \cdots\cdots①$$

$$\Leftrightarrow \quad 7000N = 1533000 \qquad \therefore \quad N = 219\ (\text{日})$$

となります。

よって、正解は❸となります。

ちなみに、余暇日数（V）は、365日から219日を引けばよいのですが、以下のように計算することもできます。

$$\text{余暇をとることで失う所得}(w \cdot V) = 2555000 \cdot \frac{2}{2+3}$$

$$\Leftrightarrow \quad 7000V = 1022000 \qquad \therefore \quad V = 146\ (\text{日})$$

❷ “日数”ベースの計算方法

❶の①式の両辺を賃金率（7,000円）で割ると、以下の計算でよいことがわかります。

$$労働日数：\quad N=365\cdot\frac{3}{2+3}\qquad \therefore\ N=219（日）$$

つまり、初期保有時間（365日）を、労働日数（財の消費量）と余暇日数に3対2の比率で按分すればよいのです。

よって、正解は❸となります。

問題4 正解 ❷

このタイプの問題の最大のポイントは、カッコをはずして効用関数を展開しない、ということです。

本問では、Lは労働供給量を表しますので、$(12-L)$が余暇時間を表します。余暇時間をVとおくと、効用関数は、

$$U=x(12-L)$$
$$\Leftrightarrow\quad U=x\cdot V$$

となります。こうすれば、先ほどの問題3と同じように解くことができます。

本問の場合、初期保有時間は、効用関数から12（時間）と判断できます。これを労働供給量（L）と余暇消費量（V）に1対1（肩の数字の比）で按分すると、

$$労働供給量（L）=12（時間）\cdot\frac{1}{1+1}\qquad \therefore\ L=6（時間）$$

と計算することができます。

よって、正解は❷となります。

問題5 正解 ❺

借入れをするのか貯蓄をするのかが問われていますので、今期の支出額（c_1）を計算する必要があります。今期の支出額（c_1）が今期の所得（y_1）を上回れば借入れが必要となり、逆に、今期の支出額（c_1）が今期の所得（y_1）を下回れば貯蓄をすることになります。

効用関数がコブ＝ダグラス型ですので、❶の解き方がおススメです。❷については、限界代替率の計算と効用最大化条件について、一応目を通しておきましょう。

❶ 効用関数がコブ＝ダグラス型のときの解き方

効用関数が$U=c_1{}^{\alpha}c_2{}^{\beta}$の場合、「所得総額」を肩の数値の比率（$\alpha$対$\beta$）で各期の消費に按分すれば、最適消費となります。

ただし、所得総額を計算する際には、来期の所得（y_2）を（1＋利子率）で割ったうえで今期の所得と合計する必要があります。

所得総額＝今期の所得（y_1）＋$\dfrac{来期の所得（y_2）}{1＋利子率}$

$$= 120 + \frac{84}{1+0.05}$$

$$= 200$$

この所得総額を、今期と来期の支出額（消費）に１対１で按分すればよいので、

$$c_1 = 200 \cdot \frac{1}{1+1} \qquad \therefore \quad c_1 = 100$$

となります。今期の所得（y_1）は120ありますので、差額の20は貯蓄となります。

以上から、正解は❺となります。

❷ 効用最大化条件を使って解く方法

効用を最大にする今期と来期の支出額の組合せを決定するためには、以下の条件（効用最大化条件）が必要です。

限界代替率（MRS_{12}）＝１＋利子率　　……①

限界代替率は、各期の消費の限界効用（MU_1、MU_2）の比に等しいので、①式は以下のようになります。

$$\frac{MU_1}{MU_2} = 1 + r \qquad \cdots\cdots②$$

そこで、各期の消費の限界効用（MU_1、MU_2）を計算します。

$$MU_1 = \frac{\varDelta U}{\varDelta c_1} = 1 \cdot c_1{}^{1-1} c_2$$

$$\Leftrightarrow \quad MU_1 = c_2$$

$$MU_2 = \frac{\varDelta U}{\varDelta c_2} = 1 \cdot c_1 \cdot c_2{}^{1-1}$$

$$\Leftrightarrow \quad MU_2 = c_1$$

よって、$r = 0.05$であることを踏まえると、②式（効用最大化条件）は、

$$\frac{c_2}{c_1} = 1 + 0.05 \qquad \therefore \quad c_2 = 1.05c_1 \qquad \cdots\cdots③$$

となります。

次に、予算制約式を立てます。問題文に与えられた二つの予算制約式からSを消去すると、

$$c_2 - y_2 = -(1+r)(c_1 - y_1)$$

$$\Leftrightarrow \quad c_2 - 84 = -1.05(c_1 - 120) \qquad \cdots\cdots④$$

となります。これが、今期と来期の消費可能な領域を示す予算制約式です。

最後に、③式（効用最大化条件）と④式（予算制約式）を連立して解くと（③を④に代入）、

$$1.05c_1 - 84 = -1.05(c_1 - 120)$$

$$\Leftrightarrow \quad 2.1c_1 = 210 \qquad \therefore \quad c_1 = 100$$

と計算できます。今期の所得（y_1）は120ありますので、差額の20は貯蓄となります。

以上から、正解は❺となります。

問題6

正解 ❹

「臨時給付」とは、消費者にとって消費に使えるお金のことで、所得総額に含めて考えます。給付されるのは、「来期」である点に十分注意しましょう。

異時点間の最適消費の問題では、効用関数はほぼ100%コブ＝ダグラス型で出題されます。もはや下記の解き方だけで十分でしょう。

まず、所得総額を計算します。臨時給付は来期に給付されますので、

$$所得総額 = 今期の所得 + \frac{来期の所得}{1+利子率}$$

$$= 50 + \frac{50+25}{1+0.25}$$

$$= 110$$

この所得総額を、今期と来期の支出額（消費）に１対１で按分すればよいので、

$$C_0 = 110 \cdot \frac{1}{1+1} \qquad \therefore \quad C_0 = 55$$

となります。今期の所得は50しかありませんので、差額の５だけ借入れが必要になります。

以上から、正解は❹となります。

問題7

正解 ❸

不確実性の問題は、各確率のもとで起き得る事象を示す必要があるので、問題文が長くなる傾向があります。そこで、問題を解く下準備として、下記のような表を作って、問題文の状況を整理します。

まず、状況を整理しましょう。

	職業U	職業C	
0.3（30%）	400万円	y万円	確率は100%
0.7（70%）	900万円	y万円	

次に、二つの職業から期待できる期待効用（EU）を計算します。

第2章 消費者行動理論

❶ **職業Uの期待効用（EU_1）**

このケースでは、30%の確率で400万円、70%の確率で900万円になります。このときの期待効用（EU_1）は、以下のように計算できます。

$$
\begin{aligned}
EU_1 &= 確率 \times そのときの効用 + その他の確率 \times そのときの効用 \\
&= 0.3 \times 400^{\frac{1}{2}} + 0.7 \times 900^{\frac{1}{2}} \\
&= 0.3 \times 20^{2 \cdot \frac{1}{2}} + 0.7 \times 30^{2 \cdot \frac{1}{2}} \\
&= 0.3 \times 20 + 0.7 \times 30 \\
&= 27 \quad \cdots\cdots ①
\end{aligned}
$$

❷ **職業Cの期待効用（EU_2）**

職業Cでは確実な所得（y）が得られるので、期待効用（EU_2）は、以下のようになります。

$$
\begin{aligned}
EU_2 &= 0.3 \times y^{\frac{1}{2}} + 0.7 \times y^{\frac{1}{2}} \\
&= 1 \times y^{\frac{1}{2}} \\
&= y^{\frac{1}{2}} \quad \cdots\cdots ②
\end{aligned}
$$

この個人が職業Cを選択するのは、①よりも②のほうが大きくなるときです。よって、

$$y^{\frac{1}{2}} \geqq 27 \qquad \therefore \quad y \geqq 729$$

と計算することができます。これが、職業Cを選択する所得の最小値となります。

よって、正解は❸となります。

問題8

正解 ❹

同様に、問題文の示す状況に従って、保険に加入する場合と加入しない場合の期待効用を比較検討します。

保険に加入しなければ農業収入は不確実になりますが、保険に加入すれば農家は確実にh（万円）の所得を得ることができます。よって、問題文の状況を整理すると以下のようになります。

	保険に加入する	保険に加入しない
良い天候の確率：0.5（50%）	h（万円）	900（万円）
天候不順の確率：0.5（50%）	h（万円）	100（万円）
	確率は100%	

次に、保険に加入するときと加入しないときの期待効用（EU）を計算します。

❶ 保険に加入する場合の期待効用（EU_1）

保険に加入すれば確実な所得（h）が得られるので、期待効用（EU_1）は、以下のようになります。

$$EU_1 = 0.5 \times h^{\frac{1}{2}} + 0.5 \times h^{\frac{1}{2}}$$
$$= 1 \times h^{\frac{1}{2}}$$
$$= h^{\frac{1}{2}} \qquad \cdots\cdots①$$

❷ 保険に加入しない場合の期待効用（EU_2）

このケースでは、50%の確率で900万円、残りの50%の確率で100万円になります。このときの期待効用（EU_2）は、以下のように計算できます。

$$EU_2 = 0.5 \times 900^{\frac{1}{2}} + 0.5 \times 100^{\frac{1}{2}}$$
$$= 0.5 \times 30^{2 \cdot \frac{1}{2}} + 0.5 \times 10^{2 \cdot \frac{1}{2}}$$
$$= 0.5 \times 30 + 0.5 \times 10$$
$$= 20 \qquad \cdots\cdots②$$

農家が保険に加入するのは、②よりも①のほうが大きくなるときです。よって、

$$h^{\frac{1}{2}} \geqq 20 \qquad \therefore \quad h \geqq 400$$

と計算することができます。これが、保険金額の最小値となります。

よって、正解は❹となります。

問題9

正解 ❸

リスクに対する選好は、効用関数の形状からわかります。あとは、これまでと同じく問題文の条件に従って、保険に加入する場合と加入しない場合の期待効用を計算します。

効用関数が$U = X^{0.5}$となっています。肩の数値（指数）は1未満ですから、この消費者は危険回避的であることがわかります（❶、❹、❺は誤り）。

次に、問題文の状況を整理します。

保険に加入するには、保険料19の支払いが必要になっています。所得が64のときには、払戻金36を含めると、消費者の手もとに残る所得は、

$$64 - 19 + 36 = 81$$

となります。一方、所得が100のときには、払戻金はないので、消費者の手もとに残る所得は、

$$100 - 19 = 81$$

となります。

結局、保険に加入すると、確実に81の所得を得ることになります。よって、以下のように整理できます。

	保険に加入する	保険に加入しない
0.5（50%）	81	64
0.5（50%）	81	100
	確率は100%	

保険に加入するときと加入しないときの期待効用（EU）を計算します。

❶ 保険に加入する場合の期待効用（EU_1）

保険に加入すれば、所得は確実に81になるので、期待効用（EU_1）は、以下のようになります。

$$EU_1 = 0.5 \times 81^{0.5} + 0.5 \times 81^{0.5}$$
$$= 0.5 \times 9^{2 \cdot \frac{1}{2}} + 0.5 \times 9^{2 \cdot \frac{1}{2}}$$
$$= 0.5 \times 9 + 0.5 \cdot 9$$
$$= 9 \quad \cdots\cdots ①$$

❷ 保険に加入しない場合の期待効用（EU_2）

このケースでは、50%の確率で64、残りの50%の確率で100になります。このときの期待効用（EU_2）は、以下のように計算できます。

$$EU_2 = 0.5 \times 64^{0.5} + 0.5 \times 100^{0.5}$$
$$= 0.5 \times 8^{2 \cdot \frac{1}{2}} + 0.5 \times 10^{2 \cdot \frac{1}{2}}$$
$$= 0.5 \times 8 + 0.5 \times 10$$
$$= 9 \quad \cdots\cdots ②$$

以上から、保険契約を結んでも結ばなくても、消費者の期待効用は同じになります。よって、正解は❸となります。

第3章　市場理論Ⅰ（完全競争市場）

1　市場均衡と均衡の安定性

問題1　　　　正解 ❶

「市場均衡における」と、座標の指定がありますので、まずは市場均衡点を計算します。

市場均衡点においては、需要と供給は一致しているので、$D=S=X$として需要曲線と供給曲線を連立して解くと、

$$24-0.5P=1.5P$$

$$\Leftrightarrow \quad 2P=24 \qquad \therefore \quad P=12$$

この結果を供給曲線の式に代入すると、

$$X=1.5\cdot 12 \qquad \therefore \quad X=18$$

となります。

次に、需要の価格弾力性（ε）は、

$$\varepsilon=-\frac{\frac{\varDelta X}{X}}{\frac{\varDelta P}{P}}$$

$$\Leftrightarrow \quad \varepsilon=-\frac{\varDelta X}{\varDelta P}\cdot\frac{P}{X} \qquad \cdots\cdots①$$

とおけます。

①式の$\frac{\varDelta X}{\varDelta P}$は、需要曲線を$P$について微分することで得られます。

$$\frac{\varDelta X}{\varDelta P}=0-1\cdot 0.5P^{1-1}$$

$$=-0.5$$

よって、①式（需要の価格弾力性（ε））は、

$$\varepsilon=-\frac{\varDelta X}{\varDelta P}\cdot\frac{P}{X}$$

$$\Leftrightarrow \quad \varepsilon=-(-0.5)\cdot\frac{12}{18} \qquad \therefore \quad \varepsilon=\frac{1}{3}$$

と計算することができます。

以上から、正解は❶となります。

問題2　　　　　　　　　　　　　　　　　　　　　　　　　　　正解 ❸

ワルラスの調整過程で均衡が安定的であるか否かを判断するときには、以下の手順に従って判断しましょう。

ワルラスの考え方に基づいて、具体的には、次のように考えます。

❶ 均衡点から価格を崩して、不均衡の状態を見る

❷ 不均衡の状態から、ワルラスの考え方（超過供給→価格は下落、超過需要→価格は上昇）によって均衡点に向かえるかを見る

❸ 均衡点に向かえるなら安定的均衡、均衡点から離れるようなら不安定的均衡

ア

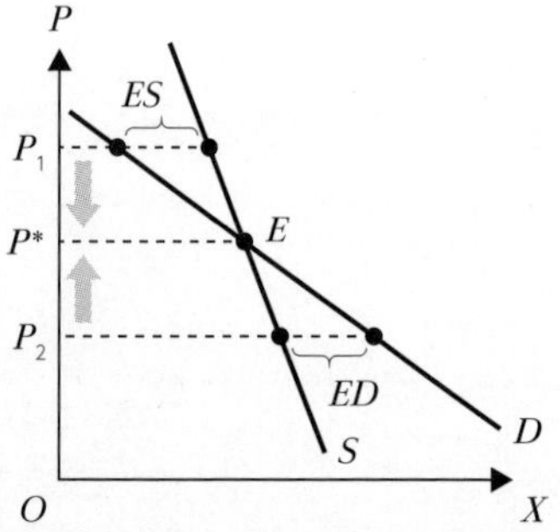

イ

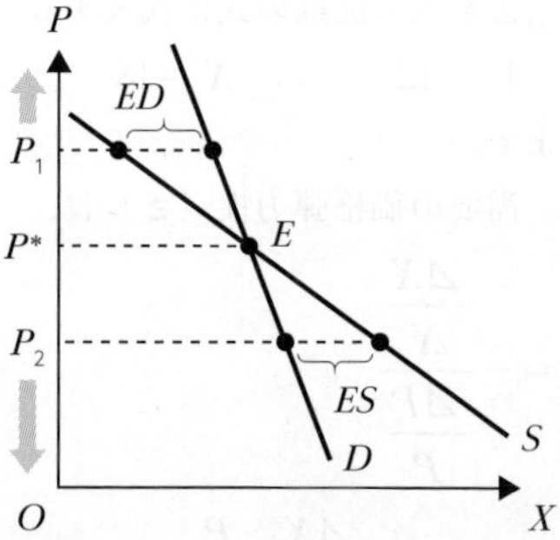

ア ○　均衡価格（P^*）よりも高い価格（P_1）を見てみましょう。横軸の需要量と供給量を比べると、供給量のほうが大きくなっており、価格P_1のときには超過供給（ES）が発生します。超過供給のときには、価格は下落します。価格が下落することで、均衡価格P^*に向かうことになります。したがって、市場均衡点Eは安定的といえます。

イ ×　同様に価格P_1を見たときに、イでは超過需要（ED）が発生します。超過需要のときには、価格は上昇します。すると、均衡価格P^*からは乖離してしまうことになります。したがって、市場均衡点Eは不安定的均衡といえます。

ウ

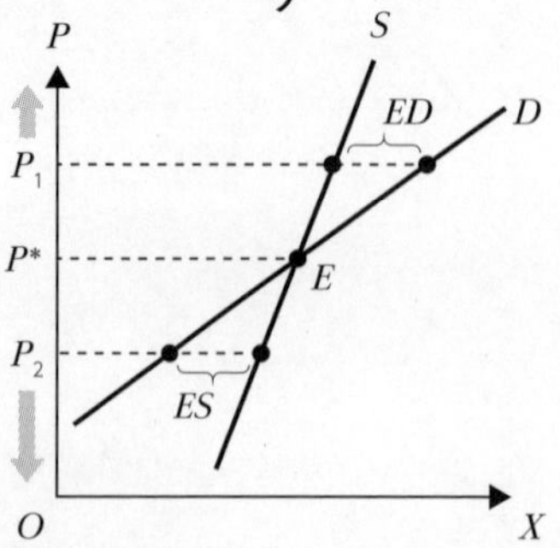

エ

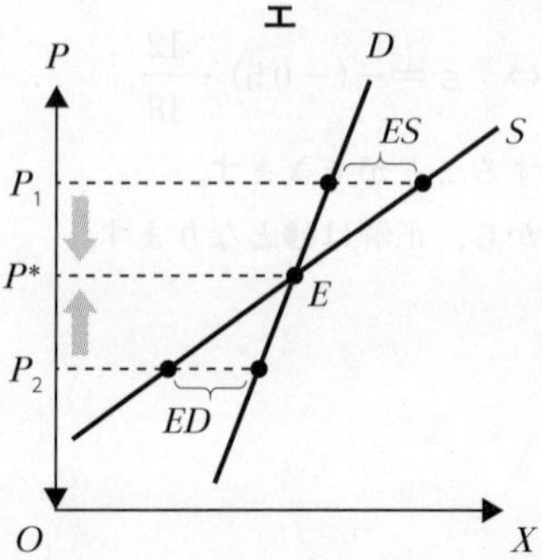

ウ ×　同様に価格P_1を見たときに、**ウ**では超過需要（ED）が発生します。超過需要のときには、価格は上昇します。すると、均衡価格P^*からは乖離してしまうことになります。したがって、市場均衡点Eは不安定的均衡といえます。

エ ○　同様に価格P_1を見たときに、**エ**では超過供給（ES）が発生します。超過供給のときには、価格は下落します。価格が下落することで、均衡価格P^*に向かうことになります。したがって、市場均衡点Eは安定的といえます。

以上から、正解は❸となります。

ちなみに、価格の崩し方は、均衡価格よりも下に崩しても構いません。どちらに崩しても、得られる結論は同じです。

問題3

正解 ❸

マーシャルの調整過程で均衡が安定的であるか否かを判断するときには、以下の手順に従って判断しましょう。

マーシャルの調整過程で均衡が安定的であるか否かを判断するときは、以下の手順で考えます。

❶ 均衡点から数量を崩して、不均衡の状態を見る

❷ 不均衡の状態から、マーシャルの考え方（超過供給価格→生産量は減少、超過需要価格→生産量は増加）によって均衡点に向かえるかを見る

❸ 均衡点に向かえるなら安定的均衡、均衡点から離れるようなら不安定的均衡

ア

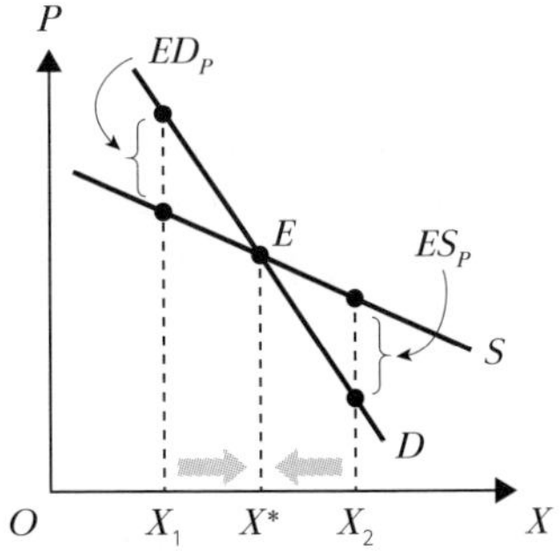

イ

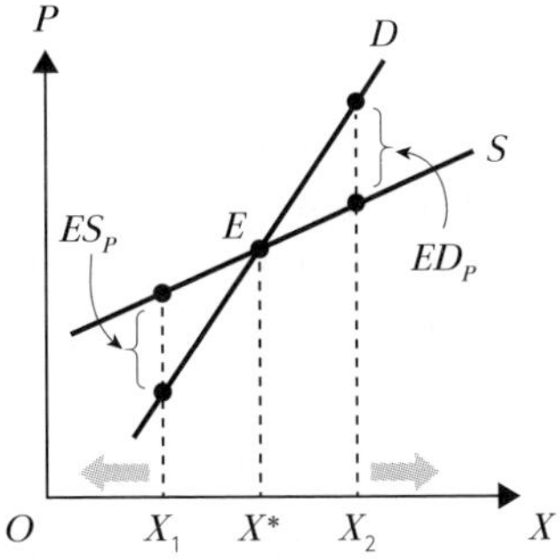

ア ○　均衡取引量（X^*）よりも少ない数量（X_1）を見てみましょう。縦軸の需要曲線上の価格と供給曲線上の価格を比べると、需要曲線上の価格のほうが高くなっており、超過需要価格（ED_P）が発生します。このとき、企業は消費者の高い支払いを狙って生産量を拡大します。生産量が増えることで、財の数量は均衡取引量X^*に向かうことになります。したがって、市場均衡点Eは安定

的といえます。

イ ×　同様に数量X_1を見たときに、**イ**では超過供給価格（ES_P）が発生します。超過供給価格のときには、企業は生産量を減少させます。すると、財の数量は、均衡取引量X^*からは乖離してしまうことになります。したがって、市場均衡点Eは不安定的均衡といえます。

ウ ○　需要曲線は右下がり、供給曲線は右上がりになっており、ともに通常の形状をしています。この場合、マーシャル的にもワルラス的にも、均衡点はともに安定的均衡となります。

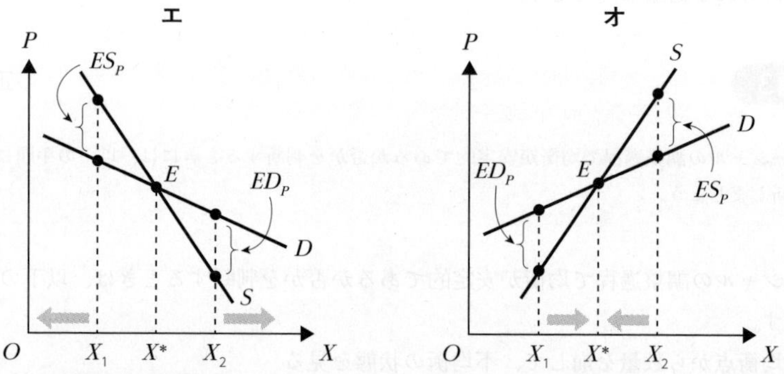

エ ×　同様に数量X_1を見たときに、**エ**では超過供給価格（ES_P）が発生します。超過供給価格のときには、企業は生産量を減少させます。すると、財の数量は、均衡取引量X^*からは乖離してしまうことになります。したがって、市場均衡点Eは不安定的均衡といえます。

オ ○　同様に数量X_1を見たときに、**オ**では超過需要価格（ED_P）が発生します。超過需要価格のときには、企業は生産量を増加させます。生産量が増えることで、財の数量は均衡取引量X^*に向かうことになります。したがって、市場均衡点Eは安定的といえます。

以上から、正解は❸となります。

ちなみに、数量の崩し方は、均衡取引量よりも大きいところに崩しても構いません。どちらに崩しても、得られる結論は同じです。

問題4

正解 ❹

クモの巣調整過程に関する知識とグラフの読み取りが求められる問題です。クモの巣調整過程の安定条件は、きちんと覚えましょう。

農産物は生産に時間がかかり、需要に応じた生産調整に一定の時間がかかります。よって、[B]には「供給」が入ります（❶、❷、❸は誤り）。

毎期の取引価格は需要曲線上で決定され、消費者はその価格のもとで財を需要するので、価格に対する需要量の調整に時間はかかりません。したがって、[A]には「需要」が入ります。

クモの巣理論において、市場均衡点が安定的になるためには、以下の条件が必要です。

供給曲線の傾きの絶対値＞需要曲線の傾きの絶対値

要するに、需要曲線よりも供給曲線のほうが急勾配になっているグラフを選べばよいことになります。安定条件を満たすのは、**ア**と**イ**になります。

以上から、正解は❹となります。

問題5

正解 ❸

需要曲線、供給曲線をそれぞれPについて整理したうえで傾きを確認し、安定的均衡となるかどうかを判断します。問題文にある「供給の価格弾力性」は学習していない内容ですが、これがわからなくても正解に至ることはできます。

クモの巣理論において、市場均衡点が安定的になるためには、以下の条件が必要です。

供給曲線の傾きの絶対値＞需要曲線の傾きの絶対値

この安定条件における「傾き」は、それぞれPについて整理したときの傾きを表します。それぞれ変形すると、

需要曲線：$D_t = -4P_t + 8$

$$\Leftrightarrow \quad P_t = -\frac{1}{4}D_t + 2$$

供給曲線：$S_t = 5P_{t-1} - 2$

$$\Leftrightarrow \quad P_{t-1} = \frac{1}{5}S_t + \frac{2}{5}$$

となります。需要曲線の傾きの絶対値（大きさ）は$\frac{1}{4}$、供給曲線の傾きの絶対値は$\frac{1}{5}$ですから、

供給曲線の傾きの絶対値＜需要曲線の傾きの絶対値

となっており、安定条件を満たしません。よって、この市場の均衡は、不安定的な均衡となります。

よって、正解は❸となります。

このように、クモの巣調整過程の選択肢を考えるときには、まずは安定条件を満たすか否かを見るとよいでしょう。

補足

選択肢に登場する「供給の価格弾力性」とは、市場価格の変化が、企業による財の供給量にどれだけ影響を与えるかを示す指標です。需要の価格弾力性（ε_D）と供給の価格弾力性（ε_S）は、需要曲線と供給曲線の傾きが緩やか（絶対値が小さい）であるほど大きくなります。価格弾力性が大きい（弾力的）と、縦軸の価格の変化に対して、横軸の数量（需要量、供給量）の変化が大きくなるからです。選択肢を読む際には、「傾きの大きさ」なのか、「弾力性の大きさ」なのか、十分注意しましょう。

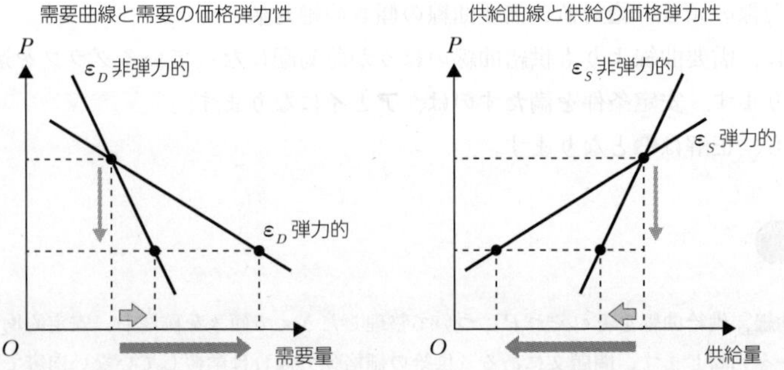

問題6 正解 ❹

結論を知っていれば要領よく選択肢を切ることができますが、とりあえず各グラフを丁寧に見ていきましょう。

ア × 価格がP_1のときに超過需要（ED）が発生します（左図）。このとき価格は上昇しますので、均衡価格P^*からは乖離してしまいます。したがって、市場均衡点はワルラス的には不安定的均衡です。

一方、数量がX_1のときに超過需要価格（ED_P）が発生します（右図）。このとき生産量が増加しますので、均衡取引量X^*に向かうことになります。したがって、マーシャル的には安定的均衡となります。

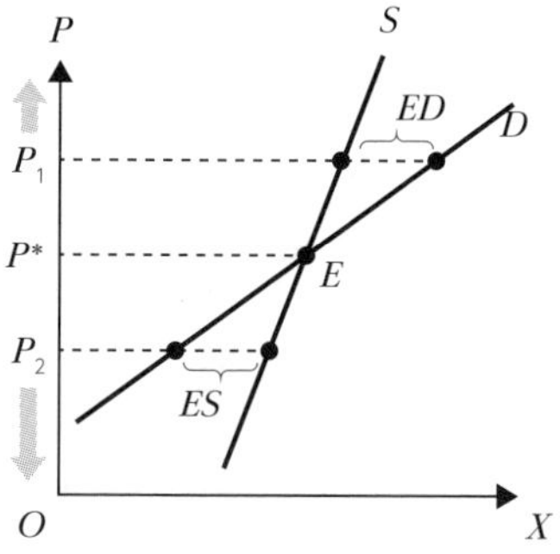

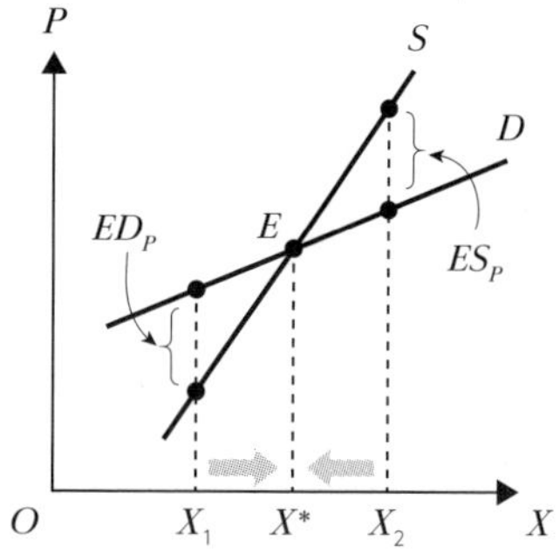

イ ○　価格がP_1のときに超過供給（ES）が発生します（左図）。このとき価格は下落しますので、均衡価格P^*に向かうことになります。したがって、市場均衡点はワルラス的には安定的均衡です。

一方、数量がX_1のときに超過供給価格（ES_P）が発生します（右図）。このとき生産量が減少しますので、均衡取引量X^*から乖離することになります。したがって、マーシャル的には不安定的均衡となります。

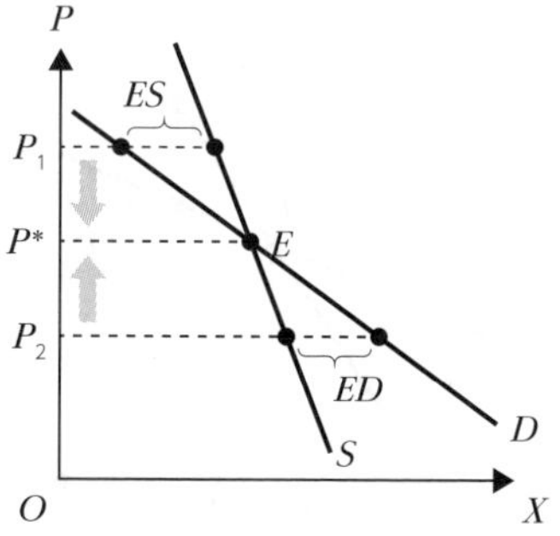

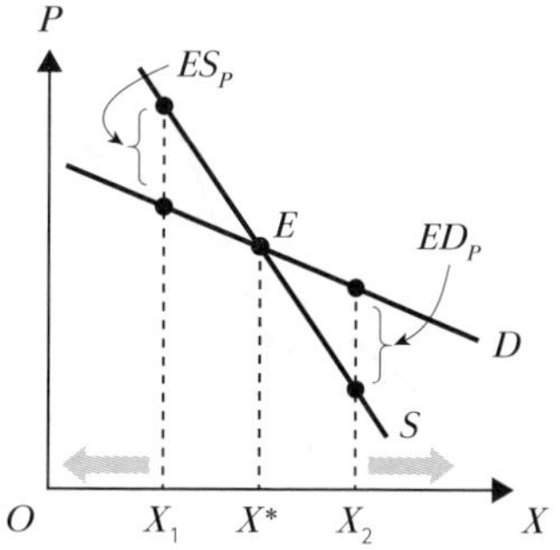

ウ ×　需要曲線は右下がり、供給曲線は右上がりになっており、ともに通常の形状をしています。この場合、マーシャル的にもワルラス的にも、市場均衡点は安定的均衡となります。

エ ×　価格がP_1のときに超過需要（ED）が発生します（左図）。このとき価格は上昇しますので、均衡価格P^*からは乖離してしまいます。したがって、市場均衡点はワルラス的には不安定的均衡です。

一方、数量がX_1のときに超過需要価格（ED_P）が発生します（右図）。このとき生産量が増加しますので、均衡取引量X^*に向かうことになります。したがって、マーシャル的には安定的均衡となります。

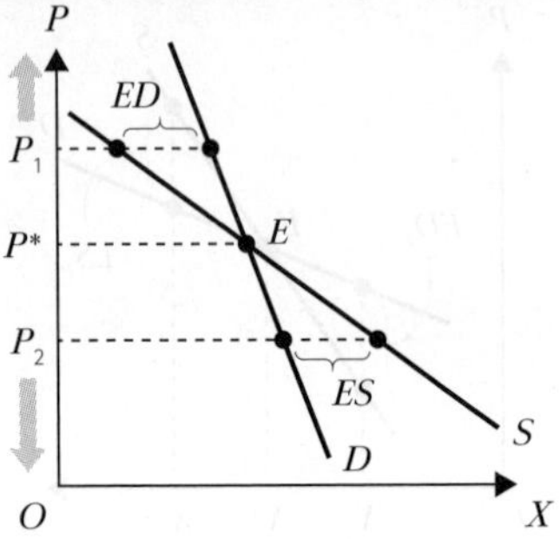

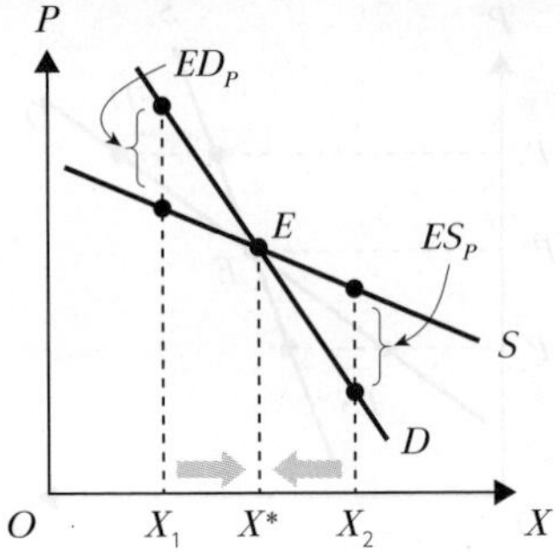

オ ○　価格がP_1のときに超過供給（ES）が発生します（左図）。このとき価格は下落しますので、均衡価格P^*に向かうことになります。したがって、市場均衡点はワルラス的には安定的均衡です。

一方、数量がX_1のときに超過供給価格（ES_P）が発生します（右図）。このとき生産量が減少しますので、均衡取引量X^*から乖離することになります。したがって、マーシャル的には不安定的均衡となります。

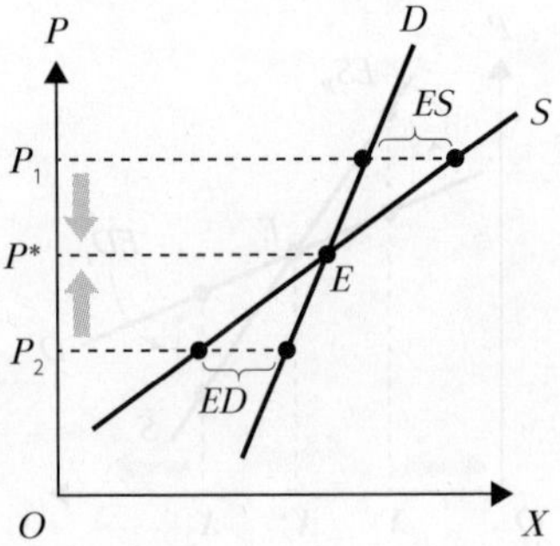

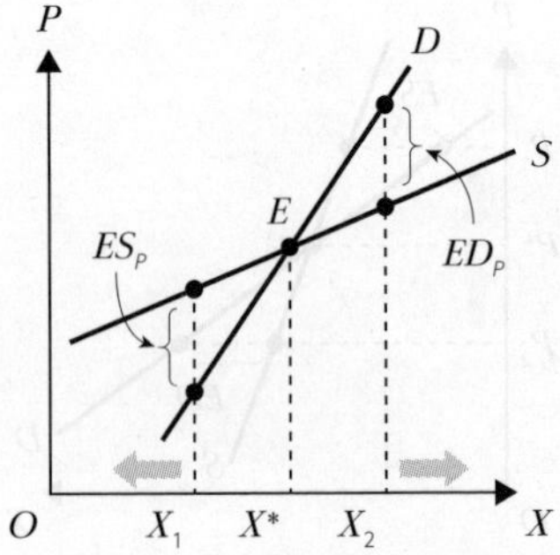

以上から、正解は❹となります。

ヒント

需要曲線と供給曲線が「ともに右上がり」、または、「ともに右下がり」の場合には、どちらかの調整過程で安定的均衡であれば、他方の調整過程では不安定的均衡となります。このことを知っていれば、一方の調整過程だけ確認すれば早く選択肢が絞れます。覚えておきましょう。

問題7

正解 ❸

長期均衡のグラフの状態をイメージしながら解くことが大切です。

長期均衡は、市場均衡価格が参入企業の損益分岐点価格に至ったところで実現されます。損益分岐点は、平均費用曲線の最低点に相当します。平均費用（AC）は、費用関数（C）から以下のように計算することができます。

$$AC=\frac{C}{x}$$

$$\Leftrightarrow \quad AC=4x+\frac{64}{x} \qquad \cdots\cdots①$$

$$\therefore \quad AC=4x+64x^{-1} \qquad \cdots\cdots②$$

平均費用曲線の最低点においては、平均費用曲線上に取った接線の傾きはゼロになるので、②式を微分してゼロとおきます。

$$\frac{\Delta AC}{\Delta x}=1\cdot 4x^{1-1}-1\cdot 64x^{-1-1}=0$$

$$\Leftrightarrow \quad 4-64x^{-2}=0$$

$$\Leftrightarrow \quad 4-\frac{64}{x^2}=0$$

$$\Leftrightarrow \quad 4x^2=64$$

$$\Leftrightarrow \quad x^2=16 \qquad \therefore \quad x=4 \qquad \cdots\cdots③$$

この結果を①式に代入すると、

$$AC=4\cdot 4+\frac{64}{4} \qquad \therefore \quad AC=32$$

となります。これが損益分岐点価格に相当します。

この損益分岐点価格を市場全体の需要曲線に代入すると、長期均衡における取引量（X）となります。市場供給曲線は問題文に示されてはいませんが、損益分岐点価格のもとで市場均衡を実現しているはずだからです。

$$X=80-32 \qquad \therefore \quad X=48 \qquad \cdots\cdots④$$

市場に参入している個別企業の生産量が$x=4$で、市場全体の取引量が$X=48$ですから、参入企業数は④式を③式で割ることで得られます。

$$企業数=\frac{X}{x}=\frac{48}{4} \qquad \therefore \quad 企業数=12社$$

以上から、正解は❸となります。

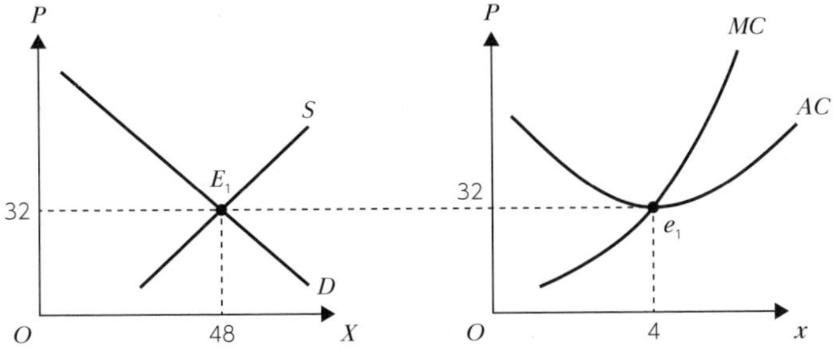

2　完全競争市場の最適性（部分均衡分析）

問題1　　　　正解 ❺

供給曲線は市場全体の供給曲線が与えられていますが、需要曲線のほうは個別需要曲線になっています。そこで、まずは個別需要曲線を集計して、市場全体の需要曲線を導かなければなりません。

市場全体の需要量をDとすると、市場全体の需要曲線は、

$$D = D_1 + D_2$$
$$= (25 - \frac{P}{2}) + (25 - \frac{P}{2})$$
$$= 50 - P \quad \cdots\cdots①$$

と計算することができます。

市場均衡においては需要量（D）と供給量（S）が一致しますので、$D = S = X$とします。与えられた市場全体の供給曲線と①式をPについて整理してグラフを作図すると、以下のようになります。

市場供給曲線：$P = \frac{1}{2}X + 5$　　……②

市場需要曲線：$P = -X + 50$　　……③

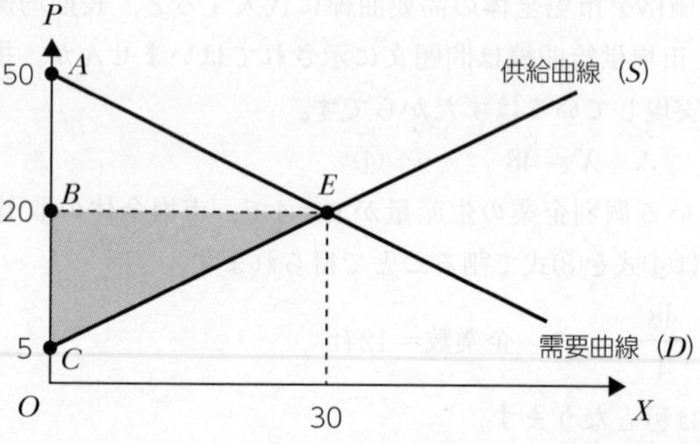

②式と③式を連立して解くと、E点における均衡価格と均衡取引量（＝生産量）が求められます。

$$\frac{1}{2}X + 5 = -X + 50$$

$$\Leftrightarrow \quad \frac{3}{2}X = 45 \qquad \therefore \quad X = 30$$

$$P = -30 + 50 \qquad \therefore \quad P = 20$$

生産者余剰（PS）は三角形BECの面積になりますので、

$$PS = 30 \times (20 - 5) \times \frac{1}{2}$$

$$= 225$$

と計算することができます。

以上から、正解は❺となります。

問題2

正解 ❸

従量税が課された場合の余剰分析の問題です。実際にグラフを描いて、死荷重に当たる領域を確認しながら解きましょう。

まず、課税前の均衡点を求めます。

市場均衡においては、需要量（D）と供給量（S）は一致しますので、$D = S = X$とします。与えられた需要曲線と供給曲線をPについて整理してグラフを作図すると、以下のようになります。

需要曲線：$P = -\frac{1}{4}X + 50$　……①

供給曲線：$P = X + 10$　……②

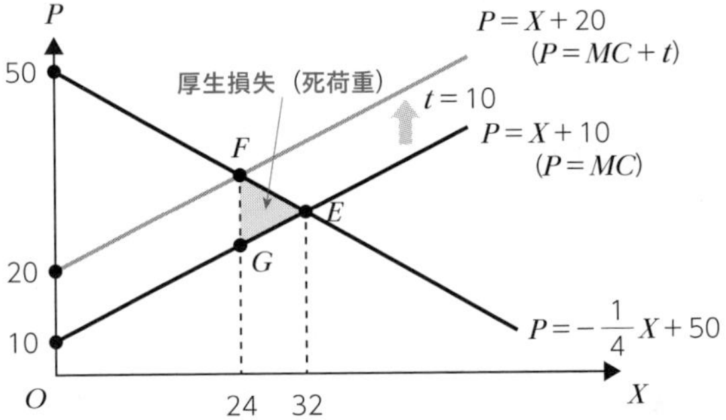

①式と②式を連立して解くと、課税前の均衡点（E点）における均衡取引量が求められます。

$$-\frac{1}{4}X + 50 = X + 10$$

$$\Leftrightarrow \quad \frac{5}{4}X = 40 \qquad \therefore \quad X = 32$$

次に、課税後の均衡点（F点）を求めます。企業に取引1個当たり10の従量税が課されると、課税後の供給曲線は、

$P = X + 20$　……③

となります。②式の右辺$X + 10$が限界費用（MC）に当たりますので、課税後は$X + 20$となります。この③式と①式を連立して解くと、課税後の均衡点（F点）における均

衡取引量が求められます。

$$-\frac{1}{4}X+50=X+20$$

$$\Leftrightarrow\quad \frac{5}{4}X=30 \qquad \therefore\quad X=24$$

死荷重（厚生損失、超過負担）は、図の三角形EFGの面積に相当します。線分FGは1個当たりの従量税10に当たるので、以下のように計算することができます。

$$死荷重=10\times(32-24)\times\frac{1}{2}$$

$$=40$$

以上から、正解は❸となります。

問題3

正解 ❷

従価税が課された場合の余剰分析の問題です。従量税の場合と供給曲線のシフトの仕方が異なる点に注意しましょう。

まず、課税前の均衡点を求めます。

市場均衡においては、需要量（d）と供給量（s）は一致しますので、$d=s=X$とします。与えられた需要曲線と供給曲線をPについて整理してグラフを作図すると、以下のようになります。

需要曲線：$p=-X+180$　……①

供給曲線：$p=\frac{5}{4}X$　……②

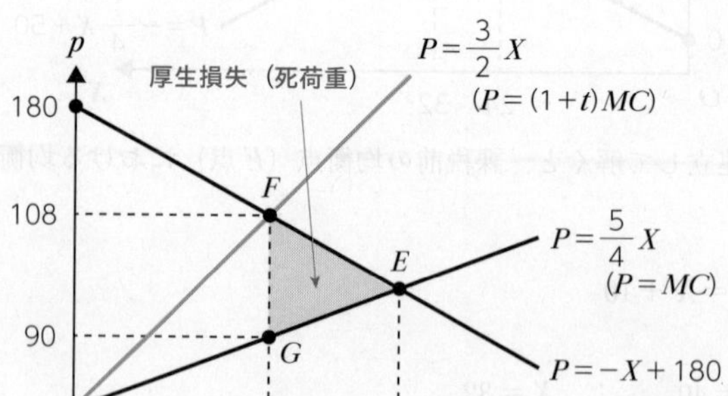

①式と②式を連立して解くと、課税前の均衡点（E点）における均衡取引量が求められます。

$$-X+180=\frac{5}{4}X$$

$$\Leftrightarrow \quad \frac{9}{4}X = 90 \qquad \therefore \quad X = 80$$

次に、課税後の均衡点（F点）を求めます。企業に20%の従価税が課されると、追加的な限界費用（MC）が20%上昇します。②式の右辺$\frac{5}{4}X$が限界費用（MC）に当たりますので、これを20%上乗せすれば課税後の供給曲線となります。

$$\begin{aligned} p &= (1 + 0.2)MC \\ &= 1.2 \cdot \frac{5}{4}X \\ &= \frac{3}{2}X \qquad \cdots\cdots ③ \end{aligned}$$

この③式と①式を連立して解くと、課税後の均衡点（F点）における均衡価格と均衡取引量が求められます。

$$-X + 180 = \frac{3}{2}X$$

$$\Leftrightarrow \quad \frac{5}{2}X = 180 \qquad \therefore \quad X = 72$$

$$p = \frac{3}{2} \cdot 72 \qquad \therefore \quad p = 108$$

経済厚生の損失（死荷重、超過負担）は、図の三角形EFGの面積に相当します。G点の縦軸の大きさは、$X = 72$を②式に代入することで$p = 90$となりますので、以下のように計算することができます。

$$\begin{aligned} \text{経済厚生の損失} &= (108 - 90) \times (80 - 72) \times \frac{1}{2} \\ &= 72 \end{aligned}$$

以上から、正解は❷となります。

問題4 正解 ❷

> もう1問、従価税が課された場合の余剰分析の問題です。「超過負担」という表現がされていますが、死荷重、厚生損失と同義です。

まず、課税前の均衡点を求めます。$D = S = X$として、与えられた需要曲線と供給曲線をPについて整理してグラフを作図すると、以下のようになります。

需要曲線：$P = -X + 74$ ……①

供給曲線：$P = X + 10$ ……②

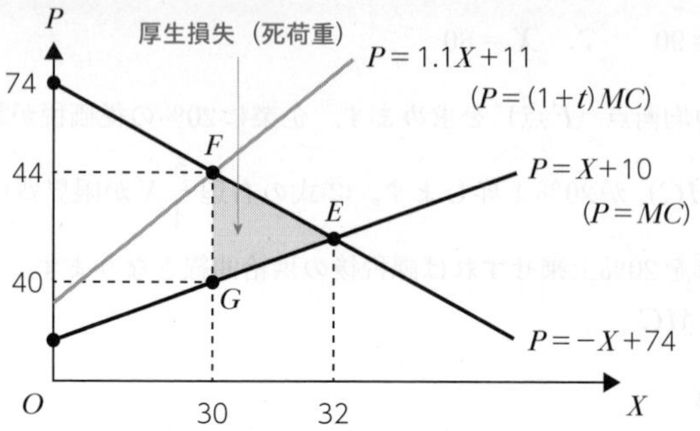

①式と②式を連立して解くと、課税前の均衡点（E点）における均衡取引量が求められます。

$-X+74=X+10$

$\Leftrightarrow\ 2X=64\qquad\therefore\ X=32$

次に、課税後の均衡点（F点）を求めます。企業に10%の従価税が課されると、追加的な限界費用（MC）が10%上昇します。②式の右辺$X+10$が限界費用（MC）に当たりますので、これを10%上乗せすれば課税後の供給曲線となります。

$P=(1+0.1)MC$

$\quad=1.1(X+10)$

$\quad=1.1X+11\qquad$……③

この③式と①式を連立して解くと、課税後の均衡点（F点）における均衡価格と均衡取引量が求められます。

$-X+74=1.1X+11$

$\Leftrightarrow\ 2.1X=63\qquad\therefore\ X=30$

$P=-30+74\qquad\therefore\ P=44$

超過負担（死荷重、厚生損失）は、図の三角形EFGの面積に相当します。G点の縦軸の大きさは、$X=30$を②式に代入することで$P=40$となりますので、以下のように計算することができます。

$$超過負担=(44-40)\times(32-30)\times\frac{1}{2}$$

$$=4$$

以上から、正解は❷となります。

問題5　　　　正解 ❸

解法ナビゲーションと同じく、❷の解法を推奨します。

❶ 連立方程式を解く方法

まず、課税前の均衡点を求めます。ただし、財１単位当たり30の従量税のうち、負担割合がそれぞれいくつになるかを計算すればよいので、縦軸の値を中心に計算します。

まず、$D=S=X$として、与えられた需要曲線と供給曲線をPについて整理してグラフを作図すると、以下のようになります。

需要曲線：$P=-X+100$　……①

供給曲線：$P=\frac{1}{2}X+10$　……②

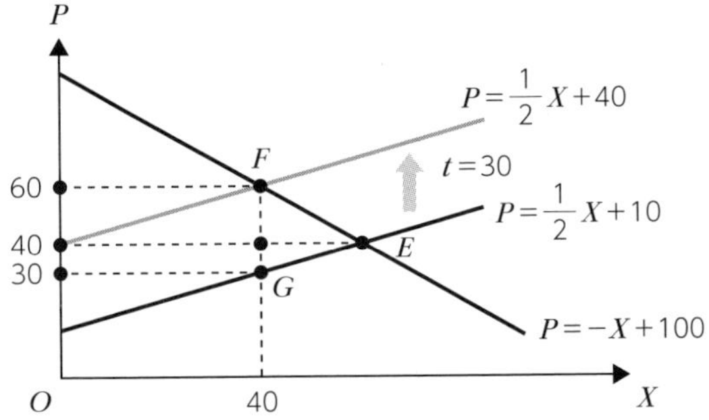

①式と②式を連立して解くと、課税前の均衡点（E点）における均衡価格と均衡取引量が求められます。

$$-X+100=\frac{1}{2}X+10$$

$$\Leftrightarrow \quad \frac{3}{2}X=90 \qquad \therefore \quad X=60$$

$$P=-60+100 \qquad \therefore \quad P=40$$

次に、課税後の均衡点（F点）を求めます。生産者に財1単位につき30の従量税が課されると、課税後の供給曲線は、

$$P=\frac{1}{2}X+40 \qquad \cdots\cdots ③$$

となります。この③式と①式を連立して解くと、課税後の均衡点（F点）における均衡取引量が求められます。

$$-X+100=\frac{1}{2}X+40$$

$$\Leftrightarrow \quad \frac{3}{2}X=60 \qquad \therefore \quad X=40$$

$$P=-40+100 \qquad \therefore \quad P=60$$

よって、課税による価格上昇分は、

$$60-40=20$$

となります。従量税30のうち、価格上昇分の20だけ消費者が負担することになります。

よって、消費者の負担割合は$\frac{20}{30}=\frac{2}{3}$、生産者の負担割合は、残りの$\frac{1}{3}$となります。

以上から、正解は❸となります。

❷ 傾きの大きさに注目して解く方法

需要曲線と供給曲線をPについて整理して、傾きの大きさの比を求めてみます。

需要曲線：$P=-X+100$

供給曲線：$P=\frac{1}{2}X+10$

傾きの大きさはそれぞれ1と$\frac{1}{2}$です。よって、従量税30の負担割合は、

$$\text{消費者の負担額：生産者の負担額}=1:\frac{1}{2}$$
$$=2:1$$

となりますから、消費者の負担割合は$\frac{2}{3}$、生産者の負担割合は$\frac{1}{3}$となります。

よって、正解は❸となります。

問題6

正解 ❸

買い手（消費者）の負担だけが問われているので、課税による価格上昇分を計算すればよく、これまでの計算パターンと同じです。この問題に関してはどちらの解法でもよいと思います。

❶ 連立方程式を解く方法

まず、課税前の均衡点を求めます。$D=S=X$として、与えられた需要曲線と供給曲線をPについて整理してグラフを作図すると、以下のようになります。

需要曲線：$P=-\frac{3}{2}X+300$ ……①

供給曲線：$P=X+50$ ……②

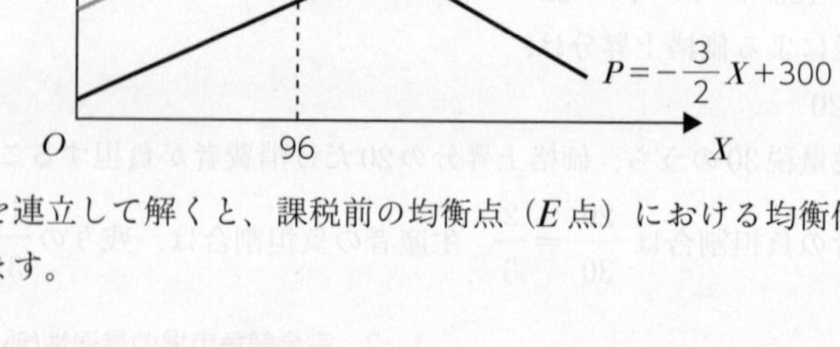

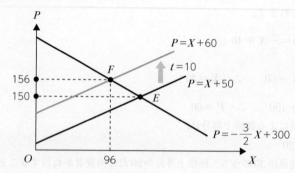

①式と②式を連立して解くと、課税前の均衡点（E点）における均衡価格と均衡取引量が求められます。

$$-\frac{3}{2}X+300=X+50$$

$$\Leftrightarrow \quad \frac{5}{2}X=250 \qquad \therefore \quad X=100$$

$$P=100+50 \qquad \therefore \quad P=150$$

次に、課税後の均衡点（F点）を求めます。生産者に財1単位につき10の従量税が課されると、課税後の供給曲線は、

$$P=X+60 \qquad \cdots\cdots ③$$

となります。この③式と①式を連立して解くと、課税後の均衡点（F点）における均衡取引量が求められます。

$$-\frac{3}{2}X+300=X+60$$

$$\Leftrightarrow \quad \frac{5}{2}X=240 \qquad \therefore \quad X=96$$

$$P=96+60 \qquad \therefore \quad P=156$$

よって、課税による価格上昇分は、

$$156-150=6$$

となり、これが買い手の負担に相当します。

以上から、正解は❸となります。

❷ 傾きの大きさに注目して解く方法

需要曲線と供給曲線をPについて整理して、傾きの大きさの比を求めてみます。

需要曲線：$P=-\frac{3}{2}X+300$

供給曲線：$P=X+50$

傾きの大きさはそれぞれ$\frac{3}{2}$と1です。よって、従量税10の負担割合は、

$$\text{消費者の負担額：生産者の負担額}=\frac{3}{2}:1$$
$$=3:2$$

となりますから、消費者の負担割合は$\frac{3}{5}$、生産者の負担割合は$\frac{2}{5}$となります。消費者の負担割合分だけ価格が上昇していると考えられますので、

$$\text{価格上昇分}=\text{従量税}10\times\frac{3}{5}$$
$$=6$$

と計算することができます。

よって、正解は❸となります。

問題7

正解 ❺

最高価格による価格規制の問題です。グラフにおける消費者余剰・生産者余剰の位置を覚えていなくても、基本に立ち返って余剰分析によって結論を導き出せるようにしましょう。

均衡価格Rよりも低いところに、政策的にOSの価格が設定されています。この場合、財の取引量はNの水準に決定されます。

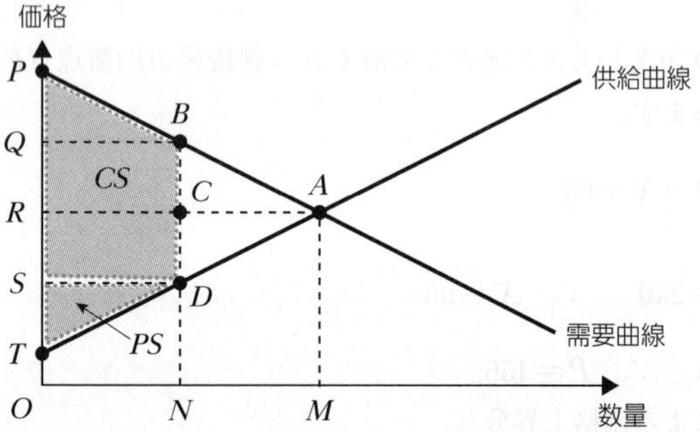

このとき、消費者余剰（CS）は、以下のように捉えることができます。

CS＝最大限の支払可能額の合計－実際の支払額

＝面積$PBNO$－面積$SDNO$

＝面積$PBDS$

一方、生産者余剰（PS）は、以下のとおりです。

PS＝実際の収入額－最低限の保証価格の合計

＝面積$SDNO$－面積$TDNO$

＝面積TSD

以上から、正解は❺となります。

問題8

正解 ❶

生産者と消費者に異なる価格を設定していますので、二重価格規制の問題であると判断できます。グラフの状態と結論は覚えてしまいましょう。

厚生損失の捉え方の基本は、完全競争均衡（E点）のときの総余剰と、価格規制時の総余剰との比較を行い、規制によって減少してしまう総余剰の面積を厚生損失（死荷重）とします。

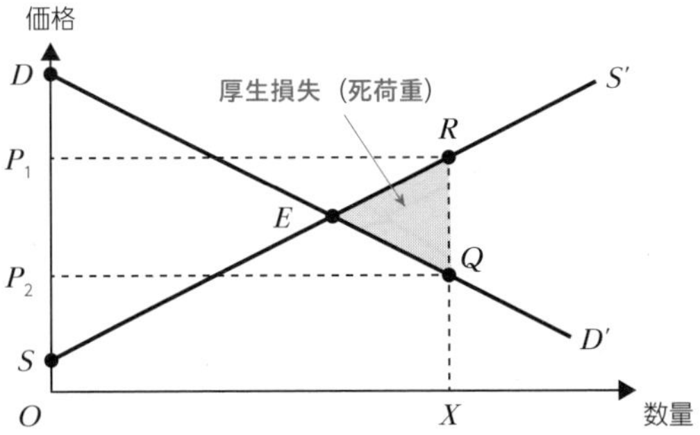

消費者余剰（CS）と生産者余剰（PS）は以下のようになります。

CS＝最大限の支払可能額の合計－実際の支払額
＝面積$DQXO$－面積P_2QXO
＝面積DP_2Q　……①

PS＝実際の収入額－最低限の保証価格の合計
＝面積P_1RXO－面積$SRXO$
＝面積P_1SR　……②

次に、政府が価格規制によって財政赤字を被っているので、これを政府の余剰（GS）として考慮します。

GS＝収入（歳入）－支出（歳出）
＝面積P_2QXO－面積P_1RXO
＝－面積P_1P_2QR　……③

総余剰（TS）は、①、②、③を合計したものになります。

$TS = CS + PS + GS$
＝面積DES－面積REQ

完全競争の均衡点E点で取引が行われたときには、総余剰は面積DESになります。しかし、この二重価格規制が採られると、面積REQの分だけマイナスの余剰が発生してしまいます。これが厚生損失（死荷重）です。

以上から、正解は❶となります。

問題9

正解 ❶

生産者と消費者に異なる価格を設定していますので、二重価格規制の問題です。

二重価格規制の問題では、下記のようなグラフを前提として、政府の財政赤字と死荷重（厚生損失）に当たる領域を覚えておき、効率的に計算できるようにしておきましょう。

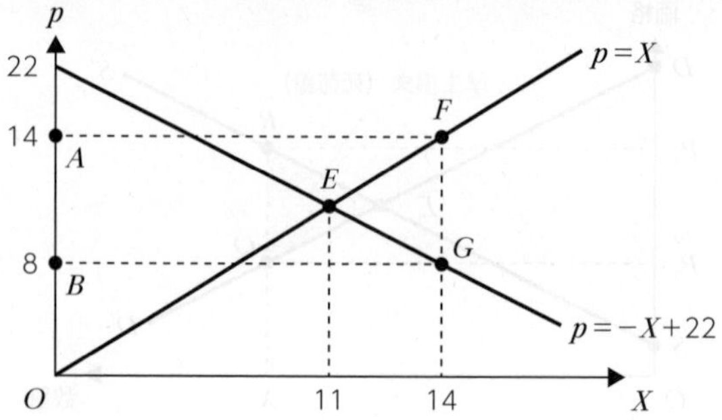

まず、完全競争均衡点（E点）の計算を行います。$d=s=X$として、需要曲線と供給曲線をpについて整理すると、

需要曲線：$p=-X+22$　……①

供給曲線：$p=X$　……②

となります。①式と②式を連立して解くと、

$-X+22=X$　∴　$X=11$

と計算することができます。

一方、生産者に設定した価格14のとき、②式から供給量は$X=14$となります。また、消費者に設定された価格8のとき、①式から需要量は14となります。

死荷重（厚生損失）は、面積EFGに当たりますので、以下のように計算することができます。

$$死荷重=(14-8)\times(14-11)\times\frac{1}{2}$$

$$=9$$

次に、政府の財政赤字は、財を消費者に売却することで得た収入から、生産者から財を買い取った際の支出を差し引くことで計算することができます。これは、面積$AFGB$に相当します。

$$政府の財政赤字=(14-8)\times 14$$

$$=84$$

以上から、正解は❶となります。

問題10　　正解 ❹

生産者と消費者に異なる価格を設定していますので、二重価格規制の問題です。

「補助金の額」が問われていますが、問題文から、これはつまり政府の（財政）赤字に相当します。政府は、消費者から回収できる財の売却収入（消費者価格6）を超えて、生産者に財の代金を支出しています（生産者価格10）。これは、財1単位当たり、その価格差（4）の分だけ生産者に補助金を支給していることと同じなのです。

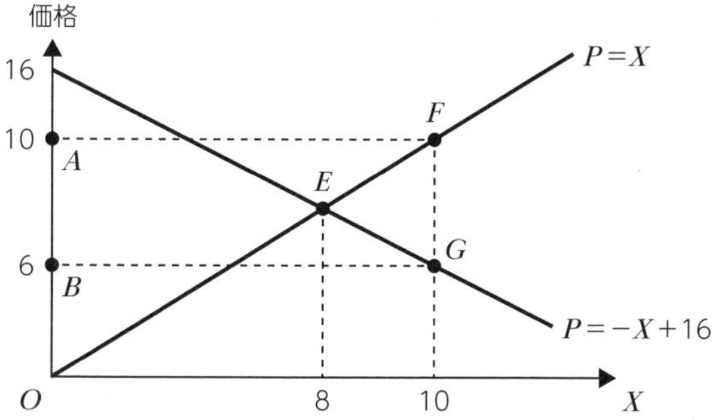

まず、完全競争均衡点（E点）の計算を行います。$D=S=X$として、需要曲線と供給曲線をPについて整理すると、

需要曲線：$P=-X+16$　……①

供給曲線：$P=X$　……②

となります。①式と②式を連立して解くと、

$-X+16=X$　∴　$X=8$

と計算することができます。

一方、生産者価格10のとき、②式から供給量は$X=10$となります。また、消費者価格6のとき、①式から需要量は10となります。

経済厚生の損失（死荷重）は、面積EFGに当たりますので、以下のように計算することができます。

$$厚生損失=(10-6)\times(10-8)\times\frac{1}{2}$$
$$=4$$

次に、補助金の額（＝政府の赤字）は、面積$AFGB$に相当します。

$$補助金の額=(10-6)\times 10$$
$$=40$$

以上から、正解は❹となります。

3　完全競争市場の最適性（一般均衡分析）

問題1　　正解 ❸

基本事項が確認できる、とてもよい問題です。直前期の確認にもよいかもしれません。配分が変化することで、誰も効用が低下せず、一方または両方の効用が高まるならパレート改善です。1人でも効用が低下してしまうなら、パレート改善とはなりません。

❶ ×　　a点には消費者Aの無差別曲線が、d点には消費者Bの無差別曲線が描かれていないので、それぞれ補います。そのうえでa点からd点への移行を見ると、

消費者Bの効用はV_2よりも高くなりますが、消費者Aの効用はU_3へと低下してしまうことがわかります。したがって、パレート改善ではありません。

あるいは、***a***点を初期保有点として、補った消費者Aの無差別曲線とV_2で作られるレンズ型を見ると、***d***点はレンズ型の外側にあることがわかります。これをもって、パレート改善ではないと判断しても構いません。

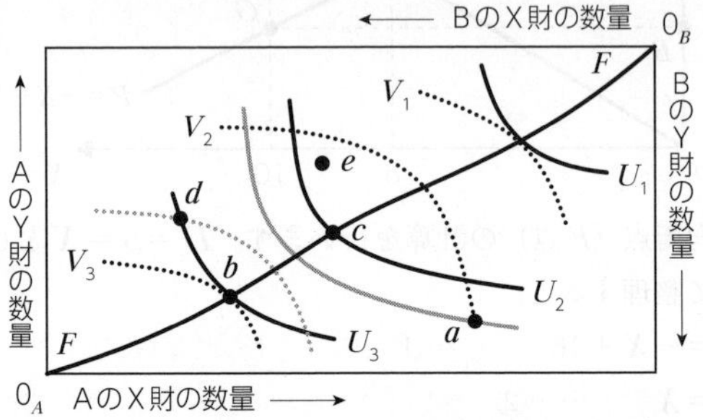

❷ ×　契約曲線は、パレート最適点の軌跡ですから、資源配分は効率的（最適）です。しかし、最適点であっても不公平であることはあります。

例えば、契約曲線上の***b***点では、消費者Bには非常に高い効用（V_3）を与えますが、消費者Aの効用（U_3）は非常に低くなってしまいます。パレート最適基準では、分配の公平性を評価・判断することはできないのです。

❸ ○　***e***点は、***a***点を初期保有点とした場合のレンズ型の内側にある配分ですから、パレート改善となります。

確認しましょう。***e***点に２人の無差別曲線を補うと、以下のようになります。***a***点から***e***点に移行すると、２人とも同時に効用が高まることがわかります。

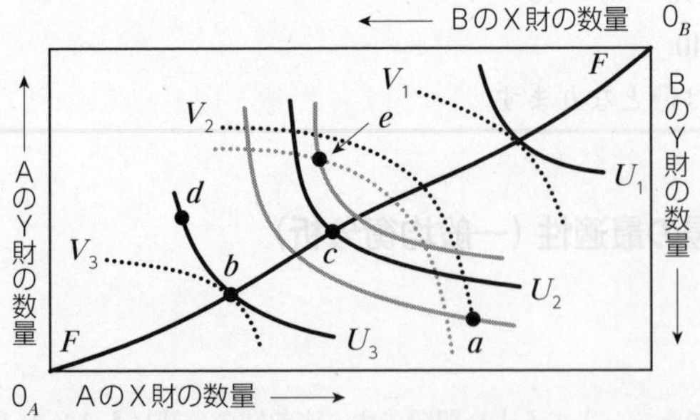

❹ ×　***b***点から***c***点に移行すると、消費者Aの効用はU_3からU_2に高めることができますが、消費者Bの効用はV_3から低下してしまうことになります。１人でも効用が低下するなら、パレート改善とはいえません。

❺ ×　***b***点では２人の無差別曲線は接していますから、無差別曲線の接線の傾きの

大きさである限界代替率は等しくなっています。

問題2 正解 ❸

この問題で、「パレート最適な配分」、「コア配分」、「競争均衡配分」の違いをしっかりと理解しましょう。点Eが初期保有点を表していることに注意してください。

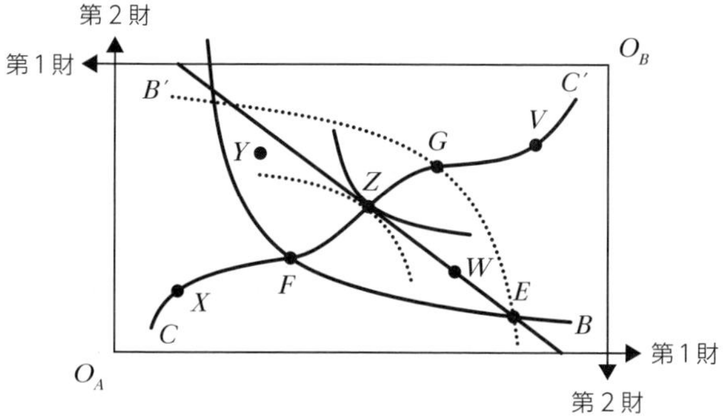

ア ×　点Xは、契約曲線上の配分ですから、パレート最適です。しかし、コア配分ではありません。コア配分とは、レンズ型の内側で、かつ、契約曲線上の点Fから点Gの範囲の配分のことをいいます。

イ ×　点Yは、契約曲線上にはない配分ですから、パレート最適な配分ではなく、コア配分（契約曲線上の点Fから点Gの範囲）でもありません。

ウ ○　競争均衡配分とは、２人の消費者が、価格に従って行動した場合に実現するパレート最適点です。競争均衡配分は、点Fと点Gを含まないコア配分のどこかに実現されます。グラフを見ると、予算制約のもとで、点Zで２人の無差別曲線が接しています。したがって、点Zは、完全競争下で２人の消費者がプライス・テイカーとして行動した場合に実現される、競争均衡配分であるといえます。

エ ×　点Wは、契約曲線上にない配分ですから、パレート最適な配分でもコア配分でもありません。

オ ○　点Vは契約曲線上にある配分ですから、パレート最適な配分です。しかし、コア配分には当たりませんので、競争均衡として実現される可能性はありません。

問題3 正解 ❹

契約曲線が示されていないので、パレート最適点を推測しながら考えていく必要があります。

❶ × 与えられた価格比のもとで、消費者Aは効用を最大にする最適消費点として点Pを選択しています。ならば、同じ価格比のもとで点Eが最適消費点になることはありませんから、点Eより点Pのほうが効用は高くなるはずです。

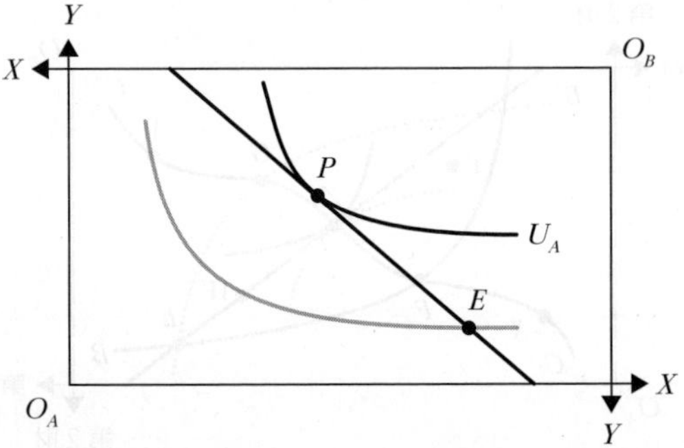

❷ × 与えられた価格比のもとで、消費者Aは点P、消費者Bは点Qを選択しています。このとき、2人が選択したX財の需要量をそれぞれX_A、X_Bとして合計すると、

$$X_A + X_B < X\text{の供給量}$$

となっていることがわかります。つまり、X財には超過供給が発生しています。

一方、Y財の需要量をそれぞれY_A、Y_Bとして合計すると、

$$Y_A + Y_B > Y\text{の供給量}$$

となり、Y財には超過需要が発生しています。

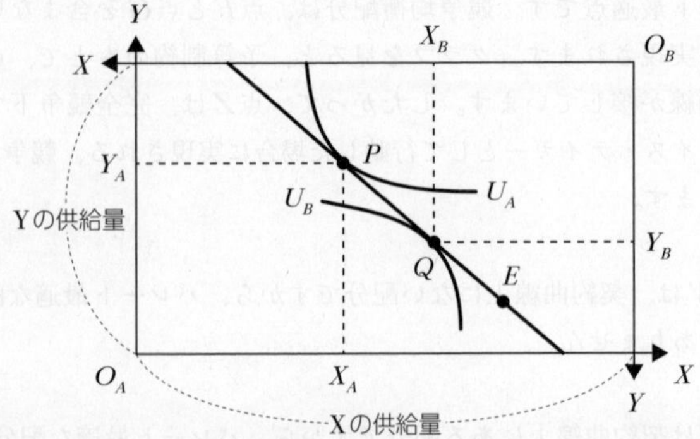

❸ × 点Qに消費者Aの無差別曲線を、点Eには消費者A、Bの無差別曲線を描くと、以下の図のようになります。初期保有点Eから点Qに移行すると、2

人の効用をともに高めることがわかります。

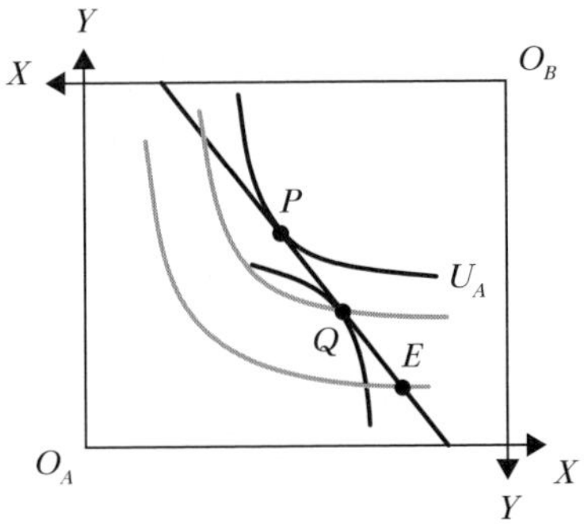

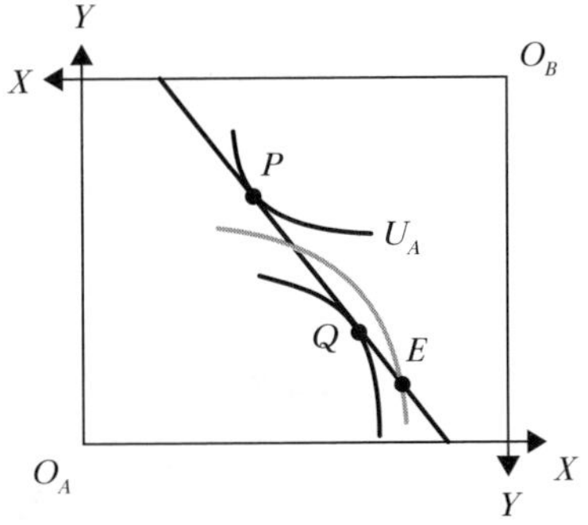

しかし、与えられた価格比のもとで、消費者Aが最適消費点として選択したのは点Pであり、点Qではありません。したがって、点Qで2人の無差別曲線が接することはないので、点Qはパレート最適点にはなり得ません。

❹ ○　「X財の市場とY財の市場とが同時に均衡」するのは、競争均衡配分においてです。競争均衡配分においては、与えられた2財の価格比のもとで、2人の限界代替率は等しくなります（パレート最適条件）。

❺ ×　契約曲線はパレート最適点の軌跡なので、契約曲線上においては、2人の無差別曲線は互いに接していなければなりません。しかし、与えられた価格比のもとでは、2人が選択している最適消費点が食い違っているため（点Pと点Q）、点Pと点Qがともに契約曲線上にあることはあり得ません。

問題4 正解 ❷

❸の記述にある「オファー曲線」は学習していない用語ですが、これがわからなくても正答を得ることはできます。なお、線分LMは初期保有点Hを通る直線ですから、予算制約線を示し、その傾きの大きさは2財の価格比を表します。

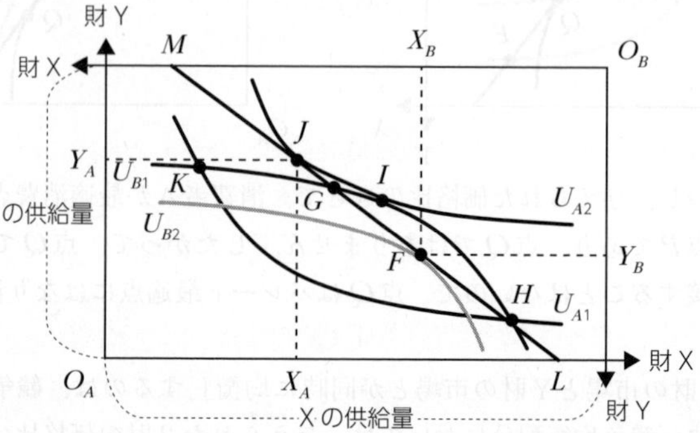

❶ ×　H点からK点に移行しても、主体Aは同一無差別曲線（U_{A1}）上の移行なので効用は変化せず、主体Bにとっても同一無差別曲線（U_{B1}）上の移行なので、効用は変化しません。

❷ ○　I点は、2人の無差別曲線が接している点ですから、パレート最適点です。初期保有点をH点から別の点に再配分すれば、市場メカニズム（ワルラス的な価格調整）を通じて、I点を競争均衡配分として実現することは可能です（厚生経済学の第2定理）。

❸ ×　I点は2人の無差別曲線が接するパレート最適点ですから、I点は契約曲線上にある配分となります。

オファー曲線とは、初期保有量が与えられたもとで、2財の価格比が変化したときの最適消費点の変化の軌跡を描いたものです。予算制約線（線分LM）のもとで、主体Aが最適消費点として選択しているのはJ点ですから、オファー曲線が通過するのはJ点であり、I点ではありません。

❹ ×　契約曲線上では、2人の無差別曲線が接している必要があります。しかし、J点では、主体Aの無差別曲線は接していますが、主体Bの無差別曲線が接することはありません。

予算制約線が決まると、主体Bは、初期保有点Hのときの効用（U_{B1}）よりも効用が高まるような点を最適消費点として選択するはずです。そのためには、主体Bは、予算制約線上のG点からH点の間に最適消費点を取る必要があります（F点）。つまり、与えられた価格比のもとでは、J点がパレート最適点になることはないのです。

❺ ×　線分LMの傾きの大きさは、完全競争において実現する価格比にはなり得ません。

この価格比のもとで、主体AはJ点を、主体BはF点を最適消費点として選択します。このときの両者の需要量の合計と供給量（全体量）を比較すると、

財X：$X_A + X_B < X$の供給量

財Y：$Y_A + Y_B > Y$の供給量

となり、財Xは超過供給、財Yには超過需要が発生しています。完全競争市場では、財Xの価格は下落し、財Yの価格は上昇しますから、価格比（$\frac{P_X}{P_Y}$）は、現状から低下していくことになります。

第4章　市場理論Ⅱ（不完全競争市場）

1　独占市場

問題1　　正解 ❺

市場需要曲線の与えられ方に注意しましょう。変形してPについてまとめる必要があります。

❶　利潤最大化条件を使って解く方法

(i)　需要曲線の式をPについて整理して、限界収入（MR）を求める

まず、需要曲線を変形します。

$X=200-2P$

$\Leftrightarrow \ 2P=-X+200$

$\Leftrightarrow \ P=-\frac{1}{2}X+100 \quad \cdots\cdots①$

①式の傾きの大きさを２倍すると限界収入（MR）となります。

$MR=-X+100$

(ii)　利潤最大化条件（$MR=MC$）を立てて、生産量を計算する

問題文の費用関数（TC）を生産量で微分すると、限界費用（MC）は、

$$MC=\frac{\varDelta TC}{\varDelta X}=2\cdot X^{2-1}+1\cdot 10X^{1-1}+0$$

$$=2X+10$$

となります。

よって、利潤最大化条件（$MR=MC$）から、生産量は以下のように計算することができます。

$-X+100=2X+10$

$\Leftrightarrow \ 3X=90 \quad \therefore \ X=30$

(iii)　需要曲線上の価格（独占価格）を求める

この結果を需要曲線（①式）に代入すると、

$$P=-\frac{1}{2}\cdot 30+100 \quad \therefore \ P=85$$

となります。

よって、正解は❺となります。

❷　利潤を立てて、微分してゼロとおく方法

市場需要曲線の式（①式）を使って、独占企業の利潤（π）を立ててみます。

$\pi=$収入（R）－費用（TC）

$= P \cdot X - TC$

$= (-\frac{1}{2}X + 100)X - (X^2 + 10X + 400)$

$= -\frac{3}{2}X^2 + 90X - 400$

この利潤（π）を、生産量（X）で微分してゼロとおくと、利潤を最大にする生産量が求められます。

$$\frac{\Delta \pi}{\Delta X} = -2 \cdot \frac{3}{2}X^{2-1} + 1 \cdot 90X^{1-1} - 0 = 0$$

$\Leftrightarrow \quad -3X + 90 = 0 \qquad \therefore \quad X = 30$

価格は需要曲線上で設定されるので、この結果を需要曲線の式（①式）に代入します。

$$P = -\frac{1}{2} \cdot 30 + 100 \qquad \therefore \quad P = 85$$

となります。

よって、正解は❺となります。

問題2 正解 ❷

平均費用曲線（AC）が与えられている場合には、平均費用曲線の式から総費用関数（TC）を計算します。それ以外の手順は同じです。

平均費用は生産量1単位当たりの生産コストですから、全体の費用（総費用関数）をTCとすると、

$$AC = \frac{TC}{x}$$

とおけます。よって、総費用関数（TC）は、

$TC = x \cdot AC$

$\Leftrightarrow \quad TC = x(\frac{1}{2}x + 50)$

$\Leftrightarrow \quad TC = \frac{1}{2}x^2 + 50x \qquad \cdots\cdots ①$

となります。

❶ 利潤最大化条件を使って解く方法

(i) 需要曲線の式をPについて整理して、限界収入（MR）を求める

まず、需要曲線を変形します。

$x = 300 - 2p$

$\Leftrightarrow \quad 2p = -x + 300$

$\Leftrightarrow\ \ p=-\dfrac{1}{2}x+150$　　……②

②式の傾きの大きさを２倍すると限界収入（MR）となります。

$MR=-x+150$

(ii) 利潤最大化条件（$MR=MC$）を立てて、生産量を計算する

まず、①式を生産量xで微分すると、限界費用（MC）は、

$$MC=\frac{\varDelta TC}{\varDelta x}=2\cdot\frac{1}{2}x^{2-1}+1\cdot 50x^{1-1}$$
$$=x+50$$

となります。

よって、利潤最大化条件（$MR=MC$）から、生産量は以下のように計算することができます。

$-x+150=x+50$

$\Leftrightarrow\ \ 2x=100$　　$\therefore\ \ x=50$

(iii) 需要曲線上の価格（独占価格）を求める

この結果を需要曲線（②式）に代入すると、

$p=-\dfrac{1}{2}\cdot 50+150$　　$\therefore\ \ p=125$

となります。

よって、正解は❷となります。

❷ 利潤を立てて、微分してゼロとおく方法

総費用関数（①式）および市場需要曲線（②式）を使って、独占企業の利潤（π）を立ててみます。

$\pi=$収入（R）$-$費用（TC）

$=p\cdot x-TC$

$=(-\dfrac{1}{2}x+150)x-(\dfrac{1}{2}x^2+50x)$

$=-x^2+100x$

この利潤（π）を、生産量（x）で微分してゼロとおくと、利潤を最大にする生産量が求められます。

$$\frac{\varDelta\pi}{\varDelta x}=-2\cdot x^{2-1}+1\cdot 100x^{1-1}=0$$

$\Leftrightarrow\ \ -2x+100=0$　　$\therefore\ \ x=50$

価格は需要曲線上で設定されるので、この結果を需要曲線の式（②式）に代入します。

$$p = -\frac{1}{2} \cdot 50 + 150 \qquad \therefore \quad p = 125$$

となります。

よって、正解は❷となります。

問題3

正解 ❸

企業の利潤（π）は、利潤を最大にする生産量（x）とそのときの価格（p）がわかれば計算することができます。つまり、これまでの計算手順と同じです。

ただ、好みの問題ですが、どうせ利潤を計算するなら、❷の解法のほうが効率的に計算できますね。

❶ 利潤最大化条件を使って解く方法

(i) 需要曲線の式をPについて整理して、限界収入（MR）を求める

まず、需要曲線を変形します。

$$x = 160 - 4p$$

$$\Leftrightarrow \quad 4p = -x + 160$$

$$\Leftrightarrow \quad p = -\frac{1}{4}x + 40 \qquad \cdots\cdots ①$$

①式の傾きの大きさを2倍すると限界収入（MR）となります。

$$MR = -\frac{1}{2}x + 40$$

(ii) 利潤最大化条件（$MR = MC$）を立てて、生産量を計算する

問題文の総費用関数を生産量xで微分すると、限界費用（MC）は、

$$MC = \frac{\Delta C}{\Delta x} = 2 \cdot \frac{1}{2}x^{2-1} + 1 \cdot 10x^{1-1} + 0$$

$$= x + 10$$

となります。

よって、利潤最大化条件（$MR = MC$）から、生産量は以下のように計算することができます。

$$-\frac{1}{2}x + 40 = x + 10$$

$$\Leftrightarrow \quad \frac{3}{2}x = 30 \qquad \therefore \quad x = 20$$

(iii) 需要曲線上の価格（独占価格）を求める

この結果を需要曲線（①式）に代入すると、

$$p = -\frac{1}{4} \cdot 20 + 40 \qquad \therefore \quad p = 35$$

となります。

最後に、利潤（π）を計算します。

$$\begin{aligned} \pi &= \text{収入}(R) - \text{費用}(TC) \\ &= p \cdot x - TC \\ &= 35 \cdot 20 - \left(\frac{1}{2} \cdot 20^2 + 10 \cdot 20 + 100\right) \\ &= 200 \end{aligned}$$

よって、正解は❸となります。

❷ 利潤を立てて、微分してゼロとおく方法

市場需要曲線（①式）を使って、独占企業の利潤（π）を立ててみます。

$$\begin{aligned} \pi &= \text{収入}(R) - \text{費用}(TC) \\ &= p \cdot x - TC \\ &= \left(-\frac{1}{4}x + 40\right)x - \left(\frac{1}{2}x^2 + 10x + 100\right) \\ &= -\frac{3}{4}x^2 + 30x - 100 \qquad \cdots\cdots② \end{aligned}$$

この利潤（π）を、生産量（x）で微分してゼロとおくと、利潤を最大にする生産量が求められます。

$$\frac{\Delta \pi}{\Delta x} = -2 \cdot \frac{3}{4}x^{2-1} + 1 \cdot 30x^{1-1} - 0 = 0$$

$$\Leftrightarrow \quad -\frac{3}{2}x + 30 = 0 \qquad \therefore \quad x = 20$$

この結果を②式に代入すると、

$$\begin{aligned} \pi &= -\frac{3}{4} \cdot 20^2 + 30 \cdot 20 - 100 \\ &= 200 \end{aligned}$$

よって、正解は❸となります。

問題4 正解 ❺

余剰分析の過程をしっかりと確認して、結論は覚えてしまいましょう。

完全競争市場では、需要曲線と限界費用曲線（＝市場供給曲線）の交点Gで市場均衡が実現します。

このとき、消費者余剰は面積AGB、生産者余剰が面積BGCとなるため、総余剰は

面積AGCとなります。これが最大の総余剰ということになります。

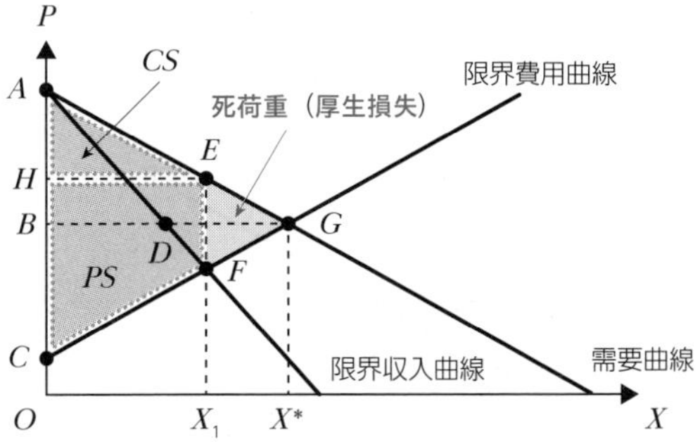

一方、独占均衡点（E点）の場合、消費者余剰（CS）は、

CS＝最大限の支払可能額の合計－独占価格に基づいた支払額

＝面積AEX_1O－面積HEX_1O

＝面積AEH

となります。

一方、生産者余剰（PS）は、

PS＝独占価格に基づいた収入額－最低限の保証価格の合計

＝面積HEX_1O－面積CFX_1O

＝面積$HEFC$

となります。

したがって、総余剰（TS）は四角形$AEFC$となります。

ここで、完全競争の場合と総余剰の面積を比較すると、独占均衡の場合のほうが面積EFGの分だけ総余剰が小さくなっていることがわかります。これが死荷重（厚生損失）です。

以上から、正解は❺となります。

問題5

正解 ❸

余剰分析の計算問題です。問題文の「独占企業の需要曲線」、「限界費用」、「経済余剰の損失（＝厚生損失）」の言葉を見たら、前の問題と同様の独占市場のグラフを自分で描いて、それを見ながら計算していくようにしましょう。

まず、需要曲線をPについて整理しておきます。

$Y = 25 - 0.25P$

$\Leftrightarrow \quad 0.25P = -Y + 25$

$\Leftrightarrow \quad P = -4Y + 100 \quad \cdots\cdots①$

この①式の傾きの大きさを２倍すると、限界収入曲線（MR）となります。

$MR = -8Y + 100 \quad \cdots\cdots②$

以上を踏まえてグラフにすると、以下のようになります。経済余剰の損失は、グラフ中の面積EFGに当たりますから、各点の座標を割り出して三角形EFGの面積を求めることを考えます。

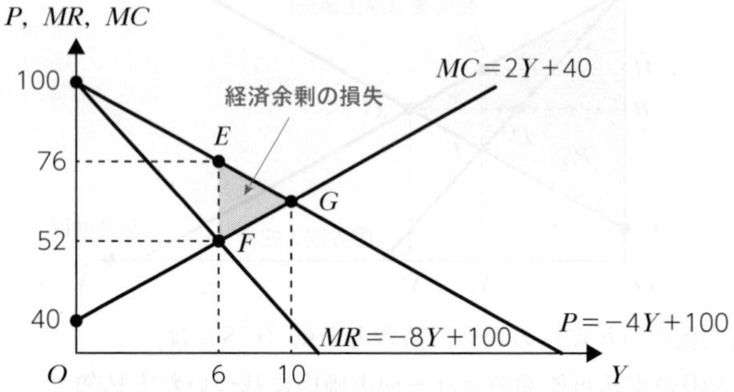

G点の横軸の座標は、①式と問題文の限界費用を連立することで計算することができます。

$$-4Y+100=2Y+40 \qquad \therefore \quad Y=10$$

独占均衡点Eの価格と生産量の組合せを計算する前に、交点になっているF点の横軸の座標を求めます。F点の生産量は、②式と限界費用の式から利潤最大化条件（$MR=MC$）を立て、以下のように計算することができます。

$$-8Y+100=2Y+40$$
$$\Leftrightarrow \quad 10Y=60 \qquad \therefore \quad Y=6$$

E点とF点の横軸の座標は同じなので、この結果を需要曲線（①式）に代入すると、

$$P=-4\cdot 6+100 \qquad \therefore \quad P=76$$

となり、E点の縦軸の座標がわかります。

F点の縦軸の値は$Y=6$を限界費用の式に代入すると、52となります。

以上から、経済余剰の損失は、

$$\text{経済余剰の損失}=(76-52)\times(10-6)\times\frac{1}{2}$$
$$=48$$

よって、正解は❸となります。

問題6

正解 ❶

正解の選択肢を覚えておくだけで十分です。ラーナーの独占度（L）は、本問のように文章題として出題されることもあれば、計算問題として出題されることもあります。しっかり覚えておきましょう。

❶ ○　ラーナーの独占度（L）を需要の価格弾力性（ε）を使って示すと、

$$L = \frac{1}{\varepsilon}$$

となり、需要の価格弾力性の逆数に一致します。また、価格（P）と限界費用（MC）を使って、以下のように示すこともできます。

$$L = \frac{P - MC}{P}$$

補足

逆数とは、ある数に掛けるとその数が1になるような数をいいます。εに$\frac{1}{\varepsilon}$を掛けると1になりますから、$\frac{1}{\varepsilon}$はεの逆数ということになります。

❷ ×　クールノーの点とは独占均衡点のことで、下図におけるE点です。独占均衡点で独占価格（P_1）が設定されますから、独占市場における価格水準を示すものだとはいえます。しかし、独占均衡点では、限界収入と限界費用は一致しません。限界収入と限界費用が一致するのはF点です。覚えたグラフを踏まえて考えることが大切です。

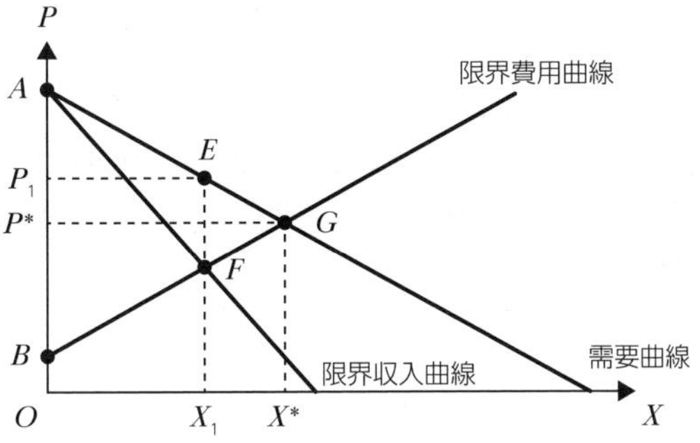

❸ ×　独占企業が直面する需要曲線を、

$$P = -aX + b \quad (P：価格、X：需要量、a、b：定数)$$

として、独占企業の収入関数（R）を計算すると、

$$R = P \cdot X$$
$$= (-aX + b)X$$
$$= -aX^2 + bX \quad \cdots\cdots①$$

となります。

限界収入曲線（MR）は、この①式をXで微分すると得られます。

$$MR = \frac{\Delta R}{\Delta X} = -2aX + b$$

一方、平均収入とは、財1個当たりの収入を指します。これは、収入（R）

を生産量（X）で割ることで得られますので、①式をXで割ると、平均収入曲線（AR）の式が求められます。

$$AR = \frac{R}{X} = -aX + b$$

このように、平均収入曲線は、価格（P）（＝１個当たりの収入）が縦軸で決まる需要曲線に一致するのです。

❹ ✕　独占企業の利潤が最大になるのは、限界収入曲線と限界費用曲線が一致するF点です（❷のグラフ参照）。

一方、需要曲線と限界費用曲線が一致する点（G点）で生産を行うと、完全競争市場均衡での生産になりますので、市場全体の総余剰が最大になります。全体の総余剰と独占企業の利潤は、基本的に別物です。

❺ ✕　独占企業は、右下がりの市場需要曲線上で価格を設定します。よって、コスト増大等を原因として設定する価格を引き上げた場合には、財の需要量は必ず減少することになります。このため、利潤も常に正（プラス）になるとは限りません。

問題７

正解 ❶

問題文にラーナーの独占度の定義も示されていますから、本問の本質は、独占均衡点における需要の価格弾力性（ε）の計算問題ですね。最後に、「逆数」にすることを忘れないようにしましょう。

まず、独占均衡点における生産量と価格を計算します。
需要曲線をpについて変形します。

$$x = 120 - p$$
$$\Leftrightarrow \quad p = -x + 120 \quad \cdots\cdots ①$$

この①式の傾きの大きさを２倍すると限界収入（MR）となります。

$$MR = -2x + 120$$

次に、問題文の総費用関数を生産量xで微分すると、限界費用（MC）は、

$$MC = \frac{\varDelta c}{\varDelta x} = 2 \cdot x^{2-1}$$
$$= 2x$$

となります。

よって、利潤最大化条件（$MR = MC$）から、生産量は以下のように計算することができます。

$$-2x + 120 = 2x$$

$\Leftrightarrow \quad 4x = 120 \qquad \therefore \quad x = 30$

この結果を需要曲線（①式）に代入すると、

$p = -30 + 120 \qquad \therefore \quad p = 90$

となります。

ここで、需要の価格弾力性（ε）は、

$$\varepsilon = -\frac{\frac{\Delta x}{x}}{\frac{\Delta p}{p}}$$

$$= -\frac{\Delta x}{\Delta p} \cdot \frac{p}{x} \qquad \cdots\cdots ②$$

とおけます。②式の$\frac{\Delta x}{\Delta p}$は、$x$について整理された需要曲線を$p$について微分することで得られます。

$$\frac{\Delta x}{\Delta p} = 0 - 1 \cdot p^{1-1}$$

$$= -1$$

$x = 30$、$p = 90$ですから、②式は、

$$\varepsilon = -(-1) \cdot \frac{90}{30} \qquad \therefore \quad \varepsilon = 3$$

となります。

ラーナーの独占度は、需要の価格弾力性の逆数なので、$\frac{1}{3}$となります。

よって、正解は❶となります。

問題8 正解 ❷

グラフを描いて、状況を確認しながら計算するようにしましょう。グラフの状況が頭に入っていれば、❸、❹、❺は誤りであることがわかります。

まず、限界収入（MR）を計算します。限界収入は、市場需要曲線の傾きの大きさを2倍したものに一致しますから、

$MR = 90 - 0.4x \qquad \cdots\cdots ①$

となります。

売上高が最大となる生産水準のもとでは、限界収入はゼロになるので（$MR = 0$）、①式から、

$90 - 0.4x = 0 \qquad \therefore \quad x = 225$

となり、これを市場需要曲線に代入すると、売上高を最大にするときの価格が求められ

ます。

$P = 90 - 0.2 \cdot 225 \qquad \therefore \quad P = 45$

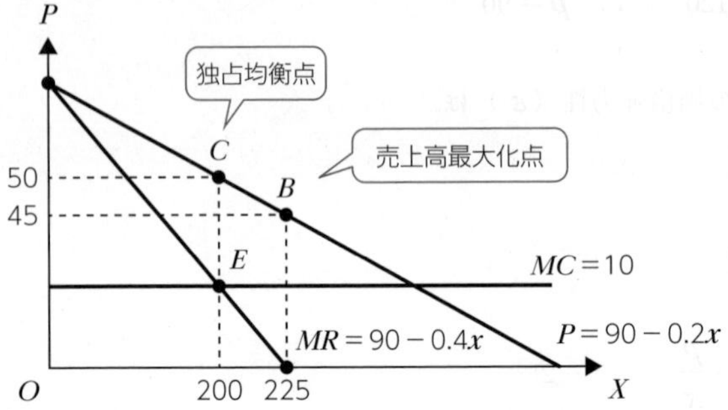

一方、独占企業が利潤最大化を図る場合には、利潤最大化条件（$MR = MC$）を満たすところで生産量を決定し、市場需要曲線上で独占価格を設定します。

利潤最大化条件は、①式と$MC = 10$より、

$90 - 0.4x = 10 \qquad \therefore \quad x = 200$

となり、価格は市場需要曲線から、

$P = 90 - 0.2 \cdot 200 \qquad \therefore \quad P = 50$

と計算できます。

よって、売上高最大化行動をとって生産量を決定した場合の価格のほうが5だけ低いので、正解は❷となります。

問題9

正解 ❸

価格差別の問題です。本問では文字（変数）が整理されている状態ですね。問題文の与え方に２種類のパターンがあるので、留意しておきましょう。

❶ 利潤最大化条件を使って解く方法

本問では、各市場の需要曲線はPについて整理されていますので、そのまま使います。

限界収入（MR）は、需要曲線の傾きの大きさを２倍したものに相当しますので、

１市場：$MR_1 = 5 - x_1$ ……①

２市場：$MR_2 = 3 - x_2$ ……②

となります。

一方、限界費用（MC）は、問題文の総費用関数を各市場向けの生産量（供給量）で微分すると、

$$\frac{\Delta C}{\Delta x_1} = 0 + 1 \cdot x_1^{\,1-1} + 0 = 1$$

$$\frac{\Delta C}{\Delta x_2} = 0 + 0 + 1 \cdot x_2^{\,1-1} = 1$$

となり、各市場とも$MC=1$で一定であることがわかります。

ここで、①式、②式から各市場の利潤最大化条件を立てると、各市場の生産量が求められます。

1市場：$5-x_1=1$　$(MR_1=MC)$　　$\therefore\ x_1=4$

2市場：$3-x_2=1$　$(MR_2=MC)$　　$\therefore\ x_2=2$

最後に、価格は需要関数上で設定されるので、この結果を問題文の需要関数に代入すると、

1市場：$P_1=5-\frac{1}{2}\cdot 4$　　$\therefore\ P_1=3$

2市場：$P_2=3-\frac{1}{2}\cdot 2$　　$\therefore\ P_2=2$

となります。

よって、正解は❸となります。

❷ 利潤を立てて、微分してゼロとおいて解く方法

独占企業は、二つの市場から収入（R）を得ますので、各市場の需要関数を使って利潤（π）を立てると、以下のようになります。

$$\begin{aligned}\pi &= 1\text{市場からの収入}+2\text{市場からの収入}-\text{費用}\\ &=R_1+R_2-C\\ &=P_1\cdot x_1+P_2\cdot x_2-C\\ &=(5-\frac{1}{2}x_1)x_1+(3-\frac{1}{2}x_2)x_2-(\frac{2}{3}+x_1+x_2)\\ &=4x_1-\frac{1}{2}x_1{}^2+2x_2-\frac{1}{2}x_2{}^2-\frac{2}{3} \qquad \cdots\cdots③\end{aligned}$$

この③式を、x_1とx_2のそれぞれについて微分してゼロとおくと、各市場の生産量が求められます。

$$\frac{\Delta\pi}{\Delta x_1}=1\cdot 4x_1{}^{1-1}-2\cdot\frac{1}{2}x_1{}^{2-1}=0$$

$$\Leftrightarrow\ 4-x_1=0 \qquad \therefore\ x_1=4$$

$$\frac{\Delta\pi}{\Delta x_2}=1\cdot 2x_2{}^{1-1}-2\cdot\frac{1}{2}x_2{}^{2-1}=0$$

$$\Leftrightarrow\ 2-x_2=0 \qquad \therefore\ x_2=2$$

最後に、価格は需要曲線上で設定されますので、この結果を問題文の需要関数に代入すると、

1市場：$P_1=5-\frac{1}{2}\cdot 4$　　$\therefore\ P_1=3$

2市場：$P_2=3-\frac{1}{2}\cdot 2$　　$\therefore\ P_2=2$

となります。
よって、正解は❸となります。

問題10 正解 ❹

問題文に「同一財」とありますから、生産される財はすべて同質的で、生産に要した限界費用（MC）はすべて同じになります。試験問題は、常にこの状況を前提として出題されるのですが、本問では一応留意しておきましょう。

❶ × 差別独占（価格差別）の場合、小市場向けの生産量は、限界収入と限界費用が一致する水準に決定されます。そして、どちらの市場も供給される財の限界費用は同じなので、利潤最大化を実現している状態においては、小市場の限界収入は一致することになります（$MR_1 = MR_2 = MC$）。

❷ × 同質的な財に価格差別化を行う場合、各市場における需要の価格弾力性が異なることが必要です。生産に要した限界費用が同じで、各市場の需要の価格弾力性も同じであるとすると、異なる価格を設定することはできません。

❸ × 価格差別化が行われるためには、各市場間で転売ができない状態であることが必要です。消費者によって各市場間で自由に転売が行われてしまうと、独占企業による価格差別化は無意味になり、やがては各市場の価格差はなくなってしまいます。

❹ ○ 需要の価格弾力性が小さい市場では、高い価格を設定しても需要量の減少が少なくて済みます。一方、需要の価格弾力性が大きい市場では、少しでも低い価格を設定すれば需要量が大きく増加します。こうすることで、独占企業の利潤を高めることが可能になります。

❺ × 限界費用が等しい同質的な財に対して、費用条件に基づいて価格差別化を行うことはできません。費用条件が同じですから、設定できる価格も同じになってしまいます。

2 寡占市場

問題1 正解 ❺

協調型の場合、「利潤の合計が最大となるように行動する」という1文が必ず入りますので、これに素直に従って、2企業の利潤の合計（Π）を式にします。

❶ 文字（変数）の整理をする

企業1の生産量をX_1、企業2の生産量をX_2とすると、

$$D = X_1 + X_2 \quad \cdots\cdots ①$$

という関係になります。よって、需要曲線は、Pについて整理すると、以下のようにおくことができます。

$$D = 160 - P$$
$$\Leftrightarrow \quad P = 160 - D$$
$$\Leftrightarrow \quad P = 160 - (X_1 + X_2) \qquad \therefore \quad P = 160 - X_1 - X_2 \quad \cdots\cdots ②$$

❷ 問題文に従って、2企業の利潤の合計（Π）を立てる

②式を使って、2企業の利潤を単純合算します。

$$\Pi = \pi_1 + \pi_2$$
$$= (P \cdot X_1 - C_1) + (P \cdot X_2 - C_2)$$
$$= \{(160 - X_1 - X_2)X_1 - 2X_1^2\} + \{(160 - X_1 - X_2)X_2 - 2X_2^2\}$$
$$= -3X_1^2 - 2X_1 \cdot X_2 + 160X_1 - 3X_2^2 + 160X_2 \quad \cdots\cdots ③$$

❸ 利潤最大化の計算

③式を、X_1について微分してゼロとおくと、以下のようになります。

$$\frac{\varDelta \Pi}{\varDelta X_1} = -6X_1 - 2X_2 + 160 = 0$$
$$\Leftrightarrow \quad 3X_1 + X_2 = 80$$
$$\Leftrightarrow \quad X_2 = 80 - 3X_1 \quad \cdots\cdots ④$$

2企業の費用関数が同じであるとき、2企業の生産量は等しくなるので（$X_1 = X_2$）、④式のX_2をX_1に置き換えると、

$$X_2 = 80 - 3X_1$$
$$\Leftrightarrow \quad X_1 = 80 - 3X_1$$
$$\Leftrightarrow \quad 4X_1 = 80 \qquad \therefore \quad X_1 = 20$$

となり、X_2も20となります。

この結果を需要関数（②式）に代入すると、価格を求めることができます。

$$P = 160 - X_1 - X_2$$
$$= 160 - 20 - 20$$

$=120$

よって、正解は❺となります。

問題2 正解 ❺

「二つの企業」が存在し、「クールノー均衡」とありますから、クールノー・モデルの問題であると判断することができます。

❶ 文字（変数）の整理をする

市場の需要量dを二つの企業で奪い合うことになりますから、

$$d=x_1+x_2$$

とおけます。よって、市場需要曲線は、以下のようになります。

$$p=-(x_1+x_2)+200 \quad \cdots\cdots①$$

❷ 2企業の利潤を立て、別々に利潤最大化の計算を行う

①式を使って各企業の利潤を立て、それぞれ別々に利潤最大化条件（微分してゼロとおく）を適用します。

(i) 企業1

企業1の利潤をπ_1とすると、

$$\pi_1=p\cdot x_1-c_1$$
$$=\{-(x_1+x_2)+200\}\cdot x_1-20x_1$$
$$=-x_1{}^2-x_1x_2+180x_1$$

$$\frac{\Delta\pi_1}{\Delta x_1}=-2x_1-x_2+180=0$$

$$\Leftrightarrow \quad x_1=-\frac{1}{2}x_2+90 \quad \cdots\cdots②$$

と計算することができます。この②式が企業1の反応関数（利潤最大化条件$MR=MC$）です。

(ii) 企業2

企業2の利潤をπ_2とすると、

$$\pi_2=p\cdot x_2-c_2$$
$$=\{-(x_1+x_2)+200\}\cdot x_2-20x_2$$
$$=-x_2{}^2-x_1x_2+180x_2$$

$$\frac{\Delta\pi_2}{\Delta x_2}=-2x_2-x_1+180=0$$

$$\Leftrightarrow \quad x_2 = -\frac{1}{2}x_1 + 90 \qquad \cdots\cdots ③$$

と計算することができます。この③式が企業２の反応関数（利潤最大化条件$MR=MC$）です。

❸　２企業の反応関数を連立して解く

両企業の利潤が同時に最大となるときに、クールノー均衡を実現します。企業１の生産量x_1を求めたいので、③式を②式に代入します。

$$x_1 = -\frac{1}{2}\left(-\frac{1}{2}x_1 + 90\right) + 90$$

$$\Leftrightarrow \quad x_1 = \frac{1}{4}x_1 - 45 + 90$$

$$\Leftrightarrow \quad \frac{3}{4}x_1 = 45 \qquad \therefore \quad x_1 = 60$$

よって、正解は❺となります。

ヒント

本問では、２企業の総費用曲線（費用関数）が同じ式になっています。この場合には、クールノー・モデルにおいても２企業の生産量は同じになります（$x_1 = x_2$）。

このことを利用すると、効率的に計算することができます。企業１の反応関数（②式）を求めたら、この段階で②式のx_2をx_1に置き換えます。

$$x_1 = -\frac{1}{2}x_2 + 90$$

$$\Leftrightarrow \quad x_1 = -\frac{1}{2}x_1 + 90$$

$$\Leftrightarrow \quad \frac{3}{2}x_1 = 90 \qquad \therefore \quad x_1 = 60$$

もちろん、企業２の生産量も$x_2 = 60$となります。つまり、２企業の総費用曲線（費用関数）が同じである場合には、１企業分の利潤最大化の計算だけで、２企業分の生産量を求めることができるのです。

ただし、$x_1 = x_2$の関係は、利潤最大化条件（微分してゼロ）を適用した後の反応関数に適用してください。これよりも前の段階で適用してしまうと、計算が合わなくなりますので注意しましょう。

問題３

正解 ❸

２企業の費用関数が同じですから、２企業の生産量は等しくなります（$x_1 = x_2$）。したがって、❹と❺は、誤りになります。

❶ 文字（変数）の整理をする

問題にある逆需要関数とは、pについて整理された需要関数のことですが、これがすでに２企業の財に対する需要量（q_1、q_2）で表されています。ただ、各企業が生産した生産量（x_1、x_2）が消費者の需要量になるので、$q_1 = x_1$、$q_2 = x_2$として、

$$p = 100 - 2(x_1 + x_2) \qquad \cdots\cdots①$$

としておきます。

❷ 費用関数が同じなので、第１企業の利潤最大化の計算を行う

①式を使って第１企業の利潤を立て、利潤最大化条件（微分してゼロとおく）を適用します。

第１企業の利潤をπ_1とすると、

$$\begin{aligned}\pi_1 &= p \cdot x_1 - c_1 \\ &= \{100 - 2(x_1 + x_2)\}x_1 - 4x_1 \\ &= 100x_1 - 2x_1^2 - 2x_1 \cdot x_2 - 4x_1\end{aligned}$$

$$\frac{\Delta \pi_1}{\Delta x_1} = 100 - 4x_1 - 2x_2 - 4 = 0$$

$$\Leftrightarrow \quad x_1 = -\frac{1}{2}x_2 + 24 \qquad \cdots\cdots②$$

と計算することができます。この②式が第１企業の反応関数（利潤最大化条件$MR = MC$）です。

ここで、２企業の生産量は等しくなるので（$x_1 = x_2$）、②式のx_2をx_1に置き換えると、

$$x_1 = -\frac{1}{2}x_2 + 24$$

$$\Leftrightarrow \quad x_1 = -\frac{1}{2}x_1 + 24$$

$$\Leftrightarrow \quad \frac{3}{2}x_1 = 24 \qquad \therefore \quad x_1 = 16$$

とx_1を求められ、$x_1 = x_2$なので第２企業の生産量も$x_2 = 16$となります。

よって、正解は❸となります。

問題４ 　正解 ❸

問題文にある「二つの企業が互いに他の企業の生産量を所与のものとして利潤の最大化を図るとする」という１文は、クールノーの仮定を示しています。よって、本問はクールノー・モデルの問題です。

二つの企業の費用関数が異なっていますから、生産量も異なります。よって、二つの企業の利潤最大化の計算を行わなければなりません。

❶　文字（変数）の整理をする

市場の需要量dを二つの企業で奪い合うことになりますから、

$$d = x_1 + x_2$$

とおけます。よって、需要関数をpについて整理すると、以下のようになります。

$$p = -(x_1 + x_2) + 21 \quad \cdots\cdots ①$$

❷　2企業の利潤を立て、別々に利潤最大化の計算を行う

①式を使って各企業の利潤を立て、それぞれ別々に利潤最大化条件（微分してゼロとおく）を適用します。

(i)　企業1

企業1の利潤をπ_1とすると、

$$\begin{aligned}\pi_1 &= p \cdot x_1 - c_1 \\ &= \{-(x_1 + x_2) + 21\} \cdot x_1 - 2x_1 \\ &= -x_1^2 - x_1 x_2 + 19x_1\end{aligned}$$

$$\frac{\Delta \pi_1}{\Delta x_1} = -2x_1 - x_2 + 19 = 0$$

$$\Leftrightarrow \quad x_1 = -\frac{1}{2}x_2 + \frac{19}{2} \quad \cdots\cdots ②$$

と計算することができます。この②式が企業1の反応関数（利潤最大化条件$MR = MC$）です。

(ii)　企業2

企業2の利潤をπ_2とすると、

$$\begin{aligned}\pi_2 &= p \cdot x_2 - c_2 \\ &= \{-(x_1 + x_2) + 21\} \cdot x_2 - 4x_2 \\ &= -x_2^2 - x_1 x_2 + 17x_2\end{aligned}$$

$$\frac{\Delta \pi_2}{\Delta x_2} = -2x_2 - x_1 + 17 = 0$$

$$\Leftrightarrow \quad x_2 = -\frac{1}{2}x_1 + \frac{17}{2} \quad \cdots\cdots ③$$

と計算することができます。この③式が企業2の反応関数（利潤最大化条件$MR = MC$）です。

❸　2企業の反応関数を連立して解く

両企業の利潤が同時に最大となるときに、クールノー均衡を実現します。③式を②式に代入すると、

$$x_1=-\frac{1}{2}(-\frac{1}{2}x_1+\frac{17}{2})+\frac{19}{2}$$

$$\Leftrightarrow\quad x_1=\frac{1}{4}x_1-\frac{17}{4}+\frac{19}{2}$$

$$\Leftrightarrow\quad \frac{3}{4}x_1=\frac{21}{4}\qquad\therefore\quad x_1=7$$

となり、この結果を③式に代入すると、

$$x_2=-\frac{1}{2}\cdot 7+\frac{17}{2}\qquad\therefore\quad x_2=5$$

と計算することができます。

最後に、この生産量の組合せを需要関数（①式）に代入すると、

$$p=-(7+5)+21\qquad\therefore\quad p=9$$

となります。

よって、正解は❸となります。

問題5 正解 ❹

企業1が先導者（リーダー）、企業2が追随者（フォロワー）であることに十分注意して計算するようにしましょう。

❶ 文字（変数）の整理をする

市場の需要量Dを二つの企業で奪い合うことになりますから、

$$D=Q_1+Q_2$$

とおけます。よって、需要曲線をPについて整理すると、以下のようになります。

$$P=-(Q_1+Q_2)+32\qquad\cdots\cdots①$$

❷ フォロワーの反応関数を求める

企業1（先導者）は、企業2（追随者）の反応関数を考慮して利潤最大化行動をとることができます。そこで、企業1が知っているはずの企業2の反応関数を求めておきます。①式を使うと、企業2の利潤π_2は、

$$\pi_2=P\cdot Q_2-C_2$$

$$\Leftrightarrow\quad \pi_2=\{-(Q_1+Q_2)+32\}Q_2-4Q_2$$

$$\Leftrightarrow\quad \pi_2=-Q_2^2-Q_1Q_2+28Q_2$$

となります。これをQ_2について微分してゼロとおくと（利潤最大化）、

$$\frac{\Delta\pi_2}{\Delta Q_2}=-2Q_2-Q_1+28=0$$

$$\Leftrightarrow\quad Q_2=-\frac{1}{2}Q_1+14\qquad\cdots\cdots②$$

となります。これが企業2の反応関数です。

❸ 先導者の生産量（リーダー解）を計算する

企業1（先導者）の利潤π_1に②式を代入すると、

$$\pi_1 = P \cdot Q_1 - C_1$$
$$\Leftrightarrow \quad \pi_1 = \{-(Q_1 + Q_2) + 32\}Q_1 - (2Q_1 + 10)$$
$$\Leftrightarrow \quad \pi_1 = (-Q_1 - Q_2 + 32)Q_1 - (2Q_1 + 10)$$
$$\Leftrightarrow \quad \pi_1 = \{-Q_1 - (-\frac{1}{2}Q_1 + 14) + 32\}Q_1 - (2Q_1 + 10)$$
$$\Leftrightarrow \quad \pi_1 = (-\frac{1}{2}Q_1 + 18)Q_1 - (2Q_1 + 10)$$
$$\Leftrightarrow \quad \pi_1 = -\frac{1}{2}Q_1^2 + 16Q_1 - 10$$

となります。

この企業1の利潤をQ_1について微分してゼロとおくと、

$$\frac{\Delta \pi_1}{\Delta Q_1} = -Q_1 + 16 - 0 = 0 \qquad \therefore \quad Q_1 = 16$$（この段階で、正解は❹）

と生産量を計算することができます。

❹ 追随者の生産量（フォロワー解）を計算する

最後に、企業1（先導者）の生産量を、はじめに計算した企業2（追随者）の反応関数（②式）に代入します。

$$Q_2 = -\frac{1}{2} \cdot 16 + 14 \qquad \therefore \quad Q_2 = 6$$

よって、正解は❹となります。

問題6 正解 ❷

企業1がリーダー（先導者）ですから、企業1が知っているはずの企業2（フォロワー）の反応関数から計算します。

❶ 文字（変数）の整理をする

需要関数がpについて整理されていますし、生産量と需要量がともにq_1、q_2で表されています。よって、需要関数はそのまま使います。

$$p = 42 - (q_1 + q_2) \qquad \cdots\cdots①$$

としておきます。

❷　**企業２（フォロワー）の反応関数を求める**

①式を使うと、企業２（フォロワー）の利潤π_2は、

$$\pi_2 = p \cdot q_2 - TC_2$$
$$\Leftrightarrow \quad \pi_2 = \{42 - (q_1 + q_2)\}q_2 - q_2^2$$
$$\Leftrightarrow \quad \pi_2 = -2q_2^2 - q_1 q_2 + 42q_2$$

となります。これをq_2について微分してゼロとおくと（利潤最大化）、

$$\frac{\varDelta \pi_2}{\varDelta q_2} = -4q_2 - q_1 + 42 = 0$$
$$\Leftrightarrow \quad q_2 = -\frac{1}{4}q_1 + \frac{21}{2} \qquad \cdots\cdots ②$$

となります。これが企業２の反応関数です。

❸　**先導者の生産量（リーダー解）を計算する**

企業１（先導者）の利潤π_1に②式を代入すると、

$$\pi_1 = p \cdot q_1 - TC_1$$
$$\Leftrightarrow \quad \pi_1 = \{42 - (q_1 + q_2)\}q_1 - q_1^2$$
$$\Leftrightarrow \quad \pi_1 = \{42 - q_1 - q_2\}q_1 - q_1^2$$
$$\Leftrightarrow \quad \pi_1 = \{42 - q_1 - (-\frac{1}{4}q_1 + \frac{21}{2})\}q_1 - q_1^2$$
$$\Leftrightarrow \quad \pi_1 = (42 - q_1 + \frac{1}{4}q_1 - \frac{21}{2})q_1 - q_1^2$$
$$\Leftrightarrow \quad \pi_1 = \frac{63}{2}q_1 - \frac{7}{4}q_1^2$$

となります。

この企業１の利潤をq_1について微分してゼロとおくと、

$$\frac{\varDelta \pi_1}{\varDelta q_1} = \frac{63}{2} - \frac{7}{2}q_1 = 0 \qquad \therefore \quad q_1 = 9$$

と生産量を計算することができます。

よって、正解は❷となります。

3　独占的競争市場

問題１　　正解 ❷

独占的競争市場における長期均衡に関する出題で、独占的競争市場の性質の基本的理解を確かめられる問題です。

独占的競争市場は、各企業が差別化された財の独占的な供給者であると同時に、代替

的な財の供給を行う企業の参入・退出という完全競争的な側面も有する中間的な競争状態の市場です。

各個別企業は、自社の差別化された財に対する個別需要曲線（主観的需要曲線）を前提として、限界収入（MR）と限界費用（MC）が一致するところ（V点）で生産量をQ_3に決定し（利潤最大化条件）、直面する個別需要曲線上（S点）で価格をP_1に設定します。

このS点では、代替的な財の供給を行う企業の参入・退出によって、個別需要曲線と長期平均費用曲線（AC）が接する状態になっています。

このとき、企業の収入と費用はともに面積P_1SQ_3Oとなり、超過利潤はゼロとなります。超過利潤がゼロであるなら、新規の参入・退出は生じないため、S点において長期均衡を迎えます。

以上から、正解は❷となります。

問題2 正解 ❺

前の問題で確認したグラフの状態を思い浮かべながら各選択肢を考えることが大切です。ただし、"消去法"で正解肢にたどり着ければ問題ないでしょう。

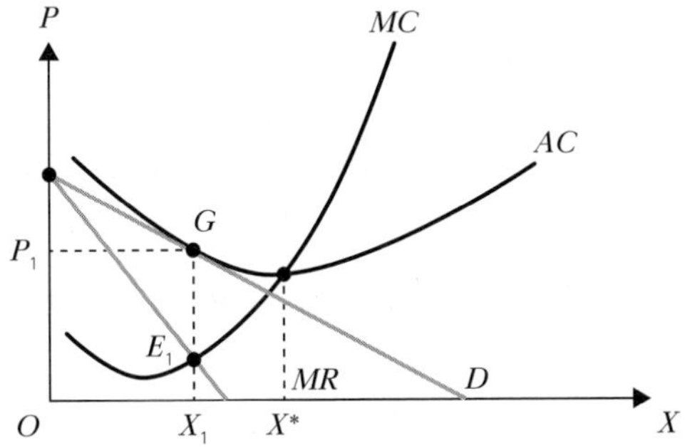

❶ ×　独占的競争では、各企業は、差別化された財に対する右下がりの主観的需要曲線（個別需要曲線）Dに直面し、その需要曲線上で価格を設定することができます（G点）。各企業は、差別化された財に関しては独占的な供給者なので、価格支配力は有しています。

❷ ×　独占的競争下にある企業は、自己の行動に対する他の企業の反応は考慮しません。市場の動きは主観的需要曲線に現れ、各企業はそれを前提として差別化された財の生産量と価格を決定します。つまり、もっぱら個別の財がどのような状況に直面しているかを考慮しており、他企業の反応などは考慮されていません。

❸ × 独占的競争下でも、生産量は限界収入（MR）と限界費用（MC）が一致するところで決定され（E_1点）、価格（P）は主観的需要曲線上の最大限の支払可能額の水準P_1に設定されます（G点）。したがって、価格は限界費用を上回る水準に設定されます（$P_1 > MC$）。

❹ × 独占的競争における長期均衡では、主観的需要曲線と平均費用曲線が接する状態で実現されます（G点）。平均費用曲線は右下がりの領域で実現されるため、長期均衡における生産量（X_1）は、平均費用曲線の最低点における生産量（X^*）よりも小さくなります（過少配分）。そのため、資本設備も平均費用が最低となる最適規模ではなく、未使用の資本設備が発生すると考えられます（過剰生産能力）。

❺ ○ 「正常利潤を超える利潤」とは、超過利潤のことを指します。長期均衡は、超過利潤がゼロとなる状態で実現されます。

4 ゲームの理論

問題1 正解 ❹

戦略がそれぞれ三つありますが、考え方は全く同じです。

各プレイヤーの立場で、ライバルの戦略に対して利得が大きくなるところに「チェック」を入れていき、チェックが重なったところがナッシュ均衡です。

A＼B	X	Y	Z
S	(7),(6)	1, 3	(5),5
T	2, 4	0,(9)	0, 3
U	4,(9)	(6),(9)	3, 7

❶ プレイヤーA

まず、プレイヤーAの立場で考えます。

・プレイヤーBが「戦略X」と仮定 ⇒ プレイヤーAは「戦略S」を採るべき
（戦略Sなら利得は7、戦略Tなら利得は2、戦略Uなら利得は4）

・プレイヤーBが「戦略Y」と仮定 ⇒ プレイヤーAは「戦略U」を採るべき
（戦略Sなら利得は1、戦略Tなら利得は0、戦略Uなら利得は6）

・プレイヤーBが「戦略Z」と仮定 ⇒ プレイヤーAは「戦略S」を採るべき
（戦略Sなら利得は5、戦略Tなら利得は0、戦略Uなら利得は3）

以上から、プレイヤーAには支配戦略はないといえます。

❷ プレイヤーB

次に、プレイヤーBの立場で考えます。

・プレイヤーAが「戦略S」と仮定　⇒　プレイヤーBは「戦略X」を採るべき
（戦略Xなら利得は6、戦略Yなら利得は3、戦略Zなら利得は5）

・プレイヤーAが「戦略T」と仮定　⇒　プレイヤーBは「戦略Y」を採るべき
（戦略Xなら利得は4、戦略Yなら利得は9、戦略Zなら利得は3）

・プレイヤーAが「戦略U」と仮定　⇒　プレイヤーBは「戦略X」または「戦略Y」を採るべき
（戦略Xなら利得は9、戦略Yでも利得は9、戦略Zなら利得は7）

以上から、プレイヤーBにも支配戦略はないといえます。

❸ ナッシュ均衡

２人のプレイヤーには支配戦略はありませんが、相手の戦略に対して利得が最大となる戦略を同時に選択している戦略の組合せは、

（プレイヤーA，プレイヤーB）＝（戦略S，戦略X）、（戦略U，戦略Y）

の二つとなります。この二つの戦略の組合せは、支配戦略均衡ではありませんがナッシュ均衡となります。ナッシュ均衡は一つとは限りませんので注意しましょう。

したがって、プレイヤーAが得る利得の合計は、戦略Sのときの7と戦略Uのときの6を合計して、13となります。　以上から、正解は❹となります。

問題2

正解 ❺

この問題でもナッシュ均衡と支配戦略均衡の探し方は同じです。

		企業Bの戦略		
		X	Y	Z
企業Aの戦略	X	40，10	30，(80)	20，70
	Y	60，20	40，(60)	(30)，50
	Z	(70)，10	(60)，30	10，(40)

❶ 企業A

まず、企業Aの立場で考えます。

・企業Bが「戦略X」と仮定　⇒　企業Aは「戦略Z」を採るべき
（戦略Xなら利得は40、戦略Yなら利得は60、戦略Zなら利得は70）

・企業Bが「戦略Y」と仮定　⇒　企業Aは「戦略Z」を採るべき

（戦略Xなら利得は30、戦略Yなら利得は40、戦略Zなら利得は60）

・企業Bが「戦略Z」と仮定　⇒　企業Aは「戦略Y」を採るべき

（戦略Xなら利得は20、戦略Yなら利得は30、戦略Zなら利得は10）

以上から、プレイヤーAには支配戦略はないといえます（よって、❶、❹は誤り）。

❷ 企業B

次に、企業Bの立場で考えます。

・企業Aが「戦略X」と仮定　⇒　企業Bは「戦略Y」を採るべき

（戦略Xなら利得は10、戦略Yなら利得は80、戦略Zなら利得は70）

・企業Aが「戦略Y」と仮定　⇒　企業Bは「戦略Y」を採るべき

（戦略Xなら利得は20、戦略Yなら利得は60、戦略Zなら利得は50）

・企業Aが「戦略Z」と仮定　⇒　企業Bは「戦略Z」を採るべき

（戦略Xなら利得は10、戦略Yなら利得は30、戦略Zなら利得は40）

以上から、プレイヤーBにも支配戦略はないといえます。

❸ ナッシュ均衡

チェックを入れた利得表を見てみると、2企業のチェックが一致している戦略の組合せはありません。これは、相手の戦略に対して利得が最大となる戦略を同時に選択している戦略の組合せは、存在しないということです。

このように、ナッシュ均衡は存在しないこともありますので、留意しておきましょう。

以上から、正解は❺となります。

問題3　　正解 ❺

ナッシュ均衡とマクシ・ミン戦略という二つの考え方を同時に確認できるよい問題です。このような問題は、定期的に解き回すようにしましょう。

❶ ナッシュ均衡

		企業B		
		戦略b_1	戦略b_2	戦略b_3
企業A	戦略a_1	(10, 8)	(8, 5)	(11, 7)
	戦略a_2	(7, 4)	(12, 9)	(9, 10)
	戦略a_3	(9, 7)	(14, 6)	(10, 6)

まず、企業Aの立場で考えましょう。

・企業Bが「戦略b_1」と仮定　⇒　企業Aは「戦略a_1」を採るべき

（戦略a_1なら利得は10、戦略a_2なら利得は7、戦略a_3なら利得は9）

・企業Bが「戦略b_2」と仮定　⇒　企業Aは「戦略a_3」を採るべき

（戦略a_1なら利得は8、戦略a_2なら利得は12、戦略a_3なら利得は14）

・企業Bが「戦略b_3」と仮定　⇒　企業Aは「戦略a_1」を採るべき

（戦略a_1なら利得は11、戦略a_2なら利得は9、戦略a_3なら利得は10）

本問では問われていませんが、企業Aには支配戦略はありません。

次に、企業Bの立場で考えます。

・企業Aが「戦略a_1」と仮定　⇒　企業Bは「戦略b_1」を採るべき

（戦略b_1なら利得は8、戦略b_2なら利得は5、戦略b_3なら利得は7）

・企業Aが「戦略a_2」と仮定　⇒　企業Bは「戦略b_3」を採るべき

（戦略b_1なら利得は4、戦略b_2なら利得は9、戦略b_3なら利得は10）

・企業Aが「戦略a_3」と仮定　⇒　企業Bは「戦略b_1」を採るべき

（戦略b_1なら利得は7、戦略b_2なら利得は6、戦略b_3なら利得は6）

企業Bにも、支配戦略はありません。

よって、ナッシュ均衡は（企業A，企業B）＝（戦略a_1，戦略b_1）となります（❷は誤り）。

このナッシュ均衡は、パレート効率的（最適）ではありません。なぜなら、戦略の組合せを（戦略a_2，戦略b_2）に変更することができたなら、2企業の利得を同時に高めることができます。つまり、パレート改善することができるので、戦略の組合せ（戦略a_1，戦略b_1）は、パレート効率的（最適）とはいえません（❶は誤り）。

❷ マクシ・ミン戦略

		企業B			企業A
		戦略b_1	戦略b_2	戦略b_3	
企業A	戦略a_1	(10, 8)	(8, 5)	(11, 7)	最小利得8
	戦略a_2	(7, 4)	(12, 9)	(9, 10)	最小利得7
	戦略a_3	(9, 7)	(14, 6)	(10, 6)	最小利得9
企業B		最小利得4	最小利得5	最小利得6	

まず、企業Aの場合から見ていきましょう。

・「戦略a_1」を採る場合の最小利得　⇒　「8」

（企業Bが戦略b_1なら利得は10、戦略b_2なら利得は8、戦略b_3なら利得は11）

・「戦略a_2」を採る場合の最小利得　⇒　「7」

（企業Bが戦略b_1なら利得は7、戦略b_2なら利得は12、戦略b_3なら利得は9）

・「戦略a_3」を採る場合の最小利得　⇒　「9」

（企業Bが戦略b_1なら利得は9、戦略b_2なら利得は14、戦略b_3なら利得は10）

最小利得の中で、最も大きな利得は9です。よって、企業Aは戦略a_3を選択します。

次に、企業Bの場合を見ていきます。

・「戦略b_1」を採る場合の最小利得　⇒　「4」

（企業Aが戦略a_1なら利得は8、戦略a_2なら利得は4、戦略a_3なら利得は7）

・「戦略b_2」を採る場合の最小利得　⇒　「5」

（企業Aが戦略a_1なら利得は5、戦略a_2なら利得は9、戦略a_3なら利得は6）

・「戦略b_3」を採る場合の最小利得　⇒　「6」

（企業Aが戦略a_1なら利得は7、戦略a_2なら利得は10、戦略a_3なら利得は6）

最小利得の中で、最も大きな利得は6です。よって、企業Bは戦略b_3を選択します。

以上から、マクシ・ミン戦略に基づく均衡は、（戦略a_3, 戦略b_3）となります。

よって、正解は❺となります。

問題4　　正解 ❺

もう1問練習しましょう。ここまで解けるようにしておけば、ゲームの理論の問題は万全でしょう。

❶ ナッシュ均衡

		個人Y		
		戦略y_1	戦略y_2	戦略y_3
個人X	戦略x_1	(3, (8))	((6), 3)	(5, 3)
	戦略x_2	(5, 2)	(3, (4))	((9), 2)
	戦略x_3	((6), (5))	(5, 4)	(4, 2)

まず、個人Xの立場で考えましょう。

・個人Yが「戦略y_1」と仮定　⇒　個人Xは「戦略x_3」を採るべき

（戦略x_1なら利得は3、戦略x_2なら利得は5、戦略x_3なら利得は6）

・個人Yが「戦略y_2」と仮定　⇒　個人Xは「戦略x_1」を採るべき

（戦略x_1なら利得は6、戦略x_2なら利得は3、戦略x_3なら利得は5）

・個人Yが「戦略y_3」と仮定　⇒　個人Xは「戦略x_2」を採るべき

（戦略x_1なら利得は5、戦略x_2なら利得は9、戦略x_3なら利得は4）

本問では問われていませんが、個人Xには支配戦略はありません。

次に、個人Yの立場で考えます。

・個人Xが「戦略x_1」と仮定　⇒　個人Yは「戦略y_1」を採るべき

（戦略y_1なら利得は8、戦略y_2なら利得は3、戦略y_3なら利得は3）

・個人Xが「戦略x_2」と仮定　⇒　個人Yは「戦略y_2」を採るべき

（戦略y_1なら利得は2、戦略y_2なら利得は4、戦略y_3なら利得は2）

・個人Xが「戦略x_3」と仮定　⇒　個人Yは「戦略y_1」を採るべき

（戦略y_1なら利得は5、戦略y_2なら利得は4、戦略y_3なら利得は2）

個人Yにも、支配戦略はありません。

よって、ナッシュ均衡は（個人X, 個人Y）＝（戦略x_3, 戦略y_1）となります（**A**は誤り）。

このナッシュ均衡は、パレート効率的（最適）です（**B**は正しい）。なぜなら、戦略の組合せをほかのどの戦略の組合せに変更しても、パレート改善させることができないからです（少なくとも、いずれか一方の利得が悪化することになります）。

❷ マクシ・ミン戦略

		個人Y			個人X
		戦略y_1	戦略y_2	戦略y_3	
個人X	戦略x_1	（3, 8）	（6, 3）	（5, 3）	最小利得3
	戦略x_2	（5, 2）	（3, 4）	（9, 2）	最小利得3
	戦略x_3	（6, 5）	（5, 4）	（4, 2）	最小利得4
個人Y		最小利得2	最小利得3	最小利得2	

まず、個人Xの場合から見ていきましょう。

・「戦略x_1」を採る場合の最小利得　⇒　「3」

（個人Yが戦略y_1なら利得は3、戦略y_2なら利得は6、戦略y_3なら利得は5）

・「戦略x_2」を採る場合の最小利得　⇒　「3」

（個人Yが戦略y_1なら利得は5、戦略y_2なら利得は3、戦略y_3なら利得は9）

・「戦略x_3」を採る場合の最小利得　⇒　「4」

（個人Yが戦略y_1なら利得は6、戦略y_2なら利得は5、戦略y_3なら利得は4）

最小利得の中で、最も大きな利得は4です。よって、個人Xは戦略x_3を選択します。

次に、個人Yの場合を見ていきます。

・「戦略y_1」を採る場合の最小利得　⇒　「2」

（個人Xが戦略x_1なら利得は8、戦略x_2なら利得は2、戦略x_3なら利得は5）

・「戦略y_2」を採る場合の最小利得　⇒　「3」

（個人Xが戦略x_1なら利得は3、戦略x_2なら利得は4、戦略x_3なら利得は4）

・「戦略y_3」を採る場合の最小利得　⇒　「2」

（個人Xが戦略x_1なら利得は3、戦略x_2なら利得は2、戦略x_3なら利得は2）

最小利得の中で、最も大きな利得は3です。よって、個人Yは戦略y_2を選択します。

以上から、マクシ・ミン戦略に基づく均衡は、（戦略x_3, 戦略y_2）となります（**C**は誤り、**D**は正しい）。

よって、妥当なものは**B**、**D**であり、正解は❺となります。

第5章　市場理論Ⅲ（市場の失敗）

1　費用逓減産業

問題1

正解 ❺

費用逓減産業の基本事項を確認できる問題です。話の流れをしっかりと押さえましょう。

費用逓減産業においては、完全競争市場を前提としていても自然と独占化されてしまうため、私的企業が政府の規制を受けないならば、私的企業は独占企業として行動します。したがって、利潤最大化条件（$MR=MC$）に従って（S点）、生産量は［ア　OQ_3］（Q_3）に決定し、価格は需要曲線上の［イ　OP_1］（P_1）に設定します。

しかし、公共性の高い費用逓減産業において独占価格が形成されることは避けなければいけません。そこで、政府は価格規制を行います。

限界費用価格形成原理に基づく規制では、限界費用曲線（MC）と需要曲線（D）が一致する［ウ　OP_5］（P_5）に規制価格を設定します。この価格は、完全競争時の均衡価格に相当するため、取引量OQ_1（Q_1）は最適な資源配分となります。ところが、この規制価格のもとでは、独占企業に赤字（損失）が発生します。収入は面積P_5WQ_1O、費用はP_4UQ_1Oとなるので、差額の［エ　P_4UWP_5］がマイナスの利潤、すなわち赤字となります。

以上から、正解は❺となります。

問題2

正解 ❺

費用逓減産業に関する標準的な問題といえるでしょう。余剰分析の基礎を確認しながら、各選択肢を確認していくことが大切です。

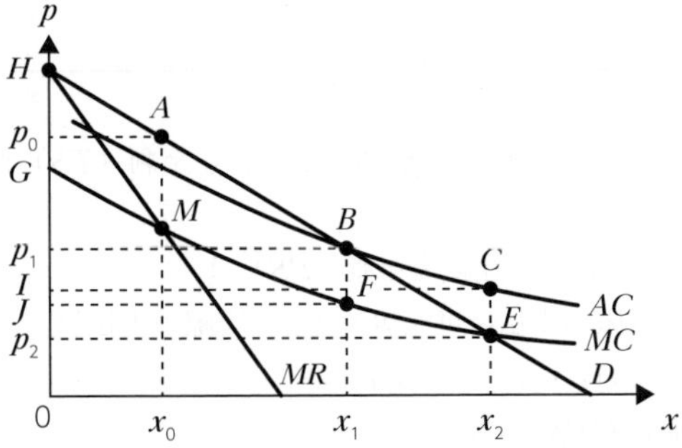

❶ ×　選択肢の前半部分は正しいといえます。M点で利潤最大化条件（$MR=MC$）を満たすので生産量をx_0に決定し、需要曲線上（A点）で独占価格をp_0に設定します。

このとき、消費者余剰（CS）と生産者余剰（PS）は、以下のようになります。

CS＝最大限の支払い可能額の合計－実際の支払額
＝面積$HAx_0 0$－面積$p_0Ax_0 0$
＝面積HAp_0

PS＝実際の収入額－最低限の保証価格の合計
＝面積$p_0Ax_0 0$－面積$GMx_0 0$
＝面積p_0AMG

よって、社会的厚生（総余剰）（TS）は、面積$HAMG$となります。HAp_0の面積は、消費者余剰に当たります。

❷ × 選択肢の前半部分は正しいといえます。独占企業の限界費用曲線（MC）は市場供給曲線に相当しますので、価格p_2は完全競争下の均衡価格と等しくなります。よって、社会的厚生（総余剰）は最大になり、x_2は最適な資源配分となります。

しかし、社会的厚生（総余剰）の面積が誤っています。市場への参加者が消費者と企業（生産者）だけであるなら、社会的厚生（総余剰）は、需要曲線と供給曲線（限界費用曲線）（S）に囲まれた面積HEGとなります。費用逓減産業では、供給曲線（限界費用曲線）（S）が右下がりになっているだけです。翻弄されてはいけません。

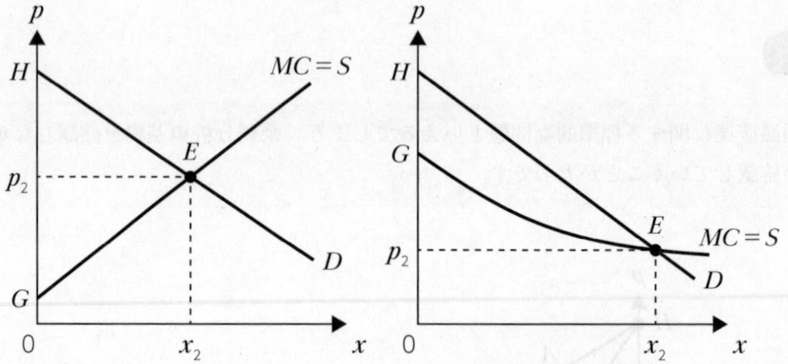

右のグラフで、なぜ価格がp_2のときに、総余剰（TS）が面積HEGになるのか確認しておきましょう。

消費者余剰（CS）と生産者余剰（PS）は、

CS＝最大限の支払い可能額の合計－実際の支払額
＝面積$HEx_2 0$－面積$p_2Ex_2 0$
＝面積HEp_2 ……①

PS＝実際の収入額－最低限の保証価格の合計
＝面積$p_2Ex_2 0$－面積$GEx_2 0$
＝－面積GEp_2 ……②

となり、生産者余剰（②）がマイナスになります。①と②を合計すると、社会的厚生（総余剰）（TS）となります。

$$
\begin{aligned}
TS &= CS + PS \\
&= \text{面積}HEp_2 - \text{面積}GEp_2 \\
&= \text{面積}HEG
\end{aligned}
$$

❸ ✕　選択肢の前半部分は正しいといえます。価格がp_1で生産量がx_1のときには、収入と費用がともに面積p_1Bx_10となるので、利潤はゼロとなります。よって、損失（マイナスの利潤）が発生するわけではありませんので、独占企業に対して、政府が何ら補償する必要はありません。

❹ ✕　独占企業が利潤最大化行動を採ると、生産量はx_0、価格はp_0に設定されるので、社会的厚生（総余剰）（TS）は、面積$HAMG$となります（❶の解説参照）。価格＝限界費用（限界費用価格形成原理）のもとでは、価格はp_2、生産量はx_2となり、社会的厚生は面積HEGとなります（❷の解説参照）。よって、独占企業が利潤最大化行動を採ることで、社会的厚生が面積AEMだけ減少することになります。これが死荷重（厚生損失）です。

❺ ○　価格がp_2で生産量がx_2の場合（E点）、独占企業の収入は面積p_2Ex_20、費用は面積ICx_20となり、差額の面積CEp_2Iは損失（マイナスの利潤）となります。このままでは独占企業が市場から退出してしまうことになるため、この最適生産x_2を維持するには、政府からの補助金で損失額を穴埋めせざるを得ません。

問題3　　正解 ❸

費用逓減産業に関する計算問題です。限界費用（MC）を求めたうえで、電力量と価格を導き、事業者に生じる赤字（マイナスの利潤）を求めていきます。

限界費用価格形成原理に基づいて価格規制を行う場合、価格と生産量の組合せは、需要曲線と限界費用（MC）が一致するところで決定されます。そこで、まず限界費用（MC）を計算します。

企業の費用関数（TC）は、平均費用（AC）との関係で、

$$
\begin{aligned}
TC &= AC \cdot Q \\
&= \left(\frac{100}{Q} + 40\right)Q \\
&= 100 + 40Q \qquad \cdots\cdots①
\end{aligned}
$$

と表すことができます。この①式を生産量Qで微分することで、限界費用（MC）が

得られます。

$$MC=\frac{\varDelta TC}{\varDelta Q}=40 \quad \cdots\cdots②$$

よって、需要曲線と②式から、限界費用価格形成原理に基づく価格と生産量の組合せは、

$$100-2Q=40 \quad \therefore \quad Q=30、P=40 \quad \cdots\cdots③$$

と計算することができます。

次に、補助金の額を計算します。補助金は、赤字を補填する目的で支給されるので、企業の赤字（マイナスの利潤）を計算します。利潤（π）は、①、③式を考慮すると、

$$\begin{aligned}\pi &= 収入-費用\\ &= P\cdot Q-TC\\ &= 40\cdot 30-(100+40\cdot 30)\\ &= -100\end{aligned}$$

となり、必要な補助金は100となります。

以上から、正解は❸となります。

問題4

正解 ❷

死荷重（厚生損失）は、最大の総余剰と平均費用での価格設定（平均費用価格形成原理）を行った場合の総余剰との差額に当たります。最大の総余剰は、限界費用での価格設定（限界費用価格形成原理）のときに実現されます。

与えられた費用関数（C）から、限界費用（MC）と平均費用（AC）を計算します。

$$MC=\frac{\varDelta C}{\varDelta y}=4 \quad \cdots\cdots①$$

$$AC=\frac{C}{y}=4+\frac{32}{y} \quad \cdots\cdots②$$

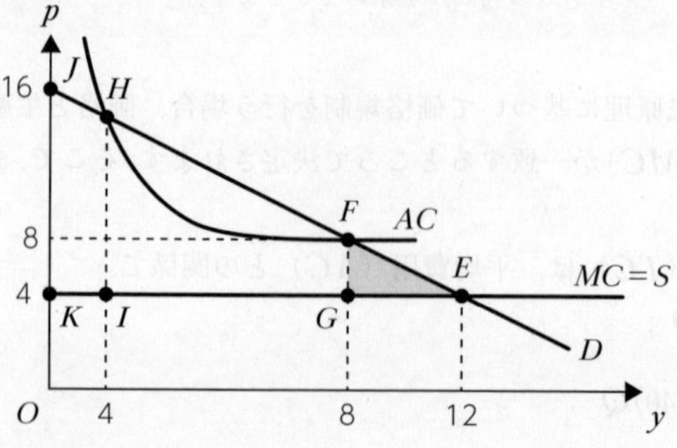

$D=y$とすると、需要曲線は$p=16-y$となります。この需要曲線と①式から、E点における限界費用での価格設定（限界費用価格形成原理）のときの生産量が計算できます。

$16-y=4 \quad \therefore \quad y=12$

このときの総余剰は、需要曲線と供給曲線（限界費用曲線）に囲まれる面積に相当しますので、面積JEKが最大の総余剰となります。

次に、平均費用での価格設定（平均費用価格形成原理）のときの生産量を求めます。需要曲線と②式から求めると、

$$16-y=4+\frac{32}{y}$$
$$\Leftrightarrow \quad 16y-y^2=4y+32$$
$$\Leftrightarrow \quad y^2-12y+32=0$$
$$\Leftrightarrow \quad (y-8)(y-4)=0 \qquad \therefore \quad y=8、4$$

となり、生産量が二つ出てきます。ここで、$y=4$としてしまうと、最大の総余剰を実現する生産量$y=12$からの乖離が大きくなり、死荷重も大きくなってしまいます。問題文に「死荷重を小さくするために」とありますので、本問では$y=12$に近い生産量8を採用します。$y=8$のとき、②式から、縦軸の値も8となります（F点）。

このときの総余剰は面積$JFGK$となりますので、死荷重は、図における面積EFGに相当します。

$$死荷重=(12-8)\times(8-4)\times\frac{1}{2}$$
$$=8$$

以上から、正解は❷となります。

2　外部効果（外部性）

問題1　　正解 ❺

外部効果（外部性）に関する最も基本的な問題です。完全競争均衡はどこで実現されて、望ましい均衡はどこなのか、しっかり区別しておきましょう。

企業は、外部に発生させている限界損失を考慮せず、私的限界費用曲線（PMC）に従って財の供給を行います。その結果、完全競争下で実現される市場均衡はE点となり、価格はP_1、生産量（取引量）はOX_1（X_1）に決定されます。

このとき、消費者余剰（CS）と生産者余剰（PS）は、

CS＝最大限の支払い可能額の合計－実際の支払額
＝面積CEX_1O－面積P_1EX_1O
＝面積CEP_1　……①

PS＝実際の収入額－最低限の保証価格の合計
＝面積P_1EX_1O－面積AEX_1O
＝面積P_1EA　……②

となります。

さらに、外部不経済が面積$BFEA$だけ発生しているので、これを①と②の合計から差し引きます（マイナスの余剰を加える)。したがって、総余剰（TS）は、

$TS = CS + PS$－外部不経済

＝面積CEP_1＋面積P_1EA－面積$BFEA$

＝面積CGB－面積GEF

となり、面積GEFが厚生損失となります。

次に、ピグー的課税を行って、企業の私的限界費用曲線（PMC）をG点を通過するように上方シフトさせると、価格はP_2に上昇し、生産量（取引量）はOX_2（X_2）となります。この政策によって厚生損失は解消され、総余剰は面積CGBで最大となります。

よって、正解は❺となります。

問題2　　正解 ❺

これは、外部効果（外部性）に関する標準的な問題です。正解肢にちょっと“ひねり”が入っていますが、結論がわかっていればどうということはありません。ちなみに、「外部限界費用」とは、限界損失と同じです。

❶ ×　政府の規制がないならば、企業は、私的限界費用に基づく供給曲線（S_0）に従って財の供給を行います。その結果、完全競争下で実現される市場均衡はE_0点となり、価格はP_0、生産水準（取引量）はx_0に決定されます。

このとき、消費者余剰と生産者余剰の合計は、面積AE_0Cとなります。さらに、外部不経済が面積BDE_0Cだけ発生しているので、これを差し引くと（マイナスの余剰を加える)、総余剰（TS）は、

TS＝面積AE_0C－面積BDE_0C

＝面積AE_1B－面積E_1DE_0

となります。

❷ ×　政府によって、財1単位につき外部限界費用に等しいtの課税が供給者に行われると、私的限界費用に基づく供給曲線（S_0）はE_1点を通過することになります。このとき、市場均衡はE_1点となり、価格はP_1、生産水準（取引量）はx_1に決定されます。

このとき、消費者余剰（CS）は、

CS＝最大限の支払い可能額の合計－実際の支払額

＝面積AE_1x_10－面積$P_1E_1x_10$

＝面積AE_1P_1

となります。

❸ ×　課税が行われた場合の生産者余剰（PS）は、

PS ＝実際の収入額－最低限の保証価格の合計

＝面積 $P_1E_1x_10$ －面積 BE_1x_10

＝面積 P_1E_1B

となります。

❹ ×　政府の規制がないならば、生産水準（取引量）は x_0 に決定されます。このとき、財1単位当たり線分 DE_0 だけの外部限界費用（限界損失）が発生していますから、全体の外部不経済は、

$DE_0 \cdot x_0$ ＝面積 BDE_0C

となります。

❺ ○　政府によって、課税による規制が行われると、価格は P_1、生産水準（取引量）は x_1 に決定されます。このとき、総余剰は面積 AE_1B となり、厚生損失（面積 E_1DE_0）は解消されます。

ヒント

選択肢の記述にある $AE_1P_1 + P_1E_1FC - BE_1FC$ は、結局、面積 AE_1B と等しくなります。

問題3　　正解 ❶

慣れないと、ちょっと判断が難しい問題でしょうか。それぞれの記述の意味を理解し、結論を押さえておけば十分です（政策前と政策後の総余剰がわかっていれば、正誤は判断できるはずです）。あまり細かいことは気にしないようにしましょう。

ちなみに、問題文のグラフでは、私的限界費用曲線と社会的限界費用曲線が平行になっていません。これは、財の生産量の増加に伴って限界損失（1単位当たりの外部不経済）が増加していく状態を前提としているためです。

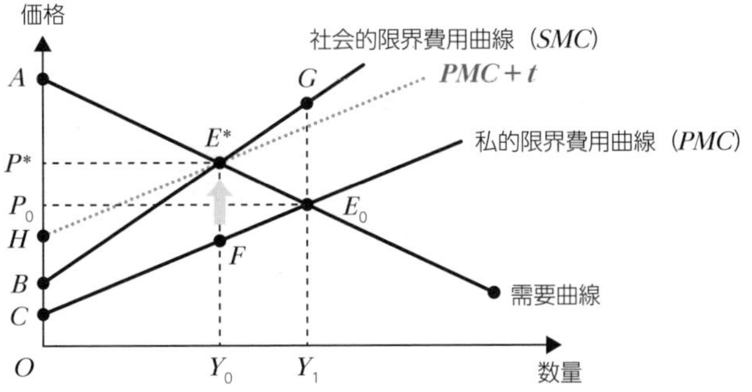

A ✕　Y_1は、企業が私的限界費用曲線に沿って財の供給を行った場合の生産量ですから、厚生損失（面積E^*GE_0）が発生し、総余剰は最大化されません（市場の失敗）。

一方、規制して実現されるY_0は、社会的限界費用曲線と需要曲線が一致する生産量ですから、総余剰は最大となるはずです。よって、規制によって生産量をY_1からY_0にすることで、厚生損失（マイナスの総余剰）がなくなるので、総余剰全体は増加するといえます。

B ○　企業に対して課税を行い、私的限界費用曲線を上方シフトさせることでE^*点を通過するようにすれば、生産量はY_0となり、厚生損失は解消されます。よって、解消される厚生損失分だけ社会全体の余剰は大きくなるといえます。

補足

なお、このときの財1単位当たりの税額（t）は、線分E^*Fの大きさに設定します。もし線分GE_0に設定してしまうと、私的限界費用曲線はE^*点を通過しなくなってしまいます。一応、留意しておきましょう。

C ○　「企業が被害者に損害額を賠償する」とは、企業が限界損失を負担して、社会的限界費用曲線に沿って財の供給を行うことを意味します。これにより生産量がY_1からY_0に減少すれば厚生損失は解消され、その分だけ社会全体の余剰は大きくなります。

D ✕　減産補助金とは、外部不経済を発生させる財の取引を抑制するために、財1単位の生産減少につき企業に補助金（s）を与えるという政策です。生産量を減少させると、企業の利潤は減少してしまいます。これを政府が補填しようというのです。

この政策を企業が受け入れ、生産量をY_1からY_0に減少させることができれば、厚生損失は解消され、その分だけ社会全体の余剰は大きくなります。

E ✕　企業が限界損失を負担して社会的限界費用曲線に沿って財の生産を行えば、生産量はY_0となり、総余剰最大化が実現されます。

ここから生産量をY_1に増加させたとすると過剰生産となり、面積E^*GE_0の厚生損失を発生させることになります。したがって、社会全体の余剰は、厚生損失分だけ小さくなるといえます。

問題4　　　　正解 5

グラフがイメージできるかどうかが勝負でしょう。理論の流れを計算で確認しながら、グラフがどのようになるか見ていってください。

まず、私的総費用関数（PC）から私的限界費用（PMC）を計算します。

$$PMC=\frac{\varDelta PC}{\varDelta X}=2\cdot X^{2-1}+1\cdot 20X^{1-1}+0$$
$$=20X+20 \quad \cdots\cdots ①$$

次に、限界損失を計算します。限界損失は、財1単位当たりの損失なので、外部不経済による費用を微分することで求めます。

$$限界損失=\frac{\varDelta C}{\varDelta X}=X \quad \cdots\cdots ②$$

①式と②式から、社会的限界費用（SMC）は、以下のようになります。

$$SMC=PMC+限界損失$$
$$=2X+20+X$$
$$=3X+20 \quad \cdots\cdots ③$$

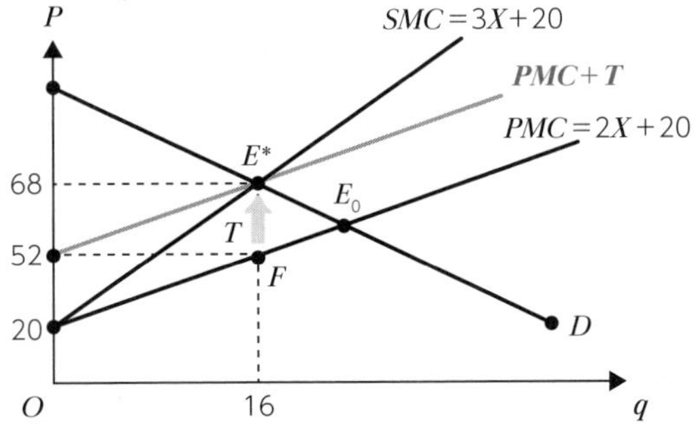

社会的余剰を最大化させる最適均衡（E^*点）は、社会的限界費用（③式）と需要関数から計算します。需要関数をPについて整理すると、

$$P=-2X+100 \quad \cdots\cdots ④$$

となり、③式と④式を連立して解くと、

$$3X+20=-2X+100 \quad \therefore\ X=16、P=68$$

となります。

次に、生産物1単位当たりの税額（T）を計算します。1単位当たりの税額は、私的限界費用（PMC）が図におけるE^*点を通過するように設定しなければなりません。そのためには、T＝線分E^*Fとなる必要があります。$X=16$をPMC（①式）に代入すると、$P=52$となります（F点）。よって、生産物1単位当たりの税額（T）は、

$$T=68-52=16$$

と計算できます。

よって、政府の税収は、

$$税収=T\cdot X$$
$$=16\cdot 16$$
$$=256$$

となります。

よって、正解は❺となります。

問題5

正解 ❶

コースの定理を中心とした、外部性の内部化に関する文章問題です。たびたび問われる内容ですので、注意しておきましょう。まずは、コースの定理の内容を、しっかり覚えることが大切です。

❶ ○　コースの定理の内容そのものです。取引費用（交渉や裁判にかかる費用など）がない場合には、外部性の加害者が被害者に対して損害賠償を行うことはもちろん、加害者の生産減少による利潤の減少分を被害者が補填するという方法であっても、効率的な資源配分を実現することが可能であることを示しています。

❷ ×　前半の内容が誤っています。利害関係のある当事者（加害者と被害者）が少数であれば、政府の介入がなくても、当事者間の自発的な交渉によって効率的な資源配分を実現できるとしています。取引費用がほぼ無視できるからです。逆に、利害関係のある当事者が多数に及び、取引費用の発生が避けられない場合には、政府による政策介入が必要となります。

❸ ×　外部不経済の問題を、補助金によって解決することもできます。

技術的外部不経済の問題は、企業が私的限界費用曲線に沿った財の供給を行ってしまい、財の生産が効率的な資源配分を超えてしまうことにあります（過剰配分）。

この過剰生産を抑制するために、財1単位の減産に対して、社会的限界費用と私的限界費用の差額分だけ補助金を支給するのです（減産補助金）。すると、企業が生産を1単位拡大する場合には、政府からの補助金を失うことになり、逸失利益という意味での費用（機会費用）を負担することになります。これは、財1単位の生産拡大に対して、社会的限界費用と私的限界費用の差額分だけ課税を行うことと、実質的に同じ効果を持つことになるのです。

❹ ×　企業が異なる費用関数を持つ場合には、個々の企業の私的限界費用も異なることになります。ここに、一律の排出基準（限界損失の排出限度額など）を設定して単一税率で課税政策を行っても、企業全体の私的限界費用を社会的な限

界費用に一致させることは不可能です。個々の企業の費用条件に応じた排出基準の設定が必要になります。

❺ × ピグー的政策は、具体的な生産量を直接指導する政策（数量規制）ではありません。

ピグー的政策は、企業の私的限界費用と社会的限界費用の乖離（企業が負担しない限界損失分）を、課税政策や補助金政策によって解消し、社会的に効率的な資源配分を実現しようとするものです。

問題6

正解 ❹

「交渉のための取引費用が一切掛からず」とありますので、コースの定理の問題であると判断できます。

コースの定理によれば、どちらが権利者であっても、当事者間の自発的な交渉によって同一のパレート最適な配分(効率的な配分)を実現することができます。よって、(ケースⅠ)、(ケースⅡ）のいずれにおいても同一の牛の飼育頭数になるはずなので、❷、❸は誤りとなります。

次に、交渉が成立する牛の飼育頭数を考えます。農場と牧場が話し合いを持つ場合、どちらが補償を行うかという問題を別にすれば、交渉は両者の利得（利潤，便益）の合計が最大となる状態で成立するはずです。

これは例えば、売り手と買い手がともに納得できるのは、需要曲線と供給曲線が交わる市場均衡点であり、総余剰が最大となる状態で最適な資源配分が実現される、ということと同じです。

与えられた表において、「牧場の収益」と「農場の損失」の合計が、全体の利得の合計（≒総余剰）ということになります。それぞれ合計すると（損失はマイナスの値として扱います)、以下のようになります。

牛の飼育頭数	牧場の収益		農場の損失	利得（便益）の合計	
100	400	＋	−0	＝	400
120	430	＋	−10	＝	420
140	460	＋	−30	＝	430
160	480	＋	−60	＝	420
180	500	＋	−100	＝	400

利得（便益）の合計が最も大きいのは430であり、牛の飼育頭数が140頭のときです。よって、正解は❹となります。

第5章 市場理論Ⅲ（市場の失敗）

問題7 正解 ❸

コースの定理に関する計算問題です。問題文にも示されていますが、交渉が成立するのは、2企業の利潤の合計が最大となるときです。

問題文に素直に従い、二つの企業の利潤の合計（Π）を式にします。

$$\begin{aligned}\Pi &= \pi_1 + \pi_2 \\ &= (P_x \cdot x - c_1) + (P_y \cdot y - c_2) \\ &= 80x - 2x^2 + 60y - 2y^2 - 8x \\ &= 72x - 2x^2 + 60y - 2y^2 \quad \cdots\cdots ①\end{aligned}$$

企業1の生産量（x）を計算したいので、①式をxについて微分してゼロとおきます（利潤最大化）。

$$\frac{\varDelta \Pi}{\varDelta x} = 72 - 2 \cdot 2x^{2-1} = 0$$

$$\Leftrightarrow \quad 4x = 72 \qquad \therefore \quad x = 18$$

よって、正解は❸となります。

3 公共財

問題1 正解 ❷

公共財の定義は、ミクロ経済学だけではなく財政学でも問われ、出題頻度は高い分野だといえます。消費における性質だけではなく、具体例も覚えておきましょう。

正しい文は以下のとおりです。

公共財は、私的財と異なり、消費における［ A 非競合性 ］と［ B 非排除性 ］という性質を持つ財として定義される。

消費における［ A 非競合性 ］とは、ある人の消費が他の人の消費可能性を減らさないことをいい、消費における［ B 非排除性 ］とは、対価を支払わない人の消費を妨げることが著しく困難であるということである。この二つの性質を併せ持った財は、純粋公共財といわれ、例として［ C 国防 ］や［ D 消防 ］がある。

以上より、正解は❷となります。

問題2

正解 ❶

需要曲線の与えられ方に注意しましょう。限界評価(P)を合計する必要があるので(垂直和)、各需要曲線をPについて整理してから合計しなければなりません。

各人の需要曲線をPについて整理すると、

$$P_A = -2D_A + 5$$
$$P_B = -D_B + 3$$

となります。よって、社会的限界評価(SMB)は、

$$SMB = P_A + P_B$$
$$\Leftrightarrow \quad SMB = (-2D_A + 5) + (-D_B + 3) \quad \cdots\cdots①$$

とおけます(垂直和)。

また、公共財の等量消費性から、供給量をXとすると、$D_A = D_B = X$となります。よって、①式は、

$$SMB = (-2X + 5) + (-X + 3)$$
$$\Leftrightarrow \quad SMB = -3X + 8 \quad \cdots\cdots②$$

となります。

最後に、②式と公共財の最適供給条件(サミュエルソン条件)を使って最適供給量を導くと、以下のようになります。

社会的限界評価(SMB)=限界費用(MC)

$$\Leftrightarrow \quad -3X + 8 = 2 \qquad \therefore \quad X = 2$$

よって、正解は❶となります。

問題3

正解 ❶

公共財の理論問題のポイントは、公共財の定義(性質)、サミュエルソン条件(リンダール均衡)に集約されます。

❶ ○　サミュエルソン条件(公共財の最適供給条件)の説明そのものです。個人の限界便益(限界評価)は、公共財に対する最大限の支払可能額を表し、この総和は、社会全体の公共財に対する評価を表します。この金額と限界費用が等しくなる水準で公共財を供給することは、社会全体の支払可能額に等しいコストをかけて公共財を供給することを意味し、いわば、社会が望んでいる分だけ公共財を供給することを意味するのです。

❷ ×　公共財は、初期投資が莫大になるとは限りません。また、非競合性とは、ある個人が消費をしても、他の人の消費を減少させることがない性質を意味し、民間企業による私的財と競合しないという意味ではありません。

❸ ×　前半の記述は妥当です。しかし、非排除性とは、対価を支払わない者を、消費することから排除できない性質を意味します。

❹ ×　政府が公共財の予定供給量を先に示すわけではありません。少々細かい内容ですが、リンダール均衡へのプロセスは以下のようなものです。

まず、①政府が各消費者に公共財の費用負担率を提示します。次に、②政府から提示された費用負担率に基づいて、各消費者が希望する公共財の需要量を政府に申告します。これを受けて、③政府は、公共財の等量消費性を考慮して、各消費者の公共財需要量が等しくなるように、費用負担率を調整します。具体的には、多めの需要量を申告した消費者の費用負担率は高くし（希望する需要量が減るようにする）、少なめの需要量を申告した消費者の費用負担率は低めに設定します（希望する需要量が増えるようにする）。そして、④各消費者の需要量が一致したら、その分だけ公共財を供給します。

このように、政府が需要と供給を調整する市場のような役割を果たすのです。このプロセスを、リンダール・メカニズム（疑似市場メカニズム）と呼びます。

❺ ×　政府の関与の有無に関係なく、ただ乗り（フリーライダー）は避けられません。上記のリンダール・メカニズムにしても、自己の希望する公共財需要量を政府に正しく申告するとは限りません。費用負担が避けられないとわかれば、「公共財なんていりません」という態度を決め込む消費者は、必ず存在してしまいます。

第6章　国際貿易理論

1　部分均衡分析

問題1　　正解 ❷

自由貿易のメリットを問う基本的な問題です。余剰分析の基礎を確認しつつ、結果は覚えてしまいましょう。

❶ ×　確かに、均衡点E点における国内取引に限定すれば（閉鎖経済）、総余剰は面積bEaで最大となります。しかし、小国が、世界市場における価格（国際価格）p^*に従って自由貿易を行うことで、全体として面積dgEの分だけ総余剰が拡大し、貿易の利益を得ることができます（❸の解説参照）。これは、安価な財の輸入が可能になることで国内消費量が拡大するためです。

❷ ○　自由貿易のもとでは、国際価格p^*に従えば、国内消費者が欲する量をいくらでも輸入することが可能となります。このため、国内消費量はX_3となります。一方国内生産者は、X_1までは供給することができるため、X_3-X_1が外国からの輸入量となります。この結果、面積dgEの分だけ貿易の利益を得ることができます（❸の解説参照）。

❸ ×　世界市場における価格（国際価格）p^*に従って自由貿易を行うことで、国内消費量はX_3、国内供給量はX_1となります。これに基づいて余剰分析を行うと、

消費者余剰＝最大限の支払い可能額の合計－実際の支払額
＝面積agX_3O－面積p^*gX_3O
＝面積agp^*
生産者余剰＝実際の収入額－最低限の保証価格の合計
＝面積p^*dX_1O－面積bdX_1O
＝面積bdp^*

となり、総余剰は面積$agdb$となります。閉鎖経済下での総余剰（面積aEb）と比べると、面積dgEの分だけ総余剰が拡大することがわかります。よって、面積dgEが貿易の利益ということになります。

❹ ×　❸の解説を参照のこと。なお、面積pEaは、閉鎖経済のもとでの消費者余剰となります。

❺ ×　自由貿易によって死荷重（厚生損失）が発生することはありません。閉鎖経済に比べて総余剰は拡大し、貿易の利益が生じます。

なお、前半部分の記述は正しいといえます。小国がp^*のもとで自由貿易を行うと、国内消費者がこの価格に従って望むだけ財を輸入しようとします。そのため、国内生産者もこの価格に従わざるを得ず、結果として、国内価格pは無意味なものとなってしまいます。

問題2 正解 ❹

本問も、余剰分析の基礎を確認しながら、結論をグラフの形で覚えてしまいましょう。

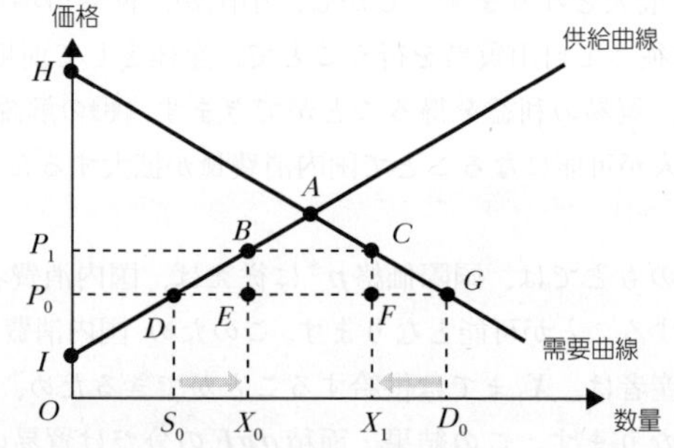

❶ **国際価格OP_0のもとで自由貿易を行った場合**

輸入量：$D_0 - S_0$

総余剰：面積$HGDI$ ……①

（消費者余剰：面積HGP_0、生産者余剰：面積P_0DI）

❷ **P_0P_1の輸入関税が課されたとき**

輸入量：$X_1 - X_0$

総余剰：面積$HCFEBI$ ……②

（消費者余剰：面積HCP_1、生産者余剰：面積P_1BI、政府の税収：面積$BCFE$）

①と②の面積の差（$BDE + CFG$）が、輸入関税によって生じる経済厚生の減少分（厚生損失）となります。

よって、正解は❹となります。

補足

ちなみに、厚生損失は、政策が行われたことで、国内消費量と国内生産量が自由貿易のときに比べてどれだけ乖離するかによって生じます。

左側の面積BDEは、自由貿易の場合よりも国内生産量がX_0-S_0の分だけ大きくなってしまうことで生じます。これを過剰生産による損失と呼びます。一方、右側の面積CFGは、自由貿易の場合よりも国内消費量がD_0-X_1の分だけ少なくなってしまうことで生じます。これを過少消費による損失と呼びます。

問題3

正解 ❸

本問も、余剰分析の基礎を確認しながら、結論をグラフの形で覚えてしまいましょう。

国内の需要曲線と供給曲線をPについて整理してグラフを描くと、以下のようになります。

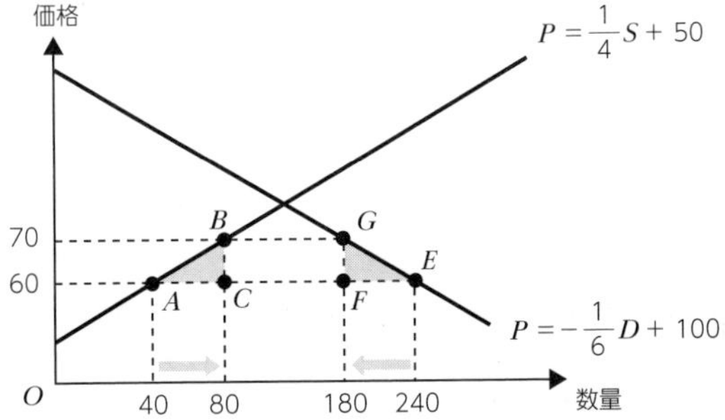

厚生損失は、グラフにおける面積ABC＋面積EFGとなります。

まず、左側の面積ABC（過剰生産による損失）を計算します。国際価格60と関税賦課後の価格70を供給曲線に代入すると、自由貿易下の国内供給量は40、関税賦課後は80と計算することができます。よって、

$$面積ABC=(80-40)\times(70-60)\times\frac{1}{2}$$

$$=200 \qquad \cdots\cdots①$$

となります。ちなみに、横軸の供給量の差は、供給曲線の傾きの大きさ$\frac{1}{4}$と三角形ABCに注目し、

$$\frac{線分BC}{線分AC}=\frac{1}{4}$$

$$\Leftrightarrow \quad \frac{10}{線分AC}=\frac{1}{4} \qquad \therefore \quad 線分AC=40$$

と計算しても構いません。

次に、右側の面積EFG（過少消費による損失）を計算します。国際価格60と関税賦課後の価格70を需要曲線に代入すると、自由貿易下の国内需要量は240、関税賦課後は180と計算することができます。よって、

$$面積EFG=(240-180)\times(70-60)\times\frac{1}{2}$$
$$=300 \quad \cdots\cdots ②$$

となります。ちなみに、横軸の需要量の差は、需要曲線の傾きの大きさ$\frac{1}{6}$と三角形EFGに注目し、

$$\frac{線分FG}{線分EF}=\frac{1}{6}$$

$$\Leftrightarrow \quad \frac{10}{線分EF}=\frac{1}{6} \qquad \therefore \quad 線分EF=60$$

と計算しても構いません。

①と②の合計が厚生損失となり、500となります。

よって、正解は❸となります。

問題4

正解 ❺

「外国供給曲線」というものが描かれていますが、これは、国内の消費者と生産者が直面する一定の価格を表すものと考えておいてください。一定の価格水準で、国内の市場に外国から財の供給がなされる、という意味ですが、皆さんはあまり気にする必要はありません。これまでどおり、国内需要曲線と国内供給曲線を中心に見ていきましょう。

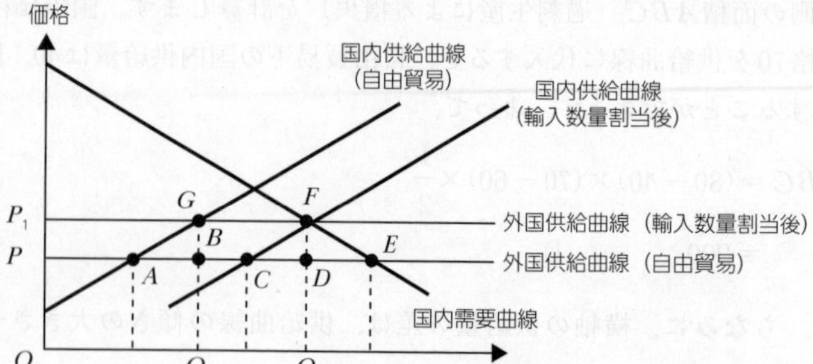

Q_1Q_2（$=Q_2-Q_1$）だけの輸入数量割当（輸入数量規制）を行い、国内の価格がPからP_1に上昇しています。輸入業者は、この内外価格差（P_1-P）で超過利潤を得ますから、

$$輸入業者の超過利潤=(Q_2-Q_1)\times(P_1-P)$$

と計算することができます。これは、グラフでいうと、面積$GACF$または面積$GBDF$に当たります。

よって、正解は❺となります。

問題5 正解 ❺

「輸入量」が条件として示された場合には、その「輸入量」を式にしてみるのがコツです。

ある価格のもとで、国内の市場に超過需要（品不足）が生じる場合、この超過需要を埋めるように発生するのが輸入です。超過需要は、国内需要量（D）と国内供給量（S）の差に当たりますので、輸入量は、

$$輸入量＝国内需要量（D）－国内供給量（S）$$
$$＝(450-2P)-(3P-100)$$
$$＝-5P+550 \quad \cdots\cdots①$$

と表すことができます。

国際価格が50のとき、①式から輸入量は300となります。つまり、自由貿易下の輸入量が300です。これを下回る200に輸入量を規制するのですから、グラフは以下のような状態になります。

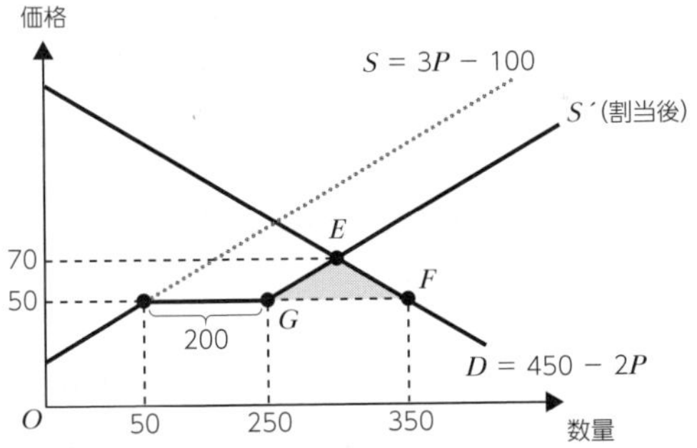

グラフにおける面積EFGが死荷重（厚生損失）となります。国際価格が50のときの国内需要量（350）と国内供給量（50）は、$P=50$を需要関数と供給関数に代入することで得られます。また、E点における価格は、①式に割当量200を代入することで計算することができます。

$$200=-5P+550 \qquad \therefore \quad P=70$$

したがって、死荷重は、

$$死荷重＝(350-250)\times(70-50)\times\frac{1}{2}$$
$$＝1000$$

と計算することができます。

以上から、正解は❺となります。

2　一般均衡分析

問題1　　　　正解 ❹

専門試験、教養試験問わず出題され得る基本的な問題です。このような問題が出題されたら、以下の要領で、二つの財の比較生産費を計算し、どちらの国が比較優位にあるか（比較生産費が小さいか）を確認します。

【A国の比較生産費】

◆ X財のY財に対する比較生産費 $= \frac{25}{20} = \frac{5}{4}$

◆ Y財のX財に対する比較生産費 $= \frac{20}{25} = \frac{4}{5}$

【B国の比較生産費】

◆ X財のY財に対する比較生産費 $= \frac{18}{10} = \frac{9}{5}$

◆ Y財のX財に対する比較生産費 $= \frac{10}{18} = \frac{5}{9}$

A国はX財に比較優位を持つ

B国はY財に比較優位を持つ

❶ ×　両国のX財の比較生産費を比べると、A国のほうが小さい値になっています。よって、A国はX財の生産に比較優位を持ちます。

❷ ×　A国はX財の生産に比較優位を持つので、Y財に関しては比較劣位にあるといえます。

❸ ×　問題文の投入係数表を見ると、いずれの財も、B国のほうが少ない労働者数で生産が可能になっています。したがって、絶対優位にあるのはB国です。

❹ ○　両国のY財の比較生産費を比べると、B国のほうが小さい値になっています。よって、B国はY財の生産に比較優位を持つので、Y財の生産に完全特化し、Y財を輸出することになります。

❺ ×　B国はY財の生産に比較優位を持つので、X財に関しては比較劣位にあるといえます。

問題2

正解 ❸

両国間に貿易が生じるためには、財の相対価格（価格比）が両国の限界変形率の間に収まっている必要があります。限界変形率は、生産可能性フロンティアの傾きの大きさに当たります。

両国の生産可能性フロンティアを計算します。

A国：$2 \cdot X + 1 \cdot Y = 12$

$\Leftrightarrow \quad Y = -2X + 12$

B国：$6 \cdot X + 2 \cdot Y = 30$

$\Leftrightarrow \quad Y = -3X + 15$

両国の限界変形率はそれぞれ、2、3となるので、財の相対価格（$\frac{P_x}{P_y}$）は、

$$2 < \frac{P_x}{P_y} < 3$$

となる必要があります。

よって、正解は❸となります。

問題3

正解 ❸

両国間に貿易が行われるためには、2財の価格比が両国の限界変形率の間に収まっている必要があります。限界変形率は、生産可能性フロンティアの傾きの大きさに当たります。

生産可能性フロンティアの横軸切片と縦軸切片に注目します。両国の限界変形率は、

A国：$\frac{8}{8} = 1$

B国：$\frac{6}{12} = \frac{1}{2}$

と計算できます。よって、2財の価格比（$\frac{P_x}{P_y}$）は、

$$\frac{1}{2} < \frac{P_x}{P_y} < 1$$

となる必要があります。

よって、正解は❸となります。

問題4 正解 ❺

両国間に貿易が生じるためには、財の相対価格（価格比）が両国の限界変形率の間に収まっている必要があります。限界変形率は、生産可能性フロンティアの傾きの大きさに当たるので、両国の生産可能性フロンティアを計算します。

本問の問題文には、労働人口（労働賦存量）が与えられていません。しかし、労働人口（労働賦存量）の有無は結論には全く影響しませんので、ここではA国の労働人口をL_A、B国の労働人口をL_Bとして立式します。

A国：$5 \cdot X + 2 \cdot Y = L_A$

$$\Leftrightarrow \quad Y = -\frac{5}{2}X + \frac{L_A}{2}$$

B国：$8 \cdot X + 3 \cdot Y = L_B$

$$\Leftrightarrow \quad Y = -\frac{8}{3}X + \frac{L_B}{3}$$

両国の限界変形率はそれぞれ、$\frac{5}{2}$、$\frac{8}{3}$となるので、財の相対価格（$\frac{P_x}{P_y}$）は、

$$\frac{5}{2} < \frac{P_x}{P_y} < \frac{8}{3}$$

となる必要があります。

よって、正解は❺となります。

問題5 正解 ❷

単なる知識問題です。直前期にでも確認するとよいでしょう（特に特別区）。

❶ ×　「各国間で異なる生産技術」が、それぞれの国の比較優位をもたらすという考え方は、リカード・モデルによるものです。

❷ ○　ヘクシャー＝オリーンの定理では、各国が保有する生産要素の存在量（生産要素賦存量）の差が、それぞれの国の比較優位をもたらし、各国が相対的に豊富に保有する生産要素をより集約的に投入して生産する財に比較優位があるとしました。

❸ ×　これは、ストルパー＝サミュエルソンの定理に関する内容です。

❹ ×　これは、リプチンスキーの定理に関する内容です。

❺ ×　　これは、レオンチェフの逆説に関する内容です。

TAC
出版